22

蒋光慈研究资料

JIANGGUANGCI YANJIUZILIAO

方铭 编

中国社会科学院
文学研究所 总纂

中国文学史资料全编

现代卷

知识产权出版社

内容提要：

蒋光慈，我国现代著名作家、诗人。本书分生平资料，创作自述，著译年表及著译书目，文学和生活，研究与评论文章选辑，研究资料目录索引等六个部分，全面收集了关于蒋光慈的研究资料。

责任编辑：马 岳　　　　**装帧设计：**段维东

图书在版编目（CIP）数据

蒋光慈研究资料/方铭 编.— 北京：知识产权出版社，2009. 10
（中国文学史资料全编·现代卷）
ISBN 978-7-80247-787-2

Ⅰ. 蒋… Ⅱ. 方… Ⅲ. ①蒋光慈（1901~1931）—人物研究 ②蒋光慈（1901~1931）—文学研究 Ⅳ. K825.6 I206.6

中国版本图书馆 CIP 数据核字（2009）第 174777 号

中国文学史资料全编·现代卷
蒋光慈研究资料
方铭 编

出版发行：知识产权出版社
社 址：北京市海淀区马甸南村 1 号　　邮 编：100088
网 址：http: // www. ipph. cn　　邮 箱：bjb@cnipr.com
发行电话：010-82000860 转 8101/8102　　传 真：010-82005070/82000893
责编电话：010-82000860 转 8171　　责编邮箱：mayue@cnipr. com
印 刷：北京市兴怀印刷厂　　经 销：新华书店及相关销售网点
开 本：720mm×960mm 1/16　　印 张：27.75
版 次：2010 年 1 月第一版　　印 次：2010 年 1 月第一次印刷
字 数：410 千字　　定 价：56.00 元

ISBN 978-7-80247-787-2/K · 035（2635）

汇纂工作小组

名单

（按姓氏笔画排列）

王润贵　刘跃进　刘福春　严　平

张大明　杨　义　欧　剑　段红梅

编辑说明

中国社会科学院文学研究所向来重视文学史料的系统整理与深入研究，建所50多年来，组织编纂了很多资料丛书，包括《古本戏曲丛刊》、《古本小说丛刊》、《中国现代文学史资料汇编》、《近代文学史料汇编》、《当代文学史料汇编》以及《文艺理论译丛》、《现代文艺理论译丛》、《古典文艺理论译丛》等。其中，介绍国外文艺理论的3套丛书，已经汇编为《文学研究所学术汇刊》9种30册，交由知识产权出版社出版。该书出版后，国内一些重要媒体刊发评介文章，给予充分肯定。为满足学术研究的需要，2007年初，中国社会科学院文学研究所与知识产权出版社商定继续合作，编辑出版《中国文学史资料全编》，将以往出版的史料著作汇为一编，统一装帧，集中出版。

这里推出的《中国文学史资料全编·现代卷》就是其中的一种。本卷主要以《中国现代文学史资料汇编》为基础而又有所扩展。《中国现代文学史资料汇编》的编纂工作启动于1979年，稍后列入国家第六个五年计划社科重点项目。该编分为《中国现代文学运动、论争、社团资料丛书》、《中国现代作家作品研究资料丛书》、《中国现代文学书刊资料丛书》即甲乙丙3种，总主编陈荒煤，副主编许觉民、马良春，编委有丁景唐、马良春、王景山、王瑶、方铭、许觉民、刘增杰、孙中田、孙玉石、沈承宽、芮和师、张大明、张晓翠、杨占陞、陈荒煤、唐弢、贾植芳、徐迺翔、常君实、鄂基瑞、薛绥之、魏绍昌，具体组织主要由徐迺翔、张大明负责。此项目计划出书约200种。至20世纪末，前后20多年间，这套书由数家出版社陆陆续续出版了80余种，还有数十种虽然已经编就，由于种种原因，迄今尚未出版。“现代卷”包括上述已经出版的图书和若干种当时已经编好而尚未出版的图书。

这项工作得到了中国社会科学院文学研究所和知识产权出版社的高度重视，为此成立了汇纂工作小组。杨义、刘跃进、严平、张大明、刘福春等具体负责学术协调工作，于2007年11月，向著作权人发出《征求〈中国文学史资料全编·现代卷〉版权的一封信》，很快得到了绝大多数编者的授权，使这项工作得以如期顺利开展。为此，我们向原书的编者表示由衷的谢意。为尽快将这套书推向社会，满足学界和社会的急需，除原版少量排印错误外，此次重印一律不作任何修改，保留原书原貌，待全部出齐，视市场情况出版修订本。为此，我们也诚挚地希望广大读者能给予充分谅解。

《中国文学史资料全编·现代卷》出版后，我们将尽快启动“古代卷”、“近代卷”和“当代卷”的编纂工作，希望能继续得到专家学者的大力支持和热心参与。

现代卷汇纂工作组

目　录

生平资料

创作自述

著译年表及著译书目

文学和生活

研究与评论文章选辑

研究资料目录索引

生平资料

蒋光慈传略

蒋光慈，学名蒋如恒，后父改其名为蒋宣恒，又自号侠生，或侠僧，开始发表诗文时用笔名蒋光赤，最后改名光慈。在国民党统治的白色恐怖之中，也曾不断变换自己的笔名，如：华希理、维素、华维素、魏克特、敦夫、陈情等。1901年9月11日（清光绪二十七年辛丑农历七月二十九日）生于安徽省六安地区金寨县白塔畈（过去属霍邱县）一个小商的家庭里。蒋光慈的祖辈原籍是河南人，家里贫穷，从祖父起流落到安徽，靠抬轿为生。父亲蒋从甫，开一杂货铺，后自学诗文，被当地一塾馆聘为教师。蒋光慈九岁时，就是在父亲的塾馆里发蒙的。

蒋光慈十一岁，到故乡五十里外的志诚小学（属河南固始县）读书。当时具有进步思想的国文教员詹谷堂（1924年入党，后为鄂东地区党的负责人）对蒋光慈影响甚大。蒋光慈参加了詹谷堂组织的读书会，阅读了大量进步书刊。

1916年夏蒋光慈高小毕业，考入河南省固始中学。他对校长嫌贫爱富的做法极为不满，集合穷苦子弟打了校长，因而被开除回乡。

1917年蒋光慈在家从事农业劳动，自学半年。夏入安徽省立第五中学（校址在芜湖赭山）学习。这期间除对《新青年》《每周评论》等有兴趣外，并大量阅读无政府主义的有关著作，很崇拜刺杀俄皇的索非亚，曾作诗道：“此生不遇索非亚，死到黄泉也独身。”他还和校外的钱杏邨（阿英）、李克农等人成立“安社”（“安”即“安那其”的简称），出版油印小报《自由之花》。

1919年，“五四”运动在北京爆发。5月7日，芜湖各校成立学联，推选蒋光慈为芜湖学生联合会副会长；并在学校主编《自由魂》，用笔名蒋光赤在《皖江日报》发表诗文。7月19日，蒋光慈带领学生查禁洋货，鼓动罢市。年末，又以外省学生身份参加了河南开封以曹靖华为首成立的“青年学会”。

1920年，蒋光慈经南京去上海，通过陈望道、陈独秀、李汉俊的关系，加入上海社会主义青年团，并到中国共产党在上海发起组织创办的外国语社学习俄语。学习期间，阅读了《共产党宣言》等革命书籍，积极参加革命活动，印发传单，组织游行等。

1921年春末夏初，蒋光慈和刘少奇、任弼时、肖劲光、韦素园等携带上海社会主义青年团给第三国际密信，由上海吴淞口乘轮，经日本长崎，走海参威，到莫斯科，入莫斯科东方共产主义劳动大学中国班学习，专修政治经济学。在留苏期间，蒋光慈取俄名УТКуН(乌特金)。

1922年1月，共产国际在莫斯科召开远东各国共产党和民族革命团体第一次代表大会，刘少奇、任弼时、蒋光慈等为大会服务，参加编印会刊。是年转为中国共产党党员。在红场，和列宁一起参加星期六共产主义义务劳动。

1924年1月，列宁逝世，蒋光慈写诗《哭列宁》，坚信“死的是列宁的肉体，活的还是列宁的主义。”“列宁的心灵永化在无产阶级的心灵里。”蒋光慈在苏联写了不少热情洋溢的诗篇，这些诗篇大部分后来都收到第一部诗集《新梦》里。初夏，由莫斯科返回北京，转去上海，经瞿秋白介绍，在上海大学社会学系任教。3月1日，在《新青年》季刊第三期发表论文《无产阶级革命与文化》，署名蒋侠僧。11月15日，与沈泽民等组织春雷文学社，在上海《民国日报》副刊《觉悟》上办《文学专号》，仅出两期，长诗《哀中国》和论文《现在中国的文学界》在上面发表。

1925年1月，蒋光慈的第一部诗集《新梦》由上海书店出版。收1921年7月4日—1924年7月6日的作品，是作者“留俄三年中的诗集”。这部诗集，批评家钱杏邨曾推崇为“简直可以说是中国革命文学著作的开山祖”。2月协助郭沫若校译屠格涅夫的《处女地》，参加创造社，在《新青年》上发表怀念列宁的散文《在伟大的墓之前》。4月去北京参加中国共产党北方区执行委员会工作，5月中旬，由北方区党委负责人李大钊介绍往张家口冯玉祥将军处，担任苏联顾问翻译。10月，仍回上海。11月1日，第一部中篇小说《少年飘泊者》完稿，此时，他继续在上海大学任教，并在上海政法大学教俄语，后又在上海斜桥美专代课。12月为痛悼被军阀杀害的上海总工会副委员长刘华，写《在黑夜里——致刘华之灵》的诗。

1926年1月，上海亚东图书馆出版《少年飘泊者》，这部小说在读者中，尤其在青年读者中引起强烈反响，小说初版后，七年中就重版十五次。8月，与长期通信的河南文学青年宋若瑜结婚，同居一月后，宋因肺病住进江西牯岭医院，11月6日，宋病逝于牯岭。蒋光慈由沪前去安葬。一年以后，蒋光慈出版他和宋若瑜的通信集——《纪念碑》，以示纪念。

1927年1月，诗集《哀中国》、短篇小说集《鸭绿江上》出版，此二书都曾经瞿秋白校阅修改。蒋光慈和瞿秋白二人过从甚密。4月3日，写成反映上海工人武装起义的、被称为报告文学的中篇小说《短裤党》。小说发表后，瞿秋白称赞说：“暴民专政正是《短裤党》那篇小说的理想。”

“四·一二”以后，蒋光慈奔赴武汉，在《农工日报》副刊发表诗歌《到武汉以后》，表示要做中国的拜伦，为争自由而战。“七·一五”事变后，离武汉仍回上海。10月，中篇小说《野祭》出版。冬，与孟超，杨邨人，钱杏邨一起，按照武汉未完成的计划，着手筹办《太阳月刊》及春野书店。为促进革命的大联合，共同对敌，11月上旬，事先征得郭沫若同意，蒋光慈和郑伯奇、段可情等同志特地去拜见鲁迅，表示联合的意见，鲁迅先生欣然同意，并主张不必另办刊物，可以恢复《创造周报》，作为共同的园地。11月，《短裤党》出版，同时写成中篇小说《菊芬》。

1927年12月3日上海《时事新报》发表以鲁迅为首，郭沫若（化名麦克昂）、成仿吾、郑伯奇、蒋光慈列名的《创造周报复刊广告》，但当时因种种原因，此联合计划终未实现。

1928年1月1日，《太阳月刊》第一期出版。年初，成立太阳社。社中所有成员均为共产党员。2月，太阳社与创造社召开联合会议，蒋光慈作了关于当前文艺运动的发言。不久两社开始联合批评鲁迅，一场关于革命文学的论争由是开始。

蒋光慈的《哭诉》、《菊芬》、《最后的微笑》等陆续出版。10月1日，他主编的《时代文艺》创刊，写了卷头语，仅出一期。

1929年1月1日，蒋光慈主编的《海风周刊》创刊，3月1日，主编的《新流月报》创刊。4月，长篇小说《丽莎的哀怨》完稿。这部小说过多地同情白俄贵族妇女，渲染了不健康的情绪，小说出版后，遭到同志们的尖锐批评。11月间，蒋光慈因治疗肺结核病，东渡日本休养。在他的倡议与主持下，成立了太阳社东京支部。在日期间，蒋光慈译完了里别津斯基的小说《一周间》，写成长篇小说《冲出云围的月亮》和日记《异邦与故国》。蒋光慈在创作的同时，写了不少阐述无产阶级革命文艺理论的论文，并译介了苏联的文学创作与理论。

是年冬，回国后，与鲁迅、柔石、冯雪峰、夏衍、郑伯奇、冯乃超、彭康、阳翰笙、钱杏邨、戴平万、洪灵菲等十二人组成中国左翼作家联盟筹备小组。同时，太阳社自动解散，该社成员全部加入左联。

1930年1月，由田汉介绍，与南国社演员吴似鸿相识，2月结婚。2月，诗集《乡情集》出版。3月，左联在上海成立。蒋光慈因病未出席成立大会，大会选他为“左联”常务委员会候补委员。11月5日，长篇小说《咆哮的土地》完稿。当时由于党内的左倾路线的压迫，同时自己也滋长一些消极情绪，书写退党报告请钱杏邨转党组织。数日后，党地下报刊《红旗报》刊登了开除蒋光慈党籍的消息。

1931年1月，白色恐怖日趋严重，柔石等左联五烈士被捕牺牲，国民党曾开捕车到蒋光慈住地万宜坊捕捉蒋未遂，蒋被迫迁居。2月，在电车上被特务盯梢追捕，旋逃脱。

4月，蒋光慈肺病加剧，6月化名陈资川，借资住进虹口同仁医院三等病房。临逝世前，仍询问探病友人楼适夷、钱杏邨、杨邨人等，关心江西红军战斗情况。

1931年8月31日上午6时，蒋光慈病逝，终年三十一岁。即日下午，在细雨霏霏中，由钱杏邨、吴似鸿等送别，葬于江湾上海公墓。

1932年，蒋光慈的最后一部长篇小说《咆哮的土地》，改名《田野的风》在上海湖风书店出版。

1953年5月25日，由上海市文联主持，上海人民将蒋光慈的遗骸迁葬于虹桥公墓。陈毅同志书写墓碑“作家蒋光慈之墓”。

几点说明：

①关于蒋光慈的祖籍和出生地，过去有种种说法，经查实，蒋的祖籍应为河南，他出生于安徽省六安地区金寨县白塔畈。白塔畈过去属六安地区的霍邱县，现划归金寨县。

②蒋光慈就学的志诚小学、固始中学都属河南省。有的文章和书写为属安徽，错了；这是因为蒋的家乡与河南省界交接，常引起混淆。

③蒋光慈赴苏俄留学时间，根据多数材料查证，应为1921年春末夏初。但也有人据蒋1926年5月写的《弟兄夜话》考订蒋是1920年春赴苏俄学习。录此备进一步研究。

④蒋光慈入党的时间，据同去苏俄学习的吴葆萼及苏联《简明文学百科辞典》等均说是在1922年冬由社会主义青年团团员转为中国共产党党员。和刘少奇等在同一旅俄支部。有些文章将蒋入党时间提前的说法，不确切。

⑤关于蒋光慈逝世的确实日期和时间，过去说法不一。《新文学史料》1979年第4辑刊载的李华盛的《蒋光慈病逝的确切日期》（此文已收入本书），已考证清楚。至于蒋光慈的生卒年龄按虚岁计，是三十一岁，按足岁计，是三十岁。

本书编者

1982年8月于合肥

蒋光慈生平年表

（1901—1931）

1901年　　1岁

9月11日（农历七月二十九日），出生于安徽省六安地区金寨县南乡白塔畈（过去属霍邱县）一个轿夫家庭里。乳名小巧子。大哥蒋如谦（1891—1931），二哥蒋如让（1893—1931），他排行老三。妹妹蒋如香（今健在）。他家祖籍河南。祖父是个轿夫，逃荒流落到白塔畈，寄居在他人的牛棚柴屋里。父亲蒋从甫（1869—1942），自幼在外当学徒，经自学，能诗善文，后为塾师；祖父死后，父亲回乡经营粮食，做小本生意。母亲陈氏（1872—1947），劳动妇女。

1907年　　7岁

入白塔畈私塾读书。学名蒋如恒。自幼十分聪明，受到父母宠爱。

1912年　　12岁

蒋光慈面对家乡滔滔的沛河大水，作七绝一首："滔滔洪水害如何，商旅相望怕渡过。澎湃有声千尺浪，渔舟遁影少闻歌。"（此诗系湖北鹤峰燕子食品站郎育才同志于1980年提供，郎是蒋光慈父亲从甫先生的得意门生）。

1914年　14岁

父亲送蒋光慈到离家五十余里的河南省固始县县立志诚小学（校址在陈琳子）高小入丁班读书，父又改其名蒋宣恒。著名革命家詹谷堂（1882—1929，金寨县人，1924年参加中国共产党，1929年任鄂东北特委兼商城县中心县委书记，后调任红军独立十一师政委，部队调离后，由于坏人告密而被捕，被国民党反动派杀害。）是他的国文教师。

1916年　16岁

参加詹谷堂组织的“读书会”，阅读进步书刊，追求真理，曾赋诗抒怀，云：“昔日思班子（超），今朝慕列宁。”

在校期间，带领同学，砸了地方八保练总、太平天国叛徒李兆寿幼子李荫棠乘坐的轿子，引起轩然大波。

夏，高小毕业。与叶毓情等同学考入河南省固始中学。因受新思潮影响，对校长嫌贫爱富的做法强烈不满，集合贫苦子弟打了校长。年末，被学校开除回乡。

1917年　17岁

在白塔畈，放牛，自学半年。

夏，经安徽省立第五中学（校址在芜湖赭山）学生自治会会长、同乡李宗邺介绍，未经考试，即插入该校丙班学习。

安徽省立五中原为皖江中学，章士钊、陈独秀、柏烈武、苏曼殊等先后在此任教；并在芜湖长街创办“科学图书社”，是《新青年》杂志最早的“代派处”之一。他们在教学的同时，为推翻满清、建立民国作了许多有益的宣传工作。1916年前后，进步教育家、校长刘希平，新文学倡导者胡适、高语罕，前皖督、佛教哲学的宣传者孙少侯等曾来该校传播新思想。

光慈的国文程度闻名全校，受到高语罕等人的重视。

1918年　18岁

仍在五中学习，自号“侠生”。对社会不满，经常朗诵岳飞《满江红》词，喜爱陆游爱国诗章。常说："我所以自号'侠生'，将来一定做个侠客，杀尽这些贪官污吏。"后来发展为反对北洋军阀政府，愤而想当和尚，将"侠生"改为"侠僧"。他说"我当和尚，也还是做个侠客去杀人。"

克鲁泡特金、巴枯宁等人的无政府主义著作传到芜湖，李宗邺、胡苏明、吴葆萼、台逸谷、蒋光慈和外校的钱杏邨（即阿英）、李克农等人成立"安社"（按："安"即"安那其"的简称），出版油印小报《自由之花》，由李宗邺和蒋光慈主编，寄往各大城市的有关进步团体。他们还公演波兰作家廖抗夫的名剧《夜未央》，并轮流在《皖江日报》副刊《皖江新潮》上发表诗文，反军阀、反列强侵略、反旧式婚姻、反私有制度、反文言文、反穿绸缎、反坐人力车、反官僚校长等。

蒋光慈仰慕《夜未央》剧中的女英雄索非亚，反对家庭包办婚姻。当时，父母包办他与王书英订婚。他极不满此婚事，曾写诗云："此生不遇索非亚，死到黄泉也独身。"

1919年　　19岁

"五四"运动在北京爆发。5月7日，芜湖各校学生代表在乙种商校联会。会上省立五中和二中的代表成立学联，响应北京学生举行罢课的建议。代表推选蒋光慈为芜湖学生联合会副会长。他一直站在斗争前列，并在学校主编《自由魂》。他用笔名蒋光赤在《皖江日报》上发表诗文，被人称为"安徽二赤"之一（按：另一"赤"是学生联合会秘书长王赤华。王原名"持华"，改为"赤华"）。他常说："要救中国，必须在中国有一个十月革命。"由于劳累奔波，曾不止一次吐血。

5月19日，他带领学生，查禁洋货，打商会，打伤了芜湖商会会长汤善福，揭开了芜湖地区学生运动序幕。

此时，认识北大图书馆管理员蔡晓舟。蔡当时由北京到安庆开书店，经常将《湘江评论》、《钱江评论》等革命书刊送给蒋光慈，托他转赠进步同学。

河南开封第二中学学生以曹靖华等为首，成立"青年学会"。蒋光慈以外省学生身份参加该会。会员十余人（其中有蒋后来的爱人宋若瑜）。

1920年 20岁

3月1日，在河南开封曹靖华主办的《青年》杂志第四期上，以蒋侠生名发表《读李超传》。

4月4日，仍以蒋侠生名在《青年》第五期发表《我对于自杀的意见》。

春，中学尚未毕业，经蔡晓舟介绍，与吴保萼一起经南京去上海。通过陈望道、陈独秀、李汉俊的关系，加入上海社会主义青年团，入中国共产党上海发起组创办的“外国语学社”学习俄语，至次年春天。先后同学有：刘少奇、肖劲光、任弼时、曹靖华、韦素园、许之桢、彭湃等。

学习期间，积极参加革命活动。印发传单，做工，游行，阅读《共产党宣言》等革命书籍，思考中国革命问题。

6月4日，给开封河南省立第一女子师范学校学生、“妇女同志会”成员、《女权》杂志主编宋若瑜发出第一封联系信。

1921年 21岁

春，介绍沈泽民赴芜湖第五中学任数学教员。沈在芜湖组织了“芜湖学社”出版《芜湖》半月刊。

春末夏初，蒋光慈和刘少奇、任弼时、肖劲光、韦素园、吴保萼等携带上海社会主义青年团给第三国际的密信，用商人护照，由上海吴淞口乘货轮，经日本长崎，到达海参威，冒险奔赴莫斯科。

7月4日，于赴苏途中的乌拉尔山，写出第一首歌颂苏联的诗篇《红笑》（后收入诗集《新梦》）。

秋，入莫斯科东方共产主义劳动大学中国班学习，专修政治经济学。刘少奇负责管理全班事务。《北京晨报》驻莫斯科记者瞿秋白教授俄语，并兼理论课翻译。蒋光慈开始结识瞿秋白。

1922年　　22岁

1月，共产国际在莫斯科召开远东各国共产党和民族革命团体第一次代表大会。刘少奇、任弼时、蒋光慈等都抽调去为大会服务，并参加编印会刊。

7月3日，与瞿秋白的诗歌《赤潮集》唱和，写下《西来意》一诗。

是年，转为中国共产党党员。

是年，在莫斯科克里姆林宫参观时，见到列宁。在红场，和列宁一起参加星期六共产主义义务劳动。

1923年　　23岁

继续在苏联学习，钻研苏俄文学，从事新诗创作。

6月，在东方大学担任中国旅法班同学的俄语翻译。

1924年　　24岁

1月21日，列宁逝世。蒋光慈等中国班同学参加了追悼活动。

初夏，与萧三、严宽等，由莫斯科返回北京，在学生公寓见到李霁野、台静农、韦素园等同乡，表示要去上海从事革命文学创作活动。

夏，在上海。经瞿秋白介绍，在上海大学社会学系任教，兼俄语课。积极培养附中半工半读学生刘华等工运骨干力量，并坚持革命文学创作活动。

8月1日，在《新青年》季刊第三期发表论文《无产阶级革命与文化》，署名蒋侠僧。

秋，给宋若瑜发出第一封表示爱情的信。11月3日，接到宋若瑜复信。

11月15日，在上海《民国日报》副刊《觉悟》上发表《“春雷文学社”启事》：“我们这几个人——光赤、秋心、泽民、环心组织了这个文学社，宗旨是想尽一点力量，挽回现代中国文学界‘靡靡之音’的潮流，预备每星期日在《觉悟》上出《文学专号》，请读者注意。”《文学专号》是他回国后所办的第一个文学刊物，仅出两期。发表了《我们是些无产者》（诗）、《哀中国》（长诗）、《现在中国的文学界》（论文）。

1925年　　25岁

1月1日，在《民国日报》副刊《觉悟》上发表《现代中国社会与革命文学》，倡导革命文学，指出："谁个能够将现社会的缺点、罪恶、黑暗……痛痛快快地写将出来，谁个能够高喊着人们来向这缺点、罪恶、黑暗……奋斗，则他就是革命的文学家，他的作品就是革命文学。"

1月，第一部诗集《新梦》由上海书店出版。收1921年7月4日—1924年7月6日的作品，是作者"留俄三年中的诗集"。高语罕为本书作序。扉页刻有题词："这本小的诗集，贡献于东方的革命青年。"

2月，参加上海纱厂三万工人大罢工运动。

春，郭沫若是郁达夫陪同下于上海第一次会见蒋光慈。他帮助郭沫若校译屠格涅夫的《处女地》。参加创造社。支持瞿秋白恢复出版《新青年》杂志，积极撰稿，并先后发表《发伟大的墓之前》等散文。

4月17日受党中央派遣去北京，参加中国共产党北方区执行委员会工作。

5月中旬，由北方区党委负责人李大钊介绍往张家口冯玉祥处，担任苏联顾问的翻译。

夏，在北京与赵世贵一起介绍同乡李云鹤加入中国共产党(次年，李即任中共河北省委书记。)。

6月16日，写信给宋若瑜，信中署名蒋光慈。

7月20日，未婚妻宋若瑜偕母亲同往北京，与蒋光慈正式确定爱情关系。8月6日，宋若瑜和母亲离京返开封。

9月，宋若瑜在蒋光慈的经济支持下，重去南京东南大学教育系复学。

10月，由张家口去南京，看望宋若瑜，并抵达上海。

秋，在沪与瞿秋白，张太雷住在一起，并经秋白介绍，与孟超相识。

11月1日，第一部中篇小说《少年飘泊者》完稿。

此时，他继续在上海大学任教，并在上海法政大学教俄语，后又在上海斜桥美专学校代课，同时坚持革命文学创作活动。每周末去工厂参加工人运动，或去上海持志大学从事学生运动。

12月21日，为工人运动领袖刘华的牺牲，写了悼念诗《在黑夜里》。

是年，父亲蒋从甫因光慈是共产党，被迫避居六安县莲花庵(今属六安县沛东公社），开米行，兼教私塾，维持生计。

年底或次年初，蒋光慈陪同瞿秋白访晤郭沫若。这是瞿、郭两人第一次见面。

1926年　　26岁

1月，《少年飘泊者》由上海亚东图书馆出版。

2月，宋若瑜在开封患重病，蒋光慈由沪赶往探视。

上半年，曹靖华由北京去广州参加北伐。途经上海，光慈在宴席上批评鲁迅“不革命”，靖华与之辩论。

5月，大哥蒋如谦由安徽老家来沪探望他，并劝婚，蒋光慈拒绝与王书英结婚，后写短篇小说《弟兄夜话》，该小说即取材于这件事。

6月，俄国文学家皮涅克到“南国社”适逢“电影剧社”拍摄电影《到民间去》，皮涅克饰俄国诗人，光慈饰翻译兼陪客。由是他与田汉结交。

7月，宋若瑜抵沪。曾帮助他誊抄《弟兄夜话》手稿。

8月15日（旧历）前，与宋若瑜结婚，当时宋肺病已重。同居一个月后，宋因肺病住进江西牯岭医院。

9月下旬（或10月上旬）蒋光慈去庐山牯岭照应宋若瑜。同时写了《橄榄》《逃兵》等短篇小说。

11月6日，宋若瑜病逝于牯岭。蒋光慈由沪去安葬。

1927年　　27岁

1月，诗集《哀中国》（瞿秋白题签）由汉口长江书店出版。

1月，短篇小说集《鸭绿江上》出版。扉页上的题词：“本书纪念亡妻若瑜”。该书曾经瞿秋白审阅修改，蒋瞿二人过从甚密，蒋是瞿家的常客。

4月3日，写成《短裤党》，反映上海工人武装起义，被称为报告文学的中篇小说。小说的素材主要由瞿提供，书名也是他们讨论后拟定的。定稿前，秋白曾殷切地对他说：“要写好深刻真实地反映革命的作品，必须积极地参加实际斗争，深切地了解革命和革命群众。”并希望他今后努力克服粗糙、艺术性较差的缺点。小说发表后，秋白称赞说："暴民专政正是《短裤党》那篇小说的理想。"

5月，赴武汉。在《农工日报》副刊发表诗歌《到武汉以后》，表示想做中国的拜伦，为争自由而战。同月，钱杏邨、孟超、杨邨人在中共中央宣传部出版科工作。光慈以文会友。其间，瞿秋白曾谈到创办革命文学刊物的问题。他们四人拟办《太阳》刊物，但集稿之际，发生"七·一五"事变，遂先后离开武汉。

8月10日下午，在戒严期间，过江与钱杏邨见面。

8月24日，蒋光慈准备取道旱路回安徽老家，钱杏邨为其开了旱路路程单。

8月26日，钱杏邨接紧急函件，离开武汉，书面向光慈、孟超、杨邨人告别。

9月6日，蒋光慈经芜湖直接去上海。

9月21日，钱杏邨接光慈由沪发来的索稿信件。

10月6日，写成长诗《哭诉》。

10月20日，中篇小说《野祭》出版。

冬，正式将笔名"光赤"改为"光慈"。和创造社合作，为《创造周刊》集稿。

冬，与孟超、杨邨人、钱杏邨一起，按照武汉未完成的计划，着手筹办《太阳月刊》及春野书店。并动员瞿秋白参加太阳社。成立春野书店，决定出版《太阳月刊》（是征得组织许可，经瞿秋白的同意的。杨之华有时为他们传达秋白的意见）。

11月1日，《俄罗斯文学》付印。瞿秋白将他访苏期间写下的《俄国文学史》以《十月革命前的俄罗斯文学》为题，交给光慈，作为《俄罗斯文学》的下卷。光慈在"书前"写道："关于本书的下卷，我要深深地感谢我的朋友屈维它（秋白的笔名——编者）。因为这是他的原稿，得着他的同意，经我删改而成的。"

11月9日午后，在郭沫若的允可下，蒋光慈、郑伯奇、段可情三人去上海横浜路景云里二十三号访问鲁迅先生，谈联合的意见。鲁迅先生立即欣然同意，并且主张不必另外办刊物，可以恢复《创造周报》，作为共同的园地，他将积极参加。大家都很高兴。郭沫若也表示欢迎。

11月11日，《纪念碑》（与宋若瑜通信的合集）出版。《短裤党》出版。

11月26日，写成中篇小说《菊芬》。

1928年　　28岁

1月1日，蒋光慈等编辑的《太阳月刊》第一期出版。

上海《时事新报》发表以鲁迅为首，郭沫若（化名麦克昂）、蒋光慈、成仿吾、郑伯奇等列名的《创造周报复刊广告》。但刚从日本回国的创造社的一些青年认为这不足以代表一个“新的阶段”，废除了前议，另外创刊《文化批判》。

《太阳月刊》和《文化批判》都从创刊号起连续发表蒋光慈的论文《现代中国文学与社会生活》、《关于革命文学》等，引起革命文艺队伍内部创造社、太阳社与鲁迅之间的一场关于革命文学的争论。

年初，发起成立太阳社。党中央负责人瞿秋白、杨匏庵、罗绮园等出席成立大会。成员均是共产党员。蒋光慈（一说是阿英）任太阳社党支部书记，属于上海闸北区文化支部。

1月，蒋光慈认识了诗歌爱好者、上海同济大学学生殷夫，很器重他的诗作，在创作和思想上给予他很大帮助。

2月，《太阳月刊》2月号发表钱杏邨《死去了的阿Q时代》，批评鲁迅。

2月，太阳社与创造社召开联席会议，成仿吾主持，蒋光慈、钱杏邨、杨邨人、冯乃超、彭康、李初梨、郑伯奇、张资平、华汉、李一氓、龚冰庐、李铁声、朱镜我、王独清等参加。蒋光慈作了关于当前文艺运动的发言。两社开始联合批评鲁迅。

3月18日，《哭诉》作为“太阳小丛书”第四种出版。

4月1日，在《太阳月刊》4月号蒋光慈发表《论新旧作家与革命文学》，署名华希里。同期，殷夫以“任夫”笔名发表了第一组长诗《死神来到之前》。

4月1日《菊芬》出版。

7月1日，为《太阳月刊》停刊号（7月号）写了《停刊宣言》。

9月，长篇小说《最后的微笑》出版。

10月1日，他主编的《时代文艺》创刊。写了《卷头语》，仅出一期。

1929年　　29岁

1月1日，主编《海风周报》创刊（共出十七期，5月25日停刊）。

3月1日，主编《新流月报》创刊，他写了《编后》（共出四期，第五期改为《拓荒者》）。

4月1日，在《新流月报》第二期扉页上登载《蒋光慈启事》，说因身体不好，不再担任编辑工作，实际是为了斗争的策略，仍继续担任主编。

4月14日，长篇小说《丽莎的哀怨》完稿。

8月下旬，离沪，25日抵日本东京，养病。

9月5日，译完苏联里别津斯基的长篇小说《一周间》。

9月，太阳社同人楼适夷、冯宪章、森堡等均在东京。为了便于联系工作和共同学习，蒋光慈建议成立太阳社东京支部（支社），并发展青年作者何劲锋等参加。

10月12日，写成长篇小说《冲出云围的月亮》。

10月22下午，去日本左翼文学家藏原惟人处还书，讨论文学问题。

10月30日下午，去藏原惟人处借书，并讨论翻译等问题。相商拟拜访东方普罗作家的老前辈藤森成吉。

11月15日，从东京启程回国。

冬，与钱杏邨一起受地下党派遣，与田汉联系参加"南国社"活动，使"南国社"迅速左倾。

冬，鲁迅、柔石、冯雪峰、夏衍、郑伯奇、冯乃超、彭康、阳翰笙、蒋光慈、钱杏邨、戴平万、洪灵菲十二人组成"中国左翼作家联盟"筹备小组。蒋光慈在小组成员会议上介绍苏联"拉普"纲领和组织情况。

12月，太阳社自动解散，后该社成员全部加入"左联"。

1930年　　30岁

1月10日，主编《拓荒者》创刊（从第三期起成为左联机关刊物共出五期，1930年5月停刊）。

1月15日，《异邦与故国》（即旅居东京日记）出版。

1月，《冲出云围的月亮》出版。署名华维素。由田汉介绍和南国社演员吴似鸿相识。参加南国社在法国俱乐部召开的扩大茶话会。会上作了“艺术与人民关系”的发言。

2月（春节前几天），与吴似鸿结婚。邀请洪灵菲等十对夫妇参加婚礼。后为吴似鸿改名“苏虹”。意思是：苏者，苏联；虹者，象彩虹一样的美。

2月16日，在党组织的安排下，“左联”筹备小组召开以“清算过去”和“确定目前文学运动的任务”为题的讨论会，决定成立左翼作家联盟。

2月20日，诗集《乡情集》出版。

3月2日，“左联”在上海成立，蒋光慈因病未出席成立大会，会上被选为“左联”的常务委员会候补委员。

夏，父亲蒋从甫携侄儿来到上海万宜坊探望光慈。因白色恐怖严重，行动不自由，老人仅住月余，即返回安徽老家。

秋，一老同学寄来炫耀自己投靠国民党反动派的全副武装的照片和自印诗集《孤鸿吟》。光慈接件后掷于地下，并作七绝四首。据蒋光慈侄儿蒋成思回忆（参看1961年8月31日《新民晚报》），这四首诗是：

秋深接读故人诗，风雨联床忆旧时；
不道当年生死友，而今分道两相驰！

只因不做黄粱梦，海上飘零已数年。
寄语故人身尚健，箪瓢陋室亦安然。
中原到处血殷红，欲哭黄花泪亦穷。
无力文章难化剑，浦江鸣恨水空窿。

□□□□□□□ □□□□□□□，
闻道刘郎声势赫，墓陵风雨鬼哀鸣！

10月底，与吴似鸿一起拜访胡也频、丁玲。

11月5日，最后一部长篇小说《咆哮的土地》完稿（1932年改名为《田野的风》出版）。

12月，《咆哮的土地》在国民党压迫下不能出版。接着，他的许多作品也陆续被查禁，不准销售。

冬，在上海的万坊寓处，出于对当时党内的左倾路线的不满，书写退党报告请钱杏邨转交给党组织。数日后，党的地下刊物《红旗报》上刊登了开除蒋光慈党籍的消息。

1931年　　　　31岁

1月初，国民党特务捕车开到万宜坊，捕捉未遂，光慈被迫迁居。

1月8日，党的六届四中全会确立了王明左倾机会主义路线的统治地位，瞿秋白被开除出中央政治局。

1月17日，"左联"胡也频等五位作家被捕。得知消息后的当天，光慈立即去"左联"开会商讨营救办法。

2月，在电车上被特务盯梢追捕，旋逃脱。

4月，吴似鸿因肺病独自去杭州西湖疗养。

4月，病。楼适夷、钱杏邨前去探望。他病情严重，仍关心江西红军的情况。

夏，贫病交加，生活日窘，情绪悲观。郁达夫曾表示愿意介绍他去中华书局搞翻译工作，未成。

6月，因病重，化名陈资川，住进虹口同仁医院三等病房。

8月，医生诊断为肠结核、肺病二期。他几次要求医生，允许他用安眠药自杀，以减少痛苦，均为医生所拒绝。光慈考虑自己行将离世，写信给父亲诀别。委托亚东书局经理汪孟邹等代拟"遗嘱"，并在"遗嘱"上签字。

8月30日下午，杨邨人去医院探视，光慈用手势询问井冈山红军战斗情况。

8月31日上午6时，病逝，终年三十一岁。即日下午，在细雨霏霏中葬于沙湾上海公墓。送葬者有吴似鸿、钱杏邨、杨邨人、楼适夷和亚东书局的汪孟邹、陈啸青等。墓穴号777，更名为蒋资川。

9月15日，“左联”外围刊物《文艺新闻》出版哀悼蒋光慈逝世的《追悼号》。钱杏邨等撰写悼念诗文。

是年，光慈的大哥如谦、二哥蒋如让相继病故。父亲蒋从甫连失三子，悲痛欲绝，写诗曰：“怕临残境发忧白，每到伤心泪滴红。”

1953年5月23日，上海市文联将蒋光慈的遗骸，迁至虹桥公墓安葬，夏衍同志主祭。陈毅市长写墓碑：“作家蒋光慈之墓”。

创作自述

《新梦》自序

这一本小册子是我留俄三四年中的诗集，从前我在国内时，也曾作了许多诗歌，但是随作随丢，现在无从收集。这一本小册子完全没有插入一首去国前的作品。

"诗人"这个名词本身上原没有什么好坏之可言。我以为诗人之伟大与否，以其如何表现人生及对于人类的同情心之如何而定。我们读歌德、拜论、海涅、惠德曼诸诗人的作品，总觉得他们有无限的伟大，但是一读苏东坡、袁子才诸诗人的作品，则除去吟风弄月和醇酒妇人而外，便没有什么伟大的感觉了。

我呢？我的年龄还轻，我的作品当然幼稚。但是我生适值革命怒潮浩荡之时，一点心灵早燃烧着无涯际的红火，我愿勉力为东亚革命的歌者！

俄国诗人布洛克说：

"用你的全身、全心、全意识——静听革命啊！"

我说：

"用你的全身、全心、全意识——高歌革命啊！"

1924年3月1日蒋光慈于莫斯科

（摘自蒋光慈诗集《战鼓》上卷）

《少年飘泊者》自序

在现在唯美派小说盛行的文学界中，我知道我这一本东西，是不会博得人们喝采的。人们方群沉醉于什么花呀，月呀，好哥哥，甜妹妹的软香巢中，我忽然跳出来做粗暴的叫喊；似觉有点太不识趣了。

不过读者切勿误会我是一个完全粗暴的人！我爱美的心，或者也许比别人更甚一点；我也爱幻游于美的国度里。但是，现在我所耳闻目见的，都不能令我起美的快感，更哪能令我发美的歌声呢？朋友们！我也实在没有法子啊！

倘若你们一些文明的先生们说我是粗暴，则我请你们莫要理我好了。我想，现在粗暴的人们毕竟占少数，我这一本粗暴的东西，或者不至于不能得着一点儿同情的应声。

蒋光赤 1925 年 11 月 1 日于上海

《鸭绿江上》的自序诗

我曾忆起幼时爱读游侠的事迹，
那时我的小心灵中早种下不平的种子；
到如今，到如今呵，我依然如昔，
我还是生活在不平的空气里！
我也曾爱幻游于美的国度里，
我也曾做过那温柔的温柔的蜜梦；
我也曾愿终身无虑地依傍着花魂，
而不是在象牙塔中漫吟低唱的诗人。
从今后这美妙的音乐让别人去细听，
这美妙的诗章让别人去写，我可不问；
我只是一个粗暴的抱不平的歌者，
我但愿立在十字街头呼号以终生！
朋友们，请别再称呼我为诗人，
我是助你们为光明而奋斗的鼓号，
当你们得意凯旋的时候，
抚摩着那仙女的玉腻的酥胸。……
但是到如今呵，消散了一切的幻影，
留下的只有这现存的真实的悲景！
我愿闭着眼睛追寻那仙女的歌声，
但是我的耳鼓总为着魔鬼震动得不宁。

是的，我明白了我是为着什么而生存，
我的心灵已经被刺印了无数的伤痕，
我不过是一个粗暴的抱不平的歌者，
我的责任也就算尽了！……

1926年10月28日蒋光慈

本书纪念亡妻若瑜

与若瑜决定正式关系不过一年，而这一年中她也就完全在病的状态中。本书是在这一年中写成功的。现在本书出版的时候，她却久已离开人世，而无一读的机会。人世间真有许多难以逆料者！呜呼！

短裤党

写在本书的前面

法国大革命时，有一群极左的，同时也就是最穷的革命党人，名为“短裤党”（Des Sans-culottes）。本书是描写上海穷革命党人的生活的，我想不到别的适当的名称，只得借用这“短裤党”三个字。

花了半个月的工夫，写成了这一本小书。当写的时候，我为一股热情所鼓动着，几乎忘记了自己是在做小说。写完了之后，自己读了两遍，觉得有许多地方很缺乏所谓“小说味”，当免不了粗糙之讥。不过本书是中国革命史上的一个证据，就是有点粗糙的地方，可是也自有其相当的意义。

我真感谢我的时代！它该给与了我许多可歌可泣的材料！可惜我的文学天才是很薄弱的，我不能将它所给与我的统统都好好地表现出来。我现在努力完成我的时代所给与我的任务。我能不能完成这个任务呢？这要看我努力的如何罢？……

当此社会斗争最剧烈的时候，我且把我的一枝秃笔当做我的武器，在后边跟着短裤党一道儿前进。

1927年4月3日于上海

《纪念碑》序

若瑜死了已经一周年了。今天是她死后周年的忌日，我有什么话好说呢？我只有表示不出来的无涯际的悲哀，深沉的苦痛！除了悲哀与苦痛而外，我还能说些什么话呢？有什么话可以表示出我的心境来？……

今天我应在烟雾迷濛中的牯岭上面，伏着那凄凉的，被风雨所飘零的孤坟痛哭，一方面吐尽生者的悲哀，一方面慰藉死者的幽魂。但是因为时局的影响，我只能立在黄埔滩上向着那遥远的，不呈现面目的庐山洒泪。“魂兮归来，我的爱人！魂兮归来，我的若瑜！……”唉！对于我只有这凄惨的泣号，除此凄惨的泣号而外，我没有其它的东西可以为对于死者的奠祭。

在这若瑜死后的一周年中，我总想将我与她的历史写出一部书来，做为永久的纪念。但每一提起笔来，我的心就颤动了。我的头就昏忺了，茫然不知从何说起，怅然不知如何表示，直到如今连一个字儿都没写出来。这大约是因为我的文学天才不能充分地表现出我的如海一般深的悲哀来。喂！我还配称一个文学家吗？若瑜呵！我对不起你！我对不起你呵！……

也许我终久是要把这一本书写成功的。现在且让我把我俩的通信整理一下，一切都仍其旧，一字不易地印出书来，做为一个小小的纪念碑。我俩所通的信当然比现在所印行的数量要多些，但是因为有很多的信都被散遗了，无从收集，只得仅限于此了。惯于流浪的我，行踪不定。今天也不知明天要到何处去，因之这些尚存留的信札，再将被我遗失了，也是意中事。但是这些信札是我此生中的最贵重的纪念物，我应当将它好好地存留起来。不但要藉之以纪念死者，并藉之以为生者的安慰。若瑜虽然是死了，但是她所遗留给我的爱迹是永远存在的。我把这本书印行了，也许读者要骂我为多事，但是我却以为这是我应当做的事。

我现在说不尽若瑜所有的好处，她的贵重的性格，她所给与我的真诚的爱……当她生的时候，我还不觉得她对于我是这般的贵重，但是现在？……唉！我的天哪！你竟永远地将我的贵重的若瑜夺去了！我诅咒你，我永远地诅咒你！

倘若若瑜还健在的时候，那她将要如何地督促我，鼓励我，安慰我呢！她生前很坚决地希望我成为一个伟大的平民文学家，因之，她除了安慰我而外，还能督促我，鼓励我。但是现在呢？她死了！……我还是这般的无成就！我惭愧我辜负了她的希望！

我曾幻想与若瑜永远地同居，永远地共同生活，永远地享受爱情的幸福。但是在这一生中，我统共只与她同居了一个月，短促的一个月！唉！这是她的不幸呢还是我的不幸呢？我陷入无底的恨海里。我将永远填不平这个无底的恨海。

在此填不平的恨海中，让这一本书信的集子做为永远不灭的纪念碑罢！……

蒋光慈，一九二七年，十一月，六日于上海。

《野 祭》书 前

惯于流浪的我，今年又在武汉过了几个月。在这几个月之中，若问起我的成绩来，是一点也没有的。幸而我得遇着了一位朋友陈季侠君，在朝夕过从间，我得了他的益处不少。我们同是青年人，并且同是青年的文人，当然爱谈到许多许多恋爱的故事。陈君为我述了他自身所经历的一段恋爱的故事，我听了颇感兴味，遂劝他将这一段恋爱的故事写将出来，他也就慨然允诺，不数日而写成。我读了之后，觉得他的这本小书虽然不是什么伟大的制作，但在现在流行的恋爱小说中，可以说是别开生面。它所表现的，并不在于什么三角恋爱，四角恋爱，什么好哥哥，甜妹妹……而是在于现今的时代，在这个时代之中有两个不同的女性。也许它所表现的不深刻，但是……呵！我暂且不加以批评罢，读者诸君自然是会批评的。我的责任是在于将它印行以公之于世。我本不喜欢专门写恋爱小说的作家，但是现在恋爱小说这样地流行，又何妨将陈君的这本小书凑凑数呢？

《异邦与故国》序

这是我在东京养病时一部分日记。不待读者指责，我先行承认；这不过是我个人生活的纪录而已，并没有什么意义。因为只是我个人生活的纪录，所以读者在此也得不到东京，尤其是日本的整个的印象。

像我这样年纪还轻的作家，本不应当即行将个人的日记发表出来，但是一因为要纪念此行，二因为经济的催促，所以也就不得不做例外的事了。

一九二九，二，一，上海。

（上海现代书局，1930年1月15日初版）

《中国新兴文学短篇创作选》

（失业之后）前言

在艰苦的三年奋斗之中，中国的新兴阶级文艺运动，因着客观条件的成熟，不但获得了它的存在权，而且是渐次的把这一运动的基础植立在被压迫的大众之间了。

在三年来整个运动的进展上，虽不能说是有怎样的惊人的成绩，但它是在幼稚与错误之中，慢慢的生长而且健康起来，而且在每一个阶段上，相当的完成了它的任务，除掉文艺运动上的取消主义者，根本上否定这三年来的运动的意义外，这大概谁个都能理解的事吧。

目前，整个的新兴阶级文艺运动，是更加活泼起来了。它不但一天一天的与整个新兴阶级政治运动很密接的配合起来，更具体的担负起它的对于新兴阶级解放运动的斗争的任务，而且是通过了仅止“倾向正确”与“意识健全”的要求，走向“情绪的新兴阶级化”的克服的一阶级了。

这一部选集里所选的一些作品自然不能说是怎样健康的，也不能说是完全适应于现阶级的要求的，更不能说是最精粹的选集；然而，这些作品，确实是显示了中国新兴阶级文艺的最初姿态，从写作的时间上也呈现了三年来的作品的发展的一般形式。

读者诸君，请在这一部选集里，去认取中国无产阶级文艺的最初的画像吧！

蒋光慈一九三〇年五月四日

〔**附记**〕关于这一部选集的分卷与编次，是没有一定计划的，只要选辑到够一卷的字数的稿件时，就按着各篇的发表时间顺序排印起来。这是希望读者特别注意的。

〔**附记二**〕本来很想写一篇比较长一点的序引，因为近来旧病复发，不能工作，只得简单的写下一点随感，作为选集的前言，如果最近病体能够复元，在本书再版时，大概总可重写一篇的。

著译年表及著译书目

著译年表

1920年

读李超传（诗）

载《青年》半月刊（开封二中青年学会主编）第四期，3月1日出版，署名蒋侠生。

我对于自杀的意见

载《青年》第五期，4月4日出版，署名蒋侠生。

1921年

红笑（诗）

7月4日作于乌拉岭，收入《新梦》。

十月革命纪念（诗）

10月25日作，收入《新梦》。

无穷的路（诗）

12月26日作，收入《新梦》。

1922年

太平洋上的恶象（诗）

1月为远东劳动大会作，载1924年11月9日上海《民国日报》副刊《觉悟》，署名光赤，收入《新梦》。

我怎当怎样呢（诗）

2月5日作，收入《新梦》。

劳工歌（译诗）

2月19日译，未署原作者，收入《新梦》。

梦中的疑境（诗）

2月24日作，载1924年11月9日《觉悟》，署名光赤，收入《新梦》。

听鞑靼女儿唱歌（诗）

2月27日作，载1924年11月9日《觉悟》，署名光赤，收入《新梦》。

复活节（诗）

1922年复活节作，载1924年11月9日《觉悟》，署名光赤，收入《新梦》。

新梦（诗）

4月30日作，收入《新梦》。

接到第一封家信之后（诗）

6月3日作于达齐，收入《新梦》。

西来意（诗）

7月23日作，诗前有序："读维它所著《赤潮集》，见序文中有"西来意"三字，不禁生感，爰做此诗，并呈维它。"维它即瞿秋白同志。载1924年11月21日《觉悟》，署名光赤，收入《新梦》。

无题（译诗）

俄国那特孙原作，8月24日译于莫斯科，载1924年11月22日《觉悟》，署名光赤，收入《新梦》，题作《〇〇〇》，即无题之意。

《〇〇〇》（译诗）

俄国涅格拉梭夫原作，9月21日译，收入《新梦》。

秋日闲忆（诗）

9月27日作于莫斯科乡间，收入《新梦》。

自题小照（诗）

10月18日作，收入《新梦》。

少小怀雄思——笑俗儿（诗）

据蒋光慈侄蒋成思（蒋如谦子）回忆，此诗为蒋光慈1922年作，五言二十八句，现缺第二十一句五字。见1961年8月31日《新民晚报》《蒋光慈遗诗》一文。

1923年

我的心灵（诗）

1月24日作，载1924年11月24日《觉悟》，署名光赤，收入《新梦》。

暴动——追念威尔汉（译诗）

俄国布留梭夫原作，2月4日译，载1924年12月18日《觉悟》，收入《新梦》。

钢刀与肉头——读中国报纸作（诗）

2月12日作，收入《新梦》。

病魔（诗）

3月24日、3月26日、4月3日分段作成，收入《新梦》。

一个从红军退伍归农的兵士（诗）

5月6日作，载1924年12月19日《觉悟》，题作《一个退伍归农的红军》，收入《新梦》。

柳絮（诗）

5月20日作，收入《新梦》。

中国劳动歌（诗）

7月9日作，收入《新梦》。

送玄庐归国（诗）
11月29日作，载1924年12月24日《觉悟》，署名光赤，收入《新梦》。

昨夜里梦入天国（诗）
12月1日作，载1924年12月24日《觉悟》，署名光赤，收入《新梦》。

我要拼命地活着（译诗）
俄国布洛克原作，12月3日译，收入《新梦》。

小诗（诗）
12月12日作，收入《新梦》。

莫斯科吟（诗）
12月12日作，载1924年11月8日《觉悟》，题作《莫斯科》，署名光赤。收入《新梦》。

小诗（诗）
12月20日作，收入《新梦》。

经济形式与社会关系之变迁（论文）
载1923年12月20日出版《新青年》季刊第二期，署名蒋光赤。

1924年
哭列宁（诗）
1月22日作，前有小序，载1925年2月8日《觉悟·列宁号特刊》，署名蒋光赤，收入《新梦》。

与一个理想的她（诗）
10月30日作，收入《新梦》。

人生的格言（译诗）
俄国巴尔茫特原作，1月30日译，收入《新梦》。

《〇〇〇》（诗）
2月4日作，收入《新梦》。

《倘若你是聪明的》（诗）
2月5日作，收入《新梦》。

每回搔首东望（诗）
2月8日作于瓦斯金乡下，收入《新梦》。

月夜的一瞬（诗）
2月20日作于瓦斯金乡下，收入《新梦》。

劳动的武士（诗）
2月23日作，收入《新梦》。

小诗（诗）
十二首，2月25日作，收入《新梦》。

临列宁墓（诗）
2月25日作，收入《新梦》。

新梦自序
3月1日作于莫斯科，收入《新梦》。

十月革命的婴儿——我对于皮昂涅克的敬礼（诗）
4月4日作，收入《新梦》。

怀拜伦（诗）
拜伦殁后百年纪念日（4月19日）作，载6月21日《觉悟》，署名蒋光赤，收入《新梦》。

赠友（诗）
1924年上半年，蒋光慈同学李宗邺曾作七言诗一首寄赠在莫斯科的蒋光慈，不久，收到蒋光慈步李诗原韵七言诗一首，据李回忆诗如下；“阳春未到必经秋，天道循环有自由。冲出云围还是月，共君携手看沉浮。”

与安娜（诗）
7月6日作，收入《新梦》。

怀都娘（诗）
7月作，载9月28日《觉悟》，署名蒋光赤。收入诗集《哀中国》。

无产阶级革命与文化（论文）
载1924年8月1日出版的《新青年》季刊第三期，署名蒋侠僧。

唯物史观对于人类社会历史发展的解释（论文）
载1924年8月1日出版的《新青年》季刊第三期，署名蒋侠僧。

一封公开的信——《驳抱朴》（书信）
8月23日作，载1924年8月28日《觉悟》，署名蒋光赤。

余痛（诗）
载1924年9月7日《觉悟》，署名蒋光赤。

外报鼓吹国际管理中国之又一论调（评论）
载1924年9月17日出版《向导》周报第八十三期，署名光赤。

罢工（诗）
9月25日作，载9月27日《觉悟》，署名蒋光赤。收入《哀中国》。

抱朴与反革命（通信）
9月25日作，载9月27日《觉悟》，署名蒋光赤。

在战争中（诗）
载1924年9月29日出版的《文学周报》第一四一期，署名蒋光赤，该诗分七章，共五十行，未收入专集。

蒋光赤小启事
9月29日作，载9月30日《觉悟》，对《文学周报》编辑把《在战争中》一诗里的军阀“齐燮元”三字改为“兵士”不满，说《时事新报》“怕触了齐燮元的怒，而我却不怕”。

我本是一朵孤云（诗）

10月1日作，收入《哀中国》。

我们是些无产者（《觉悟·文学专号》宣言）（诗）

10月8日作，载11月16日《觉悟·文学专号》第一期，署名蒋光赤，收入《哀中国》时题作《我是一个无产者》。

诗人的愿望（诗）

10月9日作，收入《哀中国》。

海上秋风歌（诗）

1924年秋作于上海，载《猛进》周刊第32期（1925年10月9日出版），署名蒋光赤，收入《哀中国》。

追悼死者（散文）

载10月26日上海《民国日报·黄仁纪念号》，署名光赤。

红布（小说）

载11月10日《觉悟》，署名光赤。

哀中国（诗）

11月21日作，载11月23日《觉悟·文学专号》第二期，署名蒋光赤，收入《哀中国》。

通信——对诗集《新梦》出版情况给读者的通信

载《觉悟·文学专号》第2期，署名光赤。

现代中国的文学界（评论）

载《觉悟·文学专号》第一、二期，未完，署名蒋光赤。

单恋者之烦恼（诗）

12月4日作，收入《哀中国》。

列宁主义之民族问题的原理——译自俄国斯大林所著之《列宁主义》（译文）

载《新青年》季刊第四期国民革命号，12月20日出版，署名蒋光赤。

第三国际第二次大会关于民族与殖民地问题的议案（译文）

载《新青年》季刊第四期国民革命号，署名光赤。

民族与殖民地问题——列宁在第二次国际大会之演说（译文）

载《新青年》季刊第四期国民革命号，署名蒋光赤。

我们穷人不能再要你了（诗）

载1924年12月25日《觉悟·非基督教特刊》第十九期，署名蒋光赤，未收入专集。

耶稣颂（诗）

12月25日作，收入《哀中国》。

过年（诗）

12月31日作，收入《哀中国》。

1925年

现代中国社会与革命文学（论文）

载1月1日《觉悟》，署名光赤。

纪念碑（书信）

致宋若瑜通信四十封，收在《纪念碑》下卷，除第一封信写于1924年11月3日外，其余三十九封信写于1925年1月11日至9月4日。蒋光慈宋若瑜通信集《纪念碑》，上海亚东图书馆1927年11月初版。

给——（诗）

1月22日作，收入《哀中国》。

也或者你太过于丰艳了（诗）

2月4日作，收入《哀中国》。

哭孙中山先生（诗）

3月13日作，收入《哀中国》。

在伟大的墓之前（散文）

载《新青年》不定期刊第一号（列宁号），4月22日出版，署名蒋光赤。

列宁年谱

载《新青年》不定期刊第一号（列宁号），4月22日出版，署名蒋光赤。

血花的爆烈（诗）

6月2日作，载1926年6月5日出版的《光明》半月刊第一期，署名蒋光赤，收入《哀中国》。

北京（诗）

8月28日作于北京。载9月11日出版的《猛进》周刊第二十八期，署名蒋光赤，收入《哀中国》。

我要回到上海去（诗）

9月12日作于北京，载《猛进》周刊第二十九期，9月18日出版，署名蒋光赤，收入《哀中国》。

读了《穷汉的穷谈》之闲话——致郭沫若先生的一封信

11月4日作，载1月29日出版的《猛进》周刊第四十七期，署名蒋光赤。

我们所爱者一定在那里（诗）

11月14日作，载11月20日出版的《猛进》周刊第三十八期，署名光赤，收入《哀中国》。

共产不可不反对（杂文）

12月5日作，载1926年1月1日出版的《洪水》第一卷第八期，署名光赤。

在黑夜里——致刘华同志之灵（诗）

12月21日作，载1926年4月16日出版的《洪水》第二卷第十五期，署名光赤，收入《哀中国》。

少年飘泊者（中篇小说）

1926年1月上海亚东图书馆出版，写作时间当在1925年。

《少年飘泊者》自序

1925年11月1日作于上海，收入《少年飘泊者》。

1926年

鸭绿江上（短篇小说）

1月14日完稿，载4月16日出版的《创造月刊》第一卷第二期，署名蒋光赤，收入短篇小说集《鸭绿江上》。

我背着手儿在大马路上慢踱（诗）

载3月12日出版的《猛进》周刊第五十二期，署名蒋光赤，收入《哀中国》。

碎了的心（短篇小说）

3月27日完稿，收入《鸭绿江上》。

五一歌（译诗）

俄国加廖也夫原作，4月19日译，载5月1日出版的《洪水》第二卷第十六期，署名光赤。篇末注："5月1日为世界劳动纪念节，我本答应了《洪水》为此事做一篇文章，但我现在因旅行疲劳，懒于执笔，只好译这一首歌塞责了。光赤附志。"

并非闲话（杂文）

一、先从反共说起——反共产与吊膀子

二、谁个主张在现在中国就共起产来

三、过去的人

四、诗哲，新中国与打倒帝国主义

五、马克思逃出文庙

一、二载《新青年》不定期刊第三号（3月25日出版）；三、四、五载该刊第四号（5月25日出版）。署名蒋光赤。

十月革命与俄罗斯文学（论文）

小引

一、死去了的情绪

二、革命与罗曼谛克——布洛克

三、节木央·白德内宜

四、依利亚·爱莲堡

五、叶贤林

六、谢拉皮昂兄弟——革命的同伴者

七、十月的花

八、无产阶级诗人

九、未来主义与马雅可夫斯基

小引及第一节载《创造月刊》第一卷第二期（4月16日出版）；第二节载该刊第一卷第三期（5月16日出版）；第三节载该刊第一卷第四期(6月16日出版）；第四节载该刊第一卷第七期（1927年7月15日出版），以上均署名蒋光赤；第五、六节载该刊第一卷第八期（1928年1月1日出版），署名蒋光慈。七、八、九三节未续载。全文后易名为《十月革命后的俄罗斯文学》，收入单行本《俄罗斯文学》。

疯儿（短篇小说）

载《中国青年》第一二一期5月特刊号（5月30日出版），署名光赤。

血祭（诗）

五卅流血周年纪念日作，收入《哀中国》。

介绍来华游历之苏俄文学家皮涅克（散文）

载《文学周报》第二三二期（7月4日出版），署名蒋光赤。

弟兄夜话（短篇小说）

7月4日作，载《光明》半月刊第五期（9月5日出版）及第六期（9月20日出版），署名蒋光赤。因刊物被查禁未能全部登完。收入《鸭绿江上》。

苏联政治经济概况——斯大林在联共第十四次大会（1925年末）的报告（译文）

载7月25日出版的《新青年》不定期刊第五号（世界革命号），署名蒋光赤。

一封未寄的信（短篇小说）

8月22日作，收入《鸭绿江上》。

徐州旅馆之一夜（短篇小说）

9月3日作，收入《鸭绿江上》。

橄榄（短篇小说）

末注“十五年双十节于牯岭”，收入《鸭绿江上》。

逃兵（短篇小说）

10月17日作于牯岭，收入《鸭绿江上》。

寻爱（短篇小说）

10月24日作，收入《鸭绿江上》。

《鸭绿江上》自序诗

10月28日作，收入《鸭绿江上》及《哀中国》。

致郁达夫（书信）

作于11月，据郁达夫1926年11月17日日记：“接上海蒋光赤来信，他也是和仿吾一个意见，要我去上海专编创造，作文学生涯……”原信未见。

《新梦》三版自序

收入12月出版的《新梦》第三版。

不得已答复长虹几句话

12月26日作于上海，载《幻洲》第一卷第八期（1927年1月16日出版），署名光赤。

文学与时代（论文）

1926年《心群月》第二期，署名蒋光赤。按：《心群月》系由上海大学心群文艺社编辑。

1927年

《妇女运动概论》序言

收入杨之华著《妇女运动概论》，上海泰东图书局出版。

致周作人（书信）

3月10日作，署名蒋光赤，原信手稿藏北京鲁迅博物馆，1980年第五辑《鲁迅研究资料》刊载。

短裤党（中篇小说）

3月间作，上海泰东图书局11月初版，署名蒋光赤。

写在《短裤党》的前面

4月3日作于上海，收入《短裤党》，原题作：《写在本书的前面》。

寄友（诗）

7月7日作于汉口，收入诗集《战鼓》。

哭诉（长诗）

10月6日作，收入《乡情集》时题作《写给母亲》。

野祭（中篇小说）

上海创造社出版部11月初版，署名蒋光慈。附有《书前》。

纪念碑（通信集）

上卷收宋若瑜致蒋光慈书信五十七封；下卷收蒋光慈致宋若瑜书信四十封。上海亚东图书馆11月初版，署名宋若瑜、蒋光慈。末注“11月6日作于上海”。1931年书名改作《最后的血泪及其他》，由上海美丽书店印行。

菊芬（中篇小说）

11月26日完稿于上海，载《创造》月刊第一卷第九、十期（1928年2月1日及3月1日出版），署名蒋光慈。上海现代书局1928年4月出版单行本。书名曾改作《汉江潮》。

俄罗斯文学（文学评论集）

分上下两卷。上卷《十月革命前的俄罗斯文学》，原系瞿秋白所作，经作者同意由蒋光慈删改后收入本书。上海创造社出版部12月初版，署名蒋光慈。附有《书前》一篇，10月30日作于上海。

现代中国文学与社会生活（论文）

12月10日作于上海，载《太阳月刊》创刊号（1928年1月1日出版），署名蒋光慈。

1928年

卷头语（诗）

载《太阳月刊》创刊号（1月1日出版），署名光慈。

蚁斗——《罪人》的第一章（小说）

载《太阳月刊》创刊号，署名蒋光慈。即长篇小说《最后的微笑》（原名《罪人》）第一章。

关于革命文学（论文）

载《太阳月刊》2月号（2月1日出版），署名蒋光慈。

往事——《罪人》第二章

载《太阳月刊》2月号，署名蒋光慈。即《最后的微笑》第二章。

塞主（翻译小说）

俄国索波里原著，载《太阳月刊》3月

号（3月1日出版），署名蒋光慈。收入翻译苏俄短篇小说集《冬天的春笑》。

哭诉（长诗）

3月由上海春野书店出版单行本，为《太阳小丛书》之一，署名蒋光慈。附有《后记》：去年8月底从汉口到上海，当时满腹牢骚，一腔悲愤，竟无从发泄的机会，爰提笔写了这一首给母亲的长诗。3月12日作于上海。

论新旧作家与革命文学——读了文学周报的《欢迎太阳》以后（评论）

3月13日作，分六个部分：一、感激与答辩；二、文艺的创造者与时代的创造者；三、客观呢还是主观；四、新的启示呢，还是神秘主义；五、光慈只承认描写第四阶级的文学吗；六、小结。转4月1日出版的《太阳月刊》4月号，署名华希理。

冬天的春笑——《冉娜的爱》之第二章（翻译小说）

俄国爱莲堡原著，载《太阳月刊》5月号（5月1日出版），署名华希理，收入《冬天的春笑》。

夜话——《罪人》第三章（小说）

载《太阳月刊》6月号（6月1日出版），署名蒋光慈。即《最后的微笑》第三章。

在火中——纪念一个充当红军的姑娘（译诗）

俄国亚历山大洛夫斯基原作，载《我们》月刊第二期（6月20日出版），署名蒋光慈。收入《乡情集》。

诱惑——《罪人》第四章（小说）

载《太阳月刊》停刊号（7月1日出版），署名蒋光慈。即《最后的微笑》第四章。

最后的微笑（长篇小说）

作于1927年11月至来年6月，上海现代书局9月初版，署名蒋光慈。

光慈诗选（诗集）

共收诗十一首，选自《新梦》及《哀中国》，上海现代书局9月初版。

卷头语

载1928年10月1日《时代文艺》第一期，署名维素。

与日本作家谈话

载日本《战旗》1928年7月号。按：此文源出《鲁迅全集》第四卷（1956年版）第五一〇页注释。

新的露西（译诗）

俄国叶贤林原作，载《时代文艺》第一期，署名华维素。收入《乡情集》。

牯岭遗恨（诗）
11月6日（若瑜两周忌日）作，收入《乡情集》。

关于《蒋光慈与记者的对话》
载《文艺生活》周刊第三号（12月出版），署名光慈。

爱的分野（翻译小说）
苏联罗曼诺夫作，1929年6月亚东图书馆出版，初版时署名陈情，重版时署名陈情、蒋光慈合译。按：《译者小序》作于1928年12月20日，则全书翻译应在1928年。

《爱的分野》译者小序
原注“1928年12月20日于德国柏林”，按：译者当时在上海，为避免反动派迫害，假托在柏林。载1929年6月出版的《爱的分野》。

1929年

革命后之俄罗斯文学名著（国外文坛消息）
载《海风周报》创刊号（1929年1月出版），署名魏克特。

岳诃夫——苏联的雕刻家和理想（介绍）
载1929年1月1日《海风周报》创刊号，署名敦夫。篇末有小注。

一周间（翻译小说）
俄国里别津斯基原著，载《海风周报》第二期（1月6日出版），署名魏克特，原著为长篇小说，这里仅译出第一章。收入《冬天的春笑》。

信（翻译小说）
俄国谢芙林娜原著，载1月20日出版的《海风周报》第四期，署名蒋光慈。末注：“谢芙林娜女士成了现代俄国文坛的名家，其作风朴直可爱，无女性的特点。她的中篇小说《粪土》使她成了名。这一篇虽然叙述一件很平凡的牧牛儿的故事，然而我们读了之后，觉得有无限的回味。1929年1月8日，译者附志。”

鸟笼室漫话（杂文）
共两则，一、王独清的转变；二、顾仲起的自杀。载《海风周报》第四期，署名魏克特。前有解题一节。

从故乡带来的消息（诗）
载1月27日出版的《海风周报》第五期，署名光慈，收入《乡情集》时题作《乡情》。

致张资平君的公开信——读了乐群月刊二期张资平君骂我的话以后
载《海风周报》第六、七号合刊（2月10日出版），署名蒋光慈。

给某夫人的信（诗）

2月16日作，载《新流月报》第二期（4月1日出版），署名蒋光慈。收入《乡情集》。

最后的老爷（翻译小说）

俄国曹斯前珂原著，载《海风周报》第八、九号（2月24日和3月3日出版），署名蒋光慈。收入《冬天的春笑》。

都霞（翻译小说）

俄国谢廖也夫原著，载《新流月报》创刊号（3月1日出版），署名蒋光慈。收入《冬天的春笑》。

编后

载《新流月报》创刊号，署名蒋光慈。

介绍一个波兰的音乐家门涅司克

载《海风周报》第13号（3月23日出版），署名敦夫。

编后

载《新流月报》第二期，署名编者。

蒋光慈启事

载《新流月报》第二期。

丽沙的哀怨（长篇小说）

4月14日完稿于上海，最初连载于《新流月报》第1—3期，署名蒋光慈，未登完。署名蒋光慈，1929年8月出版单行本。

狱囚（翻译小说）

俄国费尔曼诺夫原著，载4月28日出版的《海风周报》第16号，署名华希理。收入《冬天的春笑》。

技术的语言（翻译小说）

俄国罗曼诺夫原著，收入《冬天的春笑》。

战鼓（诗集）

分上下两卷，上卷选自《新梦》（包括高语罕撰写的《新梦诗集序》；下卷选自《哀中国》。上海北新书局6月初版，署名蒋光慈。

冬天的春笑（翻译小说集）

上海泰东图书局6月初版，署名蒋光慈。

致钱杏邨（书信）

8月26日写于东京。据蒋光慈本年8月26日日记："今天写了一封信给杏邨。我离国的时候，他进了监狱，现在算来，该是他要出狱的时候了。我虽身在异邦，可见我的心实未有片时会在我的祖国内的朋友们忘记过。而况杏邨是我最好的朋友……"。

一周间（翻译长篇小说）

俄国里别津斯基原著，9月7日译完。1930年1月上海北新书局初版，署名蒋光慈。附有《译者后记》一篇，作于12月。

致洪灵菲（书信）

9月8日写于东京。据蒋光慈本年9月8日日记："复了灵菲一信，我说：'秋凉了，异国的秋风容易动人的思念，我思念上海，思念住在上海的你们……你们千万别要忘记我在此地是很寂寞的呵！'"

冲出云围的月亮（长篇小说）

9月12日至10月12日作于东京，上海北新书局1930年1月初版，署名蒋光慈。

我应当归去（诗）

11月8日作于东京，载《新流月报》第四期（12月15日出版），署名蒋光慈。收入《乡情集》。

《新流月报》编辑后记

1929年11月29日作，载1929年12月15日出版《新流月报》第四期，署名编者。

东京之旅（日记）

1929年10月22日至11月9日的日记，载1930年1月10日出版的《拓荒者》创刊号，收入《异邦与故国》。

异邦与故国（日记）

旅居东京的日记，自1929年8月25日至11月9日止。1930年1月由现代书局出版单行本。

《异邦与故国》序

12月作于上海，收入《异邦与故国》。

老太婆与阿三（小小说）

包括《老太婆》（12月作）和《阿三》（12月1日作）两篇小小说，载《拓荒者》第一期，署名光慈。

1930年

《拓荒者》编辑室消息

第一期1930年1月10日出版，共十二节；第二期1930年2月17日，共七节。第三期1930年3月22日作，共十节。第四、五期，1930年5月出版，共七节。

此路不通（翻译小说）

苏联维列赛也夫作，载1930年2月10日、3月10日出版的《拓荒者》第二期、第三期，尚未译完。

七绝四首（旧体诗，七言绝句四首）

1930年作，载1961年8月31日《新民晚报》，题名《蒋光慈遗诗》，共旧诗五首，这是其中的四首。

咆哮的土地（长篇小说）

一至八章载1930年3月出版的《拓荒者》第三期，九至十三章载1930年5月出版的《拓荒者》第四、五期合刊，未发表完，《拓荒者》即被逼停刊。后全书出版改题为《田野的风》，收入《蒋光赤选集》。

在文艺大众化问题座谈会上的发言

载1930年3月《大众文艺》第二卷第三期。

社会主义的建设与现代俄国文学(译文)

苏联傅利采著，载1930年4月10日出版的《文艺讲座》第一册。

《中国新兴文学短篇选》前言

5月4日作，收入《失业之后》，署名蒋光慈。

《失业之后》(创作选集)

《中国新兴文学短篇创作选》之一，1930年5月由上海北新书局出版，署名蒋光慈编。

《两种不同的人类》

《中国新兴文学短篇创作选》之二，1930年8月由上海北新书局出版，署名蒋光慈编。

《我的童年》书前

1930年11月3日作于上海，载林曼青(即洪灵菲)译高尔基《我的童年》，亚东图书馆1930年12月初版。《书前》长达一万余字，对高尔基的生平和作品，有详细的评介，署名蒋光慈。

委员(翻译小说)

俄国里别津斯基著，上海北新书局出版。

碰壁(翻译小说)

俄国维列耶夫著，上海北新书局出版。按：两书何时出版，不详。目录存蒲梢(徐调孚)编《中译苏俄小说编目》，载《中国现代出版史料》(丙编)。

著译书目

新梦（诗集）

上海书店，1925年1月。（作者第一部诗集是旅俄时所作。分“红笑”、“新梦”、“昨夜里梦入天国”、“劳动的武士”四部分。）

哀中国（诗集）

新青年社，1925年。（本诗集是作者第二部诗集，自俄返国后所作。与《新梦》同为中国革命文学的新诗集。包括“余痛”、“我所爱者一定在那里”、“星工”、“我本是一朵孤云”、“诗人的愿望”、“海上秋风歌”、“怀都娘”、“我是一个无产者”、“哀中国”等23首诗。）

少年漂泊者（中篇小说）

亚东图书馆，1926年1月初版，1927年2月3版，1927年4版，1928年10月7版，1930年10版，1933年2月15版。沪宾图书馆1931年。

鸭绿江上（短篇集）

亚东图书馆，1927年1月初版。上海爱丽书店，1930年。亚东图书馆，1949年4月13版。（内收“鸭绿江上”、“碎了的心”、“弟兄夜话”、“一封未寄的信”、“徐州旅馆之一夜”、“橄榄”、“逃兵”、“寻爱”等8个短篇。）

短裤党

泰东图书局，1927年11月初版。泰东图书局，1928年4月再版。上海爱丽书店，1927年初版。亚东图书馆，1938年12月重印初版。

哭诉（长诗）

上海春野书店，1928年2月印单行本，作为《太阳小丛书》第四种。

纪念碑（蒋光慈与宋若瑜之通讯集）

亚东图书馆，1927年11月初版，1928年4月再版，1928年9月3版，1929年2月4版，1929年5版。

最后的血泪及其他（不详）

野祭（中篇小说）

上海现代书局，1927年11月初版，1929年12月5版，1930年6版。创造社出版部，1928年1版。

菊芬

上海现代书局，1928年4月初版，1929年3月，1930年12月4版。

最后的微笑

上海现代书局，1928年6月初版，1929年12月。

光慈诗选

上海现代书局，1928年9月初版。

战鼓

上海北新书局，1929年6月第1版，1930年第2版。

丽莎的哀怨

上海现代书局，1929年8月初版，1929年12月2版。

冲出云围的月亮

北新书局，1930年1月初版，1930年8月8版。

异邦与故国

上海现代书局，1930年1月初版，1930年4月再版。

乡情集

北新书局，1930年2月初版，1930年3月2版，1930年4月3版。

一个女性的自杀

上海爱丽书店，1930年1月初版。

蒋光慈小说全集

新文艺书局，1931年1月初版，1932年1月2版。

丽莎集

北新书局，1931年初版。

胜利的微笑

新文艺书局，1930年6月初版，1932年7月2版。光华书局，1932年7月3版。光华书局，1933年1月4版。

田野的风

上海湖风书店，1932年4月初版。

光慈遗集

现代书局，1932年初版。

一个浪漫的女性（盗版书）

新文艺书局，1933年1月。

夜话

上海生活书店，1936年。

蒋光慈选集

新文学编辑委员会编辑，开明书店，1951

年1月初版。（选集包括《少年漂泊者》、《短裤党》、《田野的风》、《冲出云围的月亮》、《鸭绿江上》、《弟兄夜话》六篇小说。书前附有作者小传和著作年表。）

蒋光慈诗文选

人民文学出版社，1955年8月。（本选集分四辑：前三部分是诗选。第一辑选自《战鼓》上卷，收作者1921—1924年留苏时短诗12首；第二辑选自《战鼓》下卷，收作者1924—1927年回国后的短诗11首；第三辑收1927年以后的诗作；四辑是小说选五篇。最后一篇为中篇小说《田野的风》的后半部。）

蒋光赤选集（原名蒋光慈诗文选集）（2版6次印刷）

人民文学出版社，1960年4月。

一周间

（苏）里别津斯基著、北新书局1931年1月初版。

爱的分野

（苏）罗曼诺夫著，蒋光慈、陈情译。亚东图书馆，1929年6月初版。亚东图书馆，1932年4版。

冬天的春笑（新俄国小说集）

（苏）索波里等著。泰东图书局，1933年。

俄罗斯文学

蒋光慈编。上海创造社，1927年初版。

失业以后

蒋光慈编辑。北新书局，1930年5月初版。北新书局，1930年9月再版。

现代中国作家选集

华光书局，1930年9月。

蒋光慈诗集

1930年9月。

两种不同的人类

北新书局，1930年8月第1版。

新文艺诗选

蒋光慈编选。南强书店，1933年。

俄国文学概论

泰东图书局（待查）。

义冢

亚东图书馆（待查）。

本书编者按：《蒋光慈著译书目》系根据《蒋光赤选集》（人民文学出版社1960年4月）所载《蒋光慈著译书目》及其他资料汇编，由于几经时代变迁，资料散失，不能全部搜检，可能有误；还有些出版年、月也无从查对，只告阙如，仅供参考。

文学和生活

蒋光慈在安徽

吴腾凰

1964年2月间，我专程去安徽芜湖市拜访了蒋光慈的同学吴葆萼和王持华两位先生❶，同时，还走访了几位市政协“五四”时期的老人。他们都向我讲述了光慈的一些生平材料。这些材料，我认为对研究革命作家蒋光慈和三十年代文艺发展有着一定的参考价值，故将笔录如实整理出来。

一、家 庭 情 况❷

安徽省霍邱县南乡白塔畈是一个山村，村旁有一条从大别山流来的大水——汲河。1901年农历七月二十九日，革命作家蒋光慈就出生在这个村子里。

光慈的祖父，年轻时以轿夫为职业，靠着自己的勤劳节俭，晚年置了二十亩薄田，过着“小康生活”。父亲蒋从甫，幼年读书，后因家庭生活日趋困难，十七岁时，就被迫弃学经商。当时，那里连年灾荒，白塔畈周围多山，盗贼出没无常。从甫老人于1925年迁居于六安莲花庵。1931年光慈的两个哥哥相继病故，从甫老人生活日窘，只得以教书维持生活，于1942年病故。

---

❶ 吴葆萼，与蒋光慈在芜湖中学、上海外国语学校、苏联东方大学都是同班同学。原是皖南大学外语系主任，现退休居住皖南故乡。王持华，五四时期，蒋光慈任学生会副会长，他任学生会秘书长。现住芜湖市油坊巷13号。

❷ “家庭情况”一节，采用蒋光慈的同乡，原安徽大学中文系学生郭永铸的调查笔录。

二、从志成小学到霍邱中学

光慈弟兄三人，光慈最小。幼时，因为十分聪明，在家乡有神童之称，受到父母亲特别的钟爱。九岁时，父亲送他到离家五十余里的河南志成小学读书，革命烈士占（詹）谷堂是他的老师。毕业后，光慈在家两年，从甫老人辅导他研读古典诗文，后入霍邱中学（应为固始中学——编者注）。该校校长是一个顽固的绅士，对贫富子弟相待薄厚悬殊甚大，光慈对此大为不满，纠合贫苦子弟打了校长，因而被开除学籍。

三、芜 湖 时 期

1917年光慈入安徽省立第五中学（学校设在芜湖市赭山）丙班学习。他的国文程度是全班最好的一个，口才也是首屈一指的，为人大方、直率，生活朴素，深受同学们的爱戴。

"五四"的革命风暴刮到芜湖之后，各校学生代表在城内詹家巷乙种商业学校举行第一次联席会议，决议成立"芜湖市学生联合会"，开展爱国运动。大家根据公议的一能说、二能写、三勇敢的条件，选举了光慈为学生会副会长。

四、开始白话文和新诗的创作

光慈到芜湖学习之后，不断给《皖江日报》投稿。"五四"时期，以郝大颠[1]为首创办了《皖江日报》的副刊《皖江新潮》，这个副刊是芜湖新文化的园地。在这个副刊上发表作品的有蒋光赤、钱杏邨、姚蓬子、王肖山等。光慈这时经常以白话文和新诗作为鼓吹反帝反封建的号角。他还给外地的《星期评论》、《新青年》、《新潮》、《每周评论》、《生活》投稿。在他的影响下，不少同学都提起笔，投入了战斗。

[1] 郝大颠，名耕仁，安徽省安庆石牌人。五四时期任芜湖二农、二女师等校教师，主编《皖江日报》的《皖江新潮》副刊，是芜湖新文化的拓荒者。

五、打 商 会

芜湖的学生运动是从打商会开始的。那时候日货充斥市场，虽然长期劝告，但商人唯利是图，依然置若罔闻。“学联”决议要求商会保证全市商家不再趸进日货，并将现存日货全部登记，售完为止，如果以后再进日货，查出即行焚毁。

1919年5月19日上午八时左右，商会董事会在花津桥集会，讨论如何对付学生要求禁止日货进口的问题。“学联”闻讯，立即赶到花津桥，将商会包围起来。学生代表蒋光慈、翟宗文❶等大步跨进会场，说明来意，希望商会答应学联提出的要求。商会会长汤善福坐在一把大椅子上，一声气也不吭，好象什么也没听见似的。学生们一批又一批地涌进会场，有许多人高举拳头，大声呼喊。董事们纷纷地说：“商家困难！”、“商家困难！”……就这样一直纠缠到天黑，外面又还下着大雨。最后，同学们纷纷喊道：“快点签字！”“不签字过不了关！”汤善福依然是面孔冷冰冰地坐在那里。蒋光慈和大家一样，他实在忍不住了，火气一冒，就顺手拿起一根木棍向汤善福打去，结果被一个姓徐的商会董事拦住；另一位同学抓了一只茶杯砸去，砸破了汤的一块头皮。汤受伤后，躺在椅子上不动了。商会的一些家伙，眼看混是混不过了，就叫手下一个名叫陶玉堂的在保证书上签了“禁止日货进口”几个字。这时，蒋光慈和翟宗文才带着学生队伍喊着口号离开花津桥。

据说，自那以后，商会就想杀害蒋光慈，但不敢轻易动手。

六、鸡 毛 报

光慈在“学联”大会上，曾提议编鸡毛报。他说：“我们用一张张的黄表纸，上面画上佛，在佛的底下写上：‘你是爱国商人，今天就要罢市，不罢市，就是男盗女娼。’再在黄表纸上贴一根鸡毛。行不行？”与会者一致赞同。

---

❶ 翟宗文，芜湖学生联合会主席，外号翟大炮、翟大呆子。安徽巢县人，后留学日本。

后来，每当要罢市的时候，光慈就和同学们一道星夜赶制鸡毛报。从天黑干到鸡叫，还要趁着夜深人静投到各家商店的门缝里。这样，天亮后，商店老板一见鸡毛报，当天就不敢做生意了。但当时芜湖有一个卖国奸商陶惜芬，不顾什么“鸡毛报”，还是暗中推销日货，成为众矢之的。光慈曾几次领着人到他的门缝里发“鸡毛报”，还拍门大骂几句。

由于整天劳累奔波，经常熬夜，光慈的身体一天天消瘦，曾不止一次地吐过血。

七、凿“东西洋货”

“五四”时期，芜湖大小商店的柜台上都有一种牌子，上面漆着“东西洋货零趸批发”的字样。光慈有一天，向“学联”提议，要把“东西洋货”四个字凿掉，“学联”同意了。他回到学校之后，传达了“学联”的意见，就领着一大群同学，拿着斧头、刀子到长街一带走去，遇到有商店，就跨进去凿。商店的老板当时气得无话说。他们只好在背后咒骂：“老百姓怕丘八，丘八怕丘九，谁不怕爱国的学生！”

大约经过几天活动，洋货不敢摆出来了，只敢摆国货。有不少商店，把凿掉的地方漆上“国产”两个字了。

八、反对“二五附加”

安徽军阀皖南镇守使马联甲，挖空心思把食盐加25%的附加税，定名为“二五附加”。当时，盐是私商出售，这样一来，商人就相应地提高盐价，吃亏的还是穷苦百姓。

“学联”站在老百姓方面，反对“二五附加”。一天，在翟宗文、蒋光慈率领下，五中、二农、二女师的学生轰进了马联甲小老婆的住处（即现在的芜湖市人民武装部处），正好马在里面。当时，马吓得脸色土黄，魂不附体，立即放下鸦片枪，拿烟端茶。翟宗文、蒋光慈等开口就要他取消“二五附加”。马问蒋光慈“贵姓”，蒋光慈说：“我姓大炮！”马看着不答应没有好果子吃，只得低头称是。最后，翟、蒋等又掏出事先代拟的保证书，摆在马的面前。马又在同学们的喝叱声中，在“保证书”上签了字。这样一斗争，马联甲的“二五附加”没有实现，蒋光慈等的名声在芜湖内外可就传开了。

九、离开芜湖

光慈在芜湖读书时，曾与吴葆萼、胡苏明、李宗邺等组成“抗日救国十人团”。“五四”时期，又在学校主编《自由魂》（油印），该刊在同学中传阅；“五四”之后，又认识了北京大学图书馆管理员蔡晓舟❶，蔡当时由北京至安庆开书店，经常将《湘江评论》、《钱江评论》等革命书刊送给光慈，托他传赠给进步的同学，光慈对此项工作甚为热心、负责。1919年底，经蔡晓舟介绍，光慈与吴葆萼二位去上海外国语学校学习。他们在1921年2、3月间，就正式入学了。学习的是俄语（当时俄语教师是第三国际代表马林的秘书杨明斋），学习期间，经蔡晓舟介绍，他和吴葆萼都加入了社会主义青年团组织。三个月后，就离开上海，去日本，经海参威，到苏联东方大学去学习政治经济学。1922年7月在苏联加入中国共产党。当时同学有吴葆萼、刘少奇等。学习两年，约在1924年或1925年回国。

附记：光慈乳名儒恒，入学时学名蒋宣恒，初到芜湖学习时，仍叫蒋宣恒。后来，在学生运动中，以蒋侠僧出名。在《皖江日报》发表作品时以蒋光赤为笔名（被敌人称为安徽二赤之一）。1921年去苏学习以后，改名蒋光慈，笔名仍用蒋光赤。1931年8月于上海同仁医院病逝，因名字被列入黑名单，战友们就把他化名为蒋资川，尸骨葬于上海公墓。

1964年2—5月于芜湖——合肥

1979年4月5日夜于滁县

（原载《新文学史料》1979年第4辑）

❶ 蔡晓舟，安徽合肥人，具体情况待考。

《觉悟》上的一则启事

——蒋光慈早期文学活动拾零

哈晓斯

1924年12月2日《觉悟》（上海《民国日报》副刊）的广告栏里，有这样一段并不引人注目的文字：

春雷文学社启事

兹因特别事故，不得已暂时的文学专号停止，俟将来有机会时，本社另出他种文学刊物。现代中国的文学界一文，俟完稿时，再由《觉悟》发表，特此通知。

这则启事，是蒋光慈早期文学活动中一个重要的历史记录。

1924年8月，蒋光慈结束了三年的留学生活，自莫斯科返抵上海，任上海大学社会学系教授。在教书和参加党的活动的同时，进行了文学工作。

这一年的11月3日，他在给女友宋若瑜的信中写道："我很有点志愿办一文学刊物，振作中国的文学界，可是一个人精力有限……"几天以后，他就和沈泽民（茅盾同志胞弟）等人组织了一个"春雷文学社"，并于11月15日在《觉悟》上登出广告，说明以后每个星期日在《觉悟》上出一期《文学专号》。第二天恰好是星期日，署名春雷文学社编辑的《文学专号》正式创刊，蒋光慈为此专门写了一首题为《我们是些无产者》的短诗，作为"发刊宣言"。下一个星期日是11月23日，《文学专号》第二期如期刊出。但是这以后，《文学专号》便从《觉悟》上消失了，尽管它第一、二期上连载的蒋光慈写的《现代中国的文学界》一文尚未登完。过去，我们一直以为《文学专号》是有始无“终”的，其实这是个误解。《文学专号》的编辑（实际上只有蒋光慈一人）对读者是很负责的。这里至少有两点可以证明：

首先，在《文学专号》第三期预定的刊期——11月30日之后两日（即12月2日），就登出了上述《春雷文学社启事》，及时向读者披露“不得已”停刊的苦衷，做到来之有踪，去也有影。

其次，这则启事向读者许下两个“愿”，一远一近。近的是“《现代中国的文学界》一文，俟完稿时，再由《觉悟》发表”，远的是“俟将来有机会时，本社另出他种文学刊物”，后来全部得到落实，没有对读者食言。

这则启事登出后，蒋光慈即着手改写了自己未完的论文，并以《现代中国社会与革命文学》为题，在1925年1月1日《觉悟》新年号上发表，这时距启事刊出还不到一个月。

不久，蒋光慈奉党中央之命北上，担任冯玉祥将军的苏联顾问翻译，“春雷文学社”遂告解体。但蒋光慈却始终未能忘记相机“另办他种文学刊物”的诺言。1925年夏，他在北京与“未名社”的皖籍作家李霁野等人见面时，曾一再表示回上海以后要创办新的文学刊物。大革命失败以后，许多进步作家聚集到上海。蒋光慈和郑伯奇等同志首先提出联合所有进步作家，共同创办一个刊物的建议，得到郭沫若同志的肯定和支持。1927年11月9日，蒋光慈等人专门为此事访问了鲁迅先生。鲁迅先生对这个建议表示赞赏，并提出不必另办刊物，可以恢复当时已停刊的《创造周报》。不久，报刊上登出了由鲁迅、郭沫若、蒋光慈等人署名的《创造周报复活预告》。可惜由于种种原因，这个计划当时未能实现。1928年1月，蒋光慈、钱杏邨（阿英）、孟超等人发起组织的革命文学团体——“太阳社”正式成立。在空前严重的白色恐怖之中，蒋光慈先后主编了《太阳月刊》、《时代文艺》、《海风周报》、《新流月报》和《拓荒者》等五种革命文学期刊，实现了早年的夙愿，为我国无产阶级革命文学的创立作出了卓越的贡献。

《觉悟》上的这则启事，不过是一块豆腐干大的小广告，却能做到言而有信，一丝不苟。如果说，前辈作家有许多值得我们学习的地方，那么我觉得，首先应当学习的，就是他们这种对读者认真负责、言行一致的作风。

（原载《安徽日报》1981年9月15日）

蒋光慈回乡建党质疑

哈晓斯

研究皖西革命史的同志，对于蒋光慈同志曾于1923—1924年间回家乡金寨建党，并在当地主持成立了皖西地区较早的一个党小组这一说法是深信不疑的。不少文章包括《金寨县大事记》（送审稿）都是这样记载的❶。笔者在对蒋光慈生平的研究过程中，对这一传统说法的可靠性产生了怀疑，作了一些考证，提出一些不同的看法，希望得到有关方面的指正。

原始根据的由来

承金寨县革命斗争史编写办公室和六安地区皖西革命斗争史编写办公室协助，查得1960年5月19日曾静华同志❷的口述笔录稿一份，题为《金寨地区初期党组织建立情况》。原中共金寨县委革命斗争史资料办公室在这份材料上签注了如下意见：

“这份资料前后经过四次访问，三次核对，口述者又是当时

❶ 《新文学史料》1980年第二期刊登的《蒋光慈和他的小学教师》、《江淮论坛》1980年第二期刊登的《立夏节起义前后》和《蒋光慈和他的故乡》、《安徽日报》1980年6月20日刊登的《革命作家兼战士的蒋光慈》等文章中都有关于蒋光慈回家乡建党的记载。

❷ 曾静华同志，金寨县丁家埠人，当时在志诚学校任教。解放以后曾任湖北省文史研究馆馆长，已病故。

的主要参加与领导者之一，经过分析研究认为基本可靠。

1960年6月2日”

据介绍，这就是关于蒋光慈回家乡建党的最原始根据。

这份材料详细地追述了蒋光慈回家乡建党的经过。它这样写道：“蒋光慈同志是白大（塔）畈人，小时从占谷堂（一作詹谷堂——引者）读书，后在芜湖赭山中学读书时加入了中国共产党。寒暑假回来，总要看望占谷堂老师。因见占对革命事业关心，要求迫切，便于1923年介绍他入党。并于1923年古历12月间又同占介绍了曾静华（口述者）加入中国共产党。这时袁汉民同志从武汉中学毕业回来，经占谷堂介绍也在志诚学校教书（袁是葛藤山人，在武汉读书，由董必武介绍入党）。这三个党员教师同在一校，读书会的活动更好开展了。因而在 1924年古历6月13日晚上，在蒋光慈同志的主持下，吸收了青年学生葛文宗（又名葛鲁生）、杜孝芬，在庄严鲜艳的红旗下面，举行了入党宣誓。选举占谷堂为组长，五个党员正式成立了第一个党小组。宣誓后，蒋光慈同志还讲了一些革命道理。他说：‘读书是要起到作用，要起作用就要问政治，就要去解决人民生活问题。我们国家在政治、经济上受帝国主义的剥削和压迫，帝国主义的走狗就是军阀，他们帮助帝国主义压迫中国人民。因此，我们要打倒帝国主义，打倒军阀，就一定要学习政治、理论、经济，学习苏俄，学习马列主义。’占谷堂同志还在黑板上写了这样两句诗：‘漫天撒下革命种，伫看将来暴发时’，示意革命远大理想……”

这里首先需要指出的是，光慈同志并不是在芜湖读书时入党的。据与光慈同志在芜湖五中同班同学吴保萼（与光慈同志一起离开芜湖，后来又一起去苏联）和胡苏民两同志在60年代[1]初写的回忆材料证明：第一，光慈同志早在1920年春就离开芜湖了，这时中国共产党尚未成立，当然不存在入党问题。第二，蒋光慈和吴保萼一道离开芜湖后，经陈望道、李汉俊两同志介绍，在上海就读于第三国际创办的外国语学社。不久，在这里加入了社会主义青年团。1921年初，上

[1] 编者注：本文中涉及年代处，如无特殊说明，均指20世纪——编者。

海共产主义小组决定选派一批优秀青年赴俄勤工俭学，蒋光慈即与刘少奇、任弼时、肖劲光、曹靖华、吴保萼等同志一起，取道海参威，进入苏联境内。他们历经千辛万苦，终于在同年7月穿越了乌拉尔山，这时，蒋光慈抑制不住心头的激动，挥笔写了一首诗❶，诗的末尾注明"1921年7月4日于乌拉岭"，这个时间和地点有力地证明蒋光慈在出国以前根本不可能入党。事实上，他是在莫斯科东方大学（全称是东方劳动者共产主义大学）学习期间由团转党的。

其次，这份原始根据认定：第一，蒋光慈1923年至1924年古历6月13日已在国内；第二，这一期间，蒋光慈曾不止一次回过家乡。

然而，事实并非如此。

蒋光慈是哪一年回国的

关于这个问题，各方说法不一。早在30年代初期，郁达夫就在《光慈的晚年》❷一文中说："记得是1925年的春天，我在上海才第一次和光赤相见……那时候他刚从俄国回来。"不久，杨邨人也在一篇回忆文章❸中认定蒋是1925年回国的。解放初期，北京师范大学的黄药眠教授在他撰写的《蒋光慈小传》❹中，则未加肯定地说："1925年初，光慈从苏联回国（一说1923年回国，确实的日期待考）。"六十年代初，又有人说他是在1924年回国的❺。

这三种说法，即1923年，1924年，1925年，究竟哪种说法符合事实呢？

在光慈同志和他的夫人宋若瑜的通信集《纪念碑》（上海亚东图书局1927年出版）里，有他1924年11月3日致宋若瑜（蒋、宋当时只是朋友关系，直到1926年春才在上海结婚）的一封信，信末注明写"于上海"（当时蒋在我党创办的上海大学社会学系任教授）。由此可以

❶ 这首诗题为《红笑》，收入诗集《新梦》。见《蒋光赤选集》第3页。

❷ 见1933年《现代》三卷一期第71页，收入《达夫全集》第七卷《断残集》。

❸ 即《太阳社与蒋光慈》，见1933年《现代》三卷四期第470页。

❹ 原文附在人民文学出版社1935年版《蒋光慈诗文选集》前，再版时被抽去。

❺ 胡济涛：《略论蒋光慈的文学成就》，见《安徽日报》1961年9月9日。

看出，1924年蒋已在国内，1925年回国的说法是不能成立的。

那么，1923年蒋光慈是否回国了呢？也没有。1923年底，同在东方劳动者共产主义大学学习的沈玄庐同志动身回国，光慈同志还依依不舍地写诗相赠，题为《送玄庐归国》❶。仅从这首诗的题目就可以看出，光慈同志这时不在国内。同年12月12日，他还作了一首《莫斯科吟》❷，赞颂“莫斯科的雪花白，莫斯科的旗帜红”。

从与蒋光慈同是安徽老乡，早年在芜湖读书时即已相识，后来又一起创办“太阳社”的钱杏邨同志（即阿英）的文章中，也可以看出蒋光慈不是在1923年回国的。例如，钱杏邨在1928年3月中旬写的《蒋光慈与革命文学》❸一文中曾明确指出：“光慈自回国以后，继续不断的为革命文学努力，已经有五个年头了。”从1928年往前数五个年头，应是1924年。又如，同一作者在30年代初出版的《现代中国文学论》（上海合众书局出版）一书中也写道：“就在郭沫若陆续的在《创造周报》和《创造日》上发表这些诗歌的时候，另一个留居在新的俄罗斯的青年的革命的诗人（指蒋光慈——引者），挟着他在那里几年（1921—1924）间所写成的革命的诗集（指《新梦》——引者）回到中国来了。”❹这里也肯定了1921至1924年间蒋光慈在苏联。

此外，苏联百科出版社出版的《简明文学百科》第八卷（俄文版）中，也说蒋光慈“1920—1924年在东方劳动者共产主义大学（校址在莫斯科——引者）学习，在该校他参加了中国共产党。”（引文见《简明文学百科》第八卷第398页，承北京师范大学苏联文学研究所程正民同志提供，原文请本校中文系范德一老师译出）。

因此，关于蒋光慈1923年即已回国的说法是难于成立的。

根据以上引证的材料，我们排除了1925年和1923年两种说法，而1924年11月蒋已在上海，因此可以肯定蒋是1924年回国的。

原始根据确认光慈同志“于1923年古历十二月间又同占介绍了

---

❶ 1923年11月29日作，收入《新梦》。

❷ 收入《新梦》，见《蒋光赤选集》第26页。

❸ 收入《现代中国文学作家》，钱杏邨著，上海亚东图书局1928年7月版，引文见该书第107页。

❹ 钱杏邨：《现代中国文学论》第20页。

曾静华加入中国共产党”。1923年古历十二月，即公历1924年1月6日至2月4日。假如这一说法成立的话，那么，这一期间蒋光慈应在国内。然而，事实并非如此。1924年1月22日，革命导师列宁逝世。光慈同志在得知消息的当天，悲痛欲绝，曾作《哭列宁》❶诗一首，表示深切地哀悼（列宁逝世一周年时，光慈同志在他写的散文《在伟大的墓之前》还回忆道：“去年今日我在莫斯科……”）。2月初，他去莫斯科郊外瓦斯金乡下稍事逗留，写了两首诗：《每回搔首东望》❷（诗末注“2月8日作于瓦斯金乡下”）和《月夜的一瞬》❸（诗末注“2月20日作于瓦斯金乡下”）。2月下旬，他去红场瞻仰列宁墓，并写了《临列宁墓》❹一诗。3月初，又为自编的诗集《新梦》写了一篇序言（篇末注“3月1日于莫斯科”）。这些事实足以证明，光慈同志至少在1924年3月1日以前仍在苏联，不曾回国。

原始根据又说，1924年古历6月13日（即公历1924年7月14日）晚上，在蒋光慈主持下成立了金寨地区第一个党小组。那么，能不能说蒋在1924年7月14日以前已经回国了呢？

据光慈同志后来的夫人吴似鸿（宋若瑜1926年病故，蒋、吴1930年同居）最近回忆，蒋曾说过，他在苏联时交了一个名叫安娜的女朋友。蒋回国时，安娜执意要同他一起到中国来。蒋考虑到回国后的斗争环境，终于婉言拒绝了安娜的请求。临别时，蒋曾写了一首题为《与安娜》❺的诗安慰这个姑娘。这首诗作于1924年7月6日，诗中写道：

“时间不能多留我了，
我要离开红色的莫斯科——
回到那灰色的中国做工去。
……
安娜啊！
我要与你分别了……”

❶ 1924年1月22日作，收入《新梦》，见《蒋光赤选集》第29页。

❷❸❹ 均收入《新梦》。

❺ 收入《新梦》，见《蒋光赤选集》第42页。

由此可见，光慈同志回国的日期当在1924年7月6日以后。以当时的交通和政治条件而言，即使蒋光慈在1924年7月7日立即动身回国，也绝不可能在八天之内从莫斯科赶回金寨来主持入党宣誓。根据已发现的材料，他回国的具体时间，应当在1924年8、9月之间（10月他已在上海，并与沈泽民等人组织了"春雷文学社"）。

那么，是否原始根据的提供人记错了时间，也就是说，光慈同志回乡建党一事发生在他回国以后呢？

下面将回答这个问题。

蒋光慈1920年以后始终未回过家乡

1925年1月11日，光慈同志在致宋若瑜的信中写道："上海大学已经放假了。我本拟回里一行，看看我那多年未见面的双亲，看看那多年未入眼帘的乡景，但是因种种事故，不能如愿……"❶（着重号为引者所加，下同）。

光慈同志写此信时，距他回国（1924年8、9月间）尚不到五个月，由此可以看出，他自1920年离开家乡以后直到写此信时，不但未见过双亲，而且未回过家乡。

这并不是孤证。类似的说法在他的书信里还可以找到多处。

例如：

> "今年暑期我本愿回家瞧瞧，瞧瞧我多年未见面的母亲，但照现在的情形，我恐怕暑期无回家的可能了。"（1925年6月10日致宋若瑜）❷

> "说起母亲来，我对于我自己的母亲已五六年未见着了，当然也免不了诚恳地念着她。"（1925年7月14日致宋若瑜）❸

---

❶ 引文见《纪念碑》第128—129页。

❷ 引文见《纪念碑》第182页。

❸ 引文见《纪念碑》第199—200页。

另外，在蒋光慈1926年7月写成的一篇自传性质的短篇小说《弟兄夜话》[1]里，也可以找到关于这方面的记载。小说中这样写道：

“江霞（即“蒋侠”的谐音，蒋光慈当时名蒋侠僧，一名蒋光赤——引者）回到上海已经有三个多月了，在这三个多月之中，有时因为烦闷极了，常常想回到那已离别五六年的故乡去看一看。故乡在A省的中部，介于南北之间。山水清秀，风景幽丽，的确是避暑的佳地。”

1927年10月6日，光慈同志作了《写给母亲》（见臧克家编选：《中国新诗选》第69页）一诗。诗人在回忆当年和母亲分别时的情景之后写道：“又谁知一别七年，到而今我还是未返家园。”

1928年底，光慈同志写了一首题为《从故乡带来的消息》（后改名为《乡情》）[2]的诗，这首诗是为怀念已牺牲了的儿时的朋友而作的。诗中感叹道：

“我已经八年未归故乡了，
故乡的情事对我久已模糊。”

从以上引证可以看出，蒋光慈自1920年离开家乡以后始终未回去过。

60年代初，吴似鸿同志在她写的《蒋光慈回忆录》[3]中，也说蒋“自少年时代，离开了家，去过遥远的莫斯科，受革命的教育。回国以后，为了逃避包办婚姻，为了革命工作，为了祖国的厄运，到处奔波、流浪。将近十年以来，还没有回过一次老家，如今只身在沪，年龄已经到了三十（引者按：这里指的是1930年蒋、吴同居以前，此时蒋的实足年龄应为二十九岁）。”

[1] 收入短篇小说集《鸭绿江上》，见《蒋光赤选集》第171页。
[2] 收入诗集《乡情集》，见《蒋光赤选集》第76页。
[3] 见《中国现代文艺资料丛刊》第3辑第135页。

这是支持以上说法的又一个旁证。

既然光慈同志一直未回过家乡，那么，关于他回乡建党一事当然也就无从谈起。至于原始根据的提供人为什么要这样说，则不属本文讨论范围，这里不作研究。

（原载《安徽大学学报》1980年4期）

郑伯奇谈“创造社”、“左联”的一些情况（节录）

大革命失败后，郭老从南昌到香港，后因生病秘密回到上海。鲁迅也从广州经香港到上海。当时许多文化人汇集上海，郭老和我都感到应该搞个进步作家的联合战线，共同反对国民党。于是就由蒋光慈和我两人去见鲁迅，建议创造社和鲁迅领导的语丝社等文学团体合作，出版共同刊物。鲁迅高兴地同意了。接着就发表了一个联合宣言，鲁迅、郭老都签了名，鲁迅的名字放在第一位。这份联合宣言不是发表在杂志上（那时《创造》月刊等创造社的刊物还时办时停），而是发表在报纸上，可能是《时事新报》。（本刊编者按：发表于1927年12月3日上海《时事新报》，现附在本文之后。）

我们准备与鲁迅联合时，成仿吾还在日本，我把这事写信告诉他，他不同意。他认为老的作家都不行了，只有把老的统统打倒，才能建立新的普罗文艺。这是受了当时国际共运中左倾思潮的影响。我记得德国的卢森堡、李卜克内西等人当时都比较左，日本也有一个大学教授，名叫福本和夫，他曾参加组织日本共产党，很左，当时在日本有很大影响。结果，我们与鲁迅的合作没有搞成，我也没有再跟鲁迅联系，没有把停止合作的事通知他。

……

1977年8月8日、11日

1978年5月经本人修改

（此稿为上海师范大学鲁迅著作注释组的访问记录
访问者：王自立、陈子善）

《创造周报》复刊广告

创造周报

编辑委员	成仿吾	王独清	郑伯奇	段可情
特约撰述员	鲁　迅	麦克昂	蒋光慈	冯乃超
	张资平	陶晶孙	赵伯颜等三十余人。	

（原载《鲁迅研究资料》第六辑，天津人民出版社）

《太阳月刊》的定名

1927年5月，蒋光赤、钱杏邨、孟超、杨邨人四人同在武汉，他们决定办一个杂志，提倡革命文学。但杂志名称老是定不下来。6月的一天，他们四人在马路上走着，讨论着，太阳的炎威使他们汗流浃背，杨邨人无意中骂了一句："太阳真凶！"蒋光赤一听，象发现了新大陆，说："就定名《太阳》好了，太阳象征着光明，杂志叫《太阳》，就有了光明的意义了。"孟超也说："好！《太阳》，《太阳》！"钱杏邨和杨邨人也都赞同，于是杂志名称就定下来了。后来他们到了上海，分头写稿，于1928年1月1日出版了创刊号。（岳首）

（原载《鲁迅研究资料》第六辑，天津人民出版社）

太阳社与蒋光慈

杨邨人

一　太阳社的起源

一九二七年的五月×日（忘记了那一天），我从广州逃到上海搭长江船往武汉，船开的第二天，经过了南京向芜湖进发，逢着创造社出版部的伙计又是诗人的灵均，他告诉我蒋光赤也在这船上，我从景慕着诗集《新梦》作者的心出发，很想和他见面。船到了九江，已经进了武汉政府的区域，船上那些赤色革命分子就好像冬天蛰伏着的虫儿见了春的来临一样，都到舱外呼吸新鲜空气了，灵均替我介绍和蒋光赤见面。我端详他一下，瘦长的身材，瘦长的面孔，下巴特别的长而且微带向上，从那近视眼镜透视出来的眼光并不见得神采奕奕，与我在未见面前的忖度的诗人容貌并不一样。以前我是忖度着这一位革命诗人，一定是神采奕奕，相貌堂堂，英雄气概当中带着斯文的彬彬。见面以后，在当时我心里暗自在说，原来革命诗人也是一个凡人！从和他谈话当中，我认识了他是一个自负不凡，个性刚强的青年。到了武汉以后，我在某一个机关办事，恰巧和钱杏邨与孟超一起，钱杏邨是和蒋光赤同乡，时常来往，我也就常和蒋光赤见面。那时我喜欢写些小说之类投登报纸，对于文学还是不放弃，因此和光赤谈得起劲。未到武汉以前，以为武汉的政治设施和社会状况一定已经焕然一新，不料到武汉以后大大失望，一般青年都向军政机关钻营，五皮主义（皮带，皮鞋，皮鞭子，皮绑腿，皮包子）之风令人起了反感之心，我们几个爱好文艺的人便主张着干我们的文艺运动。已经和某书店接洽好了，要出版一种杂志，我们四个人——光赤，杏邨，孟超和我——每日有空的时候，一碰头就开会讨论着办杂志的事。内容是早已经决定了的：提倡革命文学。可是，那杂志的名称老是定不下来！有一天，我们四个人在马路上走着，还是讨论着杂志的名称，6月的天气，太阳的炎威晒得每个人都是汗流浃背，我无意中对于这种天气起了反感大骂："太阳真凶！"光赤好像发见新大陆一样地叫着，"就定名《太阳》好了：太阳是象征着光明，我们的杂志定名《太阳》，就有了向光明的意义了。就定名《太阳》好了。"孟超在前头走，回头来问："定了什么？"光赤说，"《太阳》。"孟超露出他的向外的门牙大笑着，"好！《太阳》，《太阳》！"杏邨和我都赞成，就将杂志的名称定了。杂志的名称既已经决定了，第二个问题就是创刊号的稿子，我们决定：光赤写篇论文和译些苏联的文艺理论与文艺作品，杏邨写篇批评，孟超请他写篇诗，我就说我写篇小说，此外各人还要写些小品杂感之类，凑上五万字就行。已经约定了集稿编辑的日期了，哦啊，武汉的政局大变，人心惶惶，我们不能够干这玩艺儿了，约定到上海干去，一定要将我们的计划实现。光赤先到上海，杏邨回家乡，孟超不知干什么去了，我在武汉住着不愿意立刻就走，我要看看究竟政局变到什么程度。工人的枪械缴送公安局了，共产党由公开的潜入地底下去了，八一南昌暴动了，武汉政府屠杀起青年来了，白色恐怖的凶焰在武汉突高万丈，我这才沿大江而东去，到了上海。

到了上海以后，先和光赤见面，不久孟超也遇着了，可是杏邨还在安徽家乡干游击工作了无音讯。那时创造社宣布了《创造周报》的复活计划，光慈（这时光赤已经改名光慈。）和他们在一起合作，他介绍我替《创造周报》作撰述员，可是创造社的计划终成泡影，更加坚决了我们自己办杂志的意念。光慈，孟超和我三人几次讨论，如果将杂志在人家书店出版终是不自由，不如自己开一个书店，自己营业自己出版，还可以自由出丛书，于是乎进行开书店的事。这时候，杏邨有通讯地址了，写信告诉杏邨，杏邨同意，便一定要杏邨到上海来共办这一事业。杏邨未到上海以前，书店的名字我们也是讨论了好多次数，没有决定：光慈主张就叫太阳书店，可是恐怕因为《太阳月刊》如果发生了毛病连累了书店，岂不是连出版机关都夭折？定个没有一点色彩的名称吧，说了这个不好，说了那个也不好，终于决定等杏邨到上海以后再说。那时我和四个同乡合租一间楼房，住在法租界西门路，这楼房是我们讨论谈天的所在，同时在法国公园开会讨论的次数也很多。洪灵菲和戴平万是在广州认识的同乡，那时他们住在法租界马浪路，对于我们办杂志他们是赞成，开书店他们却是以为难以成功，而且他们两个也是一样的穷光蛋不能够作股东，我们自然也是一样的穷光蛋，可是我们相信了自己只要努力卖文招股，是不会失败的。因此我们对他们两个并不勉强，我们凭着决心和毅力积极地进行。在一个北风飕飕的寒天，杏邨到了上海。我便和杏邨在北四川路的丰乐里一家苏广成衣铺楼上同住，积极筹备开书店的事。第一个问题就是书店的名称，四个人又是讨论了好多次数没有决定。有一天，我想起我以前在武昌师大参加的星野社文艺团体，我主张要用星野这名称：既不俗而且文雅，他们以为太艺术化了，于做生意的店子不宜。因为春天已经快到了，而且春这意义象征着万物苏生向荣，我就主张着用春野两字，他们赞成了就这样决定下来。而其实是这个没有关系的书店名称，讨论得大家厌倦了，所以决定下来了的。虽然杏邨的口里吟着："野火烧不尽，春风吹又生"这句子来，光慈的敏锐的神经立刻反对说，"那不好，'春野'，这两字恰合这两句诗，不给人联想到'反动'，的机关上面去吗？"但是大家哈哈一笑，说这是神经过敏了，他们懂得什么，而且我说，"从积极的意义来说，就是'春野'两字恰合'野火烧不尽，春风吹又生'这两句诗的谜语更好了！"光慈也就没话说了。书店的名称既定，便忙着起草招股章程找店子的事。这其间，孟超介绍了画家徐迅雷帮忙，我们看了他的表现力的画稿十分欢迎。我又遇着灵均，说起开书店的事他愿意一起干，我们因为他以前在创造社出版部办事有经验，更是高兴。可是，书店的资本到了这时，还是一文莫名！招股章程印好了，各人分头去送，可是，回话是说等你们书店开办以后才认股！四人商议的结果，发起人自己各认十股一百元（每股十元），光慈先拿出一百元来作开办费。书店立刻去找铺面，找到了就开张。先到创造社出版部，亚东，泰东，光华四家书店去批发一些书籍杂志来贩卖。四马路的房租太贵租不起，决定在北四川路找铺子，恰好一间广东人开的西点铺子倒帐在招租，房租每月四十八元不用顶金，玻璃橱子现成，就将它租下来。光慈拿来五十元，隔两天我们的春野书店就开张了。招牌呢，由迅雷将一张白布用美术字写好，以图画钉按在门内的左边玻璃橱子外面。灵均当经理，杏邨的一个亲戚孙孟涛当帐房，此外由朋友介绍一位女士来当卖书职员，这样便一切俱备，开张大吉。谁知道我们以五十元开办一个书店呢？书店既已开张，股本亦陆续增加，我的一部小说《失踪》由光慈介绍卖给亚东两百多块钱，一百元的股份便缴纳，孟超和孟涛的股分也送来，资本一天一天地雄厚，印刷所也找到了，于是乎推定杏邨与邨人编辑《太阳月刊》，定于一九二八年一月一日出版。为了《太阳月刊》的出版，定为太阳社编辑，于是乎才有太阳社这名称。我们也并没有推举谁做社长，职员，我们只以太阳社这名称用来出杂志吧了。茅盾说他们的文学研究会的成立是为着出丛书，我们的太阳社的成立却为着出杂志，这就是太阳社的历史的起源。

二　太阳社的经过

可是并非凡是在《太阳月刊》上面登过作品的都是太阳社的社员，我们虽然没有组织却也要经过一番手续：由社员的介绍经全体社员的通过才行。而且在杂志创刊号出版的时候还没有成立太阳社的企图，等到受创造社的袭击以后，才感觉着非有联合战线的队伍不足以迎敌，便标明了旗帜招引同志充实战斗的力量，于是乎成立了太阳社。最初的社员除发起的四人外，孟超介绍王艺钟，刘一梦，徐迅雷，我介绍洪灵菲，戴平万和林伯修，后来加入的很多，冯宪章，沈端先，楼建南，徐殷夫，祝秀侠，卢森堡诸君都是社员。

创造社的文化批判对我们的《太阳月刊》加以袭击，我们集中战斗力量迎敌，杏邨作批评，光慈作论文，我看准了成仿吾的错误给他一个攻坚的炮轰说他不通。创造社方面以同是一条战线的友军，这样互击下去未免笑话，便发起了一个两社的联席会议言归于好。在约定的一天下午，光慈，杏邨，和我到创造社赴会去。会场上，我们只有三个人，创造社却好像全营大将都出马：成仿吾，冯乃超，彭康，李初梨，李铁声，朱镜我，郑伯奇，王独清，张资平，华汉，李一氓和住在创造社里头的龚冰庐。可是虽然众寡悬殊，我们大有单刀赴会的气概，一点也不气馁。成仿吾问了一声，“人齐了？”不知道那一位在点头，他就站起来宣布开会。他说了一下应该联合战线的话，接着就解释他在《创造月刊》上面那篇被人炮轰的文章的内容并非反动，说是为着要便利发行起见不得不那样的措辞。接着就是李初梨对于介绍日本文坛的理论的理由的解释。接着就是彭康对于无产阶级文学的理论的阐发。接着就是朱镜我对于我们《太阳月刊》的态度的批评，他高声大叫，甚至于拍案大斥，空气十分紧张。我们竟是到来受教训的！接着就是王独清用吃吃地那种诗人的说话战术向我们说出半调解半责备的话来。我们三个人只是微笑着，不做声，可是无名火已经升高万丈。等到他们似乎觉得自己的话说得太多了，应该让我们分辩一番的时候，这才由主席成仿吾请我们发表意见。我真想通知光慈和杏邨不要分辩，任他们说个痛而又快。可是，光慈忍耐不住，站起身发表他对于文艺运动的意见；杏邨也解释他写批评的态度，又引起他们的联合战线的进攻。他们要我发表意见，我始终笑着吸着香烟不发一言。彼此唇枪舌剑以及大炮炸弹互击了一番，这才有人（忘记了是那一位）提出：今天是联席会议，我们应该决定一个议案，以后彼此联合战线。于是乎他们十几人你一句他一句，七嘴八舌，秩序大乱地，闹了一阵，这才决定：以后每星期开联席会议一次，在那会议上彼此批评着《太阳月刊》和《创造月刊》，《文化批判》以及《流沙半月刊》以求进步。我们赞成，于是乎散会，于是乎大家握握手将我们送出门口。

和创造社的混战算是告了一段落，接着鲁迅在《语丝》上对我们《太阳月刊》加以一种冷诮热讽，说什么“白热以上”，又引起我们对鲁迅的回枪，杏邨作了那篇轰动了文坛的《死去了的阿Q时代》。同时，鲁迅又向创造社袭击，引起了他们在问着鲁迅是那一阶级的人。这样，太阳社和创造社，就在虽有开联席会议自我批判的决议而无实行的状况之下联合战线向鲁迅反攻。可是《太阳月刊》出版至第七期而停刊，《时代文艺》出版创刊号即夭折，太阳社丛书也只出版杏邨的小说集《革命的故事》，郁人的小说集《战线上》，王艺钟译的无产阶级童话集《玫瑰花》，刘一梦的小说集《失业以后》和光慈的诗

《哭诉》五册，统治阶级压迫的结果，春野书店也关门大吉。

一九二九年至一九三〇年由光慈出名主编，于现代书局出版《拓荒者》及《新流月报》，又于泰东书局出版《海风周报》，都是《太阳月刊》的后身。创造社被封后，为联合战线的客观需要上，创造社与太阳社同时解散，打成一片，不久而左翼作家联盟成立，鲁迅与茅盾等亦言归于好济济一堂。初时茅盾于《小说月报》发表《从牯岭到东京》一文，对于革命和无产阶级文学运动颇有非难，太阳社与创造社，也联合战线施以攻击，到了这个时候，大家都是左联的一员，前嫌尽弃了。

三 光慈的史略

蒋光慈本名光赤，安徽六安县人。五四运动时于安徽作学生运动，不久加入中国共产党被派赴苏联留学。一九二五年回国后曾于冯玉祥将军处任苏联顾问的翻译员，因性格不合调任上海大学教授，提倡革命文学，出版诗集《新梦》及小说《少年漂泊者》，为全国革命青年所拥护，一九二六年爱妻宋若瑜女士病死，悲伤靡已。一九二七年，上海政变，仓皇走武汉，闭门著书；武汉政变回沪，以其所著小说等书出版。一九二八年与太阳社同人办《太阳月刊》努力于革命文学的宣传及创作。一九二九年，因《丽莎的哀怨》一小说受党内同志责难备至，感同志间的不了解，东游日本。在东京时，除创作外，时与日本无产作家藏原惟人等会谈，讨论文学的理论与创作。回国后，一九三〇年主编《拓荒者》，《新流月报》，《海风周报》，及出版小说，诗集，与杂感集。是年春与南国社社员吴似鸿女士因恋爱而同居。是年夏入狱，得病，出狱后神经受伤，肠热与肺结核旧疾复发，值共产党于“立三路线”统治之下筹备上海暴动，命令党员时不时于马路示威，光慈因病请假不为同志谅解，毅然向党提出脱党书，受党开除并公布他的罪状，精神上所受的打击，给他以致命伤。一九三一年春，吴似鸿女士因性格不同分居，又给他加上恋爱失败的伤痕。同时他的著作多受统治阶级禁售，愤激更甚！于是乎病入膏肓，医药不救！五月入同仁医院，六下旬医生停止诊治，似鸿女士赶到榻前日夜看护，三十日清晨光慈遂于无人知觉中与世长辞！时年三十有一岁。即日入棺葬于上海公墓，送葬者只杏邨，邨人，建南，似鸿，细雨霏霏，天色黯淡，景象无限凄凉！如今一坯黄土，墓碑全无，后人凭吊者正不知向何处寻觅，呜呼！

光慈著作有：《新梦》诗集（一九二六），小说《少年漂泊者》（一九二七），《俄罗斯文学》，小说《短裤党》，《野祭》，《菊芬》，诗集《哭诉》，书信集《纪念碑》（一九二八），小说《丽莎的哀怨》，《最后的微笑》（一九二九），小说《冲出云围的月亮》，杂感集《故乡与异国》，诗集《战鼓》，及主编新兴短篇小说集《失业以后》（一九三〇），《光慈诗选》，译作《一周间》，《爱的分野》及苏联短篇小说数篇（一九三一）等。

本书编者按：此文记载的蒋的著作日期或出版日期有误，可参看本书蒋的著译年表。

（原载《现代》第3卷第4期1933年8月号）

“向光明，向太阳！”——终于在阴影中逝去

——光慈临终前后记略

杨邨人

两个月以前，光慈还是带着病容，拖着无力的腿，到我的家谈话。听说今早六点钟的时候他死了！在这两个月的期间，他没有来过我两个家，逢着杏邨，他亦说光慈没有到过他的家——不料却是病重进医院去了！前天晚上我偶而到杏邨家，他告诉我一个惊人的消息就是：光慈病在同仁医院，医生已经在三天以前停止手术，快要死了！昨日早上我独自一个人到同仁医院去，推开房门，吓了一跳，倒在床上的光慈已经是一个髑髅，眼眶陷落，颧骨高凸，面无血色，有如黄腊！我以为已经死了！我退出来找看护和密司吴，可是找不到，我又推门进去走到床边，看他眼睛还在动，我怕他认不得我，把名字告诉他，他开口叫我坐。他第一句话就是说：“我是没有希望了。你们努力干去呵！”重情感的我，免不了听了这话就鼻子酸溜溜的！接着我问他说曾感觉痛苦吗？他说他脑筋清爽得很，喜欢说话。这样便缓缓地谈起政治上的问题，以及文坛上关于攻击他的问题，他愤慨十分，他最后说：“我死了以后，攻击我的人，也就痛快了吧？”——密司吴进来，他又说他是没有希望了，密司吴半劝他半对我说，“他一病就在心里以为没有希望，医生说，医得好好的，他心里总是以为不好，病又变了，又有什么办法？你不要想没有希望才对哟！”我劝他说：“你的生之意志怎么这样的薄弱，我真不解，政治上的压迫，经济上的压

迫，会使我们消沉的吗？不会的。这不过是人生的旅途上的一个波头吧了，不算一回事！你以前勉励青年：向光明，向太阳，现在你自己呢？意志坚强起来，要活着，不要向黑影方面望去，向光明，向太阳！”他微笑而严肃地说：“我不愿意死的，我还有许多事情要做，可是现在吃不了东西，不想吃！能够吃东西就好了！”我听了这话，眼泪要滚下来了！我又勉励他说：“心理作用是有关系的，你就想吃东西吧。”我回头对密司吴说：“给他米汤吃，或者牛奶。”她说：“牛奶有呢。”他口干，我把茶壶里头的冷开水送到他口边，他喝了两口，他想吃冰淇淋，密司吴说要去买，问他什么冰淇淋，他说：“香草冰淇淋。”我心里在奇怪着：怎么可以吃这些？我的眼光瞧着密司吴在问着，她说，“昨天还吃冰汽水呢。”我告诉他，杨贤江死在长崎，是肠热症，他惊讶地说：“死了吗？！”密司吴编了个谎说：“他就是老以为没有希望的。自己不要以为没有希望才对呀！”他微笑着。他笑的什么，我想不出来。或者心想死后有伴吧。密司吴出去买冰淇淋，我对他说，“密司吴对你很好呀！”他说：“没有她，我老早完了！”我说，“你应该想活着，密司吴对你好，在朋友方面，至少我和杏邨总可相信的，你的心应该向上才对。他又微笑着。他问我说：“××那边胜利吗？”我说，“胜利的。”他又感慨愤激地说：“最近卖朋友的人很多，是不是？”我点着头。我不愿意在这问题谈论下去，我突然地告诉他，《前哨》出版了。第一期是任夫（即殷夫，光慈最看重他的诗，最初是他同他来往的）他们的追悼专号。他说他知道了。冰淇淋只是可可的，买不到香草的，他也并不反对。吃了一调羹停了。

下午我再去看他，我问他睡觉吗，他说并不是睡觉。我问他密司吴那里去，他说她回家或是到学校去。因为在上午我告诉他和密司吴，关于密司李尚贤在红十字会被医生不懂病情只是打针弄得要死的事，密司吴是李君的朋友，说要去看她。我回家吃午饭的时候，李君在九时死了的消息，已经知道，所以这时我要告诉密司吴不必去看她。我说“密司李今早死了！”他又是惊讶地说：“死了吗？！”他万料不到他自己明早也是要死了的，他现在是不愿意死的呵！

我知道他是肺病，他并不咳嗽，我问他究竟是什么病？他说“肠结核。”我问他，医生有开刀没有？他说没有。他要喝水，我送水他喝。我看他房里没有花，我问他喜欢不喜欢花呢。他说没有花瓶，我说我明天早晨买些花来，买那些玉兰花，茉莉花散在枕头边很多的，他点着头。

昨天我自己已经有了失声咳嗽的病，今早更厉害而且头痛起来，我便不出门。午饭的时候，送李尚贤的棺材到墓地回来的朋友说“光慈的棺材先到！”这，给我的刺戟太大了，昨天他不是好好地在同我谈话吗？我不是约定今早要送花给他吗？朋友又说：“一个成名的文学家，死后只是一个爱人，三个同乡，凄凉呵！不一会，杏邨走来告诉我，我已经先知道了。他说他不在家，密司吴找不到他便走了，所以他没有去。杏邨说罢有点伤感起来，我也不禁黯然。（郇人八月三十一日）

（原载《文艺新闻》27期，1931年9月15日“追悼蒋光慈专号”）

在发展的浪潮中生长　在发展的浪潮中死亡

方　英

近两年来始终生活在心的苦狱，以及内脏的病症下面的光慈，在一九三一年八月三十一日上午六时是停止了他的最后的呼吸了。而计划经年，终于在一九三〇年写成的十六万言的排成而不能印卖的《田野的风》（原名《咆哮了的土地》），也就成了他的创作的最后的脉搏，仅有的一部遗著。

他生活了三十年；在他的全生命之中，他是以无限的精力献给了革命。他热烈的参加了伟大的“五四”。他不避艰险的走向国内战争激烈时代的苏联。回国以后，是八年如一日的，不为任何所屈，从事于文艺运动。在十余年的创作生活之中，他写了近百万言的著作。开拓了中国文艺运动最先的路。他的创作所反映的意识形态，虽始终一贯的表现了革命的小资产阶级的倾向；创作的内容，虽然在很多的地方表现了空虚；在后期的创作里所采用的技术虽不免日渐的回头走向过去的旧的形式之路；但这些在广大的青年读者之中，是发生了巨大的作用。许多的青年，因着他的创作的鼓动，获得了对于革命的理解；走向革命。

他虽然开拓了中国文艺运动，而又努力的使这一运动不断的展开；可是，他也就死在这发展的浪潮之中，因为自一九二八年以后，他自己却是逐渐的停滞了。他的强固的个性，使他不能更深入的理解一切，因此，他对于文艺运动的认识，与其他的文艺运动者，在自我批判的斗争中，不断的冲突，对立起来。到最后，一九三〇年秋，因为过不惯纪律的生活，他甚至于切断了自己的政治生命。他觉得自己以全生命献给革命，自己的创作几全遭查禁，而同志还是如此的不理解。他感到了深刻的悲哀。他的生活状态，完全陷于孤独的境地，形成他的内心的无限的苦闷。他几次的掼下笔来，想不再从事创作。

一九三一年春，他的胃病复发，在夏季加剧了起来，他移进了病院。经医生几度的检验，证明了他的病已经成了肠结核。八月初，他知道自己的病是没有希望了，几次的要求医生准许他用安眠药自杀，减少他的病痛。医生拒绝了他的请求，后来，也停止了对他的诊治。在病床中日夜剧痛了一星期以上，直到八月最后一天的清晨他才绝了气。

光慈就这样的结束了他的一生。他是死在身心交病的苦痛之中。他虽然死了，他的创作，在他死后，还是要继续着他的历史的影响。而他的一生的经过，更是一种严重的教训，放在大众的眼前。他的一生，以及他的创作，具有着不少的缺陷，但他的不断的努力的精神，及发生的巨大的力量，却是永远的值得人们怀念。

他遗留下来的创作，在小说方面有《少年飘泊者》（一九二五）、《鸭绿江上》（一九二七）、《短裤党》（一九二八）、《野祭》（一九二七）、《菊芬》（一九二八）、《最后的微笑》（一九二九）、《丽莎的哀怨》（一九二九）、《冲出云围的月亮》（一九三〇）、《田野的风》（未印行）等九种。在诗歌方面，有《战鼓》（一九三〇）。诗集《新梦》（一九二五）及《哀中国》（一九二七）的合编、《乡情集》、《哭诉》（一九二八）及其他诗歌的合集二种。散文方面，有《异邦与故国》（一九三〇）与《纪念碑》二种。翻译三种：《一周间》（一九三〇）、《冬天的春笑》（一九二九）、《爱的分野》（一九三〇）。此外还编有《俄罗斯文学》及《中国新兴短篇小说选》（即《失业以后》及《两种不同的人类》）（一九二八）。主编的杂志，主要的有《太阳月刊》（一九二八）、《时代文艺》（一九二八）、《新流》（一九二九）、《拓荒者》（一九三〇）。在一九三〇年，他有编印创作全集的计划，第一册《丽莎集》（一九三一）出版不数日，即遭禁止。

一九三一年

（原载《文艺新闻》27期，1931年9月15日“追悼蒋光慈专号”，署名方英，即阿英。）

光慈的晚年

郁达夫

记得是一九二五年的春天，我在上海才第一次和光赤相见。在以前也许是看见他过了，但他给我的印象一定不深，所以终于想不起来。那时候他刚从俄国回来，穿得一身很好的洋服，说得一口抑扬很清晰的普通话，身材高大，相貌也并不恶，戴在那里的一副细边近视眼镜，却使他那一种绅士的态度，发挥得更有神气。当时我们所谈的，都是些关于苏俄作家的作品，以及苏俄的文化施设等事情。因为创造社出版部，也正在草创经营的开始，所以我们很想多拉几位新的朋友进来，来加添一点力量。

光赤的态度谈吐，大约是受了西欧的文学家的影响的，说起话来，总有绝大的抱负，不逊的语气，而当时的他，却还没有写成过一篇正式的东西；因此，创造社出版部的几位新进作家，在那时候着实有些鄙视他的倾向。正在这个时候，广州中山大学，以厚重的薪金和诚恳的礼貌，来聘我们去文科教书了。

临行的时候，我们本来有邀他同去的意思的，但一则因为广州的情形不明，二则因为要和我们一道去的人数过多，所以只留了一个后约，我们便和他在上海分了手。

到了革命中心地的广州，前后约莫住了一年有半，上海的创造社出版部竟被弄得一塌糊涂了，于是在广州的几位同人，就公决教我牺牲了个人的地位和利益，重回到上海来整理出版部的事务。那时候的中山大学校长，是现在正在提倡念经礼佛的戴季陶先生，我因为要辞去中山大学的职务，曾和戴校长及朱副校长骝先，费去了不少的唇舌，这些事情和光赤无关，所以此地可以不说；总之一九二七年后，我就到了上海了，自那一年后，就同光赤有了日夕见面的机会。

那时候的创造社出版部，是在闸北的三德里的一间两开间的房子里面，光赤也住在近边的租界里，有时候他常来吃饭，有时候我也常和他出去吃咖啡。出版部里的许多新进作家，对他的态度，还是同前两年一样，而光赤的一册诗集和一册《少年飘泊者》，却已在亚东出版了。在一九二七年的前后，革命文学普罗文学，还没有现在那么的流行，因而光赤的作风，大为一般人所不满。他出了那两册书后，文坛上竟一点儿影响也没有，和我谈起，他老是满肚皮的不平。我于一方面安慰激励他外，一方面便促他用尽苦心，写几篇有力量的小说出来，以证他自己的实力，不久之后，他就在我编的创造月刊第一期上发表了《鸭绿江上》，这一篇可以说是他后期的诸作品的先驱。

革命军到上海之后，国共分家，思想起了热烈的冲突，从实际革命工作里被放逐出来的一班左倾青年，都转向文化运动的一方面来了，在一九二八，一九二九以后，普罗文学就执了中国文坛的牛耳，光赤的读者崇拜者，也在这两年里突然增加了起来。

在一九二七年里我替他介绍给北新的一册诗集《战鼓》，一直捱到了一九二九年方才出版，同时他的那部《冲出云围的月亮》，在出版的当年，就重版到了六次。

正在这一个热闹的时候，左翼文坛里却发生了一种极不幸的内哄，就是文坛Hegemony的争夺战争。光赤领导了一班不满意于创造社并鲁迅的青年，另树了一帜，组成了太阳社的团体，在和创造社与鲁迅争斗理论。我既与创造社脱离了关系，也就不再做什么文章了，因此和光赤他们便也无形中失去了见面谈心的良会。

在这当中，白色恐怖弥漫了全国，甚至于光赤的这个名字，都觉得有点危险，所以他把名字改了，改成了光慈。蒋光慈的小说，接连又出了五六种之多，销路的迅速，依旧和一九二九年末期一样，其后我虽则不大有和他见面的机会，但在旅行中，在乡村里所听到的关于他的消息，也着实不少。我听见说，他上日本去旅行了，我听见说，他和吴似鸿女士结婚了，我听见说，他的小说译成俄文了。听到了这许许多多的好消息后，我正在为故人欣喜，欣喜他的文学的成功，但不幸在一九三一年的春天，忽而又在上海的街头，遇着了清瘦得不堪，说话时老在喘着气的他。

他告诉我说，近来病得很厉害，几本好销的书，又被政府禁止了，弄得生活都很艰难。他又说，近来对于一切，都感到了失望，觉得做人真没趣得很。我们在一家北四川路的咖啡馆里，坐着谈着，竟谈尽了一个下午。因为他说及了生活的艰难，所以我就为他介绍了中华书局的翻译工作。当时中华书局正通过了一个建议。仿英国 Bohn's Library 例，想将世界各国的标准文学作品，无论已译未译的，都请靠得住的译者，直接从原文来翻译一道。

从这一回见面之后，我因为常在江浙内地里闲居，不大在上海住落，而他的病，似乎也一直缠绵不断地绕住了他，所以一别经年，以后终究没有再和他谈一次的日子了。

在这一年的夏秋之交，我偶从杭州经过，听说他在西湖广化寺养病，但当我听到了这消息之后，马上向广化寺去寻他，则寺里的人，都说他没有来过，大家也不晓得他是住在那一个寺里的。入秋之后，我不知又在那一处乡下住了一个月的光景，回到上海不久，在一天秋雨潇潇的晚上，有人来说，蒋光慈已经去世了。

吴似鸿女士，我从前是不大认识的，后来听到了光慈的讣告，很想去看她一回，致几句唁辞，可是依那传信的人说来，则女士当光慈病革之前，已和他发生了意见，临终时是不在他的病床之侧的。直到九一八事变发生之后，在总商会演宣传反帝抗日的话剧的时候，我才遇到了吴女士。当时因为人多不便谈话，所以只匆匆说了几句处置光慈所藏的遗书（俄文书籍）的事情之外，另外也没有深谈。其后在田汉先生处，屡次和吴女士相见，我才从吴女士的口里，听到了些光慈晚年的性癖。

据吴女士谈，光慈的为人，却和他的思想相反，是很守旧的。他的理想中的女性，是一个具有良妻贤母的资格，能料理家务，终日不出，日日夜夜可以在闺房里伴他著书的女性。“这，”吴女士说，“这，我却办不到。因此，在他的晚年，每有和我意见相左的地方。”我于认识了吴女士之后，又听到了她的这一段意见，平心静气地一想，觉得吴女士的行为，也的确是不得已的事情。所以当光慈作古的前后，我所听到的许多责备吴女士的说话，到此才晓得是吴女士的冤罪。

又听一位当光慈病殁时，陪侍在侧的青年之所说，则光慈之死，所受的精神上的打击，要比身体上的打击，更足以致他的命。光慈晚年每引以为最大恨事的，就是一般从事于文艺工作的同时代者，都不能对他有相当的尊敬。对于他的许多著作，大家非但不表示尊敬，并且时常还有鄙薄的情势，所以在他病倒了的一年之中，衷心郁郁，老没有一日开畅的日子。此外则党和他的分裂，也是一件使他遗恨无穷的大事，到了病笃的时候，偶一谈及，他还在短叹长吁，诉说大家的不了解他。

说到了这一层，我自己的确也不得不感到许多歉仄，因为对光慈的作品，不表示尊敬者，我也是其中的一个。我总觉得光慈的作品，还不是真正的普罗文学，他的那种空想的无产阶级的描写，是不能使一般要求写实的新文学的读者满意的。这事情，我在他初期写小说时，就和他争论过好几次，后来看到了他的作品的广受欢迎，也就不再和他谈论这些了；现在想到了他那抱憾终身，忧郁致死的晚年的情景，心里头真也觉得十分的难过。九原如可作，我倒很愿意对死者之灵，撤回我当时对他所发的许多不客气的批评，但这也不过是我聊以自慰的空想而已。

总而言之，光慈虽不是一个真正的普罗作家，但以他的热情，以他的技巧，以他的那一种抱负来写作东西，则将来一定是可以大成的无疑。无论如何，他的早死，终究是中国文坛上的一个损失。

一九三三年三月二十五日

（原载《现代》第三卷第一期1933年5月号）

关于蒋光慈

杨剑花

蒋光慈原名光赤，嗣因嫌疑为当局注意，遂改名光慈。我们看到他的小说时，直觉地以为他是一个无论在思想上，行动上的革命人物，不知他竟是一个十足的罗曼谛克底小资产阶级。光慈早年到过苏联，回国后，即著书于上海。我们要认识蒋光慈，首先要知道他并不是一个意识行动完全相符的人，而是一个憧憬着曙光的，并绝对同情着劳苦阶级的“作家”。近来在文坛上所流行的两句：（I am not a fighter. But I am a Writer.）（我不是一个战士，而是一个作家。），大可为光慈所吟。

光慈在平日，除创作文学外，仍逃不出一般小资产阶级的圈子，并想参加一些实际工作，然而那真实底，尤其在这过渡期间的实际工作的途上，是遍生着荆棘和艰难的。所以光慈又对着这实际行动表示Escape（逃避），在他的作品里随处都可看出，“我是一个诗人”，“我是一个文学家”等句子，表示他并非一个战士。但是一个作家的作品的内在的质地，是和他自己的行动是有联系的密切关系底。光慈自对于行动上发生幻灭，联带地对于作品上立刻发生动摇。同时，他在那时对于恋爱上又发生波折。（按：光慈自前妻宋若瑜死后，即和南国社社员吴似鸿结婚。）两人之结合；大半的要素由于情感，因蒋喜吴之活泼，而吴则慕蒋是“文学家”，到了后来，日子久了，互相不满，逐渐暴露。光慈仍不减其终日埋首著作之嗜好，而似鸿则喜涉足于社会活动。

于是双方之个性遂渐渐分离，终至决裂，是时，光慈既感政治之幻灭，又遭恋爱之打击，内心之苦痛已莫可言宣，为聊以解闷计，乃东走日本和楼适夷辈为伍，并访问友邦诸权威作家，但大半的时间，仍消磨在写作上，《冲出云围的月亮》等便是在东京所作。那时蒋屡致书于国内友人钱杏邨、洪灵菲等，宣告其极端之苦闷。

在这种苦闷的由来，在他的作品中，是可以考究出来的。他的作品是感情气分多而理智气分少，虽然表示对于革命发生渴需，但他终究不了解社会大众之实况，所以他的作品终逃不出罗曼司的纪录。并且那种小资产阶级的心理最容易幻灭，只须几次受了现实的打击，便觉得曙光之到来还是“漫漫长夜”，而不禁动摇着了。那时光慈处于极端的孤寂的包围中，而一种严重的Senti-mental（感伤）不得不侵袭他。光慈于是再度带着创痛，回到上海，不久，就病倒在同仁医院。光慈的病，本来仅仅是些肺炎，照理只要稍稍医治，便可全愈。然而政治和恋爱的苦闷，也是增加他病重的原因。当光慈病重的时候，似鸿追忆旧情，马上赶到丈夫的病榻前，昼夜不息地看护着他，然而光慈已是病入膏肓了，在极端痛苦之中，几次要求医生给他安眠药吃，以求速死，上海许多友人对着他愁眉地唏嘘着。在某一个早晨里光慈终于死了。

吴似鸿听说至今尚未嫁人，当然并不是说为了光慈“守节”，但她常常在思想念着光慈，是无疑底。光慈发甚长，眼近视，下巴很尖，面容苍白，真是一个“苦闷的象征”。（完）

（原载《文坛史料》杨之华编，上海中华日报社总发行所1944年11月1日）

蒋光慈回忆录

吴似鸿

《中国现代文艺资料丛刊》编者按：这篇文章，是作者根据她个人的感受和回忆写成的。许多问题，只能从作者个人当时所处的地位的角度来看，局限在所不免。同时，因为事隔多年，若干事件和细节，记忆失真，也是可能的。我们发表出来，仅供研究者的参考。

回国前后

一九二九年的腊月，光慈在东京养病将归国；那时他所抱的心境，如《我应当归去》中所描写的：

那里，也许没有谁向我展着微笑，
那里，也许给我的只有烦恼，
反不如在这生疏的异国里，
我可以有着相当的自由而逍遥。
但是我是中国人，我是中国人，
我的命运已经把我的行踪注定了。
我应当归去，我应当归去，
虽然我的祖国是那般地不好，……
纵然那里虎狼相奔驰，

纵然那里黑暗得如同地狱，
我总是深深地相信着，
光明的神终有降临的一日。
……
归去，归去，我应当归去，
重新回到祖国的怀抱里，
在群众痛苦和反抗的声中，
我将找到所谓伟大的东西。❶

光慈了解，当时的祖国是一个多末痛苦的地狱。他明明知道回到祖国并不是愉快的事。他在《异邦与故国》最末一次的日记中写着：

我已经决定本月十五日动身回国了，我知道那里是没有什么愉快给我的。但是当无数万万被压迫的群众受着痛苦的时候，我有权利向我的祖国要求愉快吗？别人可以向它要求，然而我，我这个为祖国服务的人，是没有这种权利的。……

光慈虽然无权利向祖国要求愉快，可是为了找到“伟大的东西”，他又毅然决然地重新投入那悲哀的祖国的怀抱里。当时，在他的思想上，在他的愿望上，他是要求充当一个勇士和不怕痛苦、不怕艰难的战斗者。可是他那多病的身体，却严重地妨碍着他。在《异邦与故国》八月二十八日的日记中，他这样写着：

我的食量虽然并不大坏，可是我的胃病，并没有什么大的起色，有时还痛得厉害。唉！我不知道我为什么得了这一种讨厌的病。……

光慈在东京时，认为自己害的是胃病，但根据一九三一年他在病院中医生的诊断，他患的乃是肠结核。虽然我们不敢断定，光慈在东

❶ 《乡情集》，1930年2月上海北新书局出版，第40页。

京养病时已患了肠结核，但是根据光慈在一九三一年透视肺部的结果，已经发现肺结核入第二期。可见光慈当宋若瑜去世以后，他已经患了肺结核。他虽然曾打了不少防痨针，但是，事实上，肺结核并没有断根。所以，我很怀疑光慈当时的胃病会不会是肠结核在作祟。

依照光慈的病状，应当长期休养，或动用复杂的手术；可是当时无论在经济上，在环境上或在工作的进行上，都不可能办到。只好听其自然。他在东京休养数月，尚完成了《一周间》和《冲出云围的月亮》两部译著。回到被压迫的祖国，更谈不上好好地休养，他依然忘我地工作，工作，工作。……

光慈回国，正值第二次国内革命战争获得进一步发展的时期。那时，“毛泽东同志在一九二七年冬天开始创建的革命根据地和他所领导进行的革命战争，以及其他同志在其他地区创建的革命根据地和他们所领导进行的革命战争，成了新时期中国革命斗争的主要内容，成了全国政治生活中的重要势力，成了蒋介石反革命统治的最大威胁和全国劳动人民的最大希望。”[1]光慈受到土地革命战争的影响和鼓动，他决意要写一部长篇小说，内容便是描写初期土地革命，当时，他不管环境如何恶劣，某些人对他如何地非议，他始终抱定初衷，毫不动摇。在一九二九年腊月，他就开始构思。……

他在酝酿期间，曾参考了不少文件，读了不少报纸，观察社会现象，研究了人物塑象，同时访问了不少朋友，接近各种社会团体，找生活，找经验。不知者，以为他东走走，西逛逛，其实他有创作目的，脑子在工作。……他衣袋里经常放着糖炒栗子，或是香瓜子，一边吃着，一边想着。……

初　见

我和光慈是在一九三〇年的初春相识，因此我的回忆，只能在这段时间开始，而回忆的范围，也只能限于我所接触到的、我所见到的一面；又因我当时年青无知，有好些事情，当时并不理解，如今时隔

❶ 胡乔木：《中国共产党的三十年》，人民出版社1951年11月第二版，第28页。

三十多年，回忆起来更感吃力，所以，我的文章能不能达到预期的要求，实在没有把握。

我和光慈的初见，是在南国社。

光慈和南国的关系，早在一九二六年，南国电影剧社时代就建立了。那时南国正拍摄《到民间去》的影剧。皮涅克饰剧中的俄国诗人，光慈饰翻译兼陪客，由是他和田汉先生结交。这一次他回到祖国，正当南国靠近了党、坚决转变时期。因此光慈欣然重来南国和田汉先生会晤。

当时南国所处的环境，也就是光慈在祖国的上海所接触环境的一部份：

当时上海的法租界，有一条很长的马路，叫做金神父路（即现在的瑞金二路），它的尽头，有一条横卧的臭水沟渠，是中国地界和法租界的分界线。打浦桥是中、法地界的交通要道。在桥的那一边，有些小工厂，和许多以烂铁皮搭起来的低矮棚户，里面住着工人、黄包车夫、摆小摊的摊贩，以及失业者。……这里还有一所私立新华艺术大学。打浦桥的这一边，即金神父路底，有“国统”的法政大学。它的门对面，有一条小小的街道，是一个菜市场，两旁林立商店。有：小当铺、小菜馆、包饭作、煤球店、南货号、洗衣作，尚有大饼摊、稀饭店，和泡开水的老虎灶。其中还有一爿与众不同的金城工艺社。……总之，这里人口众多，阶层复杂，来来去去的，多数是大学生，和中下层社会的居民。每天当黎明前后，金神父路上的路灯，尚未熄灭的当儿，二十一路公共汽车就由外滩轰隆隆地开来了，停在法政大学门口，等待着搭客。随即这个区域渐渐地热闹起来。打浦桥上的黄包车、板车、汽车来往不绝。清道夫也穿着红色的号衣，推着垃圾车来扫马路了。小贩们都摆出了鱼虾和蔬菜，提高了嗓子叫卖。卖洋葱牛肉饼的，响亮地敲起了铁锅，香味热汽充满街道。等到天一亮透，已人群挤挤，大有水泄不通之势。而穿着西装的大学生，养着长头发的、打着艺术大领结的，或是穿着画衣的美术教授，和艺术学生，也都出来买早点，或是泡开水，……叮咚叮咚的钢琴声、嗄嗄嗄的高音低音的练习嗓子声、同时也有大小提琴声，……所有一切声音，随着一天的开始，缠绕在这个区域的上空。……

这条小街，有两个里弄，一个叫新新里，一个叫日晖里。南国社就在日晖里四十一号，同时也就是田汉老师的家了。

一九三〇年一月初旬的某日上午，天气非常暖和，象三月一样。我推进了南国的前门，客堂静寂无人，不象平时，社员们挤坐一堂，不是讲戏，就是闲坐。有的拉着胡琴，有的昂首高歌，有的看着小说，或者读念台词，也有的疲倦万分，在破沙发上呼呼熟睡，……可是这一天，社员们都不知到哪里去了？但听楼上有人声，我便一直上了楼。

平时，往往见到田先生坐在室内勤快地写作。可是这次他却坐在满是阳光的窗前。背靠着窗槛，两只手臂支撑着前身，正在哈哈大笑。……

田汉老师的母亲——田老太太，坐在中间抽水烟袋。黄素先生坐在屋隅写文章。而田先生的书桌面前坐着一位从未见过的陌生男客。好象刚刚和田先生谈笑。见我进去，一时竟沉默下来，全房的空气马上转变，那位客人低下头来，随手拿过一本《南国月刊》无心地翻阅着。他穿着一件蓝色的茄克，瘦长的上躯，倚着写字台边，小眼睛在他那瘦削的脸形上，显得特别敏感，安正的嘴唇，在微微地笑，使人一见这位客人，就会感到他是一个爱清洁的人，同时是一个外表斯文、内心刚强的男性。年龄大概在二十八九岁上下。

这时田先生为我们介绍了，但是他没说出客人的名字。我还不知道他是谁。

客人随手拿了一张纸，在上面写了好些书名，移到我的面前说："密司吴！你读过这些书吗？"

我看了书名，是《少年漂泊者》、《鸭绿江上》、《纪念碑》……等等。

"没有，我没有读过这些书。"我答。

客人抬起头来，微笑着向田先生说："老大！难怪我们写文章的人不行，连常时写文章的人，都没有读过我的书。"他在谈笑中，露出一副雪白整齐的牙齿。……

一时空气又沉寂下来了，讲些什么好呢？

"黄先生！"客人把头朝向黄素先生，找出另一话题说道："我想写一部小说，是描写农村生活的。我要问问你：你们湖南的农村情形怎么样？”

“差不多，蒋先生！我们湖南的农村，和你们安徽差不多罢。”黄素先生操着湖南口音，一边写着，一边回答道。

原来这位客人姓蒋，但他叫什么名字，我还不知道，不过可以肯定，他是写小说的人。

过了几天，是一个晴朗的下午，气候比较寒冷。田老太太坐在火盆旁边抽着水烟袋，田先生和黄素先生都不在，全室空气宁静，单听得咽咯咯的烟袋声音。……

光慈进来了，一声不响，站着不动，好象思索着什么。……

这一次，我算见到了他的全貌：一个高高大大的身材，不能算健壮魁梧，却也并不虚弱，而且因为他刚从外边进来，受了冷空气的刺激，脸色带点红润。他穿着一件浅灰色的呢大衣，宽大雍容，确是有点风度，不过并不威武，而是另有一种魄力。今天戴了一顶鸭舌头帽，又象一个苏联工人。

“坐嘛！”田老太太向他打着招呼。

他坐在老太太的身边，伸手在火上取暖，那粗长的手指，象做细工的工人的手，不象当时一般文人的手。显然，他在过去的日常生活中，不但单执笔杆，而且操过不少的劳。据他后来告诉我，当他在苏联的时候，曾受过体力劳动的教育。……

他依然沉默寡言，若有所思：——他由田老太太，联想到他自己的母亲。他由田先生，联想到他自己。田先生有一个温暖的家，有爱人，有母亲，又有兄弟朋友。他也有父母兄弟，却远在安徽老家。自少年时代，离开了家，去到遥远的莫斯科，受革命的教育。回国以后，为了逃避包办婚姻，为了革命工作，为了祖国的厄运，到处奔波、流浪。将近十年以来，还没有回过一次老家，如今只身在沪，年龄已经到了三十，从前的爱人宋若瑜去世已有三年多，一直过着独身生活。……此刻在田老太太的对面，同在火盆旁边，坐着一个姑娘。……那天自田老大介绍认识之后，回到家里，老是想着她，可是他怎么和她联系起来？听田老大说，这姑娘身世可怜，流浪在外，无人照顾。……那末他来照顾她罢！可是讲些什么呢？她老是坐着不动，一句话也不讲。……她是不了解他的，连他的著作也没有读过。……

这时，正好田先生由外而入，向光慈挥着手说："走罢！"于是，光慈和我随着田先生一同走了出来。

法租界并不完全象靠近臭水沟的这条小街那样地人声嘈杂、处处污秽。出了日晖里弄口，走上金神父路，背着中国地界，那就是宽广的柏油马路。两旁是大小花园，洋楼，舒适的住宅。但进进出出，行来往去的，多数是高等华人和外国侨民，他们都是那样神气活现，作威作福。作为进步的中国文艺工作者——如田汉先生、光慈，怎么会不有所感触？！

田汉先生不愿意走了，说："我们坐车罢！"

"不，我们走，你的腿不是很长吗？"光慈微笑着说。他想：不管洋人怎么威胁我们，我们终究是中国的主人，走在自己的土地上，踏着中国劳动人民所建筑的马路，才值得骄傲。他挺着瘦长的前胸，一个劲儿往前走，田先生也就飞快地跑。……

我走在光慈的后面，望见他的后影，他行路敏捷，动作精敏。推想，他必有机智。他随时在注意旁人，提高着警惕。……

一走两走，原来田先生带我们去参观天蟾舞台后台的化装。这可骇坏了我。演员好象庙殿里的四金刚一样。且是活的。我象孩子一样的到处躲藏，惹得田先生大发其火。但我依然躲藏，竟躲到光慈的腋下，他象慈父一样，把我保护住了，我才安了心。

小沙渡的寓处

一九三〇年初春，光慈为了生活安定，可以工作，找到了一个适当的房子。地点靠近沪西小沙渡附近，那里接近工人区域。据后来了解，洪灵菲这时在中国共产党沪西区委担任工作，光慈和他在工作上有所联系。他和钱杏邨有组织关系，更有工作联系，所以他的住处，和以上两位同志都靠近。钱杏邨和光慈住在一个弄堂，名字好象叫广业里。那房子是新建不久，普通的半西式构造，有前后楼，有亭子间，楼下是客堂和厨房，但是没有卫生设备。光慈为了准备和我生活在一起，竟租了一层。前楼是他的工作室，小小的后楼作为他的寝室，亭子间给女佣人住着。家具除了写字台、床铺、书架以外，加添了两个沙发。这屋子没有什么布置，既无花瓶，又无台毯，更无窗幔，实在简单，仅仅在壁上贴了几张画片，凑凑热闹。

这屋子的楼下，单住房东一家，人口不多，比较清静。而且前楼面南是一排玻璃窗，光线充足。阳光直晒到屋子中间。这对他的病体，颇有帮助。

光慈的女佣人，是一个五十多岁的江北老人家。农妇出身，身体健壮，光慈叫她六妈。他自己对外姓陈，所以六妈称呼他为陈先生。

光慈为了生活安定，静心工作，避免意外，所以，这住宅从不公开。除了某些亲近的同志，普通一般朋友，都不知道他这个住处，有事情都在外相约。在这里和他交往最密切的，只有杏邨一人。这时，杏邨在帮助光慈编辑《拓荒者》。无论看稿、定稿、编排、处理校样，都和杏邨共商。所以杏邨常来这个屋子。来时往往手执大批稿件，彼此讨论着有关编务方面的问题。

光慈在这屋子里，不但编辑《拓荒者》，而且也写些短稿，还在这屋子里，开始创作长篇《咆哮了的土地》。为了写这部小说，他时常跑到附近工人区域，参考工人形象，借以塑造人物。又常去和工人谈话，从工人的口中，间接了解他们的老家——农村生活和斗争的情况。……

光慈在写作时，喜欢独自一个人。如有人在他身边，他就写不出来，他会马上把稿件藏进抽屉。不象田汉先生，在许多人的面前，在人声的喧闹中，可以创作剧本。

光慈和亚东书局的关系

一天，光慈带我到亚东去玩。

亚东书局的老板，叫汪孟邹。他是秀才出身，但后来思想维新，不满当时社会现象。他对革命抱同情态度。

汪孟邹本在安徽芜湖县开设科学图书社。约在一九一八年的前后，光慈在安徽芜湖省立第五中学读书时，常到科学图书社去买书。该社有一位职员，叫陈啸青，见光慈举止大方，年少英俊，更其好学，因此和光慈做了朋友。

不久，光慈高中毕业，由中国共产党保送到苏联留学。其后，陈啸青先生，也到上海亚东书局工作。光慈留学期满，由苏联回国后，曾把他的创作，《少年漂泊者》、《纪念碑》、《鸭绿江上》、……等等，通过陈啸青先生的介绍，在亚东书局出版，于是光慈也就认识了汪孟邹先生。

当时亚东的编辑部在五马路。我们进去的时候，见汪孟邹先生戴着老花眼镜，穿着黄色宽大背心，下面是扎着裤脚管的套裤，静静地在抽水烟袋。见他这副穿戴，不禁使我想起了冬烘的形象，可是光慈对我说："你别以为亚东老板是个冬烘老头子，他倒是同情革命的哩！"

当时，汪孟邹不但愿意出版光慈著作，并且常时关心光慈的身体，甚至光慈的私生活，……他对人讲义气，很够朋友。在保护光慈安全问题上，曾多方帮助，直到最后。以后知道，光慈所以把我带到亚东去玩，是有原因的。他是想借此征求汪孟邹和陈啸青两位前辈的意见，看看他和我的关系，是否可以确定？

过了几天，光慈在亚东的发行部，也就是汪孟邹、陈啸青以及其他工作人员的住处：西藏中路四七五弄六号，摆了几桌酒席，我当时莫明其妙，后来才知道，光慈得到他们的同意，特地请亚东的好朋友们喝杯酒。光慈在亚东请客，不单这么一次，据亚东工作人员对我说："蒋先生用钱并不吝啬，且他对于物质要求很容易满足，往往当我们把版税算给他的时候，他就这么说：'这么多钱，怎么用得了（其实，顶多不过数百），吃、吃、吃、大家吃！'他就去叫几桌酒席，请我们大吃一顿。"

亚东不但老板、陈啸青和光慈感情密切，就是其他工作人员，直至女佣、大司傅，都很爱护光慈，只要光慈一到亚东，大家便喜形于色，不管当时统治者对光慈如何压迫，甚至于他的书籍被禁止发售，但大家对待光慈却始终如一。

南国的新面貌

南国已经沉默好久，既不作戏剧演出，又无其他活动。……

一天，我跑到南国去，一看情况两样：大门开着，后门也开着，连客堂的门也一扇不闭，人们进进出出，除了原有的社员以外，还增加了不少新人：有的是从陶行知办的晓庄师范来的；有的是从杭州西湖艺专“一八艺社”来的；有的是从南京中大回沪的；有的是从左联党组织上派来的——钱杏邨，更有从广州出狱的康白珊大姊，总之，人才济济，改变了南国原来的面貌。……

田先生在楼上。坐在写字台前。一边写着文章，一边翻阅一本很厚的书。我仔细一瞧，原来那本书是谈论马列主义的。

“似鸿！我们中国将来也要走这条路的！”田先生指着这书对我说。

一忽儿楼下客堂中坐满了人，光慈也从后门进来了。他一声不响，站在天井中，等待着会议开始。

过去南国开会有些散散乱乱，精神不集中。如今呢，虽然坐得并不整齐，可是全场精神振奋。其中有一个青年，身体强壮，精神充沛，站在人群中间，显得突出不凡，大家的眼光都望着了他。

田先生也从楼上跑下来了。他今天不大讲话，不象往常，南国开会，总是田先生一人发言，我们社员们静静地听。可是今天，却由那位强壮的青年发言。他声浪响亮，气魄雄伟，……听者在细声地说：“宗晖！宗晖！”

原来发言的青年，叫做宗晖。他从帝国主义瓜分中国说起，讲到中国受政治、经济、宗教、武力等等各种的侵略，使中国农村经济破产，人民痛苦不堪，而反动统治者，大地主大资产阶级的寡头政府，不但没有抵抗，反而卖国求荣，压迫人民。……我们南国，作为一个艺术工作者的团体，应当和大众结合，反抗一切恶劣势力，拯救中国。……

他发言完毕，大家热烈地鼓掌。全场空气高涨。……这是南国有史以来，所没有的会议。结束时，田先生讲了几句收场的话，表示南国从此要走向大众，为工农服务，抛弃过去感伤气氛，坚决提倡普罗文艺。……

光慈没有发言。当会议结束时，把我拉起跑了。

过了几天，南国发了大批的请柬，邀请了全上海的画家、音乐家、作家以及其他文艺人士，备了茶点，在法国俱乐部召开扩大茶会，连我们南国社员，人数在一百以上，把法国俱乐部楼上那个设备华丽的大厅，全都挤满了。

这天天气暖和。光慈也参加了这个茶会，会上他第一个发言：声浪响亮，抑扬顿挫。言词锐利，轻快流畅，声音铿锵。……听起来，着实感到他的口才不错，有吸引力，有说服力。……

他所讲的大概内容，是："中国正在厄运时期，必须由人民自己来管理国家，身为中国现代的艺术家，必须站在人民立场，创造自己的艺术，创造自己的文化。而如今中国有些艺术家，尚在崇拜欧美文化，摹仿欧美艺术，什么唯美主义，什么艺术至上主义，都是为资产阶级服务。资产阶级，已经到崩溃时期，所产生的艺术，不是人民所需，而为人民所唾弃，作为现代中国的艺术家，不靠近人民，必为人民所抛弃。……"

光慈讲到这里，有一位艺术家，忽然面色苍白，站起身来，不别而行。但光慈依然滔滔不绝地讲下去。

田汉先生发言的时候，坐在大菜桌的旁边，在桌上摊着老早准备好的演讲稿纸。他对外宣布的第一句话，是："我们南国转变！"

田先生的演讲词很长，讲了一点多钟时间。可惜我已记不住了。大概内容是：从南国历史讲起，直到现阶段。接着谈到今后如何坚决走上新兴艺术道路，为无产阶级政治服务。……田先生的文字，为大家所知道，不是我的拙笔可以形容，只好搁起不提。

当茶会告一段落，人们都四散休息。

郑君里突然从人群中站起，高声呼道："吴作人要到法国去了，似鸿啊！你和他握别、握别！"可是光慈即刻要走，把我拉起跑了。当初我埋怨光慈没有礼貌，后来才知道，他在大庭广众中讲话，不能久留，以免发生意外。

等到我和光慈回到寓所，我说："田先生今天的演讲词很好！"

"唔！田汉的理论文章真是写得不错。"光慈一边赞叹着田先生，一边微笑着在工作室中踱步，好象尚有余感。……

和谐的生活

我离学校较远，下午要是没有重要的课，就在家中学习。光慈在左边写字台前工作。我在右边的写字台上学习，或是摆开了画架子，画些粉笔画或是油画。

光慈在日本有些留学生朋友，他常时汇点钱去，接济那些有困难的朋友们。我们结婚，他也写信去告诉他们：说他近来已经结婚，他写他的文章，我画我的画，这生活是理想的。

这时楼适夷，从日本寄来一帖画片，送给我。我看得非常高兴。那些画片，是日本普罗画家所画，人物很多，是描写日本无产阶级斗争的场面。当时的中国美术界中，还没有这些画题出现。左联虽然已经成立，但左翼美术家联盟还没有筹备就绪。当时我把那些画片，以油画临摹下来，挂在书室的壁上。光慈当工作告一段落，在休息时间中，站在我的背后，看我作画，或是走近壁前，一声不响的观赏那些油画。

光慈在如是平静而和谐的生活中，不显得老，好象青春已经恢复，年青得多了。过去的衰老现象，已经消失。

规律的生活

光慈的日常生活，自从和我在一起之后，就入于规律性。他没有睡早觉的习惯，不论晚上开会开到多迟回家，早晨总是在六七点钟起床。早餐一定是稀饭，一碟咸菜。每天他付给六妈二三角钱，所买的小菜，不外是四两牛肉、五个铜板黄豆芽、五个铜板咸菜。他从不吃大鱼大肉，鸡鸭也吃得很少。他不喝酒，也不抽烟。一切家务事情，均由他指挥六妈去做。我是不管的，他也没叫我去管。他爱干净、爱整齐，打扫房间，不一定叫六妈，有时他自己便做了。

光慈在白天的工作，除了阅读，就是写稿，有时杏邨来了，和他联系《拓荒者》的编务，有时他独个儿打着版税印花图章，……说干就干，决不拖延。

这时，光慈是左联的候补常委，开会时间，都安排在晚上。每天吃过晚饭一定出门，走时，一定交代一声，说："我去开左联……会议去了。"和朋友约会，去现代书局、亚东书局取信转信，或是购买物品，也一律安排在晚上的时间。回来时，总是很晚了。但是他却并无疲劳现象，总是兴高采烈、满怀热情。一进书室，笑逐颜开，好象带回来一团火似的，冲进门来。他那个高高大大的身材，使满屋子热闹，好象在他的面前，有许多同志，或是有许多群众在听他讲话一样。他象演讲似的讲些什么，其实，这屋子里除了我之外，什么人也没有。……

这时他的精神健旺，蓬勃向上，好象他的病已经好了，我也不知道他有什么病，以为他是没有病的人。

我们珍贵的客人

光慈的寓处，不能公开，来的人只有杏邨一个，而且来时，单为工作联系，事毕马上离开，所以我们的屋子里，连六妈只有三个人。因此常感单调，很想客人们来到。但来客却必须挑选，非知己者不能来，非可信者不能来，非同一组织者不能来。

一天，光慈决定邀几个同志到家里来聚聚，于是便叫我去买点小菜，做些小吃，请大家吃顿饭。呵！我高兴得不得了，跳跳蹦蹦，嘻嘻哈哈，好象过喜日一样。椅子不够，向房东去借，碗筷不够，也向房东去借，盘子不够，又向房东去借。

傍晚的时候，我们珍贵的客人来到了。一对是洪灵菲夫妇，一对是戴平万夫妇，还有一对是沈端先[1]和他的爱人。呵！真是热闹。屋子里坐满了人。光慈陪着客人，有说有笑。我去做菜，然后，一盆盆地端将上来。哗哈哈地笑着摆上桌子。客人们却吃得很少，原来菜炒坏了，不是咸就是淡。牛肉硬了，鱼儿生了，真是天晓得。

但是光慈并没有责备我，他不提起菜做坏的事，依然高兴地和客人谈笑。

餐毕，不知是谁提议，说我是学画的，端先的爱人也是学画的（她刚由日本归国）。两位密司，画个速写，给大家看看。

于是我和端先的爱人都拿出了速写簿，各人选择人画的对象。

端先的脸谱，瘦长而严肃，并且是灵性的气质，不容易画。灵菲

❶ 沈端先就是夏衍。

的脸谱，同样是瘦长严肃，且有病容，据说他是有肺结核的，同样是灵性气质。只有平万的脸谱，仁厚老实，带点多血质，健康而年青，象个大学生，线条简单，因此选择了他。

……

到灵菲家里串门儿

一天晚间，光慈没有紧要的事，吃过晚饭，就想散散步。可是小沙渡一带附近没有公园，也无花草，树木也很少。旧社会的工人区域，都是破败不堪的。我们不愿走远，就在附近散步。

一走，两走，竟走过洪灵菲的家门，那末，就串门去罢！

洪灵菲是和戴平万住在一道的。我记不清那个里弄名称。那房子很狭窄，构造也特别。我们走进那屋子的楼下，是一个小小的隅室，灵菲和平万两个人伏在豆腐干一般大的，而且是比地面低两档的凹处的一张小圆桌上，俯着头在刻蜡纸。字迹细小，篇幅不大，可能是党内文件，也可能是工厂宣传品，究竟什么我却不知道，不便细问。他俩很忙，无暇接待。我就在高两档的楼梯脚下的长凳上坐下。光慈站着，老是在笑。

灵菲的爱人，眼睛望着我们，天真地哈哈笑着奔进，又瞅着我们哈哈笑着奔出。……

灵菲的女佣人，年青而沉静，抱着灵菲的孩子，望着我们，一声不响，若有所思。……

等到回到家来，光慈告诉我：“你不要以为灵菲的女佣人，是个老妈子，她还是个共产党员哩！”

“啊！”我竟惊呼起来了：“为什么你不早告诉我？我得多看看她的。”当时我的思想非常幼稚，以为共产党员都是知识分子，或是教员、学生，不料共产党员竟在工人阶级中。啊！那她该是多末被人尊敬哟！

虽然我们在灵菲家留的时间不多，但印象却是深刻的，永远难忘的。一个英勇的党的工作者、无产阶级革命作家，在地下工作中，多末艰苦。当时他还带着病呢！他的收入不多，经常处在贫困中。所以请女佣人，完全是因为工作的需要。据说她会做一切掩护工作，又是地下交通员。她的功绩，不比一般知识分子差，真是令人起敬！

光慈所联系的文化单位

光慈所联系的文化单位，不仅仅是左联、南国，据我所知道，尚有艺术剧社和中华艺大。艺术剧社是当时最进步的戏剧团体，据光慈对我说，是由党领导的。主持人是沈端先和郑伯奇。

当春季时节，艺术剧社在北四川路的小剧场演出了德国雷马克著的《西线无战事》。他带我去看了夜场演出。那场面很大，布景堪称科学化、现代化，形象逼真，观众没有不感动的。据说，由于艺术剧社演出了这出戏，观众反战情绪高涨。有一位观众，本准备去当兵的，看了这出戏，马上思想转变，不去了。当然他原来所要当的兵，不是红军，而是反动的国民党部队。

剧中的男主角——保尔，是由刘保罗所扮演，保尔的姊姊，爱尔娜是由陈波儿扮演。当时我看得非常惊喜，深深地感觉到，中国出现了新型的演员。光慈告诉我，这两位男女演员，是艺术剧社最优秀的人材，陈波儿不单会演剧，而且又会写文章。

陈波儿当时非常年青，尚是一个小姑娘，举止端庄，面貌清秀，更加她那双大眼睛，显得神采百倍，实是可爱！

中华艺大，是在北四川路底，虹口公园转角处，是当时培养新兴艺术的专科学校。主持人是许幸之和沈西苓。当时，其他艺术学校有好些进步的学生，几乎都转到这里来了。

光慈曾应邀到中华艺大作过演讲。

养　病

光慈因为工作过度，他的肺结核、肠胃病又加剧了，身体渐渐支持不住，必须赶快休养。可是到哪里去休养呢？到牯岭去罢，需费浩大；到西湖去罢，西湖虽美，却有法西斯毒菌。还不如留在沪上，找一个相当的地方，静静地养吧！

当时的法租界，算是全上海最幽美的风景区。我们就在法国公园

（即现在的复兴公园）旁边的环龙路（南昌路）上找了一间楼房，租金三十元一月，伙食费四十元一月（营养品在内）。每天有牛奶、鸡蛋、可可茶、奶油汤，以及牛油、面包，盆菜不是牛肉饼，就是烤什么，总之，所有的饮食比广业里旧居自己所做菜饭好得多了。当进餐之前，光慈必把一瓶补力多摆上餐桌，准备餐毕服用。

这屋子的房东是美国人，本是我们所不认识的。男房东是汽车行的经理，每天汽车进进出出，女房东是美国少妇，长得有点姿色。光慈对房东所说的身份是大学教授，姓陈名资川。

男房东有点粗暴相。光慈性格温和，更加上他能操一口流利的英语，竟引起了女房东的爱慕，每天喜欢和光慈聊天，光慈为了应付环境，也不得不和她敷衍片刻。

我问光慈："房东太太和你谈些什么？"

"她问我要吃什么。我回答：'我不知道你要给我吃什么？'她老给我吃洋葱牛肉饼，我吃得有点不消化，我有点生气，她连鸡汤也不给我吃。"

"她还和你讲些什么？"

"她说：'你的太太象个日本女孩子。'"

"还有呢？"

"这个女房东很天真。她说：'你们中国到处都是共产党，我们很怕，我们想要回到美国去！'"

"连她的房客，也是共产党。"

我们讲到这里，哗哈哈地笑起来了。

光慈在这里穿着西装，外罩春大衣，手中执着一根司的克，打扮得象个高等华人，又象英国留学生，更象英语教授，所以房东太太什么话都对他讲了。

光慈每天吃过早点，就一个人踱到公园中去散步，吸收新鲜空气。去的时候，拿着一根司的克，支撑着那无力的身体，缓步而行。对于养好这次病，他充满了信心。《拓荒者》自五月出版了第四、五期之后，已经被查禁，停止出版。因此他的编务工作已告一结束。本该可以专心养病了。但他并没有。他不是仅仅吃吃睡睡、逛逛公园，而是利用这个机会继续在为《咆哮了的土地》[1]作进一步的构思。……

我们在这屋子里，生活算是不错，和谐而平静，就是费用太大。经过调养，光慈的病渐渐有了起色，身体好得多了。这一次的养病，要算是他一生中生活过得最舒适的阶段，时间不过一月。

在吕班路万宜坊

一九三〇年六月，光慈离开了环龙路上的休养寓所，住到靠近震旦大学的吕班路上的万宜坊。这个里弄房子，落成没有几天，就贴出招租。杏邨和光慈同时看中了三十八号的一幢三层楼房。杏邨家住在二楼，光慈住在三楼，客堂公用。但是我们两家都缺乏家具，更谈不上摆设，本来房子太大，租金又高（每月九十元），感到负担太重，但为了安全和从事创作起见，也没有把多余的亭子间出租，以免杂人多眼，所以，就硬着头皮包下来了。

我等下学期开学，就得住校去，光慈一人在家，就不请女佣人了，伙食搭在杏邨家里。杏邨夫人，会操劳家务，倒也方便了我们。每天我们两家人，大大小小，挤在客堂中，站着共吃大锅饭，倒也觉得热闹。

在住进这屋子的初期，光慈还不能集中精神从事写作，一因天气太热，二因身体尚未全好，三因构思尚未成熟，所以一半静养，一半阅读书籍，我常时见他执着英文版的《苏联文学》，或是俄文版的什么小说。

傍晚，他坐在晒台上乘凉，有时和我讲着列宁的故事，有时和我玩耍，等到星光布满天空的时候，他就一个人静静地构思。……

他的父亲来了

光慈多年没有回家，一直流浪在外，当然多年没有见到父母，虽然他常时去信，且每月汇款到家，但总是心里挂念，如今算已组织了小家庭，因此写信给他父亲，请他到上海来见见面。在1930年的夏季，他的父亲，由安徽老家，携着他的孙儿（光慈的侄子，年约十三

[1] 《咆哮了的土地》第九至十三章发表在《拓荒者》第四、五期合刊，后因光慈患病而搁笔了一个时期。

四岁）来到万宜坊。

光慈的父亲，是一个六十多岁的老人，身材长得瘦小，蓄着一撮疏稀的小胡髭，穿着一身土布短衫裤。看样子身体不很好。据说光慈老家中人口很多，哥嫂尚未分家，经济情况不佳，生活全靠光慈接济。

光慈很孝敬他的父亲。自从他的父亲来到上海一月余，他放下了工作，整天陪着父亲谈天。多年不见的父子，话永远说不完。可是我一句也不懂，他们谈的是安徽土话。

那时的光慈，行动不能自由，意外的事，也不可逆料，为了免得老人同受惊慌，所以他的父亲，住了一月多，又携着他的孙儿，回到安徽老家去了。

光慈的特约医师——黄钟

光慈的肠胃病是经常性的，常时发作。这个病最讨厌。光慈总以为是胃病，可以治疗。但他不便到公开的医院去就诊，因此亚东书局老板——汪孟邹先生给光慈介绍了一位医生，名叫黄钟。他在上海设立私人诊所，年龄约在四十左右，好象他的脚行动有些不方便，经常坐在一个固定位置上。他的思想同情革命，所以汪孟邹预先和他说明，病者是个革命作家，请他好好医治，并嘱保密。黄钟医师满口答应了。因此光慈经常到黄钟医师那儿去看病。

据黄钟医师的诊断，光慈确系胃病，所以也只是开方服药而已，并无其他手术。我们都认为既然不必用手术，料想胃病不会严重，又有了特约医师，一定有保障，胆就大起来了。反正痛的时候，跑到黄钟那儿去就是。而光慈很能忍痛，从不哼一声，连眉头也不皱，也没有经常卧床的习惯，即使在痛，他也依然写作。他在我面前，从不说一句痛苦的话，反而常时微笑，使人不感觉到他是一个病人。不料黄钟医师始终没有把光慈的“胃病”医好。……

“怎么蒋先生的脸白洁洁的？”

我有一位知己的女同学，叫萃姑娘。她要见见光慈。但我没有预先通知光慈，也没有和他商量如何接见萃姑娘。按照平时惯例，光慈在住宅中不接见任何生客。凡来客一概在外边茶室招待，免得出意外，免得影响创作。可是我竟把萃姑娘带到家里去了。

光慈本不认识萃姑娘，在他的脑子里本没有萃姑娘的形象。有一天，光慈安安静静地在家创作。他总以为我在学校，不到礼拜六下午，不会回家的。平时，每到礼拜六下午，他便早已收藏好稿件，坐在椅上阅读，等我回去。不料非礼拜六的白天，我带萃姑娘闯进了他的工作室，同时是寝室。光慈吃了一惊。马上把稿件放进抽屉。人竟愣住不动，脸色洁白，象一尊石膏象。

平时，我看光慈的脸色虽然瘦削，却总是红润的时间多。除非当他病重时，却从不见他白洁洁的脸色，这可能因为我平时看惯的原故。但当时我们闯进以后，一看情况不对，马上把萃姑娘带出屋外。在路上，萃姑娘才对我说："怎么蒋先生的脸色白洁洁的？"那是惨白的脸吧？心里不免黯然难过。如此看来，光慈是有病了，这怎么办呢？

光慈由于带病写作，血液不够分配全身。加上他的肠胃病和肺结核两种矛盾的病（肺结核需要大量营养，而肠胃病吃不多），使他缺乏营养，成为贫血症。而在创作时期，尤其当写到斗争场面，常以全副热情和精力贯注笔下。《咆哮了的土地》斗争场面多，所以，他在写作时甚感吃力。有时当夜晚写作，因用脑过度而昏晕过去，有时，由于过度疲劳，身体支持不住，连滚连跌地倒在床上，对我说："给我洗洗脚！"我就端盆冷水，放在床边，以冷水刺激他的神经末梢，使脑神经清醒不至昏晕。

对于萃姑娘的突然造访，在光慈是不大高兴的，但是过后他到底还是写了一首诗，赞美萃姑娘的美丽，又将自己的著作，一起送给萃姑娘。诗和书都由我亲手寄出。

和胡也频会晤

一九三〇年十月底，杏邨和光慈来联系，说丁玲、胡也频要和光慈见见面，并约定了日期和地点。

我记得那天天气已有点冷，光慈穿了一件黑大袍，和我同去丁玲、胡也频的家。

原来丁玲和胡也频同我们住在一个万宜坊，和我们单隔着一条弄堂，走几步就到了。

我们从后门进去，丁玲刚从厨房中出来，一见我们，就招呼着领上楼去。

楼上有一个奶妈，抱着丁玲刚生下不久的婴儿，那孩子非常肥胖。胡也频从内房出来，他还很年青，大概是二十多岁，人样长得漂亮。他穿着一套柳条纹的西装，正在忙着打领带，一见我们，活泼地打着招呼，和光慈说："我要到苏区去了，不久就要动身。"这时他的领带已经打好，搁起一只脚，擦着皮鞋，动作很快。

"你预备好了吗？"光慈问着，两手拱在袖筒里，老老实实地望着他。

"路上穿的衣服，都预备好了。"胡也频一边擦着皮鞋，一边回答。擦毕，立即咚咚地下楼去了。

不一会，胡也频从外边回来了，他去买了一个鸡肉罐头，揭将开来，留我们吃午饭。三个人一边吃饭，一边谈着创作上的问题，一直谈到下半午，光慈才和他们握别了。

不料没有几天，胡也频革命根据地没有去成，就被捕了。光慈得到不幸消息，心里非常难过，老是沉默寡言，……几天都不大说话。

我们听说胡也频和李伟森、柔石、冯铿、殷夫以及其他好几个左联盟员，在一起开会，忽然警察到来，一同抓去了，大家呆了半天。

光慈得到不幸消息的当天，马上跑到左联去开会，商讨如何营救。但怎么也没有想到，光慈和胡也频，自那一次会晤以后，永远不再见面，而胡也频早光慈牺牲了。

完成了《咆哮了的土地》

一九三〇年十一月，我从学校回家，光慈不在，他出外接洽出版的事去了。因此房内只有我一个人。

阳光从那小小的两扇玻璃窗外射到光慈的书桌和床上，使人感到暖和而舒畅。

窗外近处，是一片参差的红色瓦房。除了天空之外，什么也望不到。好象象征着光慈的处境。光慈喜欢红色，他每天都望着红色的瓦片出神。光慈的座位，就在这个窗下。自从我们搬到万宜坊以来，我还没有坐过他的工作椅。这一天，我竟毫无拘束地坐上去了。过去，我从不开他的抽屉，这一回，我竟把它抽开了。向里一看，原来是一部《咆哮了的土地》的原稿。我从头到尾翻了一下，共有十四万字左右，全稿毫无修改，整整齐齐、干干净净，字体秀丽均匀，象印版印出似的。说出来人家会不相信，我也看得惊奇。最近郭沫若同志在他的《实践、理论、实践》一文中，也曾提起光慈的写文章，说他是“一字不掉，一字不改，一气呵成”。事实确是如此，毫无夸张。这原因是光慈打腹稿的时间长；修改在脑子里，不在纸上。他是从不经过誊抄，原稿就是定稿；原稿就可付印。

不料没有几天，《咆哮了的土地》刚刚打好纸版，广告一登出去，立即被国民党反动派查禁停止出版了。

记得有一天晚上，我们刚刚吃过晚饭。我在客堂中和杏邨的孩子玩耍。杏邨坐了黄包车回来了，他的手中提了一捆纸版，一跳下车子，就直奔楼上，他向光慈说：“纸版拿回来了。”

纸版被放在地板上。大家沉默了。后来光慈把纸版放进储藏室，坚决地说：“我还得写！”

以后，这部纸版，跟着我们转移了好几个地方。直到光慈去世以后，在一九三一年的冬季，才由杏邨向我拿走，旋于一九三二年的春季，改名为《田野的风》，在湖风书店出版了。但仅印两千本，不及再版，又遭查禁。

一九三三年的夏季，现代书局自动地要出版《田野的风》，预先没有和我们联系，将广告登出去了。我一见广告，感到能够出版当然最好，但现代不和我联系，着实气愤，因此跑去同现代老板说：“怎么不来告诉我？”

“那末我们不出版好了。”现代老板如是地回答。

我也不再说下去，不出版就不出版，硬碰硬，要我说好话，求情，我可不干。叶灵凤先生坐在编辑室里，听到我们的对话，就插嘴道：“密司吴！你不懂。”我也没有问下去：“怎么不懂？”就此走啦。

第二天的报上，现代发表消息，说《田野的风》不出版了，广告停止。

读者一定会责备我，我这一着，《田野的风》就不能出版了，不能满足读者需要，罪归于我。可是别愁，现代书局不会那末呆，他这笔钱要挖回来的，所以说不出版，停止广告，不过为了不付版税。事实上依然出版，依然出售，依然满足读者需要，现代的作风就是如此。光慈在现代书局出版的著作，不仅《田野的风》，当他在世时，尚有好几部著作，在现代出版的，虽然有时禁售，但还是有办法推销出去。比方象亚东书局，就有种种办法，运销外埠，所算版税，按时汇到光慈老家。而现代书局，自光慈去世以后，从未算过版税，那末《田野的风》何尝不会如是！

为了《咆哮了的土地》，光慈耗费了不少心血，也耗费了不少生活费用，谁知他没有能见到这部著作的出版，便与世长辞了。

《咆哮了的土地》是在吕班路的万宜坊完成的，在选集中最后的记载是“于吴淞”。这是光慈故意转移人们的目标。当时，他是准备在万宜坊继续住下去和写下去的。住处不能公开。

摆龙门阵

当光慈完成了《咆哮了的土地》时，就好象身体里有一个难产的孩子终于下地，心里感到一阵轻松，不再象前些日子那样地心情沉重。他已经好久没有和我长时间的谈话了。现在他要摆龙门阵了。

这天，光慈精神愉快，笑容满面，体态活泼。他微笑着说：“你不要以为我已经老了，我在莫斯科的时候，也是多末年青的。”他本来象打佛坐似的坐着，说到这里，一骨碌立起，从抽屉中取出一张在莫斯科拍的学生照片，拿给我看。然后又笑嘻嘻地坐上椅子。

那张照片中的光慈，果然年青、纯洁、美丽，真象一个神童。

“为什么你现在的背有点驼？”我孩子气地问着。

“我小的时候，父亲常常叫我背侄子，所以背驼了。”其实光慈并不是驼背，因为他的人高大，我的人矮小，他和我讲话时，往往俯身，而且他写作的时间多，胸部不发达，所以有时候我有一个错觉，好象他的背有点驼。其实，当他直立的时候，是一点也不驼的。

“你怎么从日本回来了呢？”

“日本暗探老是注意着我，我就回来啦。我需要生活安定，本来想找一个乡下人结婚算啦。我跑到南国，和田老大说：‘我要一个爱人，’他就介绍你啦。他说你老实。”

“你父亲对我说，你家里还有一个童养媳的，怎么不和她结婚？”

“那，……一点感情都没有。我父亲从小给我订的嘛！所以我不回去。回去，父亲就要我和她结婚，那简直可怕！”

“你父亲对我说：‘她曾经说过：“为什么不和我做人家？”你父亲说：“你不识字。”她说：“那末为什么不给我读书？”’你给她读书好啦！”

光慈忽然微笑起来，说：“她倒也会讲这样的话，……”走到写字台前，好象要拿什么，可也没有拿什么，又走了开来。……

这时杏邨上来说：“有一位同志，刚从监牢出来，没有衣服穿，你有没有衣服？”

光慈走到衣橱前，打开橱门，拿出一套呢制的西装（就是《蒋光赤选集》中照片上所穿的那套西装），递给杏邨，说：“送给他穿！”

杏邨拿着一套西装下楼去了。我们继续摆龙门阵。我又问道：“怎么你的父亲和侄子的眼睛，是红红的？”

“那是沙眼，我小的时候也有沙眼的。”

“为什么你现在没有沙眼啦？”

“我在苏联医好的，”他打了一个转身，坐上椅子，继续着说：“用电烧，把那细菌烧死。啊呀！那个烧起来呀！”他笑着咬紧牙齿，好象在当时烧的样子。……

这时杏邨在楼梯中高声地说：“衣袋里还有二十块钱的。”

光慈赶快走到门外楼梯口，也扬声地回答：“哪！二十块钱也送给他用！”他转身过来时，笑得非常愉快。他想，那位刚出狱的同志，既有衣服穿，又有钱用，一定是很满意的吧。他自已心里是多末愉快！他又坐上椅子，舒畅地摆开两脚。现在他要讲十月革命的故事了。讲起来精神兴奋，神态畅达。他那个骨架子好象更大了。那莫斯科、那冬宫、那列宁、那斯大林，……好象都在他的眼前一样。

我呼呼地要入睡了，他才打开台灯，不知写些什么？他什么时候入寝，我竟不知道。

在经济封锁下的经济

光慈的著作，已多数被查禁，不准销售。各书局和光慈算了一笔总帐，总共积余一千元。光慈给我看的是一千元的存折。他拿着这个存折，态度和往日有些两样。好象在说，这笔存款，得慢慢地用了，书籍什么时候启禁，谁也不知道。以后写出的作品，能不能出版，又是一个问题。不过总还是有这一千元，维持这眼前的生活，当然不成问题，至于将来，那末到将来再说罢。

当时他把这个存折交给了我，叫我管钱。他怕钱在他的手上容易用去。普通一般的女性，喜欢管钱，也善于管钱，偏偏我不爱管钱，钱在我的手上，不知怎么办才好。从来没有见过这么多的钱的我，拿了这么多的钱，日夜感到不安，又怕掉了，又怕失了。实在放心不下，所以最后还是把钱还给了他；我说："你自己去管罢！"

不知道的人，以为光慈过去版税不少，在上海只有我们两个人用，一定存款很多，虽然书籍已经禁售，手头一定还很宽。殊不知，光慈有老家的负担，还需经常接济一些生活困难的同志和友人。所以，到最后已是所剩无几了。

就在他把存折交给我的那一天，我们算了帐。

光慈问我："你这学期用了多少钱？"

"一百多。"

"你怎么要用这么多？"光慈平时对我的用钱，从无二话，这一下他感到我的用钱多了。

"那末你呢？用了多少？"

"一千多。"

"呵！怎么你要用这么多？"平时光慈经济出入，我从来不问，从来不管，自己要用的时候，也不向他开口，总是他自己给我的。他用多用少，我也不过问，可是到了这个时候，似乎也应当查问查问："你怎么用去的？"

“不是我一个人用的。”光慈向我报帐了：安徽老家总共寄去数百，父亲来上海时，多用了一百多，××经济困难，孩子多，负担重，不够用的时候得帮助。有时××付不出房金，光慈也给他一起付了。其他困难的同志，帮助数十，接济一百，或是数元的也不在少数，总共算起来，他自己的开销，确是不多。他不喝酒，又不抽烟，在这段时间，他连看戏、娱乐也极少。除了买书、买报、看病、一点营养品以及伙食以外，他没有使过闲钱。在这段时间，他连衣服也不添配一件。有一天我问他：“怎么你没有一件绸衬衫的？”

“呷！我没有的东西多着呢！”光慈回答。

光慈报帐报到最后，又报了一笔有趣的帐，他说：“有一位朋友的太太，说家里经济困难，向我借一百块钱。我送了她一百元，不料那位太太，把这一百块钱，买了一件皮大衣，穿出来了。”说到这里，他不禁微笑起来。我也给他引笑了。

这一千块钱的存款，就是光慈此后生活到他离开人间的费用。光慈和我算账的时候，我们决不会想到，这一笔钱，就是他最后的一笔用钱了。

当时我们还是很乐观的，对于今后的生活，仍充满着信心。

特务捕车追捕着他

光慈好久没有娱乐了，从报上见到意大利马戏团来上海表演的广告，他去买了两张入场券，和我同去看了夜场。当散场的时候，他感觉到有人在注意着他，走出场门，他就闪入暗处，不直接回家，而是走四马路，五马路，大马路，……套了一个大圈子才回家的。

光慈以为已避开了眼目，万宜坊的房子依然可以居住下去，说真的，他实在留恋着这个房子。在这屋子里，他完成了《咆哮了的土地》，也写了一些短稿，而且接待了父亲，更加在这屋子里，他没有病倒过。粗看起来，一般都是顺利的。他本计划在这屋子里继续写作。他需要安定的生活，有病的人总是这样想。因此他去买了一大瓶的蓝墨水，一大捆的稿纸，准备写一部小说，可是事实不能如他所愿。

一九三一年一月的初旬，光慈和我同去看夜场电影，回家的时候，我们刚刚走到万宜坊的大门口，杏邨在暗中老早在等着我们，一见我们，马上通知："不要再进去啦，里面已经有人等着。"

据杏邨以后对我们说，当天晚上，捕车到我们的门口，捕捉光慈，但光慈已经走了，结果特务扑了一个空。当时杏邨也一同离开了万宜坊，单留家中几个人。

光慈和我转身离开万宜坊，一直走到四马路的闹市，找了一个栈房，暂时安身。

那栈房客人很多，都是些中下层社会的人，整夜的吵闹，不是打牌，就是招些四马路的野鸡来消遣，脚步声，喧哗声，通夜不息。但这些人物，却正好做了光慈的掩护人。在难眠的空气中，过了一晚。

第二天早晨，光慈忽然想到，那一千块钱的存折，和他的照片，以及重要的文件，都在万宜坊的家里，这怎么办呢？我们什么都没有拿出来。在外边只有我们光身两个人。衣服可以丢掉，家具可以丢掉，但那些命根子，不能放弃。在眼前的生活，便立即成了问题。同志们都困难，不能向人求助。说到照片，万一给特务拿去，他们就可以拿着他的照片通缉他的，……但光慈不能回去，只有我可以回去试试。

我一边走着，一边想着："走到门口，如果屋里有陌生人，他问我找谁的，我可回答他，我是来找姓黄的，或是找姓李的。没有吗？那末我找错了门牌，对不起！如果屋里没有陌生人，……"待我走进自己的家，厨房中只有杏邨的女佣人，没有别的陌生人。这时，我才放下心来，一直奔到楼上，把那一千块钱的存折，和光慈的照片，以及重要的文件，一起拿着飞奔而出，又一直跑到四马路的栈房。

光慈静静地卧着。见到拿出来的东西，心里才安定下来。他把两手托着后脑勺，微笑着说："你是我的患难伴侣！"

我听到他这句话，心里感到莫大的安慰。

在自来火街的住所

从四马路的栈房出来，光慈马上找房子。当时要找一个合适的房子实在不容易。我们什么都没有，只有光身两个人；既无家具，又无被头。所找的房子，一定要有家具，至少要有个床铺。在上海，有家具的房子倒是有，但都是租费很昂贵的，而且多数在法租界，我们又不能在那边居住，因此在靠近提篮桥的自来火街，找到了一间很小的厢房，有一个床铺，一张圆桌，两把椅子，房租为二十元一月。我从我的同乡那儿借了一条被头，问题就算这样解决了。

这房子的房东，是一个白俄老太婆。她没有正当职业，靠做二房东赚点房金，似乎还兼做私娼。看样子，她怕已经五十多岁了，却打扮得妖里妖气。光慈用俄语和她通话，她问光慈为什么会讲俄国话的，光慈说他过去曾在哈尔滨俄国人家里做过大司务，所以会讲俄国话的，那白俄老太婆也就信以为真。

光慈在这屋子里，又开始写作了，写的是书信式的小说，主人公是一个从中国落后的农村社会中逃到都市，然后参加革命工作的女性。

这时，光慈叫我一起写作，于是我们两个人，对面对地坐着写文章，我的生活，只限于学校生活，当然只好写学生生活了。

我们以为生活安定下来了，光慈要写出一部稿子看来是不成问题，但事情不是那末简单。当光慈刚刚集中精神在动笔的时候，那个白俄老太婆就敲门而入了。她做着媚眼，和光慈谈天说地，问长问短，闹个不息。之后，又时常向光慈借钱。更其讨厌的，是每当晚上，她便在隔壁房间里招待白俄男客，谈笑、喝酒，……一直到半夜。

这里的环境变成乌烟瘴气，使光慈不能安宁，不但无法写作，连住也住不下去了。

既然如此，那么只得赶快再找房子，离开这个鬼地方吧！

在内山书店斜对面的住所

现在我们又在虹口公园后对面，内山书店的斜对面，租了一间普通弄堂楼面，房金十五元一月。那女房东是个广东妇人，却没有确定的丈夫。晚上来到她屋子里宿夜的男子是一个外国洋人。他们操着英语，可能那女房东曾做过洋人的保姆，因为有点姿色而被洋人看上了。所以她过着另一种的生活。起初，光慈不知道她的实际情况，也就租下了她的房子。其所以租下这所房子，最主要的原因还是我们的家具没有搬出来，她这里有床铺、桌子可以借用，省却了我们的许多麻烦。

光慈在这屋子里，又计划开始写作、学习，但不知怎么，老安不下心来。他曾经向苏联去买了一部俄国百科丛书，汇了一百块钱去。过了好些时候，书总算已寄到上海。外文书局来通知他去拿书，可不料当他去拿的时候，那书局却问他："你买这部书干什么？"

"我是研究研究的。"光慈回答。

"这是赤国的书，你不能研究，有危险，书不能拿去，扣在这里"。在语气之中，如果光慈一定要这本书的话，就得把人也扣起来。光慈无法，只好空手回来，而那一百块钱，白白地丢啦！

在这屋子里，我们生活过得很简单，买了一套小炉子、小锅子，自己煮饭，自己洗衣服。我们不会操治家务，弄得忙脚忙手，拖拖沓沓。杏邨来到时对我说："怎么你们的家弄得这样苦况？外人看着，要怀疑的。铺张台毯，布置布置，摆个花瓶，……"

我们的生活不求其好，但求能够过得去，用一个钱，常常经过反复考虑。杏邨的话，也有道理。于是我们随便买了一张起码的台毯，铺在桌上。其实没一把椅子，也没一条凳子，有了这张台毯，还是无补于事。

我们的生活，和房东合不来。她因为要接待洋人，爱干净、爱清静，而我们虽然人少，却弄得不三不四，因此她非常不高兴。一滴水漏下去了，她高声地叫；衣服晒在天井上，她也不准；后门没有关好，她又吵闹；简直使我们痛苦。可是房金已经付了一月，尚未住满，一时也不想另找房子。

有一天，女房东带着她的洋男人，走上楼来，问长问短，看东看西，翻翻这个，翻翻那个，翻出我的几张画，却翻不出什么，下去了。

等到光慈回来，我把这桩事情告诉了他，他说："可能那个外国男人，是捕房暗探，赶快搬家！"于是我们没住满一个月，又搬家了。

当时上海的报贩，是先送报，后付钱的，报贩送报的时候，在每天清早，自动地将报纸塞进厨房的窗门洞里，人就跑了。等到一月满，他才来向订报者要报钱。可是我们未满一月，就得搬家，这报钱不得付清，于是光慈叫我一早立在内山书店门口，等着那个报贩走过，付钱给他。不料我等了老半天，总不见报贩经过。他的报却先我而至了。

我们急着要搬家，那报钱便始终无法付清。光慈和我，对那报贩，永远抱着歉意。此后一看到报纸，就想到那个报贩，可是那个报贩，是谁呢？

在最后的住所

光慈由于抱病在身，所以总想过着安定的生活。当时，我们什么都没有，一切的用具、书籍、衣服，甚至最重要的东西——《咆哮了的土地》一书的纸版，都在万宜坊的那个屋子里。后来，靠着杏邨帮助，终于把万宜坊的一切物件都搬出来了。可是搬出来并不简单。据杏邨说：当我们离开万宜坊那个屋子以后，他叫了几个流氓无产者，去管住那个屋子，每天请他们大喝酒大吃肉，化了不少钱，又通过种种关系，周旋人事，付出了一笔运动费，一共用去三百块钱。但这是无法的事。

到这时候，我们的存款已去了一半多。而光慈的老家，每月仍必须汇去数十。光慈和家里通信从不告诉父亲自己身体有病，更不告诉父亲他在外边的困难。就是对我，在这时候，也不流露。不过他的精神，已不如过去那样愉快。当然他也不愁眉苦脸。总是显得那末平静、沉默。

既然经济上渐渐缩紧，我们所找的房子，要同万宜坊那样的住宅，自然是办不到了。所以在虹口，找到了一个小小的全楼面，每月租金十五元。

那男房东在交易所里办公，不大回家。据女房东说，她的丈夫在外边已有姘妇，不爱他的妻子。因此女房东深感痛苦。那时，她害了肺病，常时通夜咳嗽。可是女房东老实、朴素，象个女学生，尚未生男育女，家中实在清静，和我们同住一起，和睦相亲，处处地方照顾着我们。所以我们颇觉安心。光慈对外还是改名换姓。这是为了防止发生意外。

生活一安定，光慈又重新开始写作。

我在这学期，不再进美专上学。这样，可以省却四十元学费、十五元宿费，同时也节省了一笔伙食费。但不读书又干什么？于是就在附近日文补习学校学习日文。读了没有几天，老师和同学在议论纷纷。

说我是南国的演员，什么什么的。我一听之下，觉得不妙，立刻停止上学。我担心不要由我而让外人发现光慈的行踪。为了光慈的安全，只好在家自习。起初光慈给我补习俄文，但我已患神经衰弱症和肺结核第一期，每日头昏脑胀，心乱如麻。所以，俄文根本学不进去。人也渐渐地瘦下来了。脸黄如土，毫无力气。

光慈见我如此现象，深感不安，他怕家庭生活，闷坏了我，于是对我说："阿鸿！你要玩，自己去玩。"

可是我一个人玩有什么意思呢？我要光慈一起去玩。光慈一直在家写作，多时不到外边走走，也感到气闷。既然我要他一起去玩，他也就同意了。这时，我和他到我的同乡家里串门儿去了。

和夏丏尊、章锡琛两位先生会晤

我的同乡是开明书店的职员。我们去串门儿的时候，遇到了夏丏尊先生，他当时在开明书店当编辑。章锡琛先生是当时开明书店的老板，也同时在我的同乡家里遇到了。

当天晚上，章锡琛先生请客，叫了几桌酒席，把光慈也邀请进去了。光慈对我说："认识认识也好，将来我的作品，可以在开明出版。"

散席以后，夏丏尊先生和光慈在我的同乡家里，共坐在小圆桌面前，共谈创作，但一谈之下，马上意见不合，谈不下去了。

夏丏尊先生本是白马湖春晖中学的国文教师，对于修辞文法很有研究，所以当时的开明书店所出版的书籍，也很注重修辞文法，因此夏丏尊先生和光慈谈话的时候，大都偏重于这方面。……

和我的幼年老师会晤

我的幼年老师——钱颐素先生，那时在当上海钱江小学校长，我带光慈到钱江小学去玩。同时，我把光慈的照片藏到钱颐素先生那边。由是，光慈和钱老师认识了。

后来钱老师也曾到过我们的家，两人对坐在火缸旁边，一边嗑着瓜子，一边互相谈心，钱老师还把瓜子壳无意地丢进火缸里，烧得满屋子都是烟雾。……

钱老师在五四时期，尚在青年，思想进步，提倡妇女解放，男女平等。破除封建意识，对旧社会大有不满情绪，对于革命表示同情。在这段时间里，他也算是我们的一个比较可靠的社会关系。

痛苦的日子

是年春季，光慈得悉左联的李伟森、柔石、胡也频、冯铿和殷夫五位作家，于二月七日被国民党杀害的消息，心里非常难过，文章写不下去，老到外边去打听消息。

有一天，他从外边回来，坐上椅子，老半天说不出话来。我不知道他为什么这样？一问之下，才知道，原来他在外边差一点被捕。他说他出去之后，就有两个暗探跟随着他，他上电车，那两个暗探也上电车；他跳下转上公共汽车，那两个暗探也跟着上汽车，并坐在光慈旁边。光慈觉得情形不对了，急中生智，当公共汽车还没有停站，正在开动的时间，光慈突然从车窗里跳出来，差一点跌坏了腿。但他当时根本无法考虑这些，他也不管痛处，马上钻入人群，幸好，车子已经开远了，他才忍着痛跑回家来。

从那天起，光慈不能写作，也不好外出，就在家里静养。在床上躺一会，在椅上坐一会，老是沉默寡言。可能他这一次跳窗，内部已经震坏，但他不叫痛，也不哼一声。可是，屋内的空气，已到极度沉闷，甚至使人窒息。

我也感到极度痛苦，自己的身体也有病了，不象一九三〇年，那时我的身体健康，精神饱满，如今却变成病态的人。我们的经济，已经到了十分困难的时期，要吃些营养品，难以做到，每天只能维持最低的开销。

我母亲得知我们两人都有病，便托家乡邻居带了一只鸡出来，但那邻居不知道我们的住处，从各方面打听我的所在，依然打听不到，等到这消息转转弯弯地传到我的耳中，我去拿鸡的时候，那只鸡已经霉烂不可吃了。

生活依然沉闷。我竟有点神经失常。总觉得前途茫茫，不知日子怎么过下去？！竟有一天，歇斯底里地呼叫起来。光慈马上感觉到，这样下去，我的人要被迫坏了。他自己有理智可以克服，而我这个小姑娘，为环境迫成如此，不忍再连累着我，于是对我说："阿鸿！你是不是想要离开我？"

我不过痛苦而已，哪里就有离开他的念头呢？我哭了，我伤心地哭了。……

"阿鸿！我们的钱快要用光了，你去找工作做。"光慈平静地说。但他又顾虑到：由于他的关系，我在外边不容易找到工作，所以他又提出："阿鸿！我们暂时分开。你住到你的同乡那儿去。最近三个月以内，我们的生活还能维持，在三个月以内，你准备找工作。"

我依然哭着，伤心地哭着，不愿离开他。光慈发火了："你还要哭什么？走就走嘛！"

我走了，什么都不带。

到 工 厂 去

我跑到同乡家里，单说我身体不舒服，耽搁数天，散散心。对于社会上的许多世故，我还是不懂，我把工作问题，看得很简单。其不知道，在那样一个白色恐怖的社会里，有许多人是根本不愿和赤色分子的蒋光慈打交道的。可我没有想到这一层，竟跑到夏丏尊那儿，要他给我介绍工作。

夏丏尊先生转过他那圆圆胖胖的脸，"哧！"的一声笑，说："蒋光慈的太太，会没有饭吃的？找——工作？"

我听了这句话，别转头就走。我想，难怪他和光慈谈话不能和洽，原来他是那样的一种人。

我又去找了几个熟人，要求找工作做。但都没有结果。

几个钉子碰下来，已经心灰意懒，知道工作是找不到了。住在同乡家里，终日闷闷不乐。

一天晚上，开明书店有十多个伙计，来到同乡家里，聚在桌子面前，打牌九玩，正在打得兴高采烈的时候，光慈冲进来了，笑嘻嘻地说："我来推几副！"

他吃力地推着牌，大滴的汗珠，从他的额角、脸上，如雨一样地流下。我不忍再看他，把头别转去。我知道他在家里痛苦，当着群众面前，强作笑容。光慈从来不打牌，却在这时打起牌来了。而且推了三四副，输掉十多元。

我的同乡看出了我的脸色，也见到光慈的吃力相，马上说：

“我们不推了，我们不推啦，蒋先生你休息休息，休息休息！”

一下子，开明书店的小伙计们都走散了，单剩主人、光慈和我。夜已经深了。光慈不愿走，弄得我左右为难，不好叫他走，也不好留他。

正在僵局当儿，章锡琛先生来了。他是有事和同乡联系。同乡趁这机会，马上就说：“似鸿你可以去睡啦，蒋先生和似鸿一道去睡。”

既然主人留下光慈，我就带光慈走进亭子间。

“阿鸿！你回去！”光慈以无限的感情说这句话。从这句话里，可以想象到他一个人在家里该是多么寂寞。

想当年光慈要求我同居的时候，也抱着同样心境，可我已非当年姑娘，我好似受了伤的小鸟，那回家的痛苦，又立即涌上我的心头，我对他闹别扭了。我想，他叫我出来，我就出来，他叫我去找工作，我就去找工作，结果工作没有找到，钉子倒碰了不少，现在又叫我回家去了。回去又怎么？不过，不回去又怎么呢？还只好回去。可是，我又想，在那家庭的小天地中，对我们两人都没有好处。我们总得打开局面才好。这时我又想到光慈的处境问题。他的处境确是困难，但要是光慈转入另一个环境，一切困难说不定就克服了。于是我对光慈说：“我们另谋出路，到工厂做工去。好吧！”

“好！我听你的话。”光慈下了决心了。他准备好好地干。

三十岁的光慈，正是轰轰烈烈干的时候。谁说他不能做到？他可以做到的。将来的日子长着。于是我又说：“重新来过！”

“好！重新来过！”光慈这句话并不是做假，而是出于心底。平时他常对我说：“我为什么不能象托尔斯泰、高尔基那样写出伟大的作品？”这就是说，光慈对自己过去的作品，并不完全满意。在他的志愿上，他要写出伟大的作品。

经过这次谈话，我们对于前途抱着绝大的理想。一时间，竟把所有的苦闷都赶出了胸境。我们是多末乐观哟！

可是我瞧瞧光慈，他浮起病容，他瞧瞧我，我也有病容。

“阿鸿！我们检查身体去！”

第二天早晨，我和光慈便离开了同乡的家。

贫病交迫

经医生检查，我和光慈都有肺病。光慈肺结核第二期，我肺结核初期，这一下，可把我们都吓坏了。谁都知道，肺病是要休养的，可是我们的经济，只能维持三个月的普通生活。两个人都要养病，怎么得了！拿光慈来讲，他既要顾到自己，又要顾到我，更要顾到老家，处在动乱时代中，他当时的心境，可想而知。

我平时只晓得光慈有肠胃病，却不知道他有肺病。他一向没有咳嗽，痰也不多，除了有时有病容之外，没有肺病的现象，更没有想到光慈会死。总认为光慈在环龙路养病养好，那末他只要再休养，一定也会好的，所担心的却在我自己。

不久以后，我设法独自到杭州休养去了。光慈不能去杭州养病，仍留在沪上。我给他请了一个女佣人，叫做陈妈，专门侍候着他。

五月间，我在杭州养病已有月余。身体虽然没有痊愈，但已好转许多。因此我写信给光慈，问他身体如何？我是否应当回沪？光慈的回信中这么说：“我在沪身体尚好，如果你的病没有痊愈，可不必来沪。我是只有陈妈最亲近的人了。”

我接到他这封信，觉得光慈变得孤独了。为什么只有陈妈是最亲近的人了？既然这样，我便觉得我应当回去，于是我离开了西湖。

待我一跨进光慈住宅的后门，房东太太迎笑着说：“啊！陈师母！你回来了。我们正在说，怎么你回娘家去老不回来（大概光慈对房东太太说我回娘家去的）？陈先生病了，陈妈待他不好，陈先生叫她去买药，她不肯去买，陈先生自己拿着根手杖踱出去买的。”

我一听之下，才知道情况很坏。幸亏我回来了。我走上楼去。光慈躺在床上，脸色阴沉，一见到我，才微露笑容。

我坐下来，把西湖的情况告诉他：“西湖艺专的‘一八艺社’进步学生，见到了我，以为你已到了杭州，准备开欢迎会欢迎你的。……

他们告诉我，读了你的著作，认识了革命前途，所以对你非常尊敬。”

光慈笑了。他感到安慰。兴奋地说：“读者倒没有忘记我！”

他拿起一张报纸，在报上找药品广告，叫我去买广告上的胃病药。但他服了以后，依然不见效。肚子经常微痛。他很能忍痛，决不叫唤，连眉头也不皱。只是脸部显得阴沉。

时间一天天的过去，我们的钱用光了。光慈有钱的时候，乐于帮助别人；等到自己困难的当儿，却不愿向人求助，宁可自己煎熬。我在杭州养病的时候，不知他怎么过的？如今我回家来了，他可什么都不管，他也无法再管。如今在我面前的，是一个病人。在我的肩膀上，是经济的压力。这是我有生以来，第一次所担当的任务，不过年青胆大，好象问题总可以解决，倒没有怎么发愁。陈妈在我回沪后，立即把她辞退了，开支节省了许多。但是每天总是要开支。光慈的营养不可减少，仍只得勉力撑持。

实在没有钱了，我跑到亚东书局去借钱。汪孟邹先生说：“没有钱，他的书籍卖不出去，算不出版税。”

我两手空空回家，只好把衣服去典当，或是把旧报纸在旧货担上换点小钱，作为每日开销。

对于生活问题，光慈即使在病中也一样的操心。他想，他的著作禁止出售，我的文章说不定可能会出版。因此他对我说：“阿鸿！你把你的稿子集起来。”他勉强起床，帮助我编排，有不妥的地方，他便修改一下。可是，我不是名作家，我不过是个普通学生，文章也不过是习作，哪个书局都不要。拿到北新书局，说稿件留下，看过再决定。事实上，希望是很渺茫的。

六月中，一个静寂的下午，光慈突然不能忍痛而疾呼起来，弄得我手足无措，不知怎么好？我对光慈说：“我看你进医院去罢！”

“我不去！”光慈有顾虑，他不愿进医院。

“不去又怎么呢？钱我去想办法，设法掩护你，不给敌人发现你。不经医生治疗，病怎么会好？”我这样劝告着他。

这样，光慈才肯进医院。我跑到亚东书局，和汪孟邹商量，说明光慈病重，非进医院不可，无论如何借点钱，作为住院费。汪孟邹才借出五十块钱，并且说：“住到闹市的医院去，人多容易混，不容易发现他。”

我拿了五十块钱，一口气跑回家，讨了一部黄包车，将光慈送进虹口区的同仁医院。为了节省住院费，给光慈住在三等病房。不料三等病房，亲人不能陪夜，只能在白天探望。没有办法，我只好每日白天再去看他。

病院生活

经过吗啡注射，光慈剧痛才停止。但他吃不下食物。这是个最伤脑筋的问题。一个高高大大的身材，一下子竟变成了精灵。他的神志还是清楚的。他还能关顾旁边的病人。

正当夏日炎炎的天气，中暑的人多，又是什么霍乱、痢疾、伤寒，……各种病人都有，都睡到医院来了。尤其在三等病房中，病床鳞次栉比地挨着，没一个空位儿。光慈的床铺在靠窗处，空气比较好。可是他的病最严重，医生急救的治疗法，就是注射大量的葡萄糖，那不是一百二百CC的少量，而是上千CC的大量。葡萄糖存放在玻璃瓶中，通过玻璃管，输送到光慈体内，慢慢地流着。……看起来好象在受刑。我初次见到时，大吃一惊。

为了掩护光慈，他在医院的名字改用陈资川。我把我和光慈的关系说成是表兄表妹，我称呼光慈叫表哥。我们这两“表兄妹”，在这样环境复杂的三等病房中，往往相对默然。讲些什么呢？看到光慈病情如此严重，而我不能日夜陪在他的身边，觉得实在不方便。于是我就想把他搬到单人病房去。经济问题暂时不管它了，住了再说。但医院方面，却一时没有单人病房。所有单人病房，都已住满，无法转移，因此只好等待。

在等待期中，光慈依然不能下食，葡萄糖继续作为他的唯一营养品，他照旧“受刑”，……我心里非常着急。起初我不知道光慈为什么不能吃东西，原来三等病房中的伙食很坏：小菜只有一碟黄豆板，粗硬的固体，对他的肠胃不利，吃下去要肚痛。住院费是每天三毛钱，而医院给病人的伙食却办得一塌糊涂。

有一天下午，天气很热，中暑人多，大半进医院来的病人，是工人阶级，是贫苦的人民，有一个病人，睡在光慈的邻床，医院方面向那病人要住院费，可是那个病人付不出钱，医院叫他出去，且说："不付钱，不能住医院。"

这情况给光慈听到了，马上大声地呼叫着说："这是什么世界？哪有付不出钱不准住医院的？你们是什么医院？"

全病房的眼睛都集中在光慈身上，感到很惊奇。而光慈自己本身，本来不可以动的，一动就影响注射器材，那输送葡萄糖的玻璃管，快将脱离长针，弄得护士非常紧张。这样，医院的职工才说："好！好！好！那末就给你住下来罢，住院费你慢慢去想办法。"

有一个白天，我照样跑到医院去看光慈。护士向我报告：光慈被检查的结果，他的血液良好，可是从他的大便中，检验出有结核菌，诊断病源是"肠结核。"护士报告时，声音细小，怕给病人听到。

平时我听人家说过，肠结核是不能治疗的，非死不可。等到我得悉光慈的病源，我就好象落入大海一样，立即站不住脚，屋子在打转，屋顶在我的脚下，地板在我的头上，我摇摇摆摆地走到楼梯口，连滚带跌地下了楼，又摇摇摆摆地走到街上，我自己也不知道来街上干什么的。

三等病房的间壁，有一个单人病房，这里本来住着一个生伤寒症的病人，现在已痊愈出院，因此光慈搬到那个单人病房中。如今我可以日夜守护着他。可是我的心境多末凄苦！……

可是光慈不流一滴眼泪（自我和光慈认识起直到他死亡，没见光慈流一滴眼泪。），也不叹息一声，更不提死的问题。在他的精神上，好象永远不会死，对于死，毫无恐惧。他平静地卧着。见到我哭，一声不响。

到了单人病房，条件比以前好多了。我们自己可以到医院的电炉上烧营养品。按照医生所嘱，光慈每日的营养品是：面条、鸡汤、鸡蛋、菠菜、番茄，现在光慈可以吃这些东西了。不过他还是吃不多。但比以前总算好得多了。

除了打针服药，医务上必需的地方，由男护士看护。其他一切侍候，都由我一个人近身。一个多月下来，我这本有肺结核的人，身体又垮下来了。饮食下降，四肢无力，又是贫血，情况也很严重。我想，我决不能垮。我一垮，谁来侍候光慈呢？但是我的身体愈到后来愈不行。这怎么办呢？我于是又请了一个女佣人，想要她给我接把力。可是她连病房也不敢跨进。她说："害怕，要传染的。"没有办法，我又只好把她辞退了。之后，我跑到亚东那边，和汪孟邹商量，要求请个特别女护士，看护光慈，让我身体恢复一下。可是哪里请得起特别看护呢？一个特别看护的工资高得惊人哩！我没有办法，仍旧只好勉强支持。当时，身无分文，自己连看医生的钱也没有，跑到同乡家里，和她商量，由她介绍了一个义务医师，名叫杜克明，给我每日免费打补血针。他不但给我义务医治，而且连药也送了。每日给我注射以后，总要劝慰我一番："人生总有一死，何必把死看得太严重，你自己身体要保重！"

同乡见我身体太坏，买了一两白木耳，叫她的女佣人炖了，送到医院给我吃。如是我的身体又勉强可以维持。对光慈的守护，依然可以日夜不息地继续。光慈也知道我的身体要垮台，所以当他进餐的时候，总是这么说："你要吃啦，你不吃身体要支持不住的。"可是我不能多吃，心里象一块石头压住，怎么吃得下呢。我不愿想未来的事。……

担架停在病房门口，不一会，把光慈抬去了。我以为去动手术，不料去透视肺部，拍摄了肺部照片。又抬回病房。过了两天，男护士交给我一张大幅的光慈肺部照片，轻声地对我说：肺部病状第二期，不至于死。……"

光慈见到自己肺部中间，是一颗大心脏，喃喃地对我说："你看我的心多大！"

光慈不愿意死，他还有很多的工作要做。他所理想的社会，还没有实现。

"人间所有的痛苦都在我的身上！"

光慈自己知道已不久于人间，但在我面前还不忍道破死的问题。对他的父亲也不忍道破，因此当我不在他身边的时候，写了一封信给他父亲，信里这样说："父亲！我最近要远行，这一次去，恐怕一时不能回来。请你不要悬念我！”此信当亚东书局职员陈啸青先生来探望他时，便托他寄出的。我当时不知道。陈啸青先生回亚东书局以后，和汪孟邹先生共商，准备料理光慈善后问题。汪孟邹先生和陈啸青先生经过商量拟好了遗嘱，跑到医院，和光慈说：“我们希望你的病会好起来。但是以防万一，已拟了遗嘱，请你签字。”又问光慈：“你的版税，怎么安排？”

“我的版税：一半给我的父亲母亲，一半给似鸿。”光慈说完，就在遗嘱上签字。

“你对她有什么话？”汪孟邹指着我问光慈。

“没有什么，她好好的读书。”光慈平静地说。

汪孟邹拿着遗嘱离开了光慈。这病房中依然是我们两个人。

既然已经把死道破，光慈才平静地对我说：“阿鸿！我的五脏，已经一重一重地关上了门。”

我听了他这句话，感觉到永别的时间快要到了，可我说不出一句话，只是跪在他的面前哭泣，……他一声不响，两只眼睛望着我，这样，经过漫长的时间，光慈又开口说：“啊！痛苦！人间所有的痛苦，都在我的身上！”

我把他抱住，使他安睡了。以后，我奔出病房，去向医生求救。我说：“医生！医生！你们救救他啦！”

于是医院给光慈输了五百CC鲜血。光慈马上脸色转红，精神活跃。但过了不久，又是不行了，脸色重又转白。护士又给他打了五百CC鲜血，又维持了一段时间。……

在白天，时间好象比较容易过。在晚上，时间却很难打发。一到夜里，光慈就疼痛不已，彻夜不能安宁。……

有一天傍晚，光慈突然要坐起身来。医生允许他坐起。叫护士拿来床架，架在他的背后。光慈的上半身靠住床架，白被单围着他的上半身，露出他那宽阔的肩膀。他的脸谱又变了，变成了武士的形象。两只眼睛特别大，大得象两颗电珠，光芒四射，显得非常威武。好象在他面前，有许多群众，有红旗在飘扬，有红军在杀敌，……他露出两排雪白的牙齿，朝向前面大笑。……

我见到他这样的形象，心里感到轻松，以为光慈病体好转。他能够坐起来了，而且坐得很坚固。他那雄壮的气势，已不象一个病人，而是战斗的武士。

我已经有七天七夜没有睡眠，也有七天七夜，不进一餐。在那七天之中，用我全副精力，侍候着他。到了这一天，我想休息一下了。因此我对护士说："请你代我多照顾他，我回家去一趟。"

多日不洗澡，多日不换衣服，在那大热天中，我已脏得不象样子。因此回家以后，洗洗澡、换换衣服，竟倒上床呼呼地睡去了。

第二天清早，我的同学萃姑娘来看我，她说："你怎么不到医院去？蒋先生在叫你，你赶快去！"

我连忙跑到医院。一进病房，却不见光慈。我以为医生又把他抬去，检查什么了，不料护士走来，告诉我说："他已经断气了！"

我心里感到空虚。在我的面前，不见了光慈，只有一张空床。我垂下我的两手，呆若木鸡。……

正当我痴痴呆呆的当儿，汪孟邹先生赶到了。因为我们给医院的通知处是在亚东，所以医院立即通知亚东，报告陈资川已经逝世。医院的职员，领我们到停尸间里，去见光慈的遗体。光慈已穿好长袍马褂，是中国式的打扮。脸部好象沉思一样，又好象睡熟一样，口眼闭得很紧，他对人世毫无辜负，安心地去了。

当天下午，来了一部柩车，一部送殡汽车。送殡人除了我、汪孟邹、陈啸青，以及亚东其他职员以外，又来了楼适夷同志。车子开到江湾上海公墓。那墓穴的号数是七七七，改名为蒋资川。而仍旧不用光慈原名。……

后　话

自光慈安葬以后，我睡了一天一夜没有醒转来。那时，我不但患着肺结核，还神经失常，在夜里狂呼着光慈，白天没有饮食，饥饿临到我的身上。我身边一个钱都没有，所有的钱，都用在光慈身上了。他所留下的一点家具，我不愿出卖，总想留作纪念。他的版税，在亚东那边，已经倒欠了一千多元。而其他的书局，如现代书局、北新书局，……等等，光慈死时没有交代下来。他们不象亚东，谁也不向我自动地交来版税。我又不懂去向他们结算。

我的生活依然无着，陷入了贫病交迫之境。怎么办呢？后来还是亚东老板汪孟邹先生出来帮助，每月借出最低生活费，给我维持生活，于是我在江湾路上附近的农村里，向农民租了一间房子。把光慈所有的家具，以及他的书籍，一起搬到这间屋子。生活总算安定下来了。只是病没有好。走几步路，就感到吃力。

这时的南国，已经并入剧联，田汉先生参加了左联，同时领导剧联，工作很忙，生活也很困难。法租界日晖里的房子，老早退掉，社员们都深入实际生活，有的参加大道剧社，有的参加电影工作，有的去到苏区，总之人都分散了。

有一天，田汉老师跑到我的住所，对我说：“你现在可以写光慈了。”我虽然参考了《陀司退也夫斯基夫人的回忆录》，也读了《居里夫人的回忆录》，但因我的脑子不行，思想不能集中，不知从何写起，开了一个头，给田先生看，田先生说不行，就此搁笔了。

有一次在戏院中，遇到达夫先生。他对我说：“我要写关于光慈的文章，你有没有光慈和你的画象？”我便把我给光慈画的画象，和我自己的自画象，交给了他。达夫先生又对我说：“我要到北京师范大学教书去。北京图书馆来信，要光慈的著作，以及光慈遗留下的书籍。他们准备在图书馆中辟一光慈纪念室；纪念室你爱怎么布置，就怎么布置。书籍由我带去。”

但达夫先生始终没有到北京师范大学去教书，我也因为有病，无力远行，所以光慈的书籍依旧在我身边。不料“一二·八”事变发生，日军的炮火一直打到我的住所。我仅仅逃出了一条命，而来不及把家具和书籍搬出，因此所有物件，统统烬于炮火。

光慈的书籍，多数是俄文原版。听说其中有数本是瞿秋白同志送给他的；有少数是英文；中文的很少。就是他自己的著作，也不完全。但后来是一本都没有了。真是可惜！悔不该当初不马上把它们送到北京图书馆去。要不是达夫先生说书籍由他带去，而是由北京图书馆直接和我联系，差人来取，说不定，到如今可以保存下来。但意外的事，又谁能逆料呢？

关于光慈的著作，在我当时的思想上，以为统统被查禁，没法再版。但是，事实上，查禁虽然查禁，出售依然出售。其他书局我不知道，亚东的出售办法，我略知一二。亚东的办法是：把光慈的著作，散放在门市部，当作旧书零卖；或者把光慈的著作，夹装在其他书籍中间，运销外埠。当抗日战争时期，汪孟邹对我说："如今光慈的书籍，在南洋方面销路很大，我们顺利地运销出去了。就是在全国各埠，也能顺利运销。"

关于光慈的读者，曾给我深刻的印象。当芦沟桥事变发生以前，我和陈波儿，以及上海北京妇女界，曾去到绥远慰劳前方将士。路过北京时，北京的一些学生和教职员，都到旅馆来看我，说明他们是光慈的读者。因为思想受了他的影响，对革命前途有了认识。有一位读者，得知我们已被日本暗探包围，困守旅馆，无处借宿，他便自告奋勇地把我和陈波儿接到他的家中，殷勤地招待。

当我离开北京的时候，一位光慈的读者，来送我上车，他还买了一站火车票。在车中告诉我说：他受了光慈的思想影响，加入了党，本在上海做地下工作，后来被捕越狱，才易名改姓，到北京来考入大学读书。到站以后，他才跳下车去，转搭另一班火车，回到北京。

在抗日战争时期，我去香港，又遇到光慈的读者。这位女士非常特别，她本是穷苦出身，父母早年去世，由于要负担几个弟妹的生活，不得已嫁了一个资本家，才解决了她的经济问题。但她的思想依然倾向进步。她把我接到她的家中，流着眼泪，告诉我她的身世，最后说："可惜蒋先生已经去世了！"又拿出一部马克思的《资本论》，叫我坐在她的书房中读《资本论》。我奇怪地问："怎么你的丈夫是资本家，却读《资本论》？"她说："我的丈夫读《资本论》，看法不同。"

以上不过举了几个例，在其他地区，我也曾遇到不少类似的事。从这时起，我才知道，光慈的读者，原来是遍及全国和海外。

讲到光慈的墓穴，后来也发生过麻烦事。当抗日战争开始时，上海的日本占领军，要把江湾的公墓改作飞机场，因此勒令居民把所有的棺木统统迁移。当时我在香港。亚东汪孟邹接到通知后，就托他的同乡，也就是光慈的读者，同时是迁墓的工作人员，关照他对光慈的棺木特别照顾。请他将光慈的棺木放在一边。并将那七七七的号码，以及蒋资川的名牌，插在他的棺木面前，以便将来可以找寻。这桩事情的经过，待我由香港回到上海时，由汪孟邹告诉我的。

解放初年，我打了一个报告给文化部，请求将光慈的棺木择地安葬。文化部当即同意我的要求。并立刻通知上海文学艺术界联合会处理这桩事情。于一九五三年五月二十三日，上海文学艺术界联合会，把光慈灵柩，从庙行公墓迁至虹桥公墓安葬。

安葬以前，上海文联在报上发了通知："凡光慈生前友好，请来送葬！"安葬那一天，送葬者有夏衍同志等多人。光慈的生前友好，由于事前不知道移灵安葬的消息，所以，来的人不多。但这次的送殡，比之一九三一年，光慈第一次安葬时，情况已大不相同。不但送葬的人多，而且中国人民已经获得了解放。当时，在送殡的行列中，红旗在迎风招展。光慈的真名公开了。他可以不再隐姓埋名。在他的墓前，自由地、庄严地竖着陈毅同志写的墓碑。

这一天我没有悲哀。我不但为光慈祝福，而且也为自由的新中国祝贺。墓地上没有哭泣；墓地上只有欢乐。光慈在人间所有的痛苦，在这一天，完全消逝。我也不再有人间的痛苦。痛苦只有从回忆中浮现；在回忆中我流着幸福的眼泪。

安葬时由夏衍同志主祭，安葬后由夏衍同志报告光慈生平，及其斗争经历。

我的《回忆》只能写到这里终结。三十多年来，我对光慈以及当时文坛实际情况不够了解，因此我在过去的《回忆》中写得非常简单。所写的单凭主观之见，缺少详细探讨，而且存在着错误，所以有重写《回忆》的必要。不过我究竟见识粗浅，认识不够。在这《回忆》中，难免仍有错误和不妥的地方。在事实上，也许尚有出入。但我的能力和记忆都仅限于此，尚请同志们和读者指正。

一九六二年九月写于浙江绍兴故乡，州山人民公社。

（原载《中国现代文艺资料丛刊》第3辑）

蒋光慈的原名、改名及其它

吴泰昌

在已出的中国现代文学史及鲁迅著作注释之类的文字中，几乎无一例外地认为蒋光慈原名蒋光赤。

此说最早可能来源于光慈逝世后一周《文艺新闻》上的一则讣告：“中国革命文学运动初期健将蒋光慈（原名光赤）自去岁以来卧病已久，顷于上月三十一日上午六时终于上海虹口同仁医院。”

其实，这种说法是不确切的。

蒋光慈有一本书信集，叫《纪念碑》[1]，收他和前妻宋若瑜一九二四至一九二五年间的通信。值得注意的是，在这些书信中，宋若瑜多次称光慈为“侠生”，光慈也自称“侠生”或“蒋侠僧”。据一些与蒋光慈生前往来密切的同志说，光慈的原名就叫蒋侠生，有时也写成谐音的侠僧。因为光慈踏入文坛，开始发表作品时就主要用光赤的笔名，所以人们误以为这就是他的本名了。

弄清了光慈的原名有好处，至少可以有助于我们了解他为什么要使用光赤这个笔名，后来又为什么改成光慈。

从现存的光慈著译目录上看，署名“光赤”的正式出现，是在一九二二年。例如，他为远东劳动大会所作的诗《太平洋上的恶象》，就是用这一署名刊载于《觉悟》上的。他从一九二二年被党从家乡安徽送往苏联学习，一九二四年回国，至一九二七年“四·一二”蒋介

[1] 上海亚东图书馆1927年11月初版。

石叛变，这几年他最经常、固定的笔名就是光赤“赤”象征革命，他之所以选用光赤，其寓意是不用细说的。

大革命失败后，光赤的笔名为什么又改作光慈?

“七·一五”汪精卫叛变，光赤从汉口逃回上海。在党的领导下，他与钱杏邨等人发起组织了革命文学团体太阳社。从他当时发表的作品，如中篇小说《野祭》，及他负责的《太阳月刊》的政治倾向来看，他对国民党反动派的斗争是坚决的。

光赤之改为光慈的原因，钱杏邨一九三八年以鹰隼的笔名发表的一篇文章❶中曾经谈到：

> 一九二七年，光赤写完了《十月革命与俄罗斯文学》时，……因为政治的局面已非，……光赤也不得已改为“光慈”。后来创造社被封，这部书的纸型，便移到了泰东书局，改书名为“俄国文学概论”，署名也由“蒋光慈”变为“华维素”。

一九五六年，阿英在选注柳亚子《左祖集》中一首赠蒋光赤的诗时，曾有如下一段说明：“按：蒋光赤即蒋光慈，后以改‘赤’为‘慈’，便书籍发行也。”❷

一九六一年，叶灵凤在《新绿集》中有一篇忆光慈的文章，也谈到了光赤改名的事实：“有一个时期，在当时党老爷和图书审查老爷的眼中，不要说蒋光赤作品的内容，仅是这个名字就不能通过，什么书都查禁，所以后来由书局经过他的同意，将赤字改为慈字。”

蒋光慈逝世后三天，钱杏邨以方英的笔名写了一篇悼念他的文章❸，谈到他的“创作几全遭查禁”。解放后，中华书局出版的张静庐辑注的《中国现代出版史料》中国民党反动派查禁书目表明，光慈的著作，绝大多数都因“鼓吹阶级斗争”、“普罗文艺”、“诋毁当局”等罪名禁售。

---

❶《剑腥集》，上海风雨书屋1939年出版，第2页。

❷《新观察》1956年第20期。

❸ 1931年9月15日《文艺新闻》。

由此可见，“光赤”改“光慈”，是国民党反动派对革命作家高压迫害的结果，是光赤为了便于出版作品，继续战斗的一种“遮眼法”。

我国现代文坛上，由于蒋介石的血腥统治，革命的和进步的作家被迫不断更换笔名之繁多，在世界上都是少见的。蒋光慈的一再改名，和鲁迅、郭沫若、茅盾多次变更署名的道理是一样的。

“光赤”改为“光慈”不久，就被敌人识破，于是继续改名，一直至死后还在化名。他临死前在医院里名叫陈资川。他的遗体安放在江湾上海公墓，用名蒋资川。

解放后，一九五三年，在移灵安葬时，光慈的名字才又重见天日。陈毅同志代表党为他的墓碑题名，这是对死者的最大慰藉。

（原载《中国现代文学研究丛刊》第1辑，1979年）

夏衍同志谈蒋光慈

——访夏衍同志后记

为了了解我省早期革命作家蒋光慈的有关问题，最近，笔者在北京访问了文艺界老前辈夏衍同志。

春节之后的一个晴朗的早晨，我来到北京东城区夏衍同志家里。在客厅刚坐下不久，起居室的门打开了，年逾八旬的夏衍同志拄着手杖走了出来。老人家那慈祥的目光给人一种亲切的感觉。如果说在来的路上我还有点紧张的话，那么，从见面以后的第一分钟起，我已经很自然了。

坐定以后，我说明了来意，并特别提出，有些材料说蒋光慈同志在临终前一年（1930年），曾因拒绝参加受左倾机会主义路线的影响飞行集会等党的活动，被开除了党籍。

对这个问题，夏衍同志十分明确地说："蒋光慈同志没有被开除党籍，这一点我可以证明，还有阳翰笙同志也可以证明。可惜现在只有人证没有物证了。当时我和蒋光慈同住一幢楼里，平时经常见面。我记得当时只给他以党内警告处分，主要原因有两点：一是他在1929年发表的小说《丽莎的哀怨》，在当时产生了不好的影响；二是因为他不愿参加组织活动。不过那时的组织活动，主要的也就是搞飞行集会、游行示威那一套。"说到这里，他笑了；"当时我也参加过这些活动"。

关于当时的情况，夏衍同志在《"左联"杂忆》一文中说得很明确："据我回忆，上海左翼文化组织被摧残最严重的时期是1929年到1932年初那一段时期，因为这一段时期由于错误路线领导，左翼文化组织的成员经常地进行了一些所谓飞行集会、散传单、写标语之类的鲁莽行动，因此每一次游行示威就会有一些人被捕。”夏公在谈了上述情况以后说：“当时不参加这些活动的人不止蒋光慈一个，鲁迅、田汉等人也不愿参加。”

我提到有的材料说蒋光慈后期曾经自动脱党的事，夏公说：“这可能是指他拒绝参加上述那些活动，但党组织没有把他开除。”

在谈到对蒋光慈的评价时，夏衍同志说：“蒋光慈在文学史上有一定的地位，这一点是不可否认的。尤其是他早期的作品，如《新梦》、《少年漂泊者》、《短裤党》等，影响是很大的。他对革命文学的倡导也作出了贡献。当然，对他的作品的不同意见是可以讨论，可以研究的。”

我问夏公是否听说过蒋光慈从苏联回国以后，曾回皖西建党的事。夏公说：“在党内或党外从来没有听说过这件事。”

我谈到有些评论家总是习惯于以作家后期的成就或政治上的进退来评价作家的一生。夏公说，这种情况在粉碎“四人帮”以后，特别是三中全会以来，好得多了。现代文学史资料把胡适的《终身大事》都选进去了，这是实事求是的态度。党史研究资料把瞿秋白的文章也汇编发表了，这是很好的事。

在谈到写人物传记和回忆录时，夏公深有感慨地说：“这的确是一个值得研究的问题。我建议你读一读今年《文艺报》第二期上李维汉同志写的文章，要用马克思主义的历史唯物主义的态度来写历史人物。”

当我提到今年是蒋光慈同志逝世五十周年，是否可以组织一次纪念活动时，夏衍同志说：“完全可以，这是件很有意义的事。”

时候已经不早，夏公还要去参加文联党组会议，我于是起身告辞，临走前把我去年写的《蒋光慈传》送给夏公审阅，夏公也从书架上抽出一本四川人民出版社新出的《夏衍近作》送给我，并在书的扉页上题字留念。

1981年2月中旬记于北京·哈晓斯

（原载《安徽大学校刊》1981年2月28日）

关于蒋光慈党籍问题的一件史料

唐天然

据南京师院《文教资料简报》今年第2期（总110期）所载哈晓斯《夏衍同志谈蒋光慈》一文（转自《安徽大学校刊》1981年2月28日），提到夏衍同志谈起蒋光慈的党籍时说："蒋光慈没有开除党籍……记得当时只给他以党内警告处分。"《简报》同期还刊有吴腾凰、李志的《蒋光慈年表》（初稿），关于蒋光慈的党籍问题，年表记有"党的《赤旗报》上刊登了'蒋光慈反革命、开除党籍'的消息"一条。《简报》的短文还说，关于蒋光慈的党籍的"真实情况究竟如何，尚待深入调查研究"。这使我记起去年读到过的一则史料：1930年10月 20日在上海出版的中共中央机关报《红旗日报》第三版刊登的《没落的小资产阶级蒋光赤被共产党开除党籍》的报导。

根据这一报导，可以证明夏衍同志记忆有误。同时，也可为《年表》作一点订正。《年表》所说《赤旗报》，应为《红旗日报》；所云"消息"，其实是一篇长达千余字的报导（实际上是全文公布了处分决定）。为了使读者能了解全貌，并供研究者参考，现将该报导抄录附后。在抄录过程中，我重新细读了这篇"报导"，觉得有几点需加说明：

该"报导"刊于1930年10月20日，文中说蒋光慈同志"日前被中国共产党正式开除党籍"，可知作出开除蒋光慈的决定，前此不久，当在10月间。其时，党的六届三中全会于9月在南京刚刚开过，李立三左倾机会主义路线虽已受到清算，但因其影响很深，在党的组织中，

“左”的思想不仅未加清理，反而愈加滋长。应该说，对于蒋光慈开除出党的决定，依然是立三路线继续的一个表现。从“报导”中可以看出，如对于当时革命形势的分析，说是“目前中国反动统治急剧走向崩溃，革命斗争日益高涨，革命战争开始，工农劳苦群众与帝国主义豪绅资产阶级作最后决战的时候”等等，完全是立三路线的观点。再如对于党员，不加分析地片面地要求“应该抱着牺牲一切的精神，站在战斗的最前线，艰苦工作，积极领导群众斗争，争取革命的最后胜利”。盲目鼓吹要“牺牲一切”去争取“最后胜利”，也都是左倾的一套。

夏衍同志回忆说到党组织给予蒋光慈处分，原因之一是因为他不愿参加组织活动。可是，夏衍同志说：“不过那时的组织活动，主要的也就是搞飞行集会、游行示威那一套。”从“报导”内容中，我们可知，蒋光慈同志曾擅自去日本、青岛，后来还写信给党组织请求退党。这当然是不对的。但考其原因，除了身体不好，和有自由主义的小资产阶级散漫习气，纪律松弛外；但主要的，正如夏衍同志所说，是对立三路线左倾冒险主义的一套做法不满。然而，他却遭到了错误的处理。今天看来，当时对蒋光慈同志所加之辞，如“惧怕牺牲”、“投机取巧”、“动摇怯懦”等，都是应该加以澄清的。

开除蒋光慈同志出党的另一理由，是因为他写的中篇小说《丽莎的哀怨》起了不好的影响。这本小说过多地描写了白俄贵族妇人的哀怨，是一部有错误的作品，曾受到进步文艺界的批评，这完全是正当的。但是，“报导”列举他的错误时，不仅过高上纲，指责他“给读者的印象是同情白俄反革命后的哀怨，代白俄诉苦，诬蔑苏联无产阶级的统治”；而且，对他的许多具有革命内容、在读者中起过积极影响的作品，对他文学上的成就，一概抹煞，说他“并没文学天才，手法实很拙劣。……靠了懂几句俄文，便东抄西袭，装出一个饱学的样子，而实际他所写小说，非常浮泛空洞，无实际意义”。对于对无产阶级革命文学曾经起过一定开拓作用的革命作家蒋光慈，采取攻其一点，不及其余，全盘否定的做法，当然也是“左”的表现。

不仅如此，“报导”最后还断然对蒋光慈下了结论，说他“已经是成了一个没落的小资产阶级，显然已流入反革命的道路”。这就把蒋光慈同志推到了敌人一边。“处分决定”的左倾的实质，由此暴露得愈加明显。

蒋光慈同志于十九岁在故乡参加“五四”运动。1920年加入上海社会主义青年团。1922年在苏联转为中国共产党党员。入党以后，他既积极参加党的实际斗争，在无产阶级革命文学的宣传和实践方面，也作过许多努力。他始终是我党的忠诚战士。即从“报导”中看，他在被开除出党时，还表示要“做一个实际的革命群众的一分子”。后来他的实际行动证明，他恪守了自己的诺言。他1930年10月被开除出党，1931年8月31日病逝。在短暂的余年中，他不仅继续完成了十六万字艺术上趋于成熟的小说《田野的风》，而且仍然不懈地从事革命的实际斗争。他一得到“左联”五作家被捕的消息，便立即赶到“左联”参加商讨营救的会议。他贫病交加，身处逆境，遭敌追捕，书被查禁，而且又不为党组织和同志们理解，内心极度苦闷，但他还是不断关心江西中央苏区工农红军的斗争。即在临终的前一天，他躺在医院的病榻上，还向探视者询问有无红军胜利的消息。由于他的名字上了国民党反动派的黑名单，在他死后，墓碑上竟未能直书“蒋光慈”，不得不易名“蒋资川”，使遗骸继续处于“地下”状态。蒋光慈同志虽在政治上受到打击，被开除出党，而他是至死也没有离开革命、离开党的。

除此之外，似乎还有两点可以一提：一是夏衍同志曾说，他和阳翰笙同志记得，“蒋光慈同志没有被开除出党”。这当是他们回忆有误。但夏衍同志说，他记得曾给蒋光慈以“党内警告处分”。这一点也许不无缘由。“报导”中有这样一句话，“去年（即1929年——引者）党给他一个最后警告，而他未能彻底认清自己错误，……”是否可能曾先给予“警告处分”，后来又把他开除出党了？当然，这仅是一种猜测，尚须作深入的历史调查。

二是蒋光慈同志被开除出党，竟然招致党中央机关报刊登报导，而且以长文公布处分决定。同时，于正文之前，还以黑框框边，突出下列文字：“布尔什维克的党要坚决肃清这些投机取巧，畏缩动摇的分子，号召每一同志为革命而忠实工作，为革命而牺牲一切，健全党的领导作用。”如此“郑重”其事，可见当时是将蒋光慈同志作为一种倾向的代表来斗争的。实际上，这是对敢于抵制左倾冒险主义错误的党内同志一个“儆戒”。这一做法恰好从反面证明，当时在左翼文艺队伍中，已经对左倾错误路线逐渐有所觉悟。此后不久，1930年1月“左联”五烈士参加上海东方饭店会议，反对王明左倾机会主义路线，便是进一步的证明。

以上一些看法，因水平有限，又囿于见闻，未必妥贴，敬请文艺界前辈并广大读者指正。

1981年5月6日

（原载《文教资料简报》1981年第5期）

·附录·

没落的小资产阶级

蒋光赤被共产党开除党籍

因革命斗争尖锐化，动摇退缩，只求个人享乐，故避免艰苦斗争

布尔什维克的党要坚决肃清这些投机取巧，畏缩动摇的分子，号召每一同志为革命而忠实工作，为革命而牺牲一切，健全党的领导作用。

一向挂名无产阶级的文学作家蒋光赤（一名光慈，又名华西里），日前被中国共产党正式开除党籍。本报探得事实经过，亟为披露如左：

蒋光赤原是一小资产阶级的学生，加入中国共产党虽已几年，但从未做过艰苦的工作，更没有与群众接近，素来就是过他所谓文学家的优裕生活。近来看见革命斗争高涨，反动统治的白色恐怖随之加甚，蒋光赤遂开始动摇。蒋原为文化工作人员之一，近中共中央决议将在文化工作人员中调一些到实际群众工作中去，蒋光赤早已动摇，经此一举，害怕艰苦工作，遂写信给党，说他是

过惯了浪漫优裕的生活，受不住党内铁的纪律，自请退出党外，“做一个实际的革命群众一分子”。蒋所属支部，认为每一共产党员，应当在党的铁的纪律之下，经常刻苦工作，特别在目前中国反动统治急剧走向崩溃，革命斗争日益高涨，革命战争开始，工农劳苦群众与帝国主义豪绅资产阶级作最后决战的时候，每一个无产阶级先锋队——共产党员，更应该抱着牺牲一切的精神，站在战斗的最前线，艰苦工作，积极领导群众斗争，争取革命的最后胜利。今蒋光赤之所为，完全是看见阶级斗争尖锐，惧怕牺牲，躲避艰苦工作，完全是一种最后的小资产阶级最可耻的行为，为肃清党内投机取巧动摇怯懦的分子，健全党的组织起见，遂开会决议开除其党籍；业经江苏省委批准。

他入党以来始终没有过很好的支部生活，党经常严厉督促和教育他，依然不能克服他那小资产阶级浪漫性，去年全国斗争发展，白色恐怖加紧的时候，他私自脱离组织，逃到日本，俟（嗣）后骗党说到青岛去养病，党给他一个最后警告，而他未能彻底认清错误，又，他曾写过一本小说，《丽莎的哀怨》，完全从小资产阶级的意识出发，来分析白俄，充分反映了白俄没落的悲哀，贪图几个版税，依然让书店继续出版，给读者的印象是同情白俄反革命后的哀怨，代白俄诉苦，诬蔑苏联无产阶级的统治。经党指出他的错误，叫他停止出版，他延不执行，因此党部早就要开除他，因手续未清，至今才正式执行。

据熟知蒋光赤的人说：他因出卖小说，每月收入甚丰，生活完全是资产阶级化的。对于工农群众生活，因未接近，丝毫不了解。他又并没文学天才，手法实很拙劣。政治观念更多不正确，靠了懂几句俄文，便东抄西袭，装出一个饱学的样子，而实际他所写小说，非常浮泛空洞，无实际意义。其动摇畏缩，决非偶然的事。他虽然仍假名做“革命群众一分子”，这完全是一种无耻的诡辩解嘲，他已经是成了一个没落的小资产阶级，显然已流入反革命的道路云。

（原载《红旗日报》1930年10月20日第三版）

关于蒋光慈的点滴回忆

吴腾凰　李志摘编

摘编者说明：在编写《蒋光慈年表》的过程中，我们曾分别写信给一些当年曾与蒋光慈有过接触或交往的老前辈楼适夷等求教。感谢他们在复信中提供了许多宝贵资料。现择数信节载于下，供读者参阅

楼适夷同志复信节录❶

我于1929年9月去日本东京，那时光慈在日，我与冯宪章、任钧同住牛道区一个"下宿"（私人办的公寓），光慈也在牛道区一个私人公寓（馆名忘了），似在松下町（？），相去不远。我和冯、任常去看他，有时他也来，或一起去逛浅草、日比谷公园。他那时在写长篇《冲出云围的月亮》，在公寓化名姓江（名字忘了）。我在东京与他接触的时间很短，因我记得，是年10月3日，东京警视厅对中国留学生中有革命活动的学生大检举（逮捕，据说他们搜到了名册）。我刚去，榜上无名，关了不到一天放出来；任钧无组织关系未被捕，冯宪章则捕去关了几个月。那时光慈已回国，未遭波及。但后来他们似乎有所发觉，早稻田警察署把我和任钧二人叫去问江某等人，可能是他的公寓房东提供的材料。我们承认与江有往来，他是中国作家，来

❶　楼适夷同志是太阳社成员，与蒋光慈有交往。

日休养写作，现已回国。我们是带了替换衣服去，准备被拘留的，幸而问话之后就放我们回家了。光慈在日与日本左翼作家有往来。我去了没多天，没接触过。据说从冯宪章屋子里，抄去一本藏原唯人送光慈的书，为此向冯追究光慈，使冯很吃了一些苦。后来到是年年底，冯被押送回国。他后来参加左联成立大会（1930年3月），也在是年在沪入狱病死。任钧比我早去日本，在那里与光慈往还的日子比我多……

（1980年12月29日于北京）

羊牧之同志复信节录[1]

……蒋光慈与秋白关系一事，我在上海时曾见过多次；记得那时他在写《鸭绿江上》，他还把稿子给我们看，要我们提意见。不知秋白当时对他讲些什么，不清楚了。他在上海时叫蒋光赤，大概在“四·一二”后改为蒋光慈了，避免赤化吧！

（1980年5月3日于常州）

郑超麟同志复信节录[2]

我和老蒋（即蒋光慈）不是每次同时在瞿（指瞿秋白）家的，有时碰头而已。他和秋白谈的是新文学，我和秋白谈的是旧文学，都不谈政治和工作。我知道，老蒋写小说，事先都同秋白商量过，写好了也征求秋白意见。详情我不知道。至少《短裤党》书名是秋白取的。秋白用法国大革命的Dans-Cultttes为书名。但这个译名是错的。Culttes是法国贵族穿的华丽的短裤，平民穿不起，只好穿长裤，贵族于是称当时的革命群众为“无华丽短裤可穿的人”。有人写法国革命史，恰好把这个词译为“长裤党”。

---

[1] 羊牧之同志曾在中共中央宣传部工作。当时瞿秋白同志任中共中央宣传部部长。他们与蒋光慈有交往。

[2] 郑超麟同志当时也在中共中央宣传部工作，与蒋光慈有交往。

……老蒋没有参加第二次暴动（指上海工人第二次武装起义），也未参加党的重要会议。大概他调查访问了一些参加的人，再加以想象。其中写一个青年人参加中央会议不爱说话，但听到彭述之长篇大论时表示鄙视，这就是我的影子。老蒋从来未曾参加中央会议，这一切无疑都是听秋白说的。

瞿秋白支持蒋光赤的文学工作，但秋白亲自同我说："这个人没有天才。"……

（1980年8月17日于上海）

东方大学一般教的有：唯物史观，经济学，工人运动史，俄国共产党史，俄文，自然科学概论，等等。这是就我们从法国去的一批人说的。老蒋比我们去得早，他那时怕没有这么多的课目。他的学习成绩大概不错。我们上课靠翻译，他那时有好几次在我们班上当翻译，他自己则是直接听课。

老蒋常作新诗，甚至用俄文作诗。我对这种文学活动无兴趣，当时的旅莫支部也视此为不务正业。我不知道老蒋是否有外国女朋友，但知道外国同学传诵他的半首俄文诗，（俄文略）后面句子我忘记了，也许传诵的人只传诵这三句。译成中文，便是："我非富家儿，我非美男子，然而……"中国同学鄙视老蒋写这样的诗，外国同学也是当作笑话来传诵的。当时革命的气氛很浓，我们拼命学习政治还来不及，哪有工夫写诗，尤其写情诗。

（1980年9月30日于上海）

（原载《文教资料简报》1981年第2期）

蒋光慈病逝的确切日期

李华盛

蒋光慈是中国现代文学史上的一位重要作家，是无产阶级革命文学的一位热情的提倡者和实践者。在国民党的残酷迫害下，蒋光慈贫病交加，于一九三一年以肠结核病逝于上海。但到底病逝于哪月哪日呢？过去，许多人都错误地认为是六月三十日。

认为蒋光慈是六月三十日逝世的说法，最早出自杨邨人的《太阳社与蒋光慈》一文。这篇文章刊载在一九三三年八月一日出版的《现代》第三卷第四期上。杨邨人在该文中正是这样叙述蒋光慈的逝世日期的：“五月入同仁医院，六月下旬医生停止诊治，……三十日清晨光慈遂于无人知觉中与世长辞！”

杨邨人的这一说法是错误的，也与他在另一篇文章中的记载自相矛盾。

一九三一年八月三十一日，杨邨人写了一篇题为《光慈临终前后记略》的文章，登载在一九三一年九月十五日出版的、中国左翼作家联盟的外围刊物《文艺新闻》的“追悼号”上。他在这篇中记载蒋光慈“今早六点钟的时候”病逝，并叙述他“昨日”，即八月三十日早上和下午两次去看望蒋光慈，并在下午把中国左翼戏剧家联盟成员李尚贤于当日上午九时病逝的消息告诉给蒋光慈的情况。从这篇文章的记载可以肯定，蒋光慈是在八月三十一日逝世的。

因为，据杨邨人这篇文章和一九三一年九月七日出版的《文艺新闻》第二十六号记载，李尚贤是八月三十日因病逝世的；如果蒋光慈是六月三十日逝世的话，那么杨邨人不但不可能在八月三十日上、下午两次去看望他，而且不可能在下午把李尚贤逝世的消息告诉他。另外，九月七日《文艺新闻》第二十六号在报导李尚贤八月三十日病逝的消息的同时，还专门刊载一条消息，报导蒋光慈于"上月三十一日上午六时终于上海虹口同仁医院"。九月十五日《文艺新闻》的"追悼号"在刊登杨邨人八月三十一日写的文章的同时，还刊登了方英九月二日写的悼唁蒋光慈的文章，方英的文章也明白无疑地说蒋光慈"在一九三一年八月三十一日上午六时"逝世。

由此可以肯定，蒋光慈是八月三十一日逝世的，而不是六月三十日。杨邨人在《太阳社与蒋光慈》一文中的记载肯定是错了。

（原载《新文学史料》1979年第4辑）

革命作家蒋光慈遗体迁葬虹桥公墓

今天（六月三十日）[1]是革命作家蒋光慈逝世二十二周年纪念。蒋光慈原名蒋光赤，五四时期就积极参加学生运动，不久加入中国共产党，被派往苏联留学。他爱好文学，在国外写了许多诗，大部分收集在他后来出版的诗集《新梦》里，回国后，曾在上海大学任教。一九二七年底组织太阳社，于次年一月，出版《太阳月刊》，接着又编辑了《新流》、《拓荒者》、《海风》等革命刊物。

蒋光慈的重要著作有诗集《新梦》、《战鼓》，小说《少年飘泊者》、《鸭绿江上》、《短裤党》、《野祭》、《最后的微笑》、《田野的风》等，并翻译了里别津斯基的《一周间》、罗曼诺夫的《爱的分野》、苏联小说集《冬天的春笑》等。他的主要著作，已编入《蒋光慈选集》（开明书店版）。

一九三一年夏，蒋光慈患肠结核在上海逝世。遗骸葬上海公墓。敌伪时期因拟在该区修筑飞机场，遗址漫没；最近由上海市文学艺术界联合会会同蒋氏生前友好，向各方追寻线索，终将遗骸找到，已正式迁葬虹桥公墓。墓碑“作家蒋光慈之墓”，由上海市人民政府陈毅市长题字。上海文艺界人士曾参加葬礼。

（原载《人民日报》1953年6月30日第3版）

[1] 本书编者按：原报道如此。实际上，蒋光慈逝世日期应为8月31日。

研究与评论文章选辑

一　鲁迅、郭沫若、茅盾论蒋光慈

（一）鲁迅论蒋光慈

我在“革命文学”战场上，是“落伍者”，所以中心和前面的情状，不得而知，但向他们屁股那面望过去，则有成仿吾司令的《创造月刊》，《文化批判》，《流沙》，蒋光X[1]（恕我还不知道现在已经改了那一字）拜帅的《太阳》，王独清领头的《我们》，青年革命艺术家叶灵凤独唱的《戈壁》；也是青年革命艺术家潘汉年编撰的《现代小说》和《战线》；再加一个真是“跟在弟弟背后说漂亮话”的潘梓年的速成的《洪荒》。但前几天看见K君对日本人的谈话（见《战旗》七月号），才知道潘叶之流的“革命文学”是不算在内的。

《三闲集·文坛的掌故》

（一九二八年八月十日）

若在中国，则一派握定政权以后，谁还来明白地唠叨自己的不满。眼前的例，就如张勋在时，盛极一时的“遗老”“遗少”气味，现在表面上已经销声匿迹；《醒狮》之流，也只要打倒“共产党”和“共产党的走狗”，而遥向首都虔诚地进“忠告”了。至于革命文学指导

[1] 指蒋光慈，亦即下文的K君。

者成仿吾先生之逍遥于巴黎，“左翼文艺家”蒋光Y[1]先生之养疴于日本（or青岛？），盖犹其小焉者耳。

《集外集拾遗补编·〈奔流〉编辑后记（十二）》

（一九二九年十一月二十日）

在“中国新兴文学的地位，早为读者所共知”的蒋光Z[2]先生，曾往日本东京养病，看见藏原惟人。谈到日本有许多翻译太坏，简直比原文还难读……他就笑了起来，说：“……那中国的翻译界更要莫名其妙了，近来中国有许多书籍都是译自日文的，如果日本人将欧洲人那一国的作品带点错误和删改，从日文译到中国去，试问这作品岂不是要变了一半相貌么？……”（编者按：以上三处删节号系原有）（见《拓荒者》）也就是深不满于翻译，尤其是重译的表示。不过梁先生还举出书名和坏处，蒋先生却只嫣然一笑，扫荡无余，真是普遍得远了。

《二心集·“硬译”与“文学的阶级性”》

（一九三〇年一月二十四日）

然而现在呢，这些东西，梁实秋先生是不译的，称人为“阿狗阿猫”的伟人也不译，学过俄文的蒋先生原是最为适宜的了，可惜养病之后，只出了一本《一周间》，而日本则早已有了两种的译本。中国曾经大谈达尔文，大谈尼采，到欧战时候，则大骂了他们一通，但达尔文的著作的译本，至今只有一种，尼采的则只有半部。学英德文的学者及文豪都不暇顾及，或不屑顾及，拉倒了。所以暂时之间，恐怕还只好任人笑骂，仍从日文来重译，或者取一本原文，比照了日译本来直译罢。我还想这样做，并且希望更多有这样做的人，来填一填彻底的高谈中的空虚，因为我们不能象蒋先生那样的“好笑起来”，也不该如梁先生的“等着，等着，等着”了。

《二心集·“硬译”与“文学的阶级性”》

（一九三〇年一月二十四日）

---

[1] 指蒋光慈。

[2] 指蒋光慈。

现在使我记起了蒋光慈先生。

事情是早已过去，恐怕有四五年了，当蒋光慈先生组织太阳社，和创造社联盟，率领“小将”来围剿我的时候，他曾经做过一篇文章，其中有几句，大意是说，鲁迅向来未曾受人攻击，自以为不可一世，现在要给他知道知道了。其实这是错误的，我自作评论以来，即无时不受攻击，即如这三四月中，仅仅关于《自由谈》的，就已有这许多篇，而且我所收录的，还不过一部分。先前何尝不如此呢，但它们都与如驶的流光一同消逝，无踪无影，不再为别人所觉察罢了。

《伪自由书·后记》（一九三三年七月三十日[1]）

中华书局译世界文学的事，早已过去了，没有实行。其实，他们是本不想实行的，即使开首会译几部，也早已暗中定着某人包办，没有陌生人的份儿。现在蒋死了，说本想托蒋译，假如活着，也不会托他译的，因为一托他，真的译出来，岂不大糟？那时他们到我这里来打听靖华的通信地址，说要托他，我知道他们不过玩把戏，拒绝了。现在呢，所谓“世界文学名著”，简直不提了。

《鲁迅书信集·致萧军、萧红》（一九三四年十二月十夜）

蒋光慈的《短裤党》写得并不好，他是将当时的革命人物歪曲了的；我们以为若要选他的作品，则不如选他的短篇小说，比较好些。

《茅盾、鲁迅致伊罗生》（一九三四年七月十四日）

（原载《鲁迅论中国现代文学》，中山大学中文系鲁迅研究室编，最后一则由本书编者增补自《草脚鞋》有关资料）

[1] 文末原署二十日，有误，现据《鲁迅日记》订正。

（二）《创造十年》续编

郭沫若

七

《洪水》半月刊的刊行要算是第二期创造社的事实上的开始。（注意：以后还有第三期。）这个开始可以说是创造社的第二代，因为参加这一期活动的人，都是由国内新加入的一群年青的朋友。在那时，第一期的一些成员有多数还在日本留学，而回了国的几位又是分散了的，只有我一个人住在上海，但我却是最不努力的一个。

真的，我并没有直接主持其事，就连那创刊日期，我都只能约略记得是在“五卅”以后。不过这个“五卅”以后的创刊，其实已是《洪水》的复活。《洪水》的第一次创刊还在一年以前，是《创造周报》停刊了，我跑向日本去了的时候。主持者是周全平、敬隐渔、倪贻德诸人。我那时做了一篇《资本主义与盲肠炎》寄给他们，是在那创刊号上发表了的。但那次的创刊却仅仅出了一期便中止了。一年以后，几位青年的朋友又卷土重来，而我所采取的仍只是旁观的态度。这理由，在“洪水”这个名词的解释上，也就是表现着了。杂志之所以命名为“洪水”者本是出于周全平的心裁。他这心裁，我知道得最明确，是酝酿于他在当年替某教会校对过一次《圣经》。上帝要用洪水来洗荡人间的罪恶，《圣经》上有这种意思的话，这便是那心裁的母胎了，所以“洪水”者洪水也，并非时人所斥为“洪水猛兽”者之“洪水”也。

故尔在第二次的创刊号上，他们要我做篇文章，我也没有做。结果是那《资本主义与盲肠炎》又重被揭载了一次。这样的发轫，在上海方面自然没有得到好评。刊物传到了当时的北京，也同样使人失望，连吴稚晖都在报上泄露过不满意的话。因此我才觉得自己的消极冷淡之有点近于罪恶，辜负了大家的期待，而且使朋友们也难乎为情。于是我又才从旁把柁轮捉着，把那偏向着“上帝”的“洪水”，向着“猛兽”的一方面逆转了过来。

大约是从第三号或第四号起，我才开始做文章的。《穷汉的穷谈》、《共产与共管》、《马克思进文庙》、《文艺家的觉悟》、《新国家的创造》，……那一联的文字便络续地出现了。

除我自己而外，我又把漆南薰和蒋光慈也拉来参加了。他们的参加，不用说，是使《洪水》，否，不仅《洪水》，是使整个创造社改涂了一番面貌。

我和南薰的关系，在前面已经说得很详细，我现在要说到光慈。

光慈，初名本叫光赤。他是安徽人，当时才从苏联回国不久，在上海大学担任教课。他和我的交往是怎样开始的，现在怎么也想不出来。只是我有一次和达夫两人去访问过他，他也有一次和秋白两人来访问过我，我是记得较为明晰的。

我同达夫去访问他是在《洪水》创办才不久的时候，达夫不记得因为什么事到了上海，我们在那时曾短聚过几天。有一天上午，我拉着他，一道往法大马路的明德里去。

天气很晴朗。我们走向那弄堂一隅的绝底，在一家大门上正在扣着门环的时候，光慈先从侧面的楼窗上望出，看见了我们。他是赁居在那儿的。楼房是在上海成为了公式的二楼二底的侧楼，有点像伸着懒腰的懒猫一样，腰身过分的长。但因那家屋子是在弄堂的边际，遂得三面开窗，光线是洋溢着的。

房中没有什么装饰，只在近门的一头安了一张床，另一头靠壁的窗下，和床的轴线成正交地放着一张书桌，周围有几张坐椅。书桌后面靠壁是半壁书架，不十分整饬地摆着些西书和新刊的杂志之类。

桌上最惹人注意的是摆着有汪精卫和蒋介石的像，像是印在明信片上的，同嵌在玻璃匣里。蒋的像我是第一次看见，是经过主人的说明才知道的。他说：“这两位真了不起，简直是中国的列宁和托洛次基。”我们自然也跟着赞叹了一阵。真的，在那时，无论是赞成或反对，谁不把广州当成了莫斯科呢?

他那时正在校读我所译的屠格涅夫的《处女地》，俄文原书和我的译本一同摊放在桌上。校读得还不很多，有些地方略略有点修改。他特别指出一处向我说明过，是那开首处奥斯突罗杜摩夫走进涅暑大诺夫的寓室的时候，我的译文写着“坐到一个椅子上，在抽屉里抽出一只快要压扁了的香烟出来。”（译书二页九行。）

光慈对我说：“抽屉在原文是作荷包，这一定是译错了的，来客初进人的房间也不会从‘抽屉’中去找香烟吃。”

他说的十分在理，那不用说是我译错了。我便请求他详细地把全书校改一遍，做篇文章在《洪水》上发表，同时我也可以做个勘误表请求出版处挖改字版。光慈是欣然答应了。但他日后却没有践约。这自然是因为他过于忙，没有多的闲工夫来做这种义务校对。但在我，就单只这一事也已是增加着怅惘的回忆了。

古人每爱说“文如其人”，然如像光慈的为人与其文章之相似，在我的经验上，却是很少见的。凡是没有见过光慈的人，只要读过他的文章，你可以安心地把你从他的文章中所得的印象，来作为他的人格的肖像。他为人直率、平坦、不假虚饰，有北方式的体魄与南方式的神经。这种人，我觉得，是很可亲爱的。可惜太死早了一点。假如再多活得几年，以他那开朗的素质，加以艺术的洗炼，“中国为甚么没有伟大作品”的呼声怕是不会被人喊出的罢?

方块字往往要在不必要的程度上误人。economics被意译成“经济”，往年的经济学教本在开宗明义章便要大讲其“经国济民”。romanticism被音译成“浪漫”，这东西似乎也就变为了一种“吊尔郎当”。阿拉是写实派，侬是浪漫派，或则那家伙是浪漫派，接着是嗤之以鼻，哼了。不过近几年似乎“浪漫”也走起了运来。原因呢?大约是由于我们的高尔基，他很在替“浪漫派”张目罢。猫儿眼照例是容易变的。

但我却要佩服光慈，他在“浪漫”受着围骂——并不想夸张地用“围剿”那种字面——的时候，却敢于对我们说：“我自己便是浪漫派，凡是革命家也都是浪漫派，不浪漫谁个来革命呢？”

他这所说的“浪漫”大约也就并不是所谓“吊尔郎当”。但他很恳切，他怕我们还不能理解，又曾这样为我们解释过几句：

“有理想，有热情，不满足现状而企图创造出些更好的什么的，这种精神便是浪漫主义。具有这种精神的便是浪漫派。”（大意如此，就作为我自己的话也是无妨事的。）

光慈的确是这样的一种人；可惜实在太死早了一点。而在把他对于结核菌的抗斗力减弱了的一点上，“围骂”怕也是相当奏了一点功效的。

我眼睁睁地看着文字在杀人。“浪漫”，“才子”，“诗人”，“标语”，“口号”，“洋八股”……这些字眼如用罗马字写出来，都有guillotine[1]的发音。

光慈有一种奇癖。凡是见过他的原稿的人总会注意到它是被写得异常整齐的，一个字的添改剜补也没有。看那情形谁也会以为是起了草稿又誊写过的东西，但他却说他是决不打草稿的人：他说，他写东西在中途错落不得一个字，错落了往往会使全篇文字流产。因此他的文章是不肯修改的。有几次请求他修改，但他说与其修改，宁肯毁稿。这，我总觉得是一种奇怪的脾气，但也不知道是不是他的矫情的说辞；和他的私生活更曾接近过的朋友，我希望能够写些东西出来为我证实。

严格地说时，光慈的笔调委实太散漫了一点，那种笔调做长篇小说倒还可以敷衍得过去，做短篇小说便不甚相宜。因此他做来希望登《洪水》的文字便每每有被退回的时候。而编《洪水》的几位青年朋友，尤其是有点忌避他的：自然是因为他不仅“赤”其名，而且是“赤”其实了。

他和秋白两人的来访，又是在我的《穷汉的穷谈》、《共产与共管》已经闯出笔祸以后了。这笔祸倒也并不是因为干犯了当时的执政，而是干犯了一位学艺大学的董事。且让我在这儿简单地追溯一下罢。

学艺大学的董事共有十人，其中有一位姓林名骙，表字植夫，别号灵光者，乃福建人氏，由日本东大农科毕业，曾在哈尔滨办报，与“十大学教授”之一人王新命有同寅之谊，由安那其转入国家主义者也。1924年寄寓上海，在商务印书馆当编辑。创造社办《创造周报》，

---

[1] 断头台

他以灵光之名曾联续发表过几篇给青年的信，因为后来论到了要求恢复约法，要求裁兵的滥调上来，我们实在没法顾情面，把稿子退还了他；他便在《孤军》杂志上写出文章来骂了我一顿。我有过一篇笑剧式的短品，名《无抵抗主义者》的，即以此君为模特儿者也。

……

（原载《创造十年续编》1938年1月上海北新书局初版）

（三）关于创作（节录）

朱璟（茅盾）

四

曾经从浪漫主义到唯美主义的创造社，在1928年又转变了方向：普罗文学运动。我们翻开创造社最初转变后的刊物来看，有一点是很明显的；不但尚残存着小资产阶的意识，且有英雄主义的色彩。似乎那时候创造社“诸元老”的文章虽然又热烈又革命，但字里行间常流露着“非常之功，必待非常之人”的气分，本来一个作家或一个文学集团的转变，——特别是转变到和从前正相反对的方向，决不是简单到象在床上翻一个身；从而转变以后也决不曾象洗一个澡似的就把从前生活所型成的习性立刻剔除净尽。这需要长时期的生活淘练以及不断的严厉的自我批评，方克有济。所以问题不在错误到如何程度而在克服到如何程度，现在已经没有创造社这小集团的存在了，若就以前在创造社名号下所做的普罗文学运动而言，我们很可以说成效未睹。

第一就理论的建立而言，除了零碎的驳难的应付的论文而外，很少有系统的坚实的理论文字。尤其探究普罗文学的形式论与内容论的文字异常缺乏。第二就作品而言，技术上固然未臻圆熟，并且错误倾向很多，例如英雄主义的色彩，“身边琐事描写”的残痕，以及“灵感主义”的尚未汰尽。而最大的病根则在那些题材的来源多半非由亲身体验而由想象。

龚定庵句云：“但开风气不为师。”以此移赠创造社的普罗文学运动，是恰当的；因为无论在理论方面或作品方面，创造社是一些楷式也没留遗下来。

和创造社的转变同时有太阳社也提倡普罗文学，——不过最初名曰革命文学。据说这是一部分有“革命生活实感”的青年，本来不从事于文学而从那时起方奋然执笔的。因为他们本来不从事于文学，所以多少没有沾染着过去文坛的积习，但亦因为本来不从事于文学，所以文学技术不够，结果便是把他们的“革命生活实感”来单纯地“论文”化了。他们的作品的最拙劣者，简直等于一篇宣传大纲。这个小集团，现在也不存在了，但我们不妨举这小集团当时的主要人蒋光慈的作品来看一下，因为蒋光慈写过不少的小说，有众多的读者，而且被认为普罗文学的“师”。我们不妨说蒋光慈的人物描写是“脸谱主义”。因为他的作品中将革命者只是一个面目——这就是他的革命人物的“脸谱”；又他的作品中的反革命者也只是一个面目——这就是他的反革命人物的“脸谱”。这在描写上，也许给与蒋光慈以多少便利，但我们认为这样“脸谱式”地去描写革命者与反革命者，未免单纯，又这样“脸谱式”地使读者去认识何者为革命，何者为反革命，也未免流弊滋多。作品中人物的转变，在蒋光慈笔下每每好象睡在床上翻一个身，又好象是凭空掉下一个“革命”来到人物的身上；于是那人物就由不革命而革命。在结构上，我觉得蒋光慈也太机械了些。他的作品的结构大都是用了“反革命者与革命者的对比”构成。“对比”自然是要得的，但是太单纯的对比却容易陷入单调而不能引起深刻的感动。总之，我们看了蒋光慈的作品，总觉得其来源不是“革命生活实感”，而是想像。

此外，小资产阶级意识形态的残存，同样的在蒋光慈的作品中亦不能免，有时且发展为很成问题的结果。

其次，我们再看当时太阳社的理论。在这方面，太阳社是最失败的。除了“阿Q时代是死灭了”那样的理论而外，没有别的理论；即有之，无非是空洞地铺张“革命文学”之不能不是宣传与煽动。文献具在，可得而征，我们于此不再辞费。至于“阿Q时代”是否已经死灭这问题，以我看来，这不是一个批评家一句主观的话可以轻轻论定，这要看阿Q正传中所提供的农民意识的分析是否对于现代的革命还有参考的价值；如果有之，期则“阿Q”的寿命还不能以“批评家”的一言而告终。

一种新兴文艺的建立，本不是一朝一夕几个人所能成功。中国普罗文学的建立，其困难自更百倍。初期的“幼稚”是不可避免的，最重要的不可成为“童子痨”。怎样方能不成为“童子痨”呢？第一须使这幼儿有充分的营养，第二须使这幼儿不沾染自骄自信的恶脾气，不要讳疾忌医。现在看来，度过了两周岁的这个“幼儿”，虽是不忌医药，但营养终觉不足，所以尽管两眼炯炯望着将来，而所作所为，不脱稚气；在创造社太阳社等等小集团取消而成立为“左翼作家联盟”以来的一年半的时期内，所产生的少量的作品还是非常浅薄，人物结构——甚至题材，都还不脱“公式化”的拘束。以前的“论文”化，算是克服了，但现在的“公式化”也非克服不可。这不是主观上愿不愿的问题，而是客观上作家们的生活能否普罗列塔利亚化的问题。有价值的作品一定不能从“想像”的题材中产生，必得是产自生活本身。

所以现在对于创作时的态度和过程应该有一个新的理解。在“五四”期的天才主义灵感主义的“创作观”的时代，以为创作是天才的灵感的火花的闪耀；这已早就被人唾弃了。但是转变后的创造社和太阳社当时把创作理解为“政治宣传大纲”加“公式主义的结构或脸谱主义的人物”，也何尝不是谬误呢！这个错误的倾向应该不再继续。将来的伟大作品之产生不能不根据三个条件：正确的观念，充实的生活，和纯熟的技术；然而最最主要的还是充实的生活。只有从生活中把握到的正确观念方是真正的“正确”，也只有从生活中体认出来的技术方是活的技术。社会科学给你的只是一个基础。西欧文学名著在你只是一部习字帖；自然，基础和习字帖都是十二分的需要，但不能视为唯一的“枕中秘”呀！

五

把上面的简略的研究总括起来。我的结论如左：

第一，中国的传统的旧文学因为已有数千年的历史所以确已发展到能够恪尽拱卫封度之职务的地步，而且事实上是已经久尽厥职了；

第二，“五四”期的新兴资产阶级的“新”文学则因为阶级本身没有发育得健全，且在发育时期即日益加剧地发展出内部的矛盾而因以促成溃灭的速度，所以“新文学”始终没有健全地发育；

第三，现代的普罗文学正经过了幼稚的一时期，眼望着将来，脚力腕力都还不够，所以然的原因是阶级本身的文化程度太落后以及缺乏文学的素养，遂致该阶级本身此时还没有作家产生，而“转变”来的作家们则或者旧意识形态尚未淘汰净尽，或者生活经验尚未充实到足够产生成熟的作品。

但中国社会不是单纯的社会，封建势力依然很大，所以拱卫封建势力的文艺作品依然在社会中滋生，不过已经穿了“白话文学”的外衣，而且多少也吸收了一些资产阶级的要素，最显明的例是张恨水的《啼笑因缘》等等作品。同时资产阶级的“新”文学也在绵绵不绝地产生，并且表示着多种多样复杂的姿态：一方面是颓废主义，享乐主义，唯美主义，反映出没落期的淫佚放纵求刺戟；而另一方面还有反映出没落期的最后挣扎的文艺，从麻醉欺骗一直到恐怖手段和准备战争。现在的中国社会就是这样的紧缩了上下五六百年的人类社会进化的三阶级于一时期的畸形的社会，现在的中国文坛就是这样五光十色的文坛，——文坛，文坛，究将往何处去呢？这回答是：谁最有民众的基础，谁最合于辩证法的发展，谁最能赤诚地坚忍地干去，谁即将负此文坛而趋！

一四，八，一九三一。

（原载《北斗》创刊号1931年9月20日）

（四）《地泉》读后感（节录）

茅　盾

本书的作者问我对于本书有什么意见。

我的回答是：

“正和我看了蒋光慈君的作品后所有的感想相仿。”

本书的作者要求我详细说明，我就写了这一篇，并且依本书作者的愿望，附印在这本书的新版内，给凡曾读过这本书或将读这本书者，以及曾经写过和本书同类的作品，或将写此类作品的人们，作为一种参考。

我的中心论点是：一个作家应该怎样地根据了他所获得的对于现社会的认识，而用艺术的手腕表现出来。说得明白些，就是一个作家不但对于社会科学应有全部的透彻的知识，并且真能够懂得，并且运用那社会科学的生命素——唯物辩证法；并且以这辩证法为工具，去从繁复的社会现象中分析出它的动律和动向；并且最后，要用形象的言语、艺术的手腕来表现社会现象的各方面，从这些现象中指示出未来的途径。所以一部作品在产生时必须具备两个必要条件：

（一）社会现象全部的（非片面的）认识，

（二）感情地去影响读者的艺术手腕。

两者缺一，便不能成功一部有价值的作品，至少写作此类作品的本来的目的因而不能达到；不但不能达到，往往还会发生相反的不好的影响。而这不好的影响也是两方面的，一在指导人生方面，又一则在艺术的本身发展方面。

现在我们来批评本书，就不能说本书非但不能达到它写作的本来目的，且亦浓厚地分有了那时候同类作品的许多不好倾向。我在这里提出“那时候同类作品的许多不好倾向”一句话，要请读者切实注意。因为作为一种“风气”或文学现象来看，则本书的缺点不是单独的，个人的，而实是一九二八到三〇年顷大多数（或竟不妨说是全体）此类作品的一般的倾向，——这是一个值得讨论的问题了。

一九二八到一九三〇年这一时期所产生的作品，现在差不多公认是失败。

概要地说，其所以失败的根因，不外乎（一）缺乏社会现象全面的非片面的认识，（二）缺乏感情地去影响读者的艺术手腕。关于前者，蒋光慈君的作品是一个现成的例子。蒋君的作品，我曾称它为“脸谱主义”。这，无非说蒋君所写的革命者和反革命者总是一套；他的作品中的许多革命者只有一张面孔，——这是革命者的“脸谱”，许多反革命者也只有一张面孔，——这是反革命者的“脸谱”；蒋君并没把反革命者中间的军阀，政客，官僚，地主，买办，工业资本家，银行家，工贼等等不同的意识形态加以区别的描写，也没有将他们对于一件事的因各人本身利害不同而发生的冲突加以描写；在蒋君的作品中，所有的反革命者都戴上蒋君主观的幻想的“脸谱”，成为一个人了。这是很严重的拗曲现实，这是很严重的不能把真确的现实给读者看，并且很严重地使得作品对于读者的感动力大大地减削。（我相信老是看一张“脸谱”被许多人物戴来戴去在作品中出现，一定会使得读者感觉疲倦而终至于觉得太滑稽罢）其次蒋君对于作品中的革命者，也并没按照他们之为小资产阶级分子或工人或农民出身之不同而作了区别的（特别在意识形态方面，在认识革命方面）描写；蒋君并没写革命者对于同一件事常常有认识深浅的不同，常常有错误深浅的不同；蒋君把他们写成“一个印板”里印出来的人，给读者以最不好的印象就是这些人物不是“活”的革命者而是奉行命令的机械人。这又是很严重的拗曲现实，很严重地使得读者不能得到正确的对于革命者的认识和理解。蒋君又常常把革命者反革命者中间的界限划分得非常机械，两面的阵营都不见有动摇不定的分子。这又是多么严重的拗曲现实！蒋君并没写到革命进行中在革命者的阵营中时常发生叛徒，也没写到反革命者在压迫革命一致而外，他们时时刻刻在互相冲突，在分崩，在瓦解。这又是很严重的不能全部的非片面的认识社会现象了。

批评蒋光慈君的作品，不是本文的目的；我所要指出来的，就是本书《地泉》也犯了蒋君所有的那些错误，尤其在本书第二部《转换》与第三部《复兴》。这些错误在当时成为一种集团的倾向，而应该是指导文坛的批评家，非但不能校正这种倾向，却反而推波助澜，增长这种倾向。直到现在，文坛上还留遗着此种风气的余毒，这真所谓"深入"了。

其次，关于"缺乏感情地影响读者的艺术手腕"这一点，本书就是一个现成的例子。这也不是本书作者个人的单独的缺点，而是那时候很普遍的，成为集团性的现象。本书的三部是"深入""转换""复兴"；这从命题上已经可见是怎样性质的内容了。所以作者最重要的任务便是要用精严而明快的形象的言词来表现那"深入""转换""复兴"。能够完成这任务，本书就有成功的希望；不然，本书只是"深入""转换""复兴"等三个名词的故事体的讲解。而本书的作者，恰就只给我们三篇故事体的讲解。如果我们既读这本书后有所认识理解，那可是理智地得出来的，而不是被激动而鼓舞而潜移默向于不知不觉。换一句话说，惟在已有政治认识的人们方能理智地去读完这本书而有所会于心，或有"画饼充饥"地聊一快意；至对于普通一般人，则本书只是白纸上有黑字罢了。这种情形，在实例上就是普通一般人对于和本书同类的文艺作品的不爱看。于是当时的革命文学批评家就奋然作色，以为"不爱看"者都是反革命。这真是太武断了！应该说不爱看者是由于政治认识不够，他们的脑子不能消化那样"硬性"的三个"革命"名词的"高头讲章"。他们需要一些直诉于感情的东西。而文艺作品之所以异于标语传单者，即在文艺作品首要的职务是在用形象的言词从感情地去影响普通一般人，使他们热情奋发，使他们认识了一些新的，——或换言之，去组织他们的情感思想。

还有一点，缺乏了对于社会现象全部的非片面的认识而只是"脸谱主义"地去描写人物，而只是"方程式"地去布置故事，则虽有相当的艺术手腕，而作品的艺术的功效还是会大受削弱。（在指导人生这一点上会造成大错误，那是不用说了）因为"脸谱主义"和"方程式”的描写不合于实际的生活，而不合于实际生活的描写就没有深切地感人的力量！就要弄到读者对象非常狭小！……

1932年4月24日

（原载《地泉》上海湖风书局1932年7月25日版）

二 现代文学史关于蒋光慈的论述

（一）《中国新文学史稿》（节录）

王 瑶

蒋光慈也是提倡革命文学很早的一个人，在后期《新青年》上，他写过《无产阶级革命与文化》；在一九二五年《觉悟》新年号上，写过《现代中国社会与革命文学》；一九二六年在《创造月刊》二期上又有《十月革命与俄罗斯文学》（即《死去了的情绪》），而且还有诗集《新梦》，小说《少年飘泊》者和《鸭绿江上》等创作。他是从十月革命后的俄国回来的，自然觉醒得更早一些。但不只早期那些文章的影响不太大，他对“革命文学”的理论和态度，也是可以和创造社诸人同样去理解的；例如他在《死去了的情绪》一文中说：

> 革命这件东西，倘若你欢迎它，你就有创作的活力；否则，你是一定要被它送到坟墓中去的。在现在的时代，有什么东西能比革命还活泼，光彩些？有什么东西能比革命还有趣些，还罗曼谛克些？倘若文学家的心灵不与革命混合起来，而且与革命处于相反的地位，这结果，他取不出来艺术的创造力，干枯了自己的诗的源流，当然是要灭亡的。

文中仍然有的是浪漫谛克的情绪，它所代表的时代意义也是可以和创造社并论的。

……

蒋光慈的《新梦》收的是一九二一到一九二四年间旅居苏联时所作的诗，一九二五年印着《献给东方的革命青年》的红色献词，在上海出版了。这时正是五卅的前夜，给予了当时的革命青年以有力的鼓舞。在《太平洋的恶象里》他写着：

远东被压迫的人们起来罢，
我们拯救自己命运的悲哀。
快啊，快啊，……革命！

在《莫斯科吟》里又写着：

十月革命，
那大炮一般，
轰隆一声，
吓倒了野狼恶虎，
惊慌了牛鬼蛇神。
十月革命，
又如通天火柱一般，
后面燃烧着过去的残物，
前面照耀着将来的新途径。

然而和中国的现实多少脱了一点节，诗中有的只是美丽的将来，充满了乐观的歌颂："前进吧，红光遍地！"概念的说明了他的一个坚定的信念；却缺少了一点感人的力量。但他送来了十月革命胜利后的新的生活的歌颂，给正在战斗里的中国人民画了一幅美丽的远景，自然也添了许多的战斗力量。他的第二个诗集《哀中国》是一九二五—二七写的，时代是大革命期间，背景是这多难的祖国，那声音就完全不同了，充满了悲愤的调子；虽然意义仍然是革命的。下面是《哀中国》一诗中的一节：

满中国到处起烽烟，
满中国景象好凄惨！
恶魔的军阀只是互相攻打啊，
可怜小百姓的身家性命不值钱！
卑贱的政客只是图谋私利啊，
那管什么葬送了这锦绣的河山！
朋友们，提起来我的心头寒，——
我的悲哀的中国啊！
你几时能跳出这黑暗的深渊？

集中二十三首诗，主题都说明了反帝反军阀是中国革命的主要工作。在《血祭》里，作者写下了：

顶好敌人以机关枪打来，我们也以机关枪打去！
我们的自由，解放，正义，在与敌人斗争里。
倘若我们还讲什么和平，守什么秩序，
可怜的弱者啊，我们将永远地——永远地做奴隶！

《哀中国》里的悲愤，也渗了一些感伤的调子；虽然观察较《新梦》深入，但心境似不如《新梦》健康。这书很快即遭禁，影响也不如《新梦》大。

（二）《中国新文学史初稿》（节录）

刘绶松

从另一个角度，一九二六年蒋光慈出版了他的中篇小说《少年飘泊者》，主人公汪中的经历是奇幻而颠沛的，他从孤儿，没有成功的土匪，乞儿，贼，学徒，流浪者，茶房，工人，囚犯，过恋爱生活，最后是为大众死在战场上了。怀着“我们是青年，不是畸人，不是愚人，应当给自己把幸福争过来”的信念，对不幸的遭遇不断反抗，他要给自己找出道路来。虽然他相信革命可以解决一切问题，有着光明的希望与信心，但不只一切带偶然性的苦难都集中于一身，时时还希望已经牺牲了的爱人“在阴灵中见着我是一个很强烈的英雄”，他为了自己的“忧患余生”，要做“一位不怕死的好汉”；革命气概是有的，但个人英雄主义实在太浓厚了。全书以五四起，完结于二七惨案以后，似乎想表现由个人奋斗到集体的过程。郭沫若曾说《少年飘泊者》是“革命时代的前茅”，从表现五四到二七这一段时间中一些进步青年的历程说，“前茅”是可以说的。但书中说明议论的地方过多，人物概念化一些，技巧上不算成熟。

同年他又写了短篇《鸭绿江上》，记朝鲜革命党人李孟汉所述他爱人金云姑被日本人囚死的惨史和他们的恋爱经过。主题是反帝的，指出了殖民地的出路只有革命和民族解放。鸭绿江上是他俩悲壮的离别时的地方，这一节写得很动人。这年他还写了好几个短篇，收成《鸭绿江上》短篇集，内容较《少年飘泊者》好。在唤起青年的革命觉悟上，是有相当效果的。作者一九二七年以后的作品还多，这只是“革命时代的前茅。”……

蒋光慈（一九〇一——一九三一）的诗集《新梦》，出版于一九二五年，其中收集的是作者旅居莫斯科时的作品。作者在《自序》（一二）中说：“‘诗人’这个名词本身上原没有什么好坏之可言。我以为诗人之伟大与否，以其如何表现人生及对于人类的同情心之如何而定。”又说：“我的年龄还轻，我的作品当然幼稚。但是我生值革命怒潮浩荡之时，一点心灵早燃烧着无涯际的红火。我愿勉力为东亚革命的歌者！俄国诗人布洛克说：‘用你的全身、全心、全意识——静听革命啊！’我说：‘用你的全身、全心、全意识——高歌革命啊！’”这里说的正是诗人对于诗的理解和他的热情的自白，同时也比较全面地概括了诗集《新梦》的内容。蒋光慈是不只用了他的关于革命文学的理论和主张推动了中国新文学运动的进展，而且也是以他的热情澎湃的作品（诗和小说）激动和鼓舞了广大青年的革命情绪的。

作者抱着会见“多少年梦见的情人”的心情来到莫斯科的，因此，他首先就把他的诗篇献给了这个为全世界劳动人民所热烈关怀和密切注视着的赤色首都。他爱“莫斯科的雪花白，莫斯科的旗帜红”（《莫斯科吟》）；他说“莫斯科的旗帜把我的血液染红了”（《新梦》）；他这样歌唱了十月革命：

十月革命，
又如通天火柱一般，
后面燃烧着过去的残物，
前面照耀着将来的新途径。
哎！十月革命，
我将我的心灵贡献给你罢，
人类因你出世而重生。

（《莫斯科吟》）

作者看见了太平洋上的汹涌的波涛，他说：在阴惨惨的太平洋上“隐隐跃跃现着的，那不是美利坚假人道的旗帜的招展，英吉利资本主义战舰的往来，日本帝国主义魔王的狂荡？”他说：“远东被压迫的人们起来吧，我们拯救自己命运的悲哀，快啊！快啊！……革命！”（《太平洋中的恶象》）他不能一刻忘记他的多灾多难的祖国和人民，他把反抗和破坏的道理教给了他的读者。他说：“破坏旧的，新的就昂起来了；打碎钻环，自由就来到了。”（《暴动》）他说：“我们高举鲜艳的红旗，努力向社会革命走；这是我们自身的事情，快啊，快啊，快动手！”（《中国劳动歌》）诗集《新梦》渗透了作者的爱国主义精神，而这种精神完全不同于狭隘民族主义的自大自私心理，而是与国际主义、与作者对于祖国和人民的爱，尤其是与作者的革命和反抗的精神紧密地结合在一起的。因为这样，诗集《新梦》出版在五卅运动的前夜，就有了他的重大历史和时代的意义——它在一定程度内反映而且鼓动了本时期中国人民的反帝反封建的革命要求和斗争情绪。

《哀中国》出版于一九二七年，它是蒋光慈的第二个诗集。载在集子后面的《鸭绿江上自序诗》，我们同样是可以把它当作《哀中国》的序诗来看的。在这首诗中，诗人这样地告白着他自己：

是的，我明白了我是为着什么而生存，
我的心灵已经被刺印了无数的伤痕，
我不过是一个粗暴的抱不平的歌者，
而不是在象牙塔中曼吟低唱的诗人。
从今后这美妙的乐音让别人去细听，
这美妙的诗章让别人去写我可不问；
我只是一个粗暴的抱不平的歌者，
我但愿立在十字街头呼号以终生。

的确，在《哀中国》集中的二十三首诗集里，粗暴的、激情的旋律是它的主调；而且，因为这些诗都是作者回到中国以后，亲历了“这现在的、真实的悲景”以后的作品，所以它的歌声就较之《新梦》集中的诗要显得深沉而亲切，但其中也流露着一个小资产阶级知识分子在大变革期间的那种彷徨与苦闷、感伤与忧郁的心情。在《我本是一朵孤云》中，他说：“我是矛盾的结晶；过去的——失望了，将来的——

还未定；我真是矛盾啊！”在《海上秋风歌》中，他慨叹着：“海上秋风起了，吹薄了游子之衣；到处都是冷乡啊，我向何方归去？”在《怀都娘》中，他遥念着：“秋风渐渐凉起来了，使我更忆起那已到深秋的莫斯科：树叶想早已落尽了，但是都娘你还是从前一样的康健么？”——在这些诗句中所流露出来的情绪，显然不是健康的，它很浓厚地存在着旧社会里才子佳人式的“感怀时序”和“自伤身世”的那种感情。蒋光慈这种不健康的思想感情之所以产生，其主要原因是：他出身在“中产”之家，早年虽曾参加“五四”后学生运动，不久又出国到苏联去学习过，但回国以后，没有参加过实际的革命斗争（除了曾做短时期的翻译以外，就是在上海大学教书），对于中国下层人民的生活既了解的很少，对于真正的群众工作也完全缺乏经验，因此，他的思想就没有得到很好的锻炼和改造，一方面也包涵着最进步的马列主义思想，同时又还残存着相当浓厚的个人主义的意识，和从内地旧社会带来的才子佳人的趣味。这种非工人阶级的思想意识的存在，自然不可能不反映到他的作品中来的。……

在前面我们曾经说过，本时期开始几年中，也就是当无产阶级革命文学运动刚刚展开不久的时候，很多革命作家因为脱离现实斗争，所以产生出比较多的标语口号式的作品来。在这些作家之中，有的并不缺少真挚强烈的政治热情，他们的作品也起了一定的程度的教育鼓舞的作用；但因为革命热情没有和现实生活紧紧结合起来，作品中的人物多凭作家的主观想象来创造，因此，抽象、概念，缺乏血肉，自然也削弱了作品感染说服的艺术力量。这种情况，在创造社和太阳社的一些作家的小说中，是表现得更为突出显明的。一九三二年以后，这种情况逐渐地得到改变，而好的作品也才逐渐地繁荣起来。在左翼作家联盟的直接领导和影响下，本时期的小说取得了巨大的成果。

蒋光慈继小说《短裤党》之后所写的作品，代表了本时期最初几年中创作的一般倾向。

蒋光慈在本时期写的小说，计有：《野祭》（一九二七）、《菊芬》、《最后的微笑》（一九二八）、《丽莎的哀怨》（一九二九）、《冲出云围的月亮》、《田野的风》（一九三〇）。在这些小说中，《丽莎的哀怨》过分强调了一个白俄贵妇在海参崴和上海一带流浪的身世和感怀，使读者失却了对于在 十月革命之后走向没落和灭亡的旧俄贵族的憎恨和厌弃，反而产生了不应该有的同情心理。这篇小说受到了当时批评界的严正指摘。它说明了：一个作家（从小资产阶级出身的）如果他脱离政治，脱离实际斗争生活，仅仅凭他的虚幻的想象与脆弱的感情来进行创作，该是一件多么危险的事！《野祭》和《菊芬》纠缠在当时所流行的庸俗的“革命与恋爱”的一般公式里，而且往往将次要的恋爱问题和浪漫情节掩盖了革命的重要的意义。《野祭》中的陈季侠，《菊芬》中的江霞，实际上都是作者的化身，作者的小资产阶级的不健康的感情和自高自大的情绪，时常从这些人物的嘴里流露了出来。

《冲出云围的月亮》是蒋光慈一九二九——九三〇年留居日本东京时的作品。它以女子曼英在一九二七年前后的始而投身革命，继而流落、颓废，终于重回革命队伍的曲折的故事，反映和刻划了大革命失败后三种不同类型的知识分子：第一种类型以李尚志为代表，他在艰苦环境中坚持了革命的地下工作；第二种类型以柳遇秋为代表，他经不起革命失败的挫折而投降叛变，做了国民党的反动官僚；第三种类型则曼英本身作了最好的代表，她在革命失败后，彷徨苦闷，厌世嫉俗，但是她“不投降、也不悲哀”，而最后还是重新走上了革命的大道。此外，作者也描写了象周诗逸一类的“酒囊饭袋”式的诗人和艺术家们。通过这些人物，体现了作者鲜明强烈的主观爱憎，也告诉了读者什么是他们应走的正确道路。在这些点上，《冲出云围的月亮》有了它的积极现实的意义。但是，这本小说也还存留着作者创作中一贯的缺陷：人物不够真实，给人以虚浮之感；而此外，则是一些不健康的浪漫情绪的无节制的宣泄。

《田野的风》是蒋光慈最后的也是最好的一部作品。它以一九二七年大革命前后农村中尖锐的阶级斗争为背景，写出了中国农民怎样在党的领导之下，起来组织农会，随后当地主阶级企图凭藉反革命武装来颠覆革命势力的时候，又怎样在党的领导之下组织革命武装来进行对抗的英勇事实。当一九二七年大革命失败以后，地主阶级的疯狂报复和广大农民的起义反抗，成为了旧中国农村中的主要矛盾和斗争；《田野的风》反映了这样一个富有历史意义的事变，而又得到比较深入细致的描绘。书中的人物——如矿工张进德，背叛了地主家庭的李杰、何月素等——都具有相当程度的真实性，因为作者是把他们放在剧烈而复杂的社会斗争和思想斗争当中考验着、行动着和发展着的（例如李杰在李木匠带人去烧李家老楼时的内心矛盾和斗争就写得很深刻动人，李杰的性格在这里也表现得特别鲜明）。小资产阶级的感伤颓废的情绪较之以前的作品显然减少了。这些，都使这一部作品具有着强大的感人力量，同时也使反动统治阶级更感到惶恐和不安（《田野的风》刚打好纸版就被禁止，它是在作者死后将近一年时才出版的）。这部作品说明了作者在创作上将有一个新的更加辉煌的前途。假如他不在反动派的高度的政治迫害和经济封锁的情况下匆匆地结束了他的三十岁的生命（一九〇一——一九三一），他是一定会在社会主义现实主义的创作道路上取得巨大成绩的！

蒋光慈的作品，一般地说，在表现艺术上是比较粗糙的，但是因为作者有着丰富热烈的革命情感，而作品又很迅速地反映了当时的重大历史事实，所以常常发生很广泛的社会效果。但又因为作者的未经克服的小资产阶级的思想意识和过于薄弱的生活基础，所以一方面未能避免公式化和概念化的毛病，另一方面也在很多地方流露着不正确和不健康的情绪，对读者起了一定程度的不良影响。总起来说，蒋光慈的小说，在无产阶级革命文学运动刚刚展开而作品却异常缺乏的本时期开始几年中，虽然它们还有着比较严重的缺点，但究竟还是担负了相当重要的历史任务的。

（三）《中国现代文学史》（节录）

唐　弢主编

无产阶级革命文学的倡导，迫切地要求大革命失败后处身于白色恐怖环境中的作家振作精神，鼓起斗志，从创作实践方面做出努力，及时反映工人农民生活，反映革命人民的英勇斗争。适应着这种要求，太阳社、后期创造社等的刊物上相继出现了一批新的作者和作品。这些作者大多从实际斗争战线上撤退下来，程度不同地受过第一次国内革命战争风暴的洗礼。借用蒋光赤《现代中国文学与社会生活》一文里的话，他们是"在革命的浪潮里涌现出来"的，"富有革命情绪"[1]，创作上也呈现出一些新的特色。在这些作者中，写作最早、用力最勤、影响较大的，正是《现代中国文学与社会生活》的作者自己。

蒋光赤（一九〇一——一九三一）又名光慈，出身于小商人家庭，五四运动时在芜湖参加学生运动，一九二一年赴苏联学习，一九二四年回国。早在这个时期就开始写作新诗。他在自己的第一个诗集《新梦》的自序中说："我生值革命怒潮浩荡之时，一点心灵早燃烧着无涯际的红火。我愿勉力为东亚革命的歌者！"集中的作品，有抒写诗人为探求革命真理而出国的情怀，有歌唱自己在新的生活中种种欢欣的感受，也有向"痛苦的劳动兄弟"倾诉激情的篇什。《新梦》是我国现代文学中第一部为十月革命和社会主义新生活放声歌唱的诗集。作者歌颂红军；歌颂苏联少年儿童；为列宁的逝世而感到最大的

---

[1] 载《太阳月刊》1928年1月号。

哀痛。在《临列宁墓》中，他赞美列宁“如经天的红日”，说列宁安卧“在克里母宫的城下”，“远观世界革命的浪潮，近听赤城中的风雨”。在《莫斯科吟》中，他为十月革命热情歌唱：

十月革命，
又如通天火柱一般，
后面燃烧着过去的残物，
前面照耀着将来的新途径。
哎！十月革命，
我将我的心灵贡献给你吧，
人类因你出世而重生。

作者意气风发、情绪高昂，诗歌格调宏朗奔放，即使怀念“沉沦”的祖国，也仍然号召以斗争夺取胜利。《新梦》出版于“五卅”前夜，对当时的知识青年起了很大的鼓舞作用。

蒋光赤回国后，来到“黑暗萃聚的上海”，于一九二四至一九二六年写成诗集《哀中国》。帝国主义、军阀蹂躏下人民的苦难和现实的黑暗，使他深感痛苦，而亭子间生活与群众革命斗争的一定程度的脱节，则使他不免在一些诗中流露出惆怅忧伤的情绪。“海上秋风起了，……满眼都是悲景呵，”“江河只流着很呜咽的悲音，山岳的颜色更惨淡而寥落！”[1]但诗人并未被这些压倒，面对着正在高涨的群众运动，逐渐地转为兴奋，转为顽强。在“五卅”惨案周年纪念日，他写出了充满愤怒情绪的诗章，要求以新的方式与敌人展开斗争：

顶好敌人以机关枪打来，我们也以机关枪打去！
我们的自由，解放，正义，在与敌人斗争里。
倘若我们还讲什么和平，守什么秩序，
可怜的弱者啊，我们将永远地——永远地做奴隶！
——《血祭》

[1] 分别见《海上秋风歌》和《哀中国》两诗。

而在稍后的《寄友》一诗里，他更意味深长地写道："朋友，我觉悟了，我们要把枪柄拿到自己的手里！"这些质朴无华的诗句，反映了诗人对必须坚持武装斗争这一颠扑不破的真理的认识。《哀中国》总的说来比《新梦》深沉，有着更为踏实的实现的基础。

一九二五年以后，蒋光赤以较多的精力从事小说创作。中篇《少年飘泊者》，作者自称是在"花呀，月呀"声中"粗暴的叫喊"。它写农村佃户少年汪中，因父母被地主所害，流浪异乡，经历各种遭际，最后走向革命，牺牲在战场上。通过汪中的流浪历程，小说展现了"五四"到"五卅"这一时期的社会矛盾和斗争，洋溢着分明的爱憎，有较强烈的浪漫主义色采，在青年中产生了广泛的影响。但作品也在一定程度上流露了不健康的思想感情。一九二六年所作短篇集《鸭绿江上》，共收小说八篇，借不同社会生活的描写，反映了民族、阶级之间的不平，革命倾向相当鲜明，但有些部分（尤其是写爱情故事的部分）也具有小资产阶级知识分子的情调。其中（鸭绿江上》、《弟兄夜话》等篇较有特色。

一九二七年四月初，在上海工人第三次武装起义后不到半月，蒋光赤完成了中篇小说《短裤党》，及时地反映了党领导下的工人运动。作品主要描写上海工人武装起义的经过和失败，最后勾勒出第三次起义成功后的胜利图景。写到的方面较广，包括党内活动、工人群众会议、武装斗争、帝国主义和军阀的屠杀罪行等，这一切又都围绕着起义斗争的发展而进行，比较真实地反映了这一历史事件的面貌和当时的社会气氛。作品着力描写斗争的领导者杨直夫、史兆炎的坚定、忘我的光辉品质。他们较早就指出国民党右派的阴谋。杨直夫出于对革命事业的责任感，身患重病而坚持工作，写得颇为感人。作品还写出了工人李金贵、邢翠英等勇往直前、不畏牺牲的英勇气概，歌颂了无产阶级的革命坚定性。描写这样重大的题材，描写共产党员和革命者的形象，这在当时文学创作中是难得的尝试。作者写作时为"热情所鼓动着，几乎忘记了自己是在做小说"，立意要使《短裤党》成为"中国革命史上的一个证据"[1]，这里也表现了一个革命作家可贵的责任

[1] 《短裤党·写在本书的前面》。

感。作品还存在一些缺点，例如个别人物身上表现了个人英雄主义色彩，肯定暗杀复仇的行动；由于作者写作时间过于匆促，而又企图较全面地反映起义斗争，来不及熔铸和精细琢磨，因此缺少比较完整丰满、性格鲜明的人物形象。作者这时的一些小说具有共同的缺点：常常以热情的叙述代替对现实生活和人物性格的细致而具体的描画，结构不够谨严，语言也缺少锤炼。

第一次国内革命战争失败，作者辗转沪汉，较多地看到了现实生活中蜕化或没落的方面，对于工农群众力量估计不足，心情悲愤而又低沉，给他的创作带来了消极影响。《野祭》中的青年有的在革命的浪潮中退却，有的在继续斗争中牺牲；《菊芬》中的人物在斗争失败后以暗杀作为反抗现实的手段；《最后的微笑》也只能以自杀来结束斗争。这些作品，虽然仍表现了作者对敌人的强烈憎恨，但气氛比较沉重；早先作品如《少年飘泊者》、《鸭绿江上》中还不算显著的所谓“革命与恋爱”的表现，此时也有了发展。作者思想上的消极倾向在《丽莎的哀怨》中表现得最为突出。这个作品描写一个白俄贵族妇女在 十月革命后流浪到上海，最后沦为妓女的故事。小说过多地渲染了丽莎昔日的荣华富贵和眼前生活的沦落，它所采取的自叙形式，使人物的哀怨显得深切，作者对此又缺少必要的批判。因此，作品给予读者的并不是对于俄国贵族的厌弃和憎恨，反而是对于他们的怜惜。小说受到革命文艺界的批评。

作者这时对于革命发展虽怀有疑虑，但又始终关注着它，并不曾放弃自己的革命要求。即使如《野祭》、《菊芬》等作品，故事背景也仍是当时动荡的革命现实；同时期写的长诗《哭诉》（即《写给母亲》），感情虽嫌忧伤孤寂，但对反动派表示了极大的愤怒。作者这样剖露自己：“我的一颗心，……只是烧呀，……任冰山也不能将它冷透！”在序文里更为明确地表示了自己虽受创伤而决不屈服的心情：“我始终是在希望的路上走着。”正是这种坚定的革命感情保证了作者此后在思想上和创作上的新的发展。

这段时期内，作者实现了在一九二四年组成“春雷社”时就提出的以办刊物来“振作中国的文学界”的愿望[1]，与钱杏邨、孟超等人组织太阳社，主编《太阳月刊》，提倡革命文学，做着“建设无产阶级文学的基础的工作”[2]。《太阳月刊》停刊后，蒋光赤又先后主编《新流月报》、《拓荒者》等，明确地“想对目前的如火如荼的新时代文艺运动，加上一点推进的力量”[3]。蒋光赤的这些活动，为早期无产阶级革命文学作出了重要贡献。

一九二九年夏，作者去日本，写出长篇小说《冲出云围的月亮》，反映第一次国内革命战争失败后青年知识分子的分化，并企图指出他们应走的道路。女学生王曼英在大革命时期受革命潮流的激荡，离家参加革命队伍，不久，反动政变开始，她陷入绝望与痛苦中，选择了一条企图“破毁这世界”、实际却只能使自己堕落和毁灭的道路。最后，她在革命者李尚志帮助下抛弃这种生活，参加了工人运动。作品在表现这个人物方面较多幻想色彩，缺少生活基础，也未能很好地回答这一类青年转变道路的问题。李尚志、李士毅等坚定乐观，始终与群众接近，这类人物的出现，标志着作者有意识地寻找并表现革命力量。作品中羼杂着某些狂热的描写，但也显示了作者对于革命的积极态度。

作者在日本时所写的日记（《异邦与故国》）及诗歌（《我应当归去》），表现出他的思想正在进展中。他对革命前途作了新的探索，消除了曾经有过的疑虑；他遥念祖国及苦斗中的群众和朋友，渴望参加他们的行列，要“在群众痛苦和反抗的声中”找到“伟大的东西”。与此同时，作者阅读了较多马克思主义文艺理论书籍和优秀的文艺著作，翻译了一些苏联作品，并与日本无产阶级作家接近，艺术创作见解（如政治与艺术的关系、艺术的作用等）有所进展，这些都为更好地创作作了必要的准备。

《咆哮了的土地》是蒋光赤开始趋于成熟的一部作品，它比较完整地反映了大革命前后广大农村中剧烈的阶级矛盾和斗争，反映了党

---

❶ 见通信集《纪念碑》（1924年11月3日信），亚东图书馆1927年11月出版。

❷《停刊宣言》，《太阳月刊》停刊号，1928年7月。

❸《编后》，《新流月报》第1期，1929年3月。

领导下早期农民武装运动的面貌。作品开头描写大革命风暴行将到来时农村的气氛：经过漫长的沉闷的日子，阶级仇恨逐渐在苦难的土地上升腾，“减租”、“革命”等口号鼓舞了人们的斗志，他们渴望着、等待着那已经预感到而还不很理解的生活变革。革命工人张进德和革命知识分子李杰来到了家乡，散播了反抗的火种，受苦人的心里开始明白，土地咆哮了。他们组织了农会，动摇了地主豪绅的权威，建立起新的生活准则。在这巨大的动荡中，农民的思想起了变化，善于思考的王贵才、较多束缚于旧传统的王荣发老汉、愁苦沉默的吴长兴等人，都在实际斗争中开始觉醒。不久，“马日事变”的消息从省城传来，逃出乡村的地主跟随反动武装回乡，企图解散农会，使旧的枷锁重又架在农民的脖子上。但觉醒的农民在张进德等人的领导下进行了武装反抗，最后冲出包围，奔向百里以外聚集着工农队伍的“金刚山”。工人和知识分子原是作者描写较多的对象，但对张进德和李杰的塑绘，超过他过去创作中的同类形象。过去出现在作者笔下的工人，很多都是在不愿离开斗争又不知如何斗争的处境中以盲动和牺牲为结局，知识分子往往是开始向往革命、参加革命，但当革命受挫折时即颓丧幻灭，而最后又突然转变，在工人群众运动中出现。这样的描写（在当时被称为“革命的浪漫蒂克”）正反映了作者对现实生活理解不深，并存在着小资产阶级的革命幻想。张进德和李杰则切实地投入了激烈的农村斗争生活中。张进德耿直勇敢，同时冷静机智，他从工人运动的岗位转到农村，讲究革命策略，善于联系群众、启发群众，显示了比较优异的领导才能。李杰曾参加黄埔军官学校，卷入革命洪流中，不久，他看到了“所谓‘革命军’的，未必真能革命”，但他并不灰心，回到家乡来继续做实际工作。作品虽然较多地强调了知识分子在农民觉醒过程中的作用，但也接触到剥削阶级出身的青年参加群众斗争的自我改造问题。李杰在同地主家庭展开斗争前所经历的激烈的内心矛盾，写得相当深刻，具有感染力量。作者过去作品中的小资产阶级思想情调，在《咆哮了的土地》中已大为减少。这种改变，反映作者随着革命形势的发展，对革命的认识也有了提高。《咆哮了的土地》的崭新的题材和人物，在进步创作界普遍关心农村斗争生活的当时，具有开创的意义。作品在艺术上也有很大进展，宣泄式的叫喊已减少，更多是客观细致的描写，故事发展、人物出现较有层次，能从人物行动的描绘中体现出思想感情，生活实感较强，因而能相当有力地表现出当时农民革命运动日益深入发展的趋势。《咆哮了的土地》最初在《拓荒者》第一卷第三期及第四、五期合刊上发表了前十三章，因为反动派的迫害和禁止，在作者生前未能出版单行本，直到一九三二年才易名《田野的风》出版。

（四）《中国现代文学史》（节录）

北大等九院校编

蒋光慈（一九〇一——一九三一），又名光赤，安徽六安人，出生于小商家庭。他参加过五四运动，一九二一年去苏联学习，一九二四年回国。一九二八年初，他同钱杏村等组织太阳社，倡导无产阶级文学，先后编过《太阳月刊》、《时代文艺》、《新流》、《拓荒者》等刊物。“左联”成立时为盟员。从一九二一年起开始创作活动。同时，还积极从事苏俄文学的介绍和翻译工作。一九三一年八月病逝于上海。

蒋光慈曾说：“生值革命怒潮浩荡之时，一点心灵早燃烧着无涯际的红火。我愿勉力为东亚革命的歌者。”[1]在苏联留学期间和回国初期，他呈献给读者两本诗集：《新梦》和《哀中国》。

《新梦》收集了作者一九二一至一九二四年在苏联留学时创作的诗歌。这些诗充分表达了作者热爱社会主义社会，追求革命真理的情怀；歌颂十月革命的胜利和伟大的列宁；同时怀念正处于黑暗深渊中的祖国和人民，并召唤祖国劳苦大众起来斗争，“高举鲜艳的红旗。努力向那社会革命走”（《中国劳动歌》）。集中有些诗也流露出诗人疲惫的情绪和对前途的茫然之感，这正反映了本时期作者的思想尚不够成熟。《哀中国》写于一九二四至一九二六年，是作者从苏联回国后，目击中国黑暗现实发出的悲愤呼喊。这本诗集的最强音是反对

[1] 《新梦·自序》，《新梦》，上海书店1925年版。

帝国主义和封建军阀。《血花的爆裂》、《北京》、《血祭》等都是很有煽动力的反对帝国主义和封建军阀的诗歌。但在《我本是一朵孤云》、《海上秋风歌》、《哀中国》等诗篇里，却又较多地抒发了作者孤独、失望的感情，这是作者美好的梦想和黑暗现实发生矛盾所发出的哀痛呼号。因此，《哀中国》集的特色是激越的愤慨，庄严的召唤和深沉的悲叹三者交织在一起。总之，蒋光慈的诗，热情澎湃，豪放昂扬，较好地表现了“五四”时期狂飙突进的时代精神，表现了大革命时代风雷激荡的战斗气氛。它对我国新诗的发展有一定的影响；但有的诗形象性不够强。

一九二五年十月，蒋光慈写了第一部中篇小说《少年飘泊者》，通过佃农出身的青年汪中一生坎坷不平的遭遇，反映了“五四”以后直到“五卅”前夕中国社会动荡不安的现实。作品展现出比较广阔的社会生活的画面，同时通过汪中的口喊出了当时开始觉醒的青年对旧社会的不满和愤恨：“我一想起旧社会的内情，有时不禁浑身发抖，战栗万状，倘如我们称现世界为兽的世界，吃人的世界，我想这并不能算过失。”《少年飘泊者》采用第一人称的书信体裁，较便于倾诉人物的苦痛和感慨，它真切地展示了主人公汪中在旧社会萍飘蓬转，最后走上反抗斗争道路的过程。汪中的形象具有一定的典型意义，启示着受压迫的青年应该走革命的正道。作品里抒发的如焚的激情，在当时青年中很容易引起共鸣。但作者没有做到通过描写人物行动和刻划人物性格来显示主题思想，因而作品存在概念化的缺点。此后作者又写了《鸭绿江上》等小说。

《短裤党》是蒋光慈小说创作的重要收获。一九二七年二—三月，上海工人举行了三次武装起义。蒋光慈在起义后不到半个月，就写出了《短裤党》这篇及时反映党领导下工人武装起义的中篇小说。作者站在革命的立场上，以奔放的热情，歌颂了工人阶级的斗争。在作品里，工人阶级叱咤风云的英雄气概和阶级搏斗的激烈气氛都被作者充分地渲染了出来。小说努力塑造了一些工人、革命党人的勇敢、坚毅的形象，其中，对革命事业无限坚贞忠诚的党中央委员杨直夫的艺术形象，给读者留下较深刻的印象。但是，“群象”的描写多于鲜明的个性塑造，某些“左”倾盲动行为的不加批判地描叙，都使这部作品的思想和艺术受到了影响。然而作品迅速反映现实，歌颂革命，成为最早表现工人革命斗争的小说，其意义应当肯定。蒋光慈自己也认为“许多地方缺乏所谓‘小说味’，当免不了粗糙之讥。不过本书是中国革命史上的一个证据，就是有点粗糙的地方，可是也自有其相当的意义。”❶

蒋光慈的这些创作显示了革命文学的可贵的战斗特色。但他限于历史条件，没有真正扎根于工农群众之中，又忽视自身的思想改造，对于提高艺术技巧的意义也认识不足，因此一九二七年大革命失败后，他写了《野祭》、《菊芬》、《最后的微笑》、《丽莎的哀怨》等质量较差的小说。对蒋介石的血腥屠杀无比愤怒，但对革命斗争的长期性和艰苦性又缺乏思想准备，这就使他宣扬了个人的冒险行动，同时也表现了较浓重的悲观失望的情绪。在《丽莎的哀怨》中，作者对一个白俄贵族妇女的沉沦和没落，表示同情和怜悯，流露出浓厚的没落阶级的感伤情绪。这是一本动机和效果相背的作品，它的出现，曾受到革命文艺界的批评。

一九二八年后，由于农村土地革命的发展给蒋光慈以鼓舞，他参加了无产阶级文学的倡导运动。这时期他开始纠正自己创作中的错误倾向。这一转变从一九二九年秋写的《冲出云围的月亮》中可以看出。这部作品虽然还存在一些缺点，但对于白色恐怖下坚持斗争的共产党员李尚志的肯定描写，以及对革命失败后悲观失望甚至采取个人报复手段的王曼英的批判，都体现了作者自觉地认识和克服过去思想和创作中的缺点，对革命文学作了新的探索。

一九三〇年完成的《田野的风》（原名《咆哮了的土地》），是蒋光慈的最后一部长篇小说，也是思想上和艺术上比较成熟的作品。小说描写了党所领导的如火如荼的农民革命运动。它以一九二七年大革命为背景，反映某地贫苦农民团结在农会的旗帜下，和土豪劣绅展开艰苦斗争的全过程：从革命开始在农村撒下种子，农会的成立使土豪劣绅为之震惊，到农民组织自卫队，与地主进行武装斗争，最后冲出重围走向金刚山（暗示井冈山）。生动多采的场面组织和安排，人

❶《短裤党·写在本书的前面》。上海泰东书局1927年版。

物形象的细致描写与刻划，特别在小说的三十章至三十八章中尤为出色，矿工张进德在复杂的斗争过程中处处显示出朴实和有远见的品格；剥削阶级出身的知识分子李杰在背叛家庭投入革命中所经历的考验，都写得相当生动。《短裤党》和《田野的风》是蒋光慈小说创作的两次重要的突破。蒋光慈的创作道路清楚地表明：从左翼文艺运动成长起来的革命作家，在前进的道路上也不是一帆风顺的，他们思想上会有曲折的历程，甚至会犯某些错误；但他们正是在经受斗争的锻炼和克服自身的缺点中成长起来的。蒋光慈在小说创作中有意识地着力描写工农群众的生活和斗争，把崭新的题材和人物带给文坛，这些功绩是不可抹煞的。

三　蒋光慈研究论文选
（1925—1949 年部分）

《新梦》诗集序

高语罕

《新梦》作者光慈，是我数年前一个共学的朋友。那时，他是一个无政府主义者。后来，他留学苏俄共和国，受了赤光的洗礼，思想为之一变。他本富于情感；于研究社会科学之暇，高歌革命，将至三年，新诗裒然成帙。我劝他把她发表，他居然允许了；现在出版有日，特把我劝他发表这本诗集的意思，略对读者，表明一下，做个引子。

魔鬼已把黑暗之网，密布在我们的上下四方！在昏昏的迷雾中，现出一个妖精，红布缠头，胸前挂着诺贝尔法宝，左边两个玄学鬼，好象是“大成至圣”和“太上老君”；右边两个玄学鬼，好象是“阿弥陀佛”和“我主上帝”，只见中央那个妖精口中念念有词的道：

你的清晨则正在东方的，忍耐的黑暗之后等着；乳白而且静寂。

又道：

让你的冠冕是谦虚的，你的自由是灵魂的自由。

又道：

天天建筑上帝的座位，在你的贫穷的广漠的赤土上；而且要知道庞巨的东西并不是伟大的，骄傲的东西并不是永久的。

又道：

直至非圣洁的宴会中，天上突然落下武器，贯穿了他的粗大的心胸。

第一节是说，我们东方的文明是忍耐，在黑暗中的忍耐；也就是说，我们的国家被人灭亡（如印度）了，人类的生存权没有了，甚至田儿被人霸，马儿被人跨，妻儿被人压，大家要忍耐着，不要反抗，这是东方的文明呀！

第二节是说亡国的人们（如印度人）或尽先即补的亡国奴们（如中国人）要对那些灭亡你们的仇人谦虚，你们的国儿虽说灭亡了，田儿被人霸了，马儿被人跨了，妻儿被人压了，那些物质文明失掉了，算不得什么；你们可以寻你们的自由灵魂！

第三节是说你们不要羡慕那高楼大厦，也不要羡慕那满坑满谷，上帝是不跟着他的。而且那种庞巨的洋房，是没有你们这毛草棚子伟大的，他们那用科学方法弄得满坑满谷的田地，是没有你们的贫穷的广漠的赤土永久的。

第四节是说，你们纵然而相信我的话，纵然是恨那些灭亡你们国家的敌人，也千万的忍耐着，"善恶到头终有报，只争来早与来迟"，必有一日"天上突然落下武器"，把那些人类的魔鬼如劳合乔治，克拉孟梭，潘加雷等等加了冥诛！这种主张，不是别人的，就是现在一班玄学鬼和复辟党当作老佛爷欢迎的印度诗人名叫太戈尔的。唉！"商女不知亡国恨，隔江犹唱后庭花！"这种恬不知耻的亡国诗奴，只有把他填到毛厕里去！青年的朋友们，可怜的劳动兄弟们，一切被压的人们！且听我唱几句别的调子罢：

横着欧亚的中间，
我站在乌拉山的最高峰上，

看啊！那不是太平洋么？
那阴惨惨地——水的气，
　　　　　　雾的瘴，
　　　　　　煤的烟，
隐隐跃跃现着的，那不是
美利坚假人道的旗帜的招展，
英吉利资本主义战舰的往来，
日本帝国主义魔王的狂荡？
那无数的人们，——
被那魔王战舰打下波浪的人们，
一撞一撞，——张皇地撞，
只是怎么撞得起！
那里是救生的轮船？
那里是望得见的边际？

听啊！
那波浪轰轰
助那战鼓咚咚地响！
是嘶杀声！
痛哭声！
　喊叫声！——《太平洋中的恶象》

大家一定战栗失色了；一定会说：可怕呀！我们学太先生说的那样忍耐着罢！但是不要害怕，且听我唱来：

仔细地听啊！
“远东被压迫的人们起来罢，
我们拯救自己命运的悲哀，
快啊！快啊！……革命！”——同上

昏蛋的，苟活的中国人，他们迷着睡眼，只知道得过且过，任你痛苦流涕，慷慨悲歌，叫得怎样利害，说得怎样危险，他总是缩头缩尾，任人宰割；忽然听见有人说道“忍耐”，“灵魂的自由”，“建筑上帝的座位在你的贫穷的广漠的赤土上”和“天上突然落下武器”等等鬼话，便象得了“安身立命”的道理似的，从此更有所藉口了。少年的中国人，绝不在黑暗之后忍耐，绝不对那些欺压我们的谦虚；绝不让我们的庄严的国土，受强者蹂躏，绝不妄想“天上突然落下武器”的报应，我们要自己前进！我们要鼓动革命！这是我劝光慈同志发表他的《新梦集》的第一种意思。

现在流行的新诗人，他们的脑子是资产阶级的出产品，又多是美国奸商的文学家的高足弟子，他们的作品，十有八九都带着铜臭！绝没有替无产阶级“打抱不平”的。光慈同志的《新梦》，却处处代表无产阶级大胆的赤裸裸的攻击资本主义的罪恶。他所译的《劳工歌》里说道：

谁个给大家饭吃，给大家酒醉？
谁个终日劳动着不息？
谁个拿着犁儿犁地？
谁个拿着锄儿挖煤？
谁个给一些老爷们的衣穿，
自己反露着脚儿，赤着身体，
这些都是我们的劳动兄弟！
我们硬被迫着负着重担，
我们硬被迫着闭着眼睛，
我们硬被拉着走向坟墓去！
谁个天天困在劳苦的工作里，
消磨自己的生活；
终日在汗里作工，血里作工，
总都是为着别个？
太阳的热光晒在谁人的背上？
谁个连点法律，自由都得不着？
这些都是我们的劳动兄弟！
我们的命运，——奴隶的压迫，

我们硬被迫着闭着眼睛，
任着懒惰人们的打击！

一般没骨气的人，和小资产阶级处在这种环境里，自然是投降了掠夺阶级（资产阶级），或是也拿那老而不死的太戈尔的鬼话，“在东方忍耐的黑暗之后等着”，“天上突然落下武器贯穿他那粗大的心胸”，来做无可奈何的慰藉，或“催眠剂”。哼！真正的无产阶级绝不如是，且听我唱来：

睁开眼睛罢，劳动兄弟！
把无意识的压迫抛尽，
把黑夜的沉阴宣开，
排着队伍——勇敢地前进！
我们要得着优美的部分，
在这生活的宴会里；
并且得着光明的，意志的自由，
行一个健全的得胜礼！
我们好好锻炼我们犁儿，剑儿，
好同那新的生活过日子！——《劳工歌》

所以我们绝不姑息，绝不苟安，绝不和帝国主义，资本主义妥协，一定要征服压迫和剥夺我们的人，一定要享用我们应享受的幸福，中国现代青年的诗人里具有这种态度的，光慈同志要算“首屈一指”，这是我劝他发表他的《新梦集》的第二种意思。

现在国内青年界流行的一种文艺，不是“甜哥哥”“蜜姐姐”的“我爱”“你爱”的闹个不休，便是什么“婚姻自由”“婚姻痛苦”“自由恋爱”的连篇累牍。从中国社会的腐败制度上说起来，这种现象，不能不说是一种解放的运动；然而我们国步沦胥，种且不保，人人，尤其是自诩爱国的青年，应当把“男女的爱”，扩充到国家社会，扩充到全体被压迫的阶级；或是以男女的爱情做那为人类牺牲的精神的调和和最后的安慰，如《夜未央》剧中的主人翁华西礼。这一层光慈同志也曾顾到，他在那《与一个理想的她》一首里歌道：

当我疲倦于革命的歌吟时，
我要饮温情的绿酒，
我爱！你替我斟注啊！
当我沉闷于人生的烦劳时，
我要听芳琴的细奏，
我爱！你给我低弹啊！
饮了绿酒，
听了细奏，（最好用芳琴）
我又不得不高唱人生，
在那革命的怒潮中飞舞。
我爱！你静听啊！
你听听我俩的心房内，
跳弹着什么人生的音节？——
世界上没有什么比雪还白，
世界上没有什么比我们的爱情还洁；
我们的结盟永不破裂，
我们生命的流（宜作源）泉永不干竭。

这种爱情是一种什么意义？革命的青年啊！革命的劳动者啊！单纯的个人恋爱，时候还早着哩！我们要把我们的温柔的情感供献给受苦难的群众呀！我们要在群众的血，群众的泪中，表现我们高尚的爱情呀！我很相信光慈的这一首诗一定可以给青年的革命者一个人生的指示。可以说是“革命的爱情，爱情的革命！”

这是我劝光慈同志发表他的《新梦集》的第三种意思，然而“革命”“革命”，究竟我们的理想社会是什么样儿，若是没有具体的表示，还是盲目的行动罢了！光慈同志却已经把她描写出来，读者诸君且听我歌来：

男的，女的，老的，幼的，没有贵贱；

我，你，他，我们，你们，他们打成一片；
什么悲哀哪，悲恨哪，斗争哪……
在此邦连点影儿也不见。
也没有都市，也没有乡村，都是花园，
人们群住在广大美丽的自然间。
爱听音乐罢，这工作房外便是音乐馆；
要去歌舞罢，那住室前面便是演剧院。
鸟儿喧喧，赞美春光的灿烂，
一声声引得我的心灵入迷，
这些人们真是幸福而有趣啊！
他们时时同鸟儿合唱着幽妙曲。——《昨夜梦入天国》

这便是共产主义完满成功时的极乐国，读了这首诗，一般人对于共产主义的误解，或视之为洪水猛兽或强盗世界的怀疑和恐惧，皆可涣然冰释，这是我劝光慈同志发表他的《新梦集》的第四种意思。

然而我们的理想社会，不是象柏拉图的“共和国”那样不伦不类的理想，也不是象《列子》书中《华胥国》，《镜花缘》中的《君子国》那样空想；我们是以无产阶级的革命势力，推翻旧来的资产阶级的社会组织，建立一个共劳共享的共产社会，是一步一步可以达到的，是有方法的。我们的第一步方法怎样？光慈同志道：

伟大的人啊！
你穿着红的衣，黑的衣！
暴动起来，
好一似翻天覆地；
那数千年的执权者，
逃跑了，逃跑了，
不能抵御。
啊！暴动！
你永远的光明。
永远的自由，

永远的新鲜，
好一似那深山流瀑的清水。——《暴动》

他更热烈地歌道：

弹一弹，
野火的流光，
好一似那飞跑的伟大的琴弦；
在那血流的烟霞中，
追随那群众的高呼狂喊：
打毁那宫殿的柱石
和那装饰品的美术馆。
恐怖遍布了，
放出自己强烈的呼声：
“帮助奴隶啊！
反对强盗，皇帝，富人，
反对一切压迫的人们，
帮助一切被压迫的人们！”

又接继着道：

让那书在灰堆中燃烧着，
让那十字塔的宝石
碎成片片，
好做成一些新工具。
让那人们为着群众的自由，
捐弃了生命，
在那牢狱内，枪头上，
高呼着自由死。
让那在得胜奔放的潮流中，
一些抢掠，野蛮，虚伪，

偷偷地逃去！
让他去！

这是说不但要把资产阶级的社会组织打碎，并且要把一切反革命的文化寄托的东西——哲学，美术以及传播这种思想的机关——都要消灭，因为：

破坏旧的，新的就昂起了；
打碎锁环，自由来就到了。
抛去那一切旧的，——
不中用的，残忍的，
我们的精神就畅快了。——《暴动》

这是我劝光慈同志发表他的《新梦集》第六种意思。

还有一层危险，就是革命以后，大家都跑到权利的地位，忘了自己的阶级，象辛亥革命以后的同盟会一样，生活的条件一变动，革命性一消失，共产主义仍是飘浮在云雾中，无从实现，无从巩固。光慈同志在他的《一个从红军退伍归农的兵士》那首诗说道：

放下枪头，
拿起锄头，
从枪头上夺得自由，
从锄头上要栽培这自由，
啊，自由！自由！
昨日的枪头。
今日的锄头。

在这一节里，有几个重要的意义：（一）我们的革命要以农人根本觉悟做柱石的；（二）这种革命，不但要战争胜利，还要农业生产致富，才可以永保胜利；（三）这种革命，只是无产阶级争自由，不是做官，发财，营求个人优越地位的勾当，所以“放下枪头，拿起锄头”，实夺取政权，压服反革命以后一个唯一的口号。

中国一般烂污军人，有句惯用的口词，叫做“解甲归农”，这才真是解甲归农咧！但是前者是消极的，后者是积极的；前者是功成身退，或有不得已的意思，还是封建时代的旧伦理的观念；后者是无论枪头锄头，要其志在达到共产社会的完成。这是我劝光慈同志发表他的《新梦集》的第七种意思。

以上所说仅就光慈同志的《新梦集》的思想和情感方面立论。它的思想，是一个整个的无产阶级革命的思想，有积极反抗精神的革命思想；它的情感是太阳般的热烈的义侠的，代表无产阶级呼声的情感，只有这种思想，才可以扫荡中国青年委靡不振的苟偷心理，把衰弱的中华民族，从国际帝国主义的压迫下面，举起他的头来；只有这种情感，才可以鼓荡那困苦无告的无产阶级的勇气，从国外资本主义国内蛮横军阀的重围中杀出！

至于他的艺术如何，我不愿意讨论，我觉得一个人的作品，能用他的思想，情感，引起人的同情，使读者感发兴起，这便是高尚的艺术。不过集内也有描写的地方，我觉得不大自然的，如《梦中的疑境》说：

小孩子笑着，拉着我努力的走。
他说，“朋友，还想退后么？
我们走过的路已经变成了
　　绝险的崖壁，
　　颓废的荒邱，
我们未走过的路，那里还是
　　鲜艳的红花，
　　娇滴的绿柳。
朋友！前进啊，……走！
你应当时常快乐，
同我们小孩子的心情一样，
你更不应当退后，
因为退后是老年人的思想。
将来的都是幸福，

过去的都是失望！”

照思想方面说来，实在不错，不过这样宣教师的口气，却从一个小孩子嘴里说出，就艺术方面看来，不能不说是失败。全集中类似这样的还有，读者当能细细地寻出。在这一点上，我实在佩服太戈尔，他那首《恶邮差》的诗，用着小孩子的口气，神态，从反面写出他母亲胸中无限的情思，真是“栩栩生动”“耐人寻味”！但是光慈的《梦中的疑境》那首诗，是前两年的做品，试看他今年的诗就不同了。10月《革命的婴儿》一首诗里说道：

有的问：你们中国也有皮昂涅儿么？
有的问：你们中国还有发财的？
有的说：我们要组织皮昂涅儿的国际会；
有的说：请你回到中国去的时候，
也组织皮昂涅儿的队伍象我们一样的。

这样写法，便很自然了。唉！光慈是一个热烈的青年，诗人！我拿太戈尔和他相提并论，无论照那方面说，都是比拟不伦。他绝不愿，且羞耻的去学太戈尔！他绝不愿象太戈尔那样看着几万万印度同胞，受着英人的践踏，还拿那些“忍耐”，“精神自由”，“欧人已在我们面前求救”的鬼话来“站在左边帮右衬”，替英人努力地消灭印度人的革命怒潮！现在又不害臊的跑到中国来了！这个老而不死的货！我愿《新梦集》出版，能以杀却一些那老货所撒的恶种！我更愿光慈越发努力，成就一个完全的：

“革命的诗人，
人类的歌童！”——《自题小照》

高语罕

一九二四，六，二二。于德国佛兰克佛。

（原载诗集《新梦》，上海书店1925年1月）

中国新兴文学论（节录）

钱杏邨

这是中国普罗列搭利亚的最初的代言人。

就在郭沫若陆续的在《创造周报》上和《创造日》上发表这些诗歌的时候，另一个留居在新的俄罗斯的青年的革命的诗人，挟着他在那里几年（一九二一——一九二四）间所写成的革命的诗集回到中国来了。

这一部诗集，也就是中国的最先的一部革命的诗集，在一九二五年，是穿着很朴素的灰色的三十二开的外衣，用着红色印成的“献给东方的革命青年”的献词页订在书前，在各书店的书架上出现了。

这就是光慈的《新梦》。

这一部诗集的出现，是在中国的工人阶级已经形成，而且通过了香港的海员罢工，京汉路的罢工的时代，出版以后，又值“五卅”惨案爆发了起来，接着是来了“省港罢工”，正是中国的工人阶级充分的表现了自己的力量的时候，所以发行以后，所得到的结果是不象郭沫若那时的“应者寥寥”，是展开了很广大的影响，给予当时的左倾青年以强有力的推动。

在当时，《新梦》的产生，“不啻是一颗爆裂弹”！

这颗爆裂弹带来了不少的关于“世界革命”的消息！这颗爆裂弹，惊醒了许多左倾的青年，把他们从沉梦中拖了转来！这颗爆裂弹告诉我们，只有“世界革命”是我们的唯一的出路！

所以他在《太平洋的恶象》（一九二一）中写道：

远东被压迫的人们起来罢，
我们拯救自己命运的悲哀。
快啊，快啊，……革命！

在《莫斯科吟》（一九二三）里写道：

十月革命
那大炮一般，
轰隆一声，
吓倒了野狼恶虎，
惊慌了牛鬼蛇神。
十月革命，
又如通天火柱一般，
后面燃烧着过去的残物，
前面照耀着将来的新途径。

而见到皮昂涅儿（Pioncer）的时候，更不禁叫起：

十月的红雨，
好生洒润这美丽的花木；
俄罗斯，
红色的俄罗斯啊！
你是蕃殖美丽的花木的新地。

蒋光慈对于“世界革命”，“十月革命”的认识于此可见。他的心是为“世界革命”燃烧着，他把握得国际帝国主义的罪恶，他觉得打倒帝国主义是我们的主要的工作——他讴歌着革命。

西望西欧，——
太平洋的波浪奔腾；
东观东亚，

太平洋的红日东升；
啊，我登着乌拉高峰，
狂歌革命！

他也劝他的回到中国来的朋友道：

跑入那闷沉沉的群众中，
高呼普罗列塔利亚革命，
与全世界被压迫民族的解放万岁！

蒋光慈的诗表现了对于“世界革命”的非常的乐观，他这时的诗没有伤感的气分的存在，他所能意识到的只有光明的前途。所以，在“新梦”里有不少歌颂“将来”的诗。他说，“将来的都是幸福，过去的都是失望”，他又说，“抛弃过去的骸骨，爱恋将来的美容”，他又说，“希望啊，美丽的将来！歌咏啊，美丽的将来”，他差不多为“将来”陶醉了，最令他希望的，他自己说，“是前路的红光照”。

这个“红光照”就是他所说的“将来”。他非常肯定的说，“世界的将来属于那可怜的饥民，卑贱的奴隶”，因为“人类的光荣，除了他们，还有谁个能够创造呢”？而且后退是“绝壁重重”，只有前进，“前进罢，红光遍地！”

蒋光慈不仅这样的普遍的为着世界讴歌，同时，他也特别的注意到中国，注意到帝国主义铁蹄下的半殖民地的中国，注意到军阀混战的局面下的中国。

就用《中国劳动歌》（一九二三）来说明他的态度吧：

起来罢，中国劳苦的同胞呀；
我们受帝国主义的压迫到了极度；
倘若我们再不起来反抗，
我们将永远堕于黑暗的深窟。
　　　　打倒帝国主义的压迫，
　　　　恢复中华民族的自主；

这是我们自身的事情，
快啊，快啊，快动手！
起来罢，中国劳苦的同胞呀！
我们受军阀的蹂躏到了极度，
倘若我们再不想法自救，
我们将永远成为被宰割的鱼肉。
推翻贪暴凶残的军阀，
解放劳苦同胞的锁扣；
这是我们自身的事情，
快啊，快啊，快动手！
起来罢，中国劳苦的同胞呀！
我们尝足了痛苦，做够了马牛；
倘若我们再不夺回自由，
我们将永远蒙着卑贱的羞辱。
我们高举鲜艳的红旗，
努力向那社会革命走；
这是我们自身的事情，
快啊，快啊，快动手！

打倒帝国主义，反对代表封建势力的军阀的混战，努力的完成社会革命；在这一首歌里，他是把中国的迫切的要求反映进去了。在诗歌里提出了解放中国的迫切的口号，他意识到了中国的将来。

蒋光慈的这一部《新梦》，自然不免于有许多意识上的缺陷和技术的幼稚，然而，他的这一部诗，在工人阶级刚刚形成而开始生长的时候，在“五卅”时代，在文艺运动中却是一个主要的动力，转变当时的文坛的空气的主要的动力，对于才开始的普罗列搭利亚革命运动，也给予了不少的推动。这一部诗集在当时的产生，不亚于送出了“世界革命”的信号，使左倾的青年能以把握得一条光明的出路。

《新梦》出版了以后，它是如此的完成了它的任务，这是当时的旗帜最鲜明的一支文艺上的生力军。

所以，作者自己说道：

朋友们，请别再称我为诗人！
我是助你们（？）为光明奋斗的鼓号。
当你们（？）得意凯旋的时候，
我的责任也就算尽了……

三

蒋光慈的第一期（一九二一——二四）的诗歌的尖端要素，是对于“世界革命”，“十月革命”的讴歌。到了第二期（一九二五—二七）却不然了，从他的第二个诗集《哀中国》看去，是把重心落在“打倒帝国主义”一顶点上了。所以然有这样的转变，当然是由于产生诗歌的环境变易了的原故。“新梦”作成的环境是苏联，是“十月的血雨”下的新生的国度，是一切都使我们的作者感到愉快和欢欣的国度；《哀中国》却作成于国际帝国主义在积极的压迫的殖民地的中国，却作成于“二七”与“五卅”，和“沙基”等等惨案发生的期间，却作成于中国军阀作了国际帝国主义工具的时候。这样的环境使作者不得不变易了他的愉快的情调。而成为悲愤的哀音，而渗入了伤感的情调，不得不使他把诗歌的尖端要素，集中于帝国主义的打倒。

这是《哀中国》（一九二七）产生的社会根据。

所以作者在这时所看到的中国是：

满国中外邦的旗帜乱飞扬，
满国中外人的气焰好猖狂！
旅顺大连不是中国人的土地么？
可是久已做了外国人的军港：
法国花园不是中国人的土地么？
可是不准穿中服的人们游逛。
哎哟！中国人是奴隶啊！
为什么这般地自由屈伏？
为什么这般地委靡颓唐？

蒋光慈这时所看到的中国是在帝国主义宰割下的中国。是“江河只流着很呜咽的悲音，山岳的颜色更惨淡而寥落”的中国；也是作为帝国主义的工具的军阀混战的局面下的中国。

满国中到处起烽烟，
满国中景象好凄惨！
恶魔的军阀只是互相攻打啊，
可怜小百姓的身家性命不值钱！
卑贱的政客只是图谋私利啊，
那管什么葬送了这锦绣的河山？
朋友们，提起来我的心头寒——
我的悲哀的中国啊！
你几时才跳出黑暗之深渊？

在国际帝国主义的压迫，以及军阀混战的局面之下的中国，民众们昏昏然而不知觉醒，于是，我们的作者便觉得可哀，而尽量的狂喊起来了——他要尽他的一部分责任，他要唤醒他们。

我悲哀的祖国呀！
你快兴奋起来罢！
你快振作起来罢！
你岂真长此的颓倒，
永远地——永远地受人蹂躏吗？

当“五卅”惨案爆发时，他又这样的写着。他悲愤极了。他喊着“人家一个一个快把我们杀完了，我们还能伸着颈子摇尾乞怜吗”。他拚命的呼喊“健儿呀”！“勇士呀”！要他们一齐起来了。中国虽然如此的被宰割着，被压迫着，他认为终于是有救的。

因此，他这样的祝福死者；

光荣的死者呀！

你们的头颅已如炮弹的炸发，
你们的血液将灌出鲜艳的红花。
让将来脱去一切压迫的人们，
把你们的坟墓算为自由的摇篮罢！

在他的悲愤之中，是生长了许多的期望。他在当前的事实之中，更进一步的认识了帝国主义是中国的当前大敌，帝国主义不打倒，中国革命的前途是毫无希望。

帝国主义对中国殖民地的压迫真是无所不至，就是在当时的首都“北京”（一九二五）吧，他们也充分的表现了他们在殖民地的威权。

所谓——

东交民巷的洋房崭然，
东交民巷有无上的威权。
请君看一看东交民巷的围墙上，
那里有专门射击中国人的炮眼。

这一节诗，真可谓帝国主义在中国的权威缩写了。帝国主义从各方面侵略中国；助长中国的内战，使中国的民族工业不得发展，以完成他们殖民地市场的经济利益；帮助中国的军阀消灭革命的势力，以维持他们的侵略；一切一切都表示了中国成了他们的宰割的鱼肉。

蒋光慈一面悲哀着这样的中国，一面是唤起群众来反抗；只有反抗，只有积极的斗争才是出路，他这样的相信着。

于是，在“血祭”（一九二六）里，便有这样的一节了：

顶好敌人以机关枪打来，我们也以机关枪打去！
我们的自由，解放，正义，在与敌人斗争里。
倘若我们还讲什么和平，守什么秩序，
可怜的弱者啊，我们将永远地——永远地做奴隶！

从“哀中国”全集里看去，我们的作者是认为，若果要解放中国，第一是要打倒帝国主义，第二就是反对军阀混战。这是“哀中国”里所提出的两个主要的口号。这也是中国革命在当时的主要工作，也可以说，同样的是革命的现阶段的主要的工作。要解放中国我们不能忽略这两点。

在“哀中国”里，很深刻地表现了作者对于被践踏的殖民地的中国的现实的描写，以及对于中国前途的肯定的希望，确实是代表着当时的小资产阶级的左倾的青年的整个倾向，与当时的革命的现实的要求。所缺陷的是，作者的精神太注意“哀”中国了，所以乐观的，战斗的调子，远不如“新梦”里所表现的强烈，悲愤伤感的情绪这时似乎占据了作者内心的主要地位，这一部诗集是远不如“新梦”的能以获得广大的积极的影响……

接着就是蒋光慈的中编“少年飘泊者”（一九二六）的出版。

说到“少年飘泊者”，总会使我们联想到安得列夫（Andreev）的短篇“世界上最幸运的人”，这两部书里的主人公的遭际都是同样的不幸。“世界上最幸运的人”里的主人公叶高吉莫大诺夫，和“少年飘泊者”里的汪中，同样的“经过了最奇幻的流离颠沛，简直是没有话可以形容”（安文）。所不同的是，叶高吉莫大诺夫对于他的遭际，“只当做是一瞥而过，没意义的梦魇”（安文），汪中却不然，他是怀着“我们是青年，不是畸人，不是愚人，应当给自己把幸福争过来”（Turgenev，屠洛涅夫）的信念，对不幸的压迫做着反抗的殊死战，他要在压迫下找出道路来。

汪中的经历是孤儿，没有成功的土匪，川馆先生的徒弟，乞儿，贼，学徒与伙友，流浪的bossyaki，茶房，纱厂工人，铁路工人，监狱里的囚徒，兵，过着恋爱生活的人，最后，他是为大众死在战场上了。叶高吉莫大诺夫所遭受的也是非常复杂，他本是个弃儿，他做过贵族子弟，进过犯罪少年收容所，做过牛商的学徒，做过三次的逃跑者，做过火车站电员的副手，当过补充兵士，鞋工的学徒，进过监狱，遭过四次的覆舟之险，做过乞儿，胸衵店中的伙友，游火山者的向导，担卖的小贩，书记生，他遇过盗劫，遭过毒打，受过欺骗，两次与女人发生恋爱，最后被绞死了，绞死的原因是他“在莫斯科得了一张护照，是一个警察们所通缉的政治犯的”，他因此被捕，而且被认作那个政治犯，被绞死了。

这两部小说是很明显的指出了这一种不幸的人们的两种倾向，汪中是代表了站在地狱的被压迫的生活之中为着光明的前途而奋斗的倾向，叶高吉莫大诺夫所代表的是一任“命运之神”的摆布逆来顺受的莫名其妙的人物。汪中所代表的是革命的战斗人生，在安得列夫看来，人生是和叶高吉莫大诺夫所遭际的一样，只是“疯狂与恐怖”，只是悲哀不幸而已。

安得列夫坚信着，“革命不足以解决纠纷，与战争同”，他自已与自已掘了坟墓，这也就无怪乎叶高吉莫大诺夫必然的会有如此下场了。

“少年飘泊者”的作者不作如此想。他是坚决的相信革命可以解决一切问题的，所以汪中能看到的前途是希望的，光明的。

我们也可以说，“世界上最幸运的人”的作者的悲观的哲学的基调，使他看不到在进展着的社会的生长面，他只能摄取没落的现实；而“少年飘泊者”的作者的乐观的革命的信心，使他必然的随逐时代的轮轴向前展开，他所摄取的题材，那必然的是新生的积极而无疑的了。

代表着积极的，奋斗的，革命的人生的汪中究竟是什么人呢？究竟与我们的“五四”时代有着若何的关联呢？这是不是可以称之为普罗列搭利亚的革命文学呢？

在这里应该展开这几个问题。

汪中究竟是一个什么人呢？

《我几经忧患余生，——他自已写道，——死之于我，已经不算什么一回事了。倘若我能拿着枪将敌人打死几个，倒也了却我平生的愿望。我并不是故意地怀着一腔暴徒的思想，我并不是生来就这样的倔强；只因为这恶社会逼得我没有法子，一定要我的命，——我父母的命已经被恶社会要去了，我绝对不愿意再驯服的将自已的命献于恶社会！并且我还有一种痴想，就是我的爱人，刘玉梅为我而死了，实际上是恶社会害死了他；我承了她无限的恩情，而没有什么报答她；倘若我能努力的在公道的战场上做一个武士，在与黑暗奋斗的场合中，我能不怕死做一位好汉，这或者也是一个报答她的方法。她在阴灵中见着我是一个很强烈的英雄，或者要私自暗哭，自以为没有错爱了我”。

汪中是这样的一个人。在他没有到广东以前，在1924年代，他是这样的为自己画了一幅逼真的像了。

汪中是“一个很强烈的英雄”，“一位不怕死的好汉”，“公道的战场上的一个武士”。他是一个个人主义的英雄主义的人物，他是为着自己的不幸的命运而战斗。虽然在他的人生哲学中，也有包含了一些为社会而努力的意义，这种意义，到底没有克服住他的个人主义的精神。就是从“维嘉附语”里看去，在他临死时的发展，也仅只是提出了“打倒军阀”，“打倒帝国主义”的两个口号。

从“少年飘泊者”全书中所看到的汪中，只是这样的一个人物，虽然他的生活通过了“二七”惨案时代，可是他并没有怎样亲切的了解得普罗列搭利亚的本身，以及它的革命的要求，与被压迫的普罗列搭利亚的唯一的出路。他的思想的最后的发展，只是希望民族革命的完成。

这一点，我们就有根据当时的社会条件来估量“少年飘泊者”所表现的，与他的时代有没有密切的关联的必要了。

这就是应该提出的第二个问题。

汪中在当时究竟怎样的了解了被压迫的劳动者呢？这个前提我们必得先解决。汪中在他的信里是这样的写着：

“并且我从来就深信，要想有钱的人怜悯穷人，表同情于富人——这大半是幻想，是没有结果的幻想”。

“我们工人始终是属于人类的，难道我们工人就可以随便乱杀得么？唉，还有什么理论……从那一年残杀的事起后，我感觉工人的生存权是没有保障的，说不定什么时候，要如鸡鸭牛豕一般的受宰割”。

“反正我们穷人（这是一个铁路工人的话了），在现代的社会里，没有快活的时候！在牢狱内也罢，在牢狱外也好，我们的生活总是悯狱式的生活”。

汪中走入对劳动者的理解，只能深入到这样的地步，虽说在京汉路罢工的当时，总工会秘书李振英已经提出了“中国劳动阶级解放万岁”和“全世界劳动者联合起来啊”两个口号。

前面已经说过，“五四”运动的意义是资产阶级的社会意识和封建社会的意识的斗争，在这一次运动中，关于普罗列搭利亚，只由资产阶级提出了一个“劳工神圣”的口号。一直到四五年后，香港的海员罢工和京汉路罢工陆续起来以后，普罗列搭利亚才进一步的了解得自己有联合的必要，组织的必要，向资产阶级作殊死战的必要。汪中的经历，是很明白的证实了这一种路线的必然的过程。他的前期的生活是反封建的生活，是适应于“五四”时代的资产阶级新提出的“解放”的要求，是适应于当时的反对屈服，主张“奋斗”的信条，是在“五四”解放运动中生长了他的积极反抗性。到了“二七”惨案发生以后，也可以说是在他的实际生活的体验中，他是似乎对普罗列搭利亚运动有着局部的理解。全书是在这个时期终结了。若果根据这样的客观的社会条件去考察“少年飘泊者”，那么，这部小说，在大体上，可以说是完成了它的任务，这一期的青年的前进的倾向，是在里面相当的展开了。至于个人主义英雄主义的倾向，在资产阶级意识抬头的当时，也正是当然的事实，这种倾向必得等到集体的意识——普罗列搭利亚的革命运动因着客观的条件的成熟而展开的时候，才会逐渐的克服，消逝了去……

这部中篇究竟能不能作为普罗列搭利亚的革命文学呢；我们若根据当时的客观的社会的条件，以及普罗列搭列亚自身生长的条件，那么，至少是可以说，是比较接近的，普罗列搭利亚怎样的受着压迫，怎样的在压迫中感到痛苦，怎样的从痛苦中有了觉醒，有了对于资产阶级的仇恨，而自己站了起来奋斗，在这部中篇里是被描写了。可以说是普罗列搭利亚革命文学的萌芽时代的一部实录，也可以借用郭沫若的一句话，说“少年飘泊者”是“革命时代的前茅”。

“万恶的社会给予我的痛苦愈多，更把我的反抗性愈养成得坚硬了”。

> “我将成为一个至死不屈服于黑暗的少年，我将此生的生活完全供献在奋斗的波浪中。”

汪中的这种精神，确实是代表了“五四”时代青年的整个倾向。这个人的意识形态虽然常常在错误与幼稚之中，然也正是为当时的客观的社会条件所决定了的。在他的意识上虽有着缺陷，但对于前途的估量与认识是大体的究明了——他的最后的倾向是要站在“穷人”的立场上来革命了。

“少年飘泊者”给予了当时的读者以不少的影响，和他的诗歌一样，打破了文坛的“唯美的空气”；同时，也反映了“五四”运动和“二七”惨案的事件；从封建社会里解放下来的青年，通过了资产阶级的意识时代，是慢慢的接近了普罗列搭利亚的革命了。

这是关于“少年飘泊者”。

在这以后几个月，作者又在“创造月刊”（一九二六）上发表了他的短篇“鸭绿江上”（一九二六）。这一篇记述朝鲜的革命党人李孟汉所说的，关于他的爱人金云姑被日本当局囚死的惨史，以及他们俩的恋爱经过。这里面叙述了日本帝国主义对于朝鲜的压迫，且指出了要逃出这种压迫，祇有实行民族解放运动，祇有革命。李孟汉于悲愤之余，他很沉痛的说道：“我相信我自己的意志是很坚强的。虽然有无涯际的悲痛，但我还抱着热烈的希望。我知道我的云姑是为着高丽死的，我要解放高丽，也就是安慰我云姑的灵魂，也就是为她报仇”，这一篇非常动人的暴露了帝国主义的残酷，指出了亡国的被压迫的人们的唯一出路。

被描写的事实，有一段表示的非常尖端，那就是金孟汉逃去高丽的一夜，在鸭绿江上和云姑的别离的一夜。

> 这一天晚上十点钟的时候，有一个老人驾一只渔船，静悄悄的泊于鸭绿江上一处无人烟的地方，伏在芦苇深处的岸边。在黑暗的阴影中，一对小人儿踉跄的脚步轻轻的走到这个渔船的岸边来。这是要即刻生离的一对鸯鸳，任你是谁，唉，任你是谁也形容不出他俩心境是如何的悲哀啊！他俩到了岸边之后，忽然将手

里拿的小包袱掷在地下，搂在一起，只是细微的呜呜的哭泣，不敢将哭声稍微放高些。“我的汉哥！你这一去……我希望你好好的珍重，……我永远是……你的，……只要世界上正义存在，……我们终……终有团聚的一日！……”“我的云姑！唉！我的心……碎……了，……我将努力完成你的希望，……除了你，……世界上没有第二个人，……唉！你是我的心灵的光……光……”他们哭着说着，唉！这是如何悲哀的一幕！渔船上的老人下了船走到岸上来，将他俩用手使力的一分，庄重的说道：“还哭什么！是好汉，总有恢复高丽自由的一日，总有夫妻团聚的一日！现在光哭是没用的！云姑！你回去，回去，切莫在这儿多站了！谨防被人看见”！老人将话说完，便一把将这一个少年拉到渔船上。毫不回顾的摇桨而去。

同时在云姑在“审判的法堂”上，也大骂着“日本人的蛮暴”，并说，“倘若高丽的劳动群众没有死完的时候，则自由的高丽终有实现的一日”。

悲壮的鸭绿江上的别离，英勇的高丽的革命牺牲者，热烈的革命情绪，都一一的渲染了出来，这其间，实在藏有不少的革命的煽动的力。这一篇小说的出现，也可以说比“少年飘泊者”更得到读者的注意。因为这时的“打倒帝国主义”，“解放被压迫的民族”的口号，在中国是提得更高了。

这一年，作者写了不少的短篇，主要的是暴露资本主义的罪恶，描写军阀混战的局面下的牺牲者，以及反对帝国主义（他有一篇描写“五卅”惨案的短篇“疯儿”，登在《中国青年》（一九二六）上，未曾辑集，可入此类。）这些短篇是在“鸭绿江上”（一九二七）一个总题名下，发行了单行本。

“少年漂泊者”和“鸭绿江上”是作者在一九二七以前所发行的两个单行本，也是未形成一种运动以前的普罗列搭利亚革命文学的仅有的两部单行本，这两个集子，是完成了它的“革命时代的前茅”的使命。

……

附记：因为交稿期的迫切，只能匆匆的把它写成，许多地方，尤其是关于社会根据的一面，写的非常的不充分，这只有候到有机会刊行单本时再行改动。因为材料不易搜集，叙述也有脱漏的地方，希望读者告知，以便将来补写进去。这一篇，目前我所能做到的企图，只是一种材料的提供，这一点，对于研究中国新兴文学的人，我想不无供献吧。

（原载《文艺讲座》第一册，上海神州国光出版社1930年4月）

蒋光慈与革命文学

钱杏邨

Demian Bedny（别德内依）事件的覆演——中国过去创作坛上的一般现象——资产阶级文艺与劳动阶级文艺——民众所要求的说诉者——领导权的继续与英雄本色——革命文学的提倡发轫与时代精神的表演——前期的三个时代——《野祭》《菊芬》与《罪人》——作品与思想合技巧与题材——革命文学及其使命——革命文学作家必备的条件——关于革命文学发展的过程——新时代文艺的前驱

上

民众所要求的说诉者

光慈自回国以后，继续不断的为革命文学努力，已经有五个年头了，这其间，在读者方面所得的结果何如，且放在后面去说。他从所谓有权威的作家批评家与文艺组织方面，究竟得着些什么呢？浅薄哟，鲁莽哟，举足轻重哟，标语口号哟，不值得一读哟，……这就是他所得的报酬！在过去是如此，在目前还是如此；把他放在有权威的作家批评家的眼前，他只是一个文艺的零余者！

在过去的中国文坛上演出这种现象，是没有什么值得奇异的地方，而且对于这一班感觉迟钝的作家批评家也觉得有原谅的必要；因为在那个时代，革命文学的本身虽已觉着有露出头角的可能，革命文学的客观的环境却还是畸形的，却还是没有发育到成熟的地步。短视的作家与批评家他们是始终在个人主义思潮底下生活着的，他们所看到的只是要求个人的自由，和各个人的个性的发展，他们是不懂得什么叫文学的社会的使命的，他们是没有想到文学给予社会的影响的，虽然偶而也有少数人跑出来说一两回文学与社会，但等到他们去创作的时候，这种思想早被他们的实际材料挤出脑外去了，仍然不免走上为艺术而艺术的路；至于自由怎样才能获得，在某一种社会里个性才能发展，便是他们口号的实际，他们也不会去想一想的，所以他们是始终的站在小资产阶级的观点上去创作。因为如此，他们对于文艺技巧的观察的出发点，也就澈头澈尾的站在他们自己阶级的观点上了；因为不顾实际，他们对于文艺的观察，也只能注意于小资产阶级的技巧的工拙了；只要技巧好，就是你的思想是反革命的也不要紧；只要你的技巧好，你的内容就是空虚到一百二十四分也不要紧，只要你的句子做得俏皮刻毒，有一点小巧的风趣，你就是名家；只要你善于骂人，不管你有理由没有理由，你便是能手；而且，还有一个重大的条件，就是你要挤入于作家之林，你必定要跟着这一班有权威的作家批评家走，不然，在事实上你就是离经叛道的人。根据以上所说，光慈和他们既不同走一条路，或者和他们貌合神离，事实上便不能不成为他们眼中的零余者，去享受他们所赐与的明枪暗箭，使Demian Bedny的事件在中国覆演一次了。

所谓Demian Bedny别德内依事件是怎么的一回事呢？在这里我们有征引《俄罗斯文学》关于他的叙述的必要：Demian Bedny是新俄的伟大的诗人。他是与民众一体的，他绝对未曾想过自己是要超出群众之上；他所写的诗都是与时事有关系的，我们也可以说，他的诗都是“定做”的——社会群众有什么需要的时候，他就提起笔来写什么东西。他提笔作诗，也就如同农夫拿起锹来挖地，铁匠拿起锤来打铁一样，是有一个实际的目的的。他的作品，照唯美派的文学家看来，实在有点粗俗，或不承认是诗，他完全用民众的俗话做诗的语句。他是民众的战士，他的诗是为着民众的，民众的喜怒哀乐是他的诗料，他能够代表民众的利益，心理，能鼓动民众战斗的情绪，有一种巨大的作用，为任何诗人的作品所不能够达到的。可是他虽然有这样大的力量，但是国内的批评家却大都不把他放在眼里，甚至把他置之不理，甚至否认他为诗人。然而这是没有关系的，俄国的工人农人兵士总归是崇敬他，把他算为自己的诗人，是自己所需要的唯一的诗人！（参看《俄罗斯文学》上编P. 29—43）

光慈在中国的境遇正是如此。几年来我们所听到所看到的关于他的创作的批评正是和俄国文坛诸作家对于Demian Bedny（别德内依）的看法一样。不是说他的创作太粗俗，就是说他的创作太浅薄；不是说他的诗是标语口号，就是说他连句子都写不通；不是说他的创作的技巧太鲁莽，就是说他的诗歌太重理论……总之，光慈算不得一个创作家，他的技巧不高深又不美丽，严格的说起来，光慈的地位，是连一个文学的婴儿也不如！不过他们这一班创作家批评家虽然拚命的在痛骂诋毁，民众却对于他示着欢迎；他是民众所需要的一个重要的诗人，他是青年崇拜的一个作家！

这种误解的责任，究竟应该归谁个去负呢？这自然不能不归罪于过去的作家与批评家，然而我们要认清造成他们这种错误的原因却是属于他们自己阶级的文学的理论。创作家对于文学的看法，我们把前面的话总结而加添一点，就可以看出他们根本上否认创作与时代的关系，创作的社会的使命；他们根本上只有一个空壳子的技巧，认定站在时代前面的作家是误解文学的宣传者；他们根本上否认理想，所以大作家如鲁迅也就不得不写现实嘲笑理想的创作；于是为读者掘坟墓也就成为作家的最重要的责任。批评家呢？自然是和他们一般样的见解，始终站在应该摧毁的他们自己的阶级观点上说话，他们对于文学，是注意于小资产阶级的美，而否认劳动阶级的美的，于是劳动作家当然变成他们眼中的赘疣了；这是批评家的一种，还有一种最可怕而又最危险的批评家，他们也似乎对劳动阶级有相当的同情，也似乎读过关于劳动阶级文艺理论的书，然而他们没有伟大的力量，把他们原有的理论埋葬起来，他们一面要以劳动文艺批评家自命，一面却要把自己的批评的理论半小资产阶级化半劳动阶级化——这就是说，我们把他们的理论分析起来，是小资产阶级的与劳动阶级的各得二分之一，或小资产阶级独得三分之二。——完成了畸形的劳动文学批评家的实际。这样的批评家的害处比前一种更大，他们可以用这种理论去欺骗一般对文学认识不深刻的读者，容易引青年走入理论的歧途。

以上的话不是题外的。我们从这里可以得到一个很重要的原则，就是光慈所以然得不着这一班作家与批评家的同情的原因，是因为他们的阶级背景不同，所依傍的理论各异，他们是为文艺而文艺的高人雅士，光慈却努力的要做一个民众的文艺喇叭手。所以一般民众，尤其是下层阶级的民众的行动和语言，在他们看来，都是粗俗不堪，不古茂渊懿，不高深太鲁莽，浅薄得异常，语句都没有文法……，这是每个人都知道的事实。这样，你叫他们怎能不骂光慈，不讥笑光慈，而他们又怎么能够承认光慈是一个作家呢？——这是永远不可能的事！

所以，站在目前以及将来的环境里看来，这些批评与讥刺都是错误，全都是以时代落伍者的眼光来看的；他们的立足点是资产阶级文艺观，光慈的立足点却是工人农民阶级的革命文艺观。我们要了解光慈，我们必得先把什么是资产阶级文艺，什么是劳动阶级文艺两点认识清楚；同时还要认清现代的政治的实际情形和一般民众所要求的理想生活，一切社会罪恶的创造者——经济制度——的基本力量。这样总不会对他生出什么样的误解来。这样，才不会闹出“违反我所主张的文学便不是文学”的时代落伍者的笑话来。总之，要了解光慈的时代的重要，先要认清我们的时代已经走到那样的时代，我们的创作已经是应该属于那个阶级的创作。……

那么，民众为什么对他独具着欢迎的热肠呢，为什么他能为民众认为唯一的他们自己的诗人呢？现在，我们先举一个例：当八九十年[1]的时代，俄罗斯的社会，根本上已生了动摇，民众都希望有一种新的东西出现，然而谁都说不出来这新的东西是一种什么东西。便在这时，Gorky（高尔基）的东西出现了，新的描写出现了，于是人人便感到一种新的趣味，新的力量，为什么Gorky（高尔基）能给予他们以新的生命呢？这是因为在当时他们所有的文学都是贵族的资产阶级的，他们从来就没有看到为多数人写的东西。Gorky（高尔基）的创作是富于反抗性的，Gorky（高尔基）的创作是以下流生活为对象的，是多数人自己的。换一句话说Gorky（高尔基）的创作是民众的，是

[1] 编者注：指19世纪80、90年代。

被压迫的民众的。俄罗斯当时的批评家对他也是不理，然而他的力量是伟大的，直到大革命前，他的地位是始终独立的，他伟大，但他不象Talstoi（托尔斯泰），也不象Dostoieffsky（陀思妥耶夫斯基）。……从这里，我们可以看到时代走得是很快的，民众思想的变迁和生活的变迁，很多的是和时代一样的快，因此，每一个时代的民众有他们对于文艺的要求——要求能代表那个时代诉说他们的欢娱与痛苦的作家出现：所以当他们发现一个作家能代表他们的情绪思想与生活时，他们马上就给予无限量的热烈的欢迎。光慈所以然为文艺作家与批评家所诋毁，为民众所欢迎的理由就在这里：因为他是这个时代中国多数民众所要求的说诉者！实在的，假使我们展开他的创作，是没有一本离开群众的，是没有一本不革命的，没有一本是如有权威的作家们的创作专门回溯往事，谈花谈月的。他的喊叫，都是民众的喊叫；他的情绪，就是民众的情绪；他的思想，也就是民众的思想。民众所感到的痛苦，他替他们说出了；民众所感到的对革命的欢愉，他也就感到了；他所表现的不是个人的，而是集体化的；他所表现的是“他们”的而不是‘他’的。这样，我们对上面的结论还能有什么怀疑么？他确确实实的是一般民众所渴求的一个说诉者！

站在时代前面的作家的时代总有来到的一日，所以到了最近两年，革命的力量从地的底里伸出头来以后，革命文艺的喊声也就渐渐的高了起来，而且普遍化，普遍化了！于是光慈和其他少数人努力的革命文学也就变成文艺作家的口头禅了，文学也就和政治一样的走到革命的时代，而革命文艺变成了文艺思想的重心。在这时候，革命的狂飙冲激得革命文学的力量一天一天的高涨，原先的一般所谓有权威的作家，便自然而然的变成了三派。一派当然是左倾的，他们也努力起革命文学来了；一派是右派，他们是守旧到底，对革命文学的刊物与作家还是诋毁；一派是中间派，他们也写一部分他们自己以为是的革命文学，同时还是干原先所主张的那一类创作。在右倾的一派，根本上是反革命的，当然对光慈仍然是攻击到底，我们不必去问。中间一派，根本上不认识革命是什么东西，他们对于光慈，当然免不了仍有许多的误解；最后说到左倾的一派，这一派里又有两个分支，一是真左倾的，这一种作家，对光慈当然是完全谅解，另一支却是假革命的，他们变为左倾，不是为文艺本身的生命，完全是为自己在文坛的地位，以及他所隶属的社团的领导权而改变方向的。因为这样，他们对光慈仍然是没有谅解，以前的情形，是承认光慈所主张的文学就是否认他们自己所主张的文学因而否认光慈；现在呢？也是如此。他们要继续文艺领导权，他们依然只有反对光慈，不过反对的形式是和以前的改变了就是。

读者们不要误会，我以上完全是解释光慈个人的，不是说提倡革命文学的只有光慈一个人，也不是说光慈就是革命文学，他一个人就能代表革命文学。但是在反动的作家，伪左倾的作家以及文艺社团却是如此，他们以为光慈能代表所有的革命文学的作家。这种思想还是他们以前原有的思想，是最值得咒诅的。不过话虽如此，我们从历史的观点上看来，光慈究竟是最初最努力提倡革命文学而继续不断的在努力的一个作家；我们从民众方面看来，他究竟是比较能代表他们所诉说欢娱苦闷与渴求的一个诗人。时代既然走到了革命的时代，革命文学既然变成文学的重心，光慈也就不能不变成革命文坛的箭垛，来继续的受反动派的不断的袭击，这也是当然的事实。

中

革命文艺的创作

无论一个作家抑是一个批评家，他应该把时代认识清楚，同时也要把时代的要求认识清楚，这样才可以完成他的时代的使命。不然，这种作家与批评家他是始终与时代隔膜的。在我们看来，这种现象，在目前的中国竟变成最普遍而又最普通的了，真能认识时代的作家，即有也是很少，而在这很少之中，还有一部分是如隔岸观火般的认识的。我们很大胆的说，在现代的中国文坛思想始终如一而不变而又站在时代前面的，光慈就是重要的一个！我们的话说错了么？还有谁个，否认这话的可以举将出来，他在1920年的诗歌是站在时代前面。他在1928年的小说论文的思想还是站在时代的前面。他不仅站在时代前面，指导民众们一个出路，同时他还不忘记他的时代，努力的表现这个时代。从他公开他的处女诗集新梦而后，他就陆续的从事创作，从诗歌，从论文方面在中国文坛上正式提倡革命文学，直到如今还是在继续着。他的创作与时代下面要说，我们且问有谁个能始终如一的这样的干了这么多的年头呢？这不是誓言，一切的事实是俱在的。他在起始的时候，就正式的提出了革命文学的口号，他在起始的时候，就高喊着劳动阶级革命，虽然当时应者寥寥，然这是历史上应有的阶段，我们不能忽略的。虽然在起始的创作的技巧，是不完善，但这也是历史上发展经过的必有的痕迹，无害于革命文学的史的记载的。假使要说因着技巧的不好，我们便不能承认他是革命文学的提倡者，这就无异乎叙述唐代的诗史，不要初唐，不要中唐，不要晚唐，只留下一个盛唐的时代，这样的见解不错误么？可是现在却实有人是这样说。

光慈初期的技巧果真是坏么？果真是没有他的特色么？这话我们愿意留在后面讲。光慈是中国最先提倡革命文学的，这却是不可掩没的事实。他提倡革命文学，同时他又承认文学有巨大的社会的作用，我们看他最先的三部小说的前序，就可以看到这种思想在他心里进展的痕迹。在一九二五年，他序《少年飘泊者》说："我爱美的心，或者也许比别人更甚一点；我也爱幻游于美的国度里。但是：现在我所耳闻目见的，都不能令我起美的快感，更那能令我发美的歌声呢？……我想，现在粗暴的人们毕竟占多数，我这一本粗暴的东西，或者不致于不能得着一点儿同情的应声。"（自序P.1—3）在一九二六年序《鸭绿江上》说："朋友们，请别在称呼我为诗人，我是助你们为光明而奋斗的鼓号，当你们得意而凯旋的时候，我的责任也就算尽了！"（自序最P.3—1）在一九二七年序《短裤党》说："当此社会斗争最剧烈的时候，我且把我的一枝秃笔当做我的武器，在后边跟着短裤党一道儿前进。"（写在本书的前面P.2）他是认清了文艺的巨大的作用，他是认识了文学伸入民众内心的力量，所以他始终如一的在这种思想的底下写作着，这是可以用他的创作来证明的。

关于他的创作，我们可以把它分做两个时代，从《新梦》到《短裤党》是第一个时代，《野祭》以后一直到现在，都还是在第二个时代中。第一个时代我们又可以把它分成三个时期，第一是《新梦》时期，第二是《哀中国》与《少年飘泊者》时期，第三个时期是《鸭绿江上》与《短裤党》时期。同时我们也可以把《少年飘泊者》《鸭绿江上》和《短裤党》特别的提出来，因在这三部创作里所表现的完全是一部革命青年的三部曲。《少年飘泊者》代表初期的青年，对于一切怀疑，想找出路，而有了革命的要求的时期，但要求那一种的革命，他们是说不出来的。《鸭绿江上》代表了革命青年的第二期，在这一期里的青年是认清了自己所需要的是那一种革命了，然而还没有挺身向前。《短裤党》代表了第三期，代表了青年的革命家表现他们最伟大的力的时期，是青年革命家的血沸腾到最高点的时期，是他们勇敢向前，走上牺牲的血路的时期。在这三部创作里，把四五年来的青年心理整个的表现了，把近几年来的革命在青年心里力量的进展全部表现了。谁还能说这三部创作不是时代反映的创作呢？……

在这里，我们不妨稍为叙述详细一点，我们先说第一个时代，这时代是始自一九二〇年，终结在上海工人纠察队被国民革命军缴械时。在这一个时代的第一期作品，只有《新梦》一部，这是光慈在革命的国度里的革命诗集，是国外时代，这时的苏俄，已爬过了初期的混乱，也挨过了连续几年不断的饥荒，菜色已经从民众的面部渐渐的消失，新经济政策也已救治了本国的贫乏。这时的苏俄，一切都已很有秩序，新的建设也一天一天的稳固起来，社会里显现的只有进步，处处浮着一种新的现象，新的希望。这时的苏俄，民众方面充分的表现了向上的热烈，充分的表现了对于党的信任革命的信任，和与环攻他们的帝国主义者抗斗的精神。这时的苏俄，虽然有了一大损失，——Linen（列宁）的死——然因此使民众对党更加信任起来，党员更加增多起来，革命的信心也更加坚固起来。……《新梦》便是在这样的环境里写出的，所以在全部里所表现的精神，只是向上的，革命的歌调；只是热烈的，震动的喊叫；只是向帝国主义及一切反动力量抗斗的特征；没有悲愁的创作，没有失意的哀喊，只是希望中国也有这样光明的一日，精神是异常的震动而咆哮；全书的思想当然是劳动阶级的，劳动阶级的革命思想！……这一期的诗歌，看来似乎是与中国没有关系的，实际上却是中国革命文学的一个孕育的时期，等到它产生在中国文坛以后，不但传来许多革命的欢欣，简直如一颗爆裂的炸弹，惊醒了无数的青年的迷梦。……实在的，中国的革命诗歌集，是没有比这一部再早的了，这简直可以说是中国革命文学著作的开山祖。

他回国以后，环境突然的有了变化，一切在外国时对国内的猜测，一切的关于国内的理想，是全部的生了动摇。向上的空气是看不到，所有的只是军阀的相互的斗争，军阀给于青年社会运动家的压迫，官僚的作恶，与军阀合官僚所造成的一种联合卖国的形式，一般民众，尤其是青年对于一切怀疑，而希望找一条出路，不甘心持续的去屈伏，于是《少年飘泊者》便应运而生了，作者就不能不暗示青年，使主人公汪中走上革命的道路了，这正和Turgenieff（屠格涅夫）创作《前夜》（Oneve）时的背景一样，结果果然有很多的青年受了感动，而且走上了革命的路。所以这一部创作是有两种伟大的特色，一是表现了时代青年的心理，一是超越时代去创造理想的当时所渴求的革命的人物。

在这一部小说的同时，光慈又发行了他的回国以后的诗歌集《哀中国》。这一部诗集的环境就是《少年飘泊者》的环境，是一部和《新梦》色调绝对不同的诗歌集。从光明回到暗黑，他所见到的不是象在异国时的欢欣快乐与兴奋，而是悲哀伤感与失望了。在这一部集子里，表现了有希望的青年对于萎靡不振，军阀专横的故国的哀愁和社会的诅咒。但是，不是幻灭的，里面还是宝藏着伟大的光明的希望的前途！仍然是和少年飘泊者一样，希望青年去革命，象征青年的在这个时代的悲愤心理与革命的要求。这两种著作，是一贯的代表了他的创作生活的第二期。

在《少年飘泊者》脱稿不久的时候，中国突然起了一次狂飙，“五卅”惨案发生了。从来被人轻视，被人践踏的工人群众，渐渐的抬起了头，从各地方表现出他们的伟大的力量，这结果不但使革命对这一个被压迫阶级感到兴味，而且认识了谁个阶级是最革命的，本身的需求是那一种的革命。我们读到光慈的《鸭绿江上》，我们就可以看到他的描写的对象的重心只是工人和革命党人，而且在《弟兄夜话》篇里说明了青年们应该走向那一种的革命的路上了。我们若把全书的各篇，按青年思想发展的程序排列起来，我们就可以看出经过怎样的一个过程。总之，在《少年飘泊者》里的主人公汪中是要求革命了，然而思想还是浑沌的《鸭绿江上》却不然，思想清晰了，走上了大道了。汪中还可以说是一个破产的小资产阶级，《鸭绿江上》里的人物，却大都是被压迫的革命党人，或下流阶级人物了。

在《鸭绿江上》里所确定了的思想的实际行动的表现，我们在《短裤党》里才完全看了出来，这其间又有了一年的长时间的间隔。从“五卅”以来，工人阶级有了不少的政治斗争与经济斗争的经验，组织因着反动军阀的压迫也日渐严密，加以粤湘鄂赣各省工农响应国民革命军行动的激刺，以及本身的光明的要求的希望实现，炙热的血早已沸到顶点，一触即发了。所以在客观的Boudon（暴动）的环境还没有完全成熟的时候，以及因事贻误而不能成功的时候，工人猛勇的起了两次Boudon（暴动），第三次的客观环境是成熟了，国民革命军与工人的队伍也衔接起来了，接着便产生了描写Boudon成功的《短裤党》。在这一部创作里，把革命的青年在鸭绿江上里确定的心理发展到最高级了，直到现在依旧是照样的在向前发展着，进步着。在这一部书里不但表示了成功的欢欣，同时还看出了已经实现的当时作者所见到的危机，所以直夫在最后对秋华说：“我们前路的斗争还多着呢！什么时候我们的敌人全消灭完了，什么时候我们的目的才能达到。”（《短裤党》P.169）这一部小说，可以说是代表了过去的革命力量最高的表现。

以上这两部书是表现了光慈的创作的第一个时代的第三期。从以上三期的创作里，我们整个的可以看出“五四”以后，举国青年的革命精神进展的痕迹，和他们的行动的表现，象这样表现青年革命心理发育的系统创作，在国内我们是找不到一部的。这是光慈对于中国革命文坛的伟大的贡献，是十年来革命青年心理行动双方发展的三部曲，是他创作的第一个时代的最重要的代表作，是值得我们注意的。

过此而后，政治的环境陡然的先后的在Y江的两头起了变化，革命的行动，还是继续着短裤党，于是光慈便在H城开始了他的第二个时代的创作生活，转换了方面，扩大了范围去描写了，最先成功的是一部《野祭》；第二部的《菊芬》，和第三部的《哭诉》，《菊芬》《哭诉》虽不是在H城所写，却是H城的事实，在H城所有的悲愤的情绪的表现。这三部书所表现的不同，《野祭》表演一个很重要的社会问题，事实的结果是继续短裤党应有的事实，是Y江这一头女革命家的牺牲，《菊芬》是革命时代的事实表演，结果是表现了Y江那一头女革命家的牺牲，两书虽都以恋爱为重心，却含了很重大的意义，我们不想多说，看清了两年来革命潮流与恋爱潮流怎样的在交流着的形式的人大概都能说出。《哭诉》是一首抒情诗，虽然标着是寄给母亲的，实际上也是替中国的七年来的政治结了一回总帐。最近写的，要算他的长篇小说《罪人》了，这一部创作所显示的，是主人公走在朋辈牺牲的路中，只有勇敢前进没有幻灭，是把在《短裤党》里的革命青年的眼转向社会经济一方面来创作，和《短裤党》里的青年革命家的心理相衔接的，这可算是他的创作第二个时代的第一部代表作，所谓《野祭》和《菊芬》，我想只可以算得一二两个时代交替时的两部插曲。

五六年来光慈创作的分析的批评，在我批评他每一本创作里已经一一的说过。他的每一部创作的时代背景及其意义，上面已经约略的说明了。他的创作是有一贯的思想的，每一部有每一部的意义，每一部有每一部的使命，不是幽默的调皮，也不是闲适的消遣，更不是为艺术而艺术的，他的创作是具着一种重大的使命的——Propaganda（宣传）！他的创作是忘不了一种重大的意义的——时代表现！他的思想，始终是站在时代前面的！……

说到他的技巧，把前面的话归纳起来，得到的批评是：粗俗，浅薄，鲁莽，句子不通；诗歌是标语口号，太重理论；和《罪人》写得太坏了，太空洞了。这其间，有一部分前面已加解答这里我只把诗歌和《罪人》以及技巧与题材的关系叙述一点。第一个问题是光慈的诗歌是标语口号么？标语口号不能入诗么？在我们所感到的，光慈的诗歌并不是标语口号，是极热烈极奔进的抒情诗歌，如《新梦》里的哭Linen，怀拜伦，革命的婴儿，《中国劳动歌》等篇，如《哀中国》里的《哀中国》，《北京》，《怀都娘》，《罢工》，《血祭》，《在黑夜里》等篇，我们能找到那一篇是标语口号呢？引用一两个标语口号，诗歌就不成其为诗歌了么？老实的说，这种见解完全是用资产阶级的眼光，用诗歌是单纯的抒情的，陶情悦兴的资产阶级的文学原理来看的，完全是错误的，再退一步说，即使有人全用标语口号作诗，这也是劳动阶级革命初期文艺应有的现象，无足怪的，Trotsky（托洛斯基）在他的《文学与革命》（Literature and Revo lution）里把这一点早已解释得很清晰，这种批评家连书都不肯读，自然不会有什么公正的批评，只有他们自以为是的什么标语口号似的诗歌给他们的印象万恶的莫名其妙的结论了。关于诗歌的理论气太重的一问题，这种指摘的错误，和上面所说的一样，把诗歌仅只当做抒情的东西，把诗歌误解作单纯的情绪，不曾把情绪以外的东西想一想，他们还是把这死去了的古人的诗歌论来做他们批评现代的诗歌的法宝的。其实，诗歌当然是注重情绪，祇要经作者用自己的情绪渗透了的理论当然可以入诗，多少是没有关系的。不然，诗歌的目的，不仅是抒情，发牢骚的工具了吗？我们无论展开美国的，英国的，俄国的，抑是德国的，日本的劳动诗歌来，我们敢说没有一首不是侧重理论的。这种用死去的旧眼来看新的诗歌，实在是一种最大的错误。说到罪人问题，这也是自然主义的理论在作祟，光慈的罪人的描写，确实是不合乎自然主义的三大原则，在他们当然认为不满意，或者说光慈退步了。这种错误的起因，除自然主义的法则一点外，还有几点，一是中国所有创作都是注意到环境种种方面的，一是中国的创作大都是仅有轮廓的描写的，一是中国人很少自己做心理解剖的工作的，一是中国的作者批评家很少看见过国外专门描写心理性格抛弃其他的一切如Dostoieffsky（陀思妥也夫斯基）如Erenberg（爱伦堡）的大著作的。因此，光慈的《罪人》遂不能不遭近视的作家批评家的更进一步的鄙弃了。在我们所看到的，光慈在这一部创作里表现了他的特大的进步。……总之，一般创作家与批评家有一种极大的错误，就是没有看清阶级与技巧的关系，也可以说是技巧与题材的关系。用极优美的句子来写极粗暴的生活这是可能的么？用极香艳的词藻来写大革命的狂飙这是可能的事么？用花哟爱哟来写劳工生活这是可能的事么？达夫笔下的青年决不是光慈笔下的青年，沫若笔下的哭Linen（列宁）也决不是光慈笔下的哭Linen（列宁），鲁迅笔下的阿Q也不是光慈眼中的农民，各人有各人的题材，各人有各人适宜于他的题材的技巧。乞儿的口气决不是小瘪三嘴里的方言，文士的谈吐是比谁个都文雅能懂得技巧与阶级与题材的关系，那我们敢说，光慈的表现的技巧，到现在虽然还没有成功，但每一本都是在进步着。

下

革命文学的原理

在中国的创作坛上有许多很奇异的现象，就是对于每一种文学的提倡者，总是不遗余力的抨击。这一点，我们也不必说什么文人相轻，自古已然的话，实际上就是一种强烈的个人主义的精神的表现，唯恐有谁个来把他们的固有地位夺去了，来把他们固有的力量消灭了，为着自己的地位计，为着自己的一群的力量计，便不得不拼死命的做一回最后的挣扎。其实，这种见解都是很可笑很幼稚的，我们觉着文艺的领导权，决不是凭几个人的力量就能抓得住的，文艺的领导权是属于每一个时代的作家的一群的，时代的文学的客观的环境成熟了的时候，如瓜熟子落是自然而然的要落在它们要落的人物的手中的。在新的作家的客观的环境没有成熟的时候，他们是要鄙弃抨击；等到成熟了的时候，他们想维持自己的他位，继续自己的领导权，却又摇身一变，做几篇空洞的论文，摘抄几段东洋译本的文学新理论，说我们是新时代的文学的提倡者哟，文学家哟，批评家哟，什么家哟，你们跟我走哟！……他们是这样的卑鄙，这样的不堪，始终的在个人的英雄主义的观点上做文学，仍然继续的想致真正努力新时代文艺的作家的死命，这就是目前中国文坛上一般的现象！所以光慈无论在那一方面，便不能不遭他们的袭击，明枪暗箭。因为光慈很早就做革命文学，在那个时候他们还都在做梦，他们便不得不调一调花腔，说这些是不成熟的，不关重要的，无关于革命文学的史的发展的，革命文学史仍然是应该从我说起。因为光慈说，提倡革命文学，不是单靠几篇空洞的理论的文章所能成功的，于是他们便大造谣言，说光慈不懂革命文学原理。总之，只要有方法可想，他们对于光慈的攻击，是无往而不用其极！

因为有如此的环境和袭击，所以在这里便不能不把光慈的革命文艺原理论介绍一下。从一九二四年《新青年》上所发表的提倡革命文学的论文起，一直到一九二七年止，光慈所做的理论文，现在都无法搜集了，这里只有把他在《俄罗斯文学》里所发表的散乱的文学理论整理起来。有系统的介绍新俄的革命文学的，我目前还仅止有这一部新俄文学的介绍，我们不知这一班作家与批评家对之又有什么巧妙的攻击法。……闲话还是休说吧，我们且展开光慈的革命文艺原理论，看是不是这一班抄译专家所能梦想得到的。

我们蓢断革命文学的客观环境的成熟和革命文学提倡的时代关系两点，从革命描写的必要说起。光慈当然是讴歌革命的一员，他是忠实于革命的，所以他认定只有革命的材料是最活泼最光彩最有趣最罗曼谛克，而主张革命文学作家的心灵应该与革命混合起来（P.10—11），认定革命是一种很复杂的很艰难的艺术（P.98），革命文学作家在这个革命时代是最有幸福的（P.15），没有比革命的材料再美妙的题材了（P.12）。实在的，在这样大革命的时代，不写革命的东西有什么用处呢（P.4）？可是，革命的材料也是不容易表现的，“做一个革命的诗人真是不容易！不但要表同情于革命，不但要在革命的怒潮中，革命的胜利中寻出有趣的东西，听出欢畅的音乐；并且也要领受他临时的策略，他的临时的失败，所谓以退为进的形式；并且也要忍耐的拿住他的理性，持住他的计划，随着他和和平的进化（P.26）。这就是说，真正的革命文学的作家，他本身就应该是一个革命家，是与革命的势力接近的；也就是Linen（列宁）所说，劳动阶级的文学作家的思想，是应该隶属于他的社会主义的。不然，对革命的实际是认不清楚的，要闹出某一个批评家把革命势力的高涨看作革命势力的停顿的笑话了。——以上是革命描写的必要和革命描写成功的困难。

详细的说起来，革命文学确实不是一件容易做好的东西，第一，我们要认清革命文学是离不开时代的，真正的文学作品没有不含时代性的。譬如俄国革命的初期，革命的怒潮涌得人们精神焕发，大家齐向伟大的事业方面走去，此时没有闲工夫为无聊的东西思想，因之这时期的文学饱含着勇敢的精神充溢着壮烈的空气（P.49）。第二，我们要认清革命文学离不开革命生活的，文学是生活的表现（P.49—52），然而决不是作家个人的生活的表现（《关于革命文学》P.7），是和社会分不开的（P.8—9）。假使只是个人生活表现的文学，那不是我们现在所需要的文学。革命文学的精神就是要把个人的变为集体的（P.17），是要表现人类生活的大变动，表现群众向光明欲望之鼓动，表现群众的奋斗，而不是每个个人内心生活的表现

（P.54）。革命文学就是要把以前少数人的文学变为多数人的（P.103），而劳动阶级诗人的集体主义遂变成他们对于人类艺术的一个伟大的礼物了（P.109），所以我们要打倒政治上的英雄主义，也要打倒文学上的英雄主义！第三，我们要认清革命文学的作用（参看P.29—43），最重要的就是要不但表现出时代，并且要在茫乱的斗争生活中，寻出创造新生活的原素来（《关于革命文学》P.9）；应该暴露旧社会的罪恶，攻击旧社会的破产，并促进新势力的进展（《关于革命文学》P.9），应该极力暴露帝国主义的罪恶，促进弱小民族之解放的斗争（《关于革命文学》P.13）；最后，还是要认清："革命文学应当是反个人主义的文学，它的主人翁应当是群众，而不是个人；它的倾向应当是集体主义，而不是个人主义。……革命文学的任务，是要在此斗争的生活中，表现出群众的力量，暗示人们以集体主义的倾向"（《关于革命文学》P.11）。

以上把什么是革命文学的意义已经约略的说明了，那么我们再逼紧一句，革命文学最简单的意义究竟是什么呢？这一个问题。光慈在《关于革命文学》篇里也为我们解释得很明白：

革命文学是以被压迫的群众做出发点的文学！革命文学的第一个条件，是具有反抗一切旧势力的精神！革命文学是反个人主义的文学！革命文学是要认识现代的生活（参看现代中国文学与社会生活》），而指示出一条改造社会的新路径！（《关于革命文学》P.13）

现在，我们应该更进一步，去问一问革命文学的内容的精析的解剖了。这一点，在光慈也会把它详细的为我们解答了，在现代中国文学与社会生活篇里所显示给我们的是要有：革命情绪的素养，对于革命的信心，对于革命的深切的同情（《现代中国文学与社会生活》P.7）。在《俄罗斯文学》里所告诉我们的却是更有力量的说法：

无产阶级艺术的内容，是劳动阶级的全生活，即劳动者的世界观，人生观，对于实际生活的态度，以及希求和理想等了。只有这是新艺术家不可不表现的题材。为着阶级的集体，应从这等的织物构成出新的活的结合，且将它们有机地，艺术地，具体表现出来。而且不可不完成那由此更得发展，更得扩大到全人类的集团为止的结合（P.107）。

这虽是Bogdanov（波格唐洛夫）的话，然确实是可以代表光慈的对于革命文学的内容的意见的，至于革命文学的技巧，在初期当然是在未完成的状态中，无论是风格语句，大半是从固有的技巧假借得来的，一时不能有完美的独创（P.113），然而，不要紧，技巧是可以慢慢的修养的，将来总有成功的希望。所以，Voliansky（瓦浪斯基）对于这样不完整的革命文学劳动阶级文学是很乐观的，说是很有希望的，因为他们具着四种独有的特质：一是他们对于革命的关系，二是他们都是集体主义者，三是他们都是地上的歌者，四是他们都是城市的歌者（P.108—112）。中国现在的革命文坛的现象也是如此，是很幼稚的，没有成熟的，然而在幼稚中我们可以看到他们的无穷的希望！……

总之："资产阶级的文化到了最后的阶段，已经表现其无力，而呈着衰颓的现象了。就在这个当儿，资产阶级的知识阶级的激烈分子，他们感觉得旧的世界——旧的一切太狭了，太妨碍他们的个人主义之发展了，于是他们对于旧的资产阶级的生活，以及这生活的一部分——资产阶级的艺术，起了很大的厌恶，而思有以破坏之。于是他们高喊着反对旧的，静的，而主张动的，新的艺术。在表面上看来，他们是很革命的，其实他们不过是资产阶级文化之最后的绝叫者而已！"（P.115—117）无论他们怎样的挣扎，在俄罗斯，在中国，都有了同样的现象，资产阶级的艺术是已经走到崩溃，灭亡的境地了！

因为旧的艺术的死亡，而新的艺术也没有产生，于是第二步就有了过渡时代的艺术，过渡时代的文学。这种文学是与革命有关连的，然而又不是纯科学的革命的文学（P.74）；因为他们虽然领受革命，但不领受革命的全体，而仅领受其一部分，并且他们对于革命的目的，并不发生兴趣，他们很少明白劳动阶级的革命的意义的（P.74—75）；

所以这种作家，严格的说起来，不能算为革命的作家，他们不明白革命应当向什么方向走，不了解革命的理性（P.77）。这种作家，在目前的中国也是很多，然而这也是必然的过程，没有办法避免的。文坛的重心总因着客观的环境的成熟而转向革命的文艺组织方面来了；这客观的环境，就是个人的生活已不成为社会的重心，文学所表现的对象，不是个人的私有的情绪，而是社会的，客观的行动了。革命将外物的意义升到极高的顶点它将孤独的幻想推到街上来了，叫他看看伟大的广原，战争的炮火，饥荒的图画，国内战争中之可歌可泣的壮烈的行为，以及一切惊动整个全人类的现象，作家的注意力群趋于描写自我以外的事物（P.78—79）。所以，我们若从这些芜草之中，把真正的能表现革命的作家找将出来，我们就可以看到他们如初春的初开放的花朵一样，既毫不沾染着一点旧的灰尘与污秽，纯洁得如明珠一样，而又蓬勃的吐出有希望的，令人沈醉于新的怀抱里的馨香，毫不感觉到凋残的腐败的意味（P.86）。这俄罗斯革命文艺发展的过程，我们仔细的覆按起来，我们可以完全看到又在中国复演一次了，中国的革命的文学，真正的革命的文学已经从热血的Boudon（暴动）的狂涛中慢慢的抬起头来了。

除上述的关于革命文学的解析和革命文学发展的史的过程两点而外，还有一个值得我们附带说明的一问题，那就是所谓作家的思想要稳定，要真实的认清革命的现象和必然的过程的问题。因这个问题不明白认识而写出的幻灭的作品，在《俄罗斯文学》一书里已经有了不少的好例。Blok（布洛克）就是最重要的一个（P.16—28）。作家的思想不稳定，认不清革命的成功有无数无数的波折与牺牲的，那是最容易引起烦闷，趋于幻灭的。这一点，在中国现在的文坛上也是极普通的现象，不健全的过渡时代的革命作家所有的，差不多只有烦闷的情绪，幻灭的生活——幻灭的创作！所以，光慈很热烈的喊道："基抗诺夫式的青年，在革命的浪潮中，从争斗，苦痛，流血，奔走及一切颠簸之中，将自己的一颗心锻炼成如铁一般，决不会为那旧的，知识阶级的，一种颓丧的，犹豫的情绪所摇荡。他的一颗心所需要的是：简单，勇敢，严厉，热烈的希望，而不是什么颓丧，犹豫或对于过去的留恋。"（P.91）真正革命文学的作家，他的情绪是健全的，真正革命文学的作家的笔下，是没有幻灭情绪存在余地的，幻灭情绪的创作不是一个作家的光荣，是对于革命认识不清的表示，是最耻辱的自己的袭击！……

光慈的革命文艺的原理论，在上面已经概略的说了一回。虽然是很零乱，整理起来却是很有系统的。一切的理论都是经验的，切实的，着意于社会的环境的，从事实得来的结论，决不是空洞的理论，抄书的译文，拚凑成功的批评或论文，光慈不是不懂得革命原理，也许比这一班作家批评家懂得更深些；其实，他们何尝不知道，他们不过是有意的在含血喷人而已！

这篇论文写得太长了，或者读者已经感到一点烦厌，让我们在这里收束了罢。这篇论文写得能不能使读者们满意我不知道，不过我自己感到的，是写这一篇时心气无论何如，没有法子使它和平起来，这就不得不归罪于写这一篇时的实际背景了。光慈努力革命文学已有八年，努力于革命文学的提倡也有五个年头，在革命文学的客观环境还没有成熟的时候，他遭人白眼，被人攻击得焦头烂额，到也没有什么可恼的。现在是革命文学力量发展的时候，那一班以前做梦，现在投机，个人主义的作家们仍然继续的对他抨击，想致他于死地。这固可以说是必然的事实，却也是不能不令旁观者懊恼的事！我并不是说，提倡革命文学的人一定要说光慈，我所不满意是这一班卑鄙的作家不应该这样的如投机党人的借着自己历史尽量的地位的压迫人，致人于死地！其实，文艺的领导权决不是夺得到的，作家批评家果真能革命，实际的转换方向，他的领导权当然可以继续下去，不然就是做一百篇专骂光慈的文章，印一万本以骂人为批评原则的批评集，也是没有法子把文艺领导权继续抓住的！作家批评家果真只有一个继续领导权的思想，因此而革命，而转换方向，老实不客气，这就是英雄主义！一个文艺组织可以由一二人操纵，中国整个文坛却不是一两个人所能把持的！……最近又看到一篇对光慈射暗箭的文章，因此忍不住的把这一篇论文写定发表。平心而论，我们不是对光慈有什么爱好，一切的事实，光慈所有的著作，以及国内过去的一切的文艺制作，都呈现在读者们的面前，我们是不能捏造事实，否认事实的。希望读者们自己去判断，我们是不是根据事理说话，抑是在这里阿谀所好。……话又说到歧路上去了，我们还是带回来写一个结论罢，我们对于光慈的创作，也有两方面好讲，在好的方面说，他是一个时代表现者，革命文学最先的提倡者，是民众所要求的一个说诉者，他的创作表现了时代又表现了时代的思想，他的技巧没有成功，但在创作的意义方面，他终竟是革命文艺的前驱。从缺陷一方面说，就是他的创作里的人物，个人的行动很浪漫，往往的不受指挥，《短裤党》最犯这个毛病，《菊芬》次之，人物有的不健全。所表现的意识，不是纯无产阶级的，《哭诉》就不免是一个小资产阶级革命者的口语，《罪人》的主人翁的心理大部分都没有表现到最深刻的地步；仍然有小资产阶级的风味。《野祭》《菊芬》里所表现的恋爱观就不完全是无产阶级的恋爱观。在表现方面，创作的局面不很开扩，缺乏革命党人生活及第四阶级生活的深刻的描写，不过这都不是那些批评家创作家所注意的，他们注意的是技巧的一部分，而且用的是他们自己阶级的眼光，我们觉得光慈今后努力的地方。就是应该抛弃残余的小资产阶级的心理，深刻的表现革命党人及第四阶级人物的实生活，在技巧方面多多的修养。这样自可以继续发展，前途有很大的希望。最后我们还要补说一句，以前所说，我们不过做一种说明，并不是为光慈确定地位，真正的革命文艺作家，是从不注意于个人的地位，只问努力的成绩给予社会为如何的。

三月十二—十三日

（选自《现代中国文学作家》上海泰东书局1928年7月初版）

读《少年飘泊者》

杜俊东

——说不上什么介绍，更谈不到什么批评，不过是浅薄的我一个胡写的读后感吧了。

（一）

现在中国文学界里，充满了麻醉的空气。大家终日都沉醉于什么花呀，月呀，哥哥呀，好妹妹呀……千篇一律，令人作呕！固然并不是文学作品就不许用风花雪月哥哥妹妹作材料，而且十二分的应当；但是无病呻吟者流，他们对于恋爱，不曾有过半点的经验，他们对于恋爱，不曾下过一次的观察，而居然也写起恋爱文学来了。何等可怜，何等可笑！这哥哥妹妹的毒，把他们的灵魂麻醉得失掉感觉了；把他们的笔，麻醉得不能写出第二种文字了。偶读《少年飘泊者》，觉得在这“唯美派的小说界中，人们方群沉醉于什么花呀，月呀，好哥哥，甜妹妹的软香巢中”的时候，这“粗暴的叫喊”，尚能说是“富于刺激性的文学作品”。——虽然未能尽满人意。

本来，文学家常常是站在社会的前面引导社会的。历史告诉我们：社会每一个大改进前，必有一个文学的黄金时代。所以文学家的感觉力比一般人要锐敏得多！平常一件小事，常人猫猫虎虎的便过去了，而文学家能受很大的刺激，他用他的笔写出动人的作品来，方能使一般人也受他所受的刺激。我们看看中国的现状，即令他不是感觉力锐敏的文学家，也很少不受刺激的。而我们的文学家们竟能安之若素，这种“踞于洪炉”而尤能高歌的精神，令人羡煞！

作者在叙文里说：

> “……我所耳闻目见的，都不能令我起美感，更那能令我发美的歌声呢？”……

我以为这种才是文学家的态度，真正文学家的态度！

（二）

全书是一封一个飘泊的少年——汪中——给一个文学家——维嘉——的长信，叙述自己飘泊的历史。可怜汪中的父母，因收成不好，无力纳租，而万恶的地主，竟因此打死了他的父亲，逼死了他的母亲。于是几日以前热热闹闹的一家，现在可怜的父母已眠于那“自由平等的乐园，毫无贵贱阶级的痕迹”的乱坟里，孤苦的汪中，也走上飘泊的前程了。在他飘泊的生活里，受了这社会里到处布满了的戴假面具的人的欺诈生活，人生最可怜的乞儿生活里，同金钱与恋爱的冲突里，以及茶房生活，工人生活，最后入了黄埔军官学校而在枪林弹雨之下，死于“杀贼呀！杀贼了！……前进呀！……”声中了。

（三）

四民之中，农民要算最苦了。“春种一粒粟，秋收万颗子；四海无闲田，农夫犹饿死！”何况在这收成不好的年头儿呢！辛苦了一年，仅收了这三四成的庄稼，假如把这纳给坐享其成的地主呢，则全家只好坐以待毙；假如不纳租呢，地主又有话在先：“连一粒都不许少！”汪中的父亲虽抱着热烈的希望前去哀告，可是不但没有哀告成，反而负着重伤回来了。谁说地主不是禽兽？良心，你希望他们有良心吗？他们如果有良心，愧也早就愧死了。

汪中的父母双双便被逼而死，永眠于那“自由平等的乐土，毫无贵贱阶级的痕迹”的乱坟山里了。

“这是我们耕田的结果！”

（四）

父母无辜被迫而死，这是多么冤枉的事！多么不平的事！可是这社会就是这种冤枉的社会！不平的社会！初入社会的汪中毫不懂事，竟敢妄想反抗，要去打官司！

“这也是命该的！”

“里外我们穷人要忍耐一点。”

这是老前辈的话呀！

在这个社会里，要是有一个人要想讲什么“公理”，那这个人不是疯子，定是傻子！我友沈君说，他一次同一个军界朋友到戏园子听戏，茶役们侍候得殷殷勤勤，周周到到，虽然临走时一个铜子也没有给他；同时有一位乡下老哥，他除了被他们——茶役——大敲特敲外，还得受他们的指挥！

其实这种事情毫不足奇，老爷们可以坐专车，小民们连拉煤车都坐不上；有的人坐电车可以宽宽松松地坐在椅子上，虽然不曾买票，而你买票的只好恭恭敬敬的站在旁边；洋车夫赶上倒霉，拉的坐，不但不给钱，另外还要找补上几个干脆的耳光子……触目皆是，毫不足怪！

这是富人的世界，这是势力者的世界！你没钱的没势力的根本就不该来在世界上，既然偏要在人家的世界里活着，那能不“里外忍耐一点”呢？那有你说理的地方呢！哈！汪中竟敢妄想告状，这是多么不懂事的行为！

（五）

“从此时起，这已经不是我的家了！……父母生前劳苦的痕迹，我儿时的玩具，一切，一切，我走后，你还能保存吗？……此后我是个天涯的孤子，飘泊的少年，到处是我的家，到处是我的寄宿地，我将为一无巢穴的小鸟，……你屋前的杨柳呵！你为我久悬摇动的哀丝吧！你树上的雀鸟呵！你为我鸣飘泊的凄情吧！我去了！……”

不幸的汪中，现在离开空洞洞的家，走上飘泊的前程，到桃林村土匪里入伙去了。几天以前，热热闹闹的一家，现在已分途前程了！……

（六）

在这黑暗的社会里，人面兽心的衣冠禽兽，到处都有，触目皆是！你看那位川馆先生的那副斯文样子，那知他会有那种兽性呢！唉！可怜的汪中呀！不幸的汪中呀！你初入社会，便受人欺骗了。可怜孤子的命运呀！……

（七）

飘泊的汪中，现在竟流落为人生最痛苦，最悲哀，最可怜的乞儿生活了：

“……今日破庙藏身，明夜林中歇宿，受尽了风雨的欺凌，忍足了人们的讥笑。在这几个月中，从没吃过一顿热腾腾的白饭，喝过一碗干净净的清茶。衣服弄得七窟八眼，几几乎把屁股都掩盖不住。面貌弄得黑瘦已极，每一临水自照，喂，自己不尽疑惑自己是已入鬼籍了。……

“有一次我到一个村庄去讨饭，不料刚一到该村庄的大门口，轰隆一声，从门口跑出几只大狗来，把我团团地围住，恶狠狠地就要同吃我也似的，真是把我骇得魂不附体！我喊着，喊着，忽然一条黑狗呼地向我腿肚子就是一下，把我腿肚子咬得两个大洞，鲜血直流不止。……”

不幸的汪中呀！被遗弃的汪中呀！这人世的痛苦、悲哀，你已经尝遍了。

（八）

叫化子已经够使人讨厌了；何况他又要作贼呢！而且还是“叫化子不作贼那是没有的事”！

但是我们要问：究竟谁要他作贼呢？莫泊桑在他的《残废人》里有一段形容作贼的情形道：

“……悬钟呆呆的向他们瞧着；随后，他的头脑，——若说是肚腹，却还切一点，向他提出一种理想——若说是感觉，却还切一点，他猜度这些东西，若用木烤熟，一定好吃的。”

（莫泊桑短篇小说集〈二〉页175）（注）

叫化子作贼，既然因为没有饭吃；那么为什么抢夺叫化子应有的饭的人不被打，而反打叫化子呢？

（九）

“青年男子谁个不善钟情？妙龄女子谁个不善怀春？”（歌德）何况飘泊的汪中，正在孤寂无依的时候，忽然有个妙龄女郎处处关心自己，安慰自己，怎能不为之心动呢！然而，恋爱是贵族的娱乐品，你穷小子那里有份儿呢，不识好歹的汪中，竟将自己同玉梅的关系，白之刘静斋面前，以求达到他的妄想。唉！你的财产在什么地方？你现在所处的是什么地位？你的家在那里？——怎能不遭白眼呢！

区区的八块钱——你这恶魔，一切罪恶的造成者呀，——又把他打发上他飘泊的路程了。

（十）

从汪中的信中，我们看见了商人的道德！如瑞福祥老板的欺诈商人，陶永清的计划毒杀学生。他们铁石的心肠，不但毫不为请愿者的磕头和哭声所动，而且竟能说出这样话来：

"倘若你们学生能赔偿我的损失，能顾全我的生意，那我倒可以不卖东洋货。否则，我还是要卖，我没法子。"

据他的话看来，好似为学生才抵制外国货，他们不是中国人似的。这还不算，而且尚要暗杀学生！噫！狼心狗肺的冷血动物哦，其罪千刀万剐而有余！

（十一）

在四民之中，稍有血气的，还得数工人和学生。至于农人和商人，简直是一万锥子也锥不出一滴血来。所以近来的情形，老爷们所最恨之切齿的也就是工人和学生。可是一枝枪，或一把刀可以解决一切的纠纷！你无枪阶级的工人和学生又有什么方法呢！

这节，我认为全书最动人处：

"……我们大家都被缚在电杆上，……张参谋——亲自提灯寻找林祥谦君。找着了，即令刽子手割去索绳，迫令林君下'上工'的命令，林君很严厉地不允。张乃命刽子手先砍一刀，然后再问道：

"上工不上工？"

"不上！绝对不上！"

"这时林君毫不现出一点惧色，反更觉得有一种坚决的反抗的精神。……只见张某又命砍一刀，怒声喝道：

"到底下不下命令上工？"

"这时张某的颜色，我实在也形容不出来！表现出世间最凶恶的结晶，最凶暴的一切！……林君接着忍痛大呼道：

"上工要总工会下命令的！今天既是这样，我的头可断，工是不可上的！不上工……不上……工！"

"张某复命砍一刀，鲜血溅地，红光飞闪，林君遂晕倒了。移时醒来，张某复对之狞笑道：

"现在怎样？"

"……又只见林君切齿，但声音已经很低了，骂道：

'现在还有什么可说！可怜一个好好的中国，就断送在你们这群……走狗的手里！'

"张某听了大怒：未待林君说完，立命枭首示众。"

我反复地把这段读过，眼前立刻现出一个狞恶万状的野兽！我恨不得把刽子手的刀夺过来把它剁成肉酱！以稍泄我的忿恨之气于万一！

（十二）

不幸的汪中，历尝了社会的痛苦、压迫，而结果竟死于疆场了！……

（十三）

我一下子把全书读完，心里受了很大的感动！作者把压迫佃户的地主，无心肝的商人，万恶的走狗，社会的冷酷，人情的虚伪，……一一都暴露在读者面前，我们看了他们这污秽的痕迹，对之那有不忿忿的呢！

全篇描写很深刻，而尤以乱坟山哭亲，乞儿的生活和张某杀林祥谦几节为最动人，使人看了，真有跃跃欲起之势！

不过，要是按艺术眼光看来，描写、修辞上，似乎稍嫌粗直。但这究竟是一篇值得读一读的小说！这种被压迫者的反抗呼声，社会罪恶的揭破者，实在胜过读一万本肉麻的恋爱小说！

十六，九，二十五，录旧作于北师

（原载《骆驼》第二十七、二十八两期，1927年11月2日和28日）

（注）**编者按：**这段引文的新译文见《莫泊桑中短篇小说选集》，李青崖译，上海译文出版社出版（原上海文艺出版社版），1978年4月第一版，下册33页："吊钟（人名，是一个残废的乞丐，小说介绍：'他在人群之中如同野物一般过活，不认识谁，不爱谁，仅仅在乡下人心里惹起一种冷酷的轻蔑和厌恶的仇视，旁人给他的诨名叫做吊钟，因为他的身子在两枝木拐当中摆动起来，正同吊钟在架子当中摆动一样。'）呆呆地瞧着那群鸡，心里本没有想到一点什么；随后，他脑子里起了一个念头，或者不如说是他肚子里起了一种感觉，那就是说：从那一群鸡里边捉到一只，放在一堆用枯枝生起的火上烤熟来吃、大概是有味道的。"

《鸭绿江上》读后感

郁达夫

艺术家是革命的先驱者，革命的艺术作品，是加上正在革命行动中的许多人肉机器上去的油膏。因为艺术家的神经纤敏，感觉锐利，所以一时庸人还不曾感到的苦闷，反抗，和不满，艺术家就比他们要早几十年感到。或者一般庸人，在同一时代内所感到的痛苦，烦闷等，艺术家因为神经纤敏的缘故，要比庸人多感到一倍。就譬如我们常人，受到经济压迫的时候，假使感到的痛苦只有五分，那么在同一状态之下的艺术家所感到的痛苦，非要增加到十分或二十分不可。并且一般我们庸人，感到了不满，反抗，或苦闷的时候，只能默然地过去，而这时候艺术家就非要把这一层不满，反抗，或苦闷叫喊出来，表现出来不可。因此有许多艺术家的艺术品，因为同时代的人太近视了，太鲁钝了的原因，每有被嘲为无病呻吟的倾向。其实真正的艺术家所做的真正的作品，没有一篇不是真实的表现，不过鉴赏者的神经有时太鲁钝，所以不觉得这艺术家的叫喊为然而已。这一种艺术家，是当革命未起之先而发预言的艺术家，是挑拨革命的开火的艺术家，是革命的先驱者。

到了革命的条件，已经具备，革命的必然性，已经达到成熟的境界以后，这一种先驱的革命艺术，若是力量是很足的时候，那么当然仍复是可以继续享受它的生命，仍复是指使革命的原动力，可是力量若不十分足的时候，那么这一种革命先驱的艺术，就不得不让位于跃动的有新生命的革命艺术，来作革命行动的燃烧料和膏油。

现在中国的革命条件已经具备，旧社会的崩坏作用，已经开始了，所以一般读文学的人，都同声一致的要求革命文学，若嫌革命文学的名称太泛的时候，我们可以改过来说，目下中国的读者，大家都在要求无产阶级的文学。

有许多人说，文学是点缀太平，讴歌盛世，创造美的感觉的东西，无产阶级是与美的原理不合的阶级，所以无产阶级的文学这一句话是不通的。讲这些话的人，当然是从前曾经受足了资本主义文化的熏育的人，由他们的立脚点看来，这原是千真万真的事实，可是我们再回头来一想，再把文学的要素拿来一考察，就觉得光是琳琅钻石，脂粉黛绿堆了一大堆，也不能就说它是美是艺术。反过来若有个乞儿，在街上挨户求乞，蓬头垢面，将乞来的几个金钱，去买一件很便宜很粗糙的衣服来给他的可爱的人穿，也未始是不美不艺术的。总之文学里要有情绪，文学里要有意识。我们只能问这情绪热烈不热烈，这意识强不强，而不能说无产阶级不能有这情绪，不能有这意识，因为他们没有钱。

无产阶级既然一样的是人，一样的有情绪，一样的有意识的，那么无产阶级的文学，当然是存在的。

现在的中国的国民革命，是世界革命的一部份，是无产阶级要求支配政权，要求解放的革命，那么我们现在所要求的革命文学，当然是无产阶级的文学。

可是在现代的中国，从事于文学创作的人，还是以小资产阶级或资产阶级的人居多，真正从田里出来的农民诗人，或从铁工厂里出来的劳动诗人，还不见得有，所以至少我们现在所要求的文学，让一步来说，也应该是同情于无产阶级的文学。可是身坐在黄包车上，一边口头却在说同情于黄包车夫，是不十分可以使人信服的事情，所以我们对于现在的中国的那些同情于无产阶级的文学，只能问它那一种同情真不真，问它对于无产阶级的阶级意识，把捉表现得切不切。

当然中国的新文学里，可以合这一种要求的作品，目下还出得不多，可是在这一点不多的产品里头，蒋光赤著的短篇小说集《鸭绿江上》，却可以占到一个很重要的位置。

《鸭绿江上》共含有短篇小说八篇，从内容说起来，篇篇都是同情于无产阶级，和反抗军阀资本家的作品，光就同情的一方面说起来，已经可以完全说是无产阶级的文学了。可是作者究竟还是一个中产阶级的人，所以每篇中所有的感情，意识，还不能说是完全把无产阶级的阶级感情和阶级意识，表现得十分真挚。

现在中国革命的火线，早已破裂，革命的进展，也已不似从前的缓慢了。在这一个时代，我们所渴仰着的文学，并不是仅仅乎煽起一点反抗的心情，或叫喊一阵苦闷的那一种革命先驱的文学。若文学是时代的反映这一句话是真的时候，那么我们在这一个时代里所要求的，是烈风雷雨般的粗暴伟大，力量很足，感人很深的文学。就是我在前面所说的跃动的，有新生命的文学。可是《鸭绿江上》一集，无论如何，还不能满足我们这一种的要求。

《鸭绿江上》的作者，有驾驭文字的手腕，有畅所欲言的魄力，可是无论如何，我们读了他的作品之后，不能起激烈的冲动，狂暴的奋兴。这是什么原因呢？我想这完全是因为作者，还没有提握到无产阶级的阶级意识，还没有将无产阶级的阶级感情，全部喷泻出来的原因，所以他在徐州旅馆里，只能拿出七块钱来给那可怜的少女，而不能马上就丢下了开封在病卧着的爱人，去寻着那逼人为娼的老妪来，给她一顿痛打。所以江霞——《弟兄夜话》的主人公——只能逃避在外，仅仅乎不彻底的避免了专制婚姻的恶毒，而不能跑回家去，将他的兄嫂离拆，或将他的老娘痛责。所以周德发——《橄榄》的主人公——当他的爱人吴乳姑被资本家何庆三夺去做姨太太的时候不能马上就打到何庆三的家去，和他拚命。

然而文学也是与国民性有关的，或许我们现代的中国人，还没有这样强的性格，或者我们中国现代无产阶级，还没有锻炼成这一种阶级意气，那么我就不得不为中国的革命前途悲了。

以上因为读了蒋著的《鸭绿江上》，偶尔生出来的杂感，至于无产阶级文艺的考察，当另外再来撰文记述，此地不再说了。

一九二七年四月八日

（原载《洪水》第3卷第4期）

《鸭绿江上》
——蒋光赤第二小说集

钱杏邨

今年9月间流浪海上，适值光赤编辑他的小说集《鸭绿江上》，承他将底稿先给我阅读，我的快慰，直如在沙漠上寻着了绿洲。

这集里收了他两年来写的小说八篇：（一）《鸭绿江上》，（二）《橄榄之余味》，（三）《逃兵》，（四）《徐州旅馆的一夜》，（五）《兄弟夜话》，（六）《寻爱》，（七）《一封未寄的信》，（八）《碎了的心》。《鸭绿江上》在《创造月刊》上发表过，《兄弟夜话》在《光明》上没登完，其他六篇，都还不曾发表。

光赤的著作，已刊行的有诗集《新梦》及中篇小说《少年飘泊者》。两书对于青年的影响，实在有些惊人。每一种直如一颗猛烈的炸弹，投到了青年的心胸里！关于《新梦》，我的共学的朋友野清君说得很中肯，他在诗集初出版时有一封信给我说：“《新梦》真是热烈悲壮！它富于同情心和牺牲的精神！实在是柔靡人们的兴奋剂！凡是青年，我想都该人手一编。艺术方面，虽觉未能纯熟，然我以高先生（语罕）的话为然：‘一个人的作品，能用他的思想，情感，引起人的同情，使读者感发兴起，这便是高尚的艺术！……’”这诗集又由我在三个中学，六个年级上试教过，所得的结果绝佳，影响甚大！《少年飘泊者》已经再版，批评的文字很多，结果也如野清君批评《新梦》一样，有一位周仲容君就是因读这本书，抛弃了原有的职业，由我们介绍从军去的！

现在，他的《鸭绿江上》又要出版了，这实在有介绍的必要。不过，在介绍本书之先，我要用新俄“烈夫派”的艺术定义，来说明他的创作的态度。自然，我不能说光赤是受了这一派的影响，但我以为他的态度正是如此：“艺术不是认识生活的方法，是创造生活的方法。不承认有写实，不承认有客观。反对写实，提倡宣传。否认客观，经验，标定主义，意志。除消内容，换上主张。除消形式，换上目的。反对死的，冷静的，呆板的事实，注意人类的将来。目的是要创造无产阶级的艺术，反对一切非劳动阶级的文学。”所以光赤创作的态度，的确和“烈夫派”的同人站在一个战线上。他说，我们的作家今后再不能彷徨了，现代中国青年的苦闷是找不出出路，我们应该指示一条大道给他们；换句话说，对于一切的问题，现代青年所需要的是解决，不是仅仅要了解事实！他说作家的精神不应该太倾向技术，专事雕琢语句，应该努力的向朴素和自然两方面去做。他说，粗暴不要紧，时间长了，自然可以成功，自然有伟大的劳动文学作家产生出来！——要紧的是我们不要走错路！

（在这里我要插说几句。一般作家，主张艺术的艺术的人，看见以上的话，或将引用厨川白村或其他作家反对创作宣传的话来批驳。这一问题，有机会当另文详述；这里在势是不能详加解释了。）

明白了他的态度，我们请进一步介绍他的《鸭绿江上》。

第一篇《鸭绿江上》记朝鲜革命青年李汉孟自述他的爱人金云姑被日本当局杀害的惨史，及他们俩的恋爱经过。这里面叙述了日本帝国主义对于朝鲜的压迫，且显示着逃出这种压迫，实行自主的唯一方法——革命。所以李汉孟于悲痛之余，很沉痛的说：“我相信我自己的意志是很坚强的。我虽然有无涯际的悲哀，但我还抱着热烈的希望。我知道我的云姑是为着高丽死的，我要解放高丽，也就是安慰我云姑的灵魂，也就是为她报仇。”这是对的，自身感受着痛苦，单只苦闷着是毫无用处，应该从苦闷中找出解除的方法。若因着苦闷而灰心，而去吃酒，而去赏玩风景，使苦闷不得解除，那是堕落，算不得解决。本篇描写鸭绿江之别一段，淡淡着笔，宛如一幅墨荷，与茵梦湖并论，真所谓“异曲同工”！

《橄榄之余味》是光赤自己最得意的一篇。写一个工厂主蹂躏女工，到底为女工所杀的故事。工厂主是一个恶魔，女工有姿色的他都要蹂躏。不接受他的蹂躏，便没有工做、没有饭吃！后来又看中了女工爱姑，爱姑是和她的表兄互恋的。但爱姑究竟是弱女子，终于做了他的宠妾，每日里乘着包车四出游览。她因着丰富的物质享受，早把他的表兄忘了。她的表兄思念她过度，改业黄包车夫，每日停在她的门口，候她。乘着包车外出时和她默然一见。可是她从没有给他一点眼色。后来工厂主又娶了一个女工做宠妾，爱姑被弃，包车让给了别人。愤恨之余，想到她表兄的深情，生了报复的念头。于一个深夜，她将万恶的工厂主杀死，和她表兄一同逃走。这故事实在和橄榄之有余味一般，使人有绵绵不尽之思！这样的生活才是真正的人的生活，这样的精神，才是真正的革命精神！这样的女子才算得青年的模范！技术也和橄榄一般，往往的一结悠然。我最爱契诃夫的《洛斯奇尔的提琴》中洛斯奇尔被狗咬伤的一节，读光赤这一篇，不但联带的想起，且具同样的印象！

《逃兵》和《橄榄之余味》同是光赤在庐山作的，那时革命军正攻江西。内容写一个逃兵做了工会里的干事以后，自述他的过去历史，写出现代中国军队蹂躏人民的实际状态。他——张得胜——痛恶他的团长蹂躏地方，奸淫妇女，乘团长出猎时将他杀死，逃回家乡。那知‘故园依旧，家室已非’，他的母亲，妻子，妹妹，有的被兵士们奸死，有的被掳了去。弄得无家可归，跑到上海做工。因着一个大学生的劝导，从事革命工作，努力的为工人争自由！全文描写北方的语气是一大特色，事实当作梦境提前描写又是一特色！他梦中目击他的母亲，妻子，妹妹，被奸被掳，色调写得非常可怕；及至惊醒，悟为梦境，又是一喜；不意仍有那种不幸而可怕的结局。文势擒纵得极有趣味，不愧是一篇名贵杰作。

《徐州旅馆的一夜》写一个卖春妇的自白。那女子家乡遭了匪患，丈夫当兵，几年没有消息，一家人饿得没有饭吃，遂出此一途，卖性换饭，以养活他的翁姑。——这是作者到开封看他夫人病时，在徐州遇到的故事。这其间写出了为现代经济制度所牺牲的一部分女性的生活，使我们看到现代一切制度势必崩溃的总源。——这是脉案。同时，他又在自己的愤慨中写出解决这种可怕的社会的救剂方法，自然也只有革命一途！现代经济制度不根本改造，这种贩卖肉的生活的事实是免不了的。光赤那时的心境，本已恶劣万状，又遇到这样凄惨的事，无怪乎他描写到沉痛的地方，要令人下泪了！俞曲园先生说，诗能动人心脾，便是佳作，这一篇我想谁读了都得受感动，都得愤然兴起；这就是作者技术的高妙，这就是作者希望达到的目的！

《兄弟夜话》是作者的自传，写他自己的婚姻问题，起始一段，则写他归国后的失望和愤闷，中间并夹叙无产阶级革命的普通原理。他的母亲叫他大哥到上海想要他回家和从小订的一个不相识的女子结婚。终于被他用种种的理由感化了他的大哥，不但他大哥不逼他回去，反愿帮他的忙去解除那机械式的婚约。作者对于婚姻问题绝对主张建设在爱的基础上。在这篇介绍里，我请用他自己的事实，来补充的说明他对于婚姻问题的主张。第一，他自然是主张婚姻建设在爱的基础上。第二，他主张废除一切的契约和仪式。——这是他本身的事实。至于主张自由离婚，这一篇固足帮助我们证明，就是他的主张，我们也可因此推测到。本篇描写他在大哥面前，完全变做一个浪漫的孩子！吃外国饭的玩皮，便是一个证据。写到母亲的怀念，说到七年没有看见母亲的思念情绪，作者的泪和读者的泪真是在交流着！这一篇确是描写骨肉之爱的上品。

《寻爱》我没有读着，稿子那时正被女伴拿去。一个深夜，光赤曾经将这篇的事实告诉我。他的态度是说在现存的制度下爱情离不开黄金。有黄金就有爱情，爱情离开黄金不能单独的生存。他写一个诗人，——大学学生——想寻找一个爱人，先从他教的女同学入手，失败了！继又在其他方面寻找，又失败了！最后跑到神仙世界向女茶房寻爱，女茶房很献殷勤，他以为是寻着了！等到他给她们三十几个铜子小帐以后，看她们改变了态度，竟不睬他。他发现了以前她们并不是爱他，是想他多给她们些小帐。于是他愤愤的说黄金离不开爱情，讲爱情先得预备黄金！这位诗人处处进行恋爱，却着着失败！一部分女性倾向物质，视爱情如玩物，这何尝不是现代经济制度造成的恶果！所以说，这世界若不改造，虽是神圣的爱情都得受经济支配！那样，人生究竟有什么趣味呢？

《一封未寄的信》，写他从一个朋友遗留下来的书里发现了一封信。那朋友是一个革命志士，这信是覆一个少奶奶的，是一篇恋爱故事。《碎了的心》也是写一个看护妇与一个革命党人的悲壮的恋爱故事。这两篇稿子，一存广州创造社，一存南国剧社，我都是没有看见。

《鸭绿江上》的内容，略如上述。我觉得他是现代青年急需要而仅有的创作，是指导他们向光明去的导引！他的作风很朴素。所表现的作者的个性与人格很明显。这几点很足表现作者的伟大！

至于光赤的态度，《序诗》里说得很明的。他说，人们不必再喊他诗人，他要站在十字街头叫号以终生！他说，等到无产阶级的革命的目的达到，他的责任便算终了！……这是他的态度，也是举世青年应有的态度。这就是他要求的一个解决，一条大道！

关于介绍《鸭绿江上》话完了，我的话是否实在，自有本书替我证明，并非因着私人的情感关系而来介绍。我更要引用罗丹的名言来结束这篇短文，并献给从事于第四阶级文学运动的同志：

“要有感动，要有爱，要有希望，要有战栗，要有生命：做艺术以前，先要做人！”

一九二六，一二，二四夜。

〔**附白**〕《鸭绿江上》由亚东图书馆承印，旧历年内可以出版。

（原载《文学周报》第4卷第4期）

评短裤党

——《短裤党》，是秦东新出版蒋光赤著的一本小说

王任叔

（一）

文学是时代的反映，这句话怕谁也要承认的吧！

然而在这样的一个时代里，而我们的文学界里竟找不到一册表现时代性的作品发现，这，确乎使人有点太沉闷了。

虽则提倡血和泪的文学的喊声，已经有五六年的历史了；而血和泪的文学作品直至于今还不曾见到过。一般作家，不是在恋爱文学里打圈子，就在庸俗的写实主义里逞笔锋，要求一篇象《穷人》那样的深刻的作品简直没有。

同时我们知道，提倡革命文学的喊声，也有二年了；而革命的文学作品，也还是寂然无声。连极低度的希求，能够喊几句“干！干！”的声音也没有听到，这大概还是我自己的见闻狭仄吧！我只好这样的自怨着。

本来，文学断断不仅是时代的反映而已。所谓时代的反映，多不过做到文学是表现人生的一部分功用，而把文学又是批评人生的一部分功用抛弃了。现代的文学潮流从自然主义转入到新浪漫主义，就是把文学是表现人生而同时又是批评人生的两部分功用兼并了的一个运动。

可是革命文学却又进了一步，它是在把表现人生批评人生的两部分功用兼并之外，再加上了创造人生的极大的功用。所以苏维埃的俄国，他们就以文艺与教育为革命的第三战线。

在革命文学里至少要具下列的几种条件：

（一）要表现出现时代的错误的不平等的苦痛的被压迫的悲惨的各种现象。

（二）要指示出这种现时代的错误的不平等苦痛的被压迫的悲惨的各种现象由何种制度造成的理由。

（三）要显示出解决这种恶劣的现象的方法与未来世界的光明。

综上这三点，我觉得是革命文学里所应具有的条件。所以革命文学断不是仅仅具有充足的情感的成分而已，同时还当具有充足的理知成分。

（二）

蒋光赤先生，在现在的中国文学界里，差不多都称之为革命文学家的。他的关于革命文学的作品，据说有《新梦》，《哀中国》，《鸭绿江上》等等。但因为我个人近年来对于文学界的隔离的缘故，都不曾拜读过。虽则有时在朋友的书桌上也曾见到《新梦》，《哀中国》的册子略略翻一翻过，可是总不曾细心的读。至于《鸭绿江上》，我好象仅仅在《洪水》里见到郁达夫先生的批评。在达夫的评语里，好象说蒋光赤先生的作品还不能完全表现出彻底革命者的精神。因为我不曾读过《鸭绿江上》，我当然没有话说。现在又是借友人的光看到蒋先生的一册《短裤党》，我便费了二点钟工夫，一口气把它读完。使我竟毫不感到紧涨与悲痛与愤怒，我觉得蒋先生这册小说是完完全全失败了。现在先把这册小说的内容述说一遍。

这册小说描写的是革命军未到上海以前的二次暴动。篇中的人物，可以分列于下：

（一）工人领袖——李金贵，邢翠英（女）。

（二）工人运动指导员——史兆炎，华月娟（女）。

（三）中委——杨直夫，秋华。

此外如郑仲德，林鹤生，鲁正平在党中的地位与责任都很重大的，可是在小说里，却不是所要描写主要的人物。

它的事实的过程，也可以约略的说一说：第一章里是描写被压迫的工人热望北伐军的来到及开会主张总同盟大罢工的情形。第二章是描写总同盟大罢工实行后防守司令李普璋的大残杀与国民党中人章奇等之勾结耸恿，与种种残杀的惨闻。第三章是描写暴动议决案决定，工作派定后，李金贵与华月娟等的各种拟想与心理。第四章是描写李金贵缴警察械的失败，与中委杨直夫卧病焦急的情形。第五章是描写邢翠英率领女工枪毙了工贼与为她的丈夫李金贵报仇杀死了二个警士的情形。第六章是描写史兆炎开导工人复工，及卧病谈笑的情形。第七章是描写暴动后开会批评错误的情形。第八章是描写第二次暴动的胜利与组织革命市政府的情形。

总看上面约略说着的事实，确乎是个头绪纷繁不易描好写得的故事。而且作者的主观色彩太浓，每以篇中第三称的人物作第一称的述说，使读者看去觉得个个都是篇中的主要人物。本来以第三称的人物作第一称的述说的描写法，用之恰好，是很能增加文章的活泼与生动的。鲁迅先生的《高老夫子》，便是这样作法。可是他侧重于描写高老夫子，把一切环境的展开，都作他心理的流动的材料。所以成功了一篇高贵的作品。而在《短裤党》里所应用的，却每一人物出来都是如此，却反觉累赘了。譬如描写李普璋与章奇等处，文笔简直没有轻重简繁之分。

现在我将这册子描写失败的几点先来指出。

（一）没有特别侧重的人物。在中国的旧小说里，最大的毛病就是失败在这一点。就是现在的新小说还是如此。我常对朋友说，如其做小说，仅仅写些事实，我还是请他不要写吧！因为“事实的堆积，”不是小说的重大职责，“事实的堆积”，却是历史的功用。在小说里，我们应该要有一个侧重的人物，如何在某一种事实里辗转生活着，如何在应付这某一种事实的袭来。使读者会同情于这个人物而生出对于这某一种事实的厌恶与消灭的心理。现在《短裤党》所侧重人物是谁呢？李金贵与邢翠英？史兆炎与华月娟？杨直夫与秋华？我们无从知道。所以使我们读到李金贵被杀的时候，也感不到紧涨与伤心及愤恨！

（二）缺少个性的描写。个性的描写，本来是文艺上最主要的要素。虽则我们在革命的立场上不许有个性的存在。但在事实上个性的不同，无论如何是不能免除的。而且个性的表现每每是在见解与行动上。作者在篇中表现行动的描写，简直可说没有。所以李金贵应还他一个如何的个性，史兆炎应还他一个如何的个性，杨直夫应还他一个如何的个性，这些工夫都不曾做到。似乎在女的方面邢翠英和华月娟秋华有些不同，然而秋华和华月娟却又似乎是一个人似的。

（三）缺乏横断面的描写。一个事实要指出它不错误，悲惨，……诸种情形，就非横断面描写不可。虽则长篇小说里不确定每一节都要横断面描写，但横断面描写是不可少的。作者的文章似乎都是概念的叙述与第三称的人物作第一人称的述说的描写，失却了客观的态度，缺少行动的表现。

（四）结构的散漫。结构的好否，就可以显示作者的艺术手段和天才。小说不是历史记载，仅仅把一些耳闻目见的事实写下来，就算我们必须骋驰我们的想象力把我们耳闻目见的事实，天衣无缝的掇集拢来，毫无勉强与不合情理的毛病，使读者在这些自自然然的过程中确信为一真实的故事。结构的散漫，虽则未必会失却文艺的真实性，但确实地失却了文艺的感动力了。

（五）议论与插入的小故事太多。所谓革命文学是创造人生的批评人生的的话，并不是叫我们作者作明白地议论一翻。在小说里是只能用暗示的方法去批评去创造的。同时在一整个的故事里零零碎碎插入些小故事是要破坏全篇的自然性的。譬如第二章里描写张知主一段其所发的感慨，都于正题没有什么关系。（虽则做文章不是做题目。但文章的统一性无论如何不可失却的。）

以上都就其失败方面的各点讲的。若就全册论，则失败大多在上半部，而尤其是第二章做得糟糕。第三章下半截写李金贵第二天要去实行暴动的心理与第四章李金贵在茶店里的思念，还比较写得不错，但还起有力。第五章以后大体也还好，但还是没有什么统系。——总之，还是没有主干的人物来经络故事的缘故。

（三）

自然我的批评，或许还有许多地方忸于习见，而且只侧重于技术方面；未必有损于作品的价值。不过文学作品之可贵，技术是其最重要的一点。革命文学的作品的表现方法，虽则可以不拘泥于习见，自可以另创格式以增加作品的力量；但无论如何要使读者感动或兴奋，总是其最大的目的，使作者自己篇中包含着的思想得与读者有融化的机会。在《短裤党》里所表现的思想，我们是同情的。但我们读了仍不能摇动我们固有的温情而起来奋发。李金贵的思想，断然不是一个温情的人，在他觉得压迫来了的时候，只有起来反抗是他惟一的出路。作者在此应该竭力把他写描一下；可是作者却进一步描写李金贵暴动后成功的欢喜的幻想，减少了不少的文章的力量。而且，要是彻底的说：什么史兆炎，杨直夫，华月娟，秋华，都可撇开一边，做一个副角色；全篇主要人物是要以李金贵和邢翠英来担当的。在这些表现中，作者就应显示出史兆炎等的温情的思想的错误；不要把李金贵死得这样早，要好好的待第二次暴动以后，李金贵才可死！而且在最后，还当拉出一个和金贵的思想同调子的人出来，反对这拚命拉拢有权阶级的所谓革命市政府，做全篇的终结；这样才可以表现出《短裤党》今日的失败的错误与将来应该走去的道路。所谓革命文学的表现人生批评人生创造人生的三个条件，就能因此备齐。（但我以上的说法，并不是我勉强去适应这三个条件而设想出来的说法。在我觉得倘然这样的表现，是更能使人紧张兴奋而又非常适合自然的。）所以我十分热诚地希望我们的作家，不要过于拘泥于本来的事实，本来的事实应该删的删，修改的修改。否则便堕入于庸俗的写实主义的作品里，断不是我们所期望的革命文学。我们应该努力地骋驰我们的想象于未必有而象煞有的事实中去安置我们的革命的理想，这才是我们所期望的革命文学。最后我以十分祈敬的心，供献给我们《短裤党》的作者！！

（原载《生路》月刊第1卷第1期）

关于《评短裤党》

——读王任叔《评短裤党》以后

钱杏邨

说到十年来的中国创作，而至于举鲁迅的《阿Q正传》做代表，这已经是骇人听闻的事；真想不到在目前的批评文坛上也有同样的怪现象。过去的中国的批评文坛，说起来实在令人痛心，分析的说，我们所有的批评，不过是谩骂，棒角，好一点的，也仅止于把全书的技巧稍加阐明而已，我们是找不出一个批评家顾到作家的思想的！近来，这种风气已经有渐次转移的现象，以前没有思想的，思想不稳定的，现在也都把注意技巧的眼光转向作者的思想方面来了，这自然是一件使人高兴的事。

实在的，无论是创作家抑是批评家，都是应该站在时代前面的，而批评尤其应该多读书，一面要了解时代思潮，时代的社会生活，一面要了解整个的世界文坛的现状和趋势。只有这样的批评家才是读者所需要的，作家所需要的；因为作家所希求于批评家的，是意义的阐明，技巧的解释，以及创作的时代价值的估定，读者所希求于批评家的，是良好读物的介绍，以及用批评家的见解来印证读者自己对于某一本创作的意见。

但是，中国现代的批评文坛却不是如此，虽说有些作家有向上的倾向，一部分的批评家却仍然是徘徊歧途。这一类的批评家，他们自己不肯读书，又不愿落伍，偶而拾得一两个新名辞，便不加深究的用到批评论文上去，以卖弄聪明。这结果遂闹出很多的笑话，卖矛卖盾的事在每一篇里就层见叠出，《评短裤党》（《生路》一月号）的作者王任叔就是犯着这种毛病。

关于光慈的《短裤党》，曾经给予我一个很强烈的震动，我在该书出版的第二天就写成一篇批评送给《创造周报》发表，不幸创周停刊，这篇批评又转到《泰东月刊》；现在那篇批评还没有印出，我们已读到王任叔的这一篇了。读了这一篇以后，实在不能不使我们失望，我们真想不到作者的错误竟一致于此！看全文的前部，我们是很明显的认识作者是在提倡革命文学，而且认定文学是一种Propaganda，是应该为整个被压迫的阶级说话的。但是他一面提倡革命文学，一面却推崇描写破产的小资产阶级的穷人；一面主张文学是一种 Propaganda，一面又否定短裤党的时代价值；一面主张为整个的被压迫阶级说话，一面又反对以群众为创作的主人；这样的离奇的矛盾，和诈僚的主张农民文学而反对鲁莽的理论，真是有趣的异曲同工的错误！

这种批评的错误，我们仔细的想来，其间的原因实在很是复杂，最主要的就是作家没有思想，没有稳定的思想。作家的思想不稳定，无形之中便不能不受封建时代以及寄生于资产阶级腋下的文学原理的影响；那么，作者便不得不把两种出发点不同的理论兼容并蓄了。这两种思想是绝对不相容的，合水和油放在一起一样，其结果是各不相谋，所以从作者的笔尖流到纸上以后，终结还是各自独立，而产生一些可笑的矛盾！一个批评家不稳定自己的思想，无论如何，我们相信他们对于任何种的创作是估定不出确实的时代的真价的。

很多的意见，在我的《短裤党》一文里已经说明了，在这里不想再提及，现在只想把王任叔的批评的错误的地方稍为解释一下。他第一件对于《短裤党》不满意的，就是“没有特别侧重的人物”（P.5），他说“我们应该要有一个侧重的人物，如何在某一种事实里辗转生活着，如何在应付这某一种事实的袭来。”（P.5）这是一种矛盾，前面已经说了。我们实在找不出作者的意思，假使我们的推测不错误，作者头脑里所有的思想，不过是“英雄主义”一个名辞，作者所希望的革命，仍然是英雄主义的革命，说不上什么为民众，为压迫阶级。我们现在所需要的革命，究竟是需要“侧重一个人物”的革命呢，抑是群众的革命呢？作者告诉我们的是两种都要，这真是作者特有的思想了。……说回来罢，这个时代既然是被压迫阶级的革命时代，我们的主人翁当然是被压迫阶级的群众，象短裤党这样以群众为主体的小说，就是我们所祈求而难以得到的小说。我们不但觉得《短裤党》的作者不曾错误，我们还希望这样的著作能在中国文坛上多多的产生出来。再进一步说，这种描写群众的创作也不是独开先例，无论在那个国度里我们都可找到，从小说方面说起，我们就可以举出Gorky，London，Marting，Libedinsky，Ivanob……一些作家，从诗歌方面说，我们就可以举出 Nesbit，Hughes，Ewer……一些作家；在戏曲方面；人人知道的，就有 Hauptmann。不但长篇，就是短篇，也不乏很好的制作，记得Gorky就曾用两三千字写一回大罢工，而篇中的主人就不是一个，是罢工城里的所有的小孩子们。他还有一篇同样分量的写电车罢工的小说，全篇的主人就是群众。在这样狂风暴雨的群众即将起的大革命时代，什么是创作家的人物，什么是创作家的小说里的行动呢？老实说，只有群众，只有群众的行动！宋江的时代早已过去了，贾宝玉的时代也早已过去了，英雄主义的人物的时代也早已过去了，可怜我们的批评家一面想追逐时代，一面还在做着英雄主义的梦；他说的“我个人近年来对于文学界隔离”（P.3）的一句话，真可以说是不曾欺骗读者的确而且是实的话了！

第二个重要意见，就是作者说《短裤党》的“结构散漫”（P.6）“和全书兼用第三人称和第一人称失了客观的态度”（P.6）。假使作者仍然用读寄生于资产阶级的贵族小说的眼光来权衡现代的大革命描写的创作，那《短裤党》的结构诚然免不了结构散漫的讥诮，可是作者果真把批评的眼转向以群众为主体的创作方面来，则《短裤党》并没有什么结构不谨严的地方。作者不曾读过群众描写的小说，不曾作过群众描写的小说，作者不曾参加过革命的群众的运动，那么群众小说的生命是不会被作者捉住的，纵卖尽心力来批评，其结果也不免于隔靴搔痒；所以我们对于作者的群众生活经验不能没有相当的怀疑！《短裤党》的时代是何等狂暴的时代，《短裤党》的事实是何等复杂的事实，《短裤党》里的人物的行动是何等震动的行动；假使作者是《短裤党》的作者，你将怎样的梳理剪裁这种纷乱紧张的事实和恁般多的人物呢？批评家说某一种著作结构不谨严，而不能指出作者应该采取的方法，这是一种武断；纵使引一些资产阶级文学批评原理的断句来填补该节的说明，终究是掩不了批评家的浅薄的。象《短裤党》的这种结构，事实上并没有什么奇怪，在中国的旧小说里我们可以找到很多的例，《三国》《水浒》就是重要的，而俄国Libedinsky的《一周间》尤其和《短裤党》近似。我们不知道作者怎样的竟发出这样笼统的主的。我们诚恳的希望作者以后在这一点注意。说到小故事太多的问题，我们的意见和说议论插入是一样的，总之，在《短裤党》里议论和小故事的插入，我们并不觉着有什么破坏统一性的地方。

第三，就是“缺少个性的描写”（P.5）和温情主义的史兆炎的问题（P.7—8）。关于前一个问题，我们读《短裤党》时，书里的人物个性觉得分析的异常明显，并没有什么含混的地方，不知作者何所见而云然，或许看得太快的原故罢。关于这问题没有什么理论可说的，只有让读者们去判断，同时我们希望作者按照前次加倍，用四小时功夫再读一遍，然后再请告诉我们秋华究竟是不是月娟，是不是邢翡英；杨直夫究竟是不是史兆炎，是不是李金贵。假使作者仍然分不开，那么我们希望作者告诉我们他们个性容易混乱的理由在什么地方。总归说起来，批评的事业，不是一两句笼统的话所能建设的，批评家应该多多的读书。后一个问题更观的批评！至于第三身称第一身称兼用的一个方法，若是依据自然主义的一般原则看来；诚然是错误的，失了所谓客观的态度，实际上却不是如此，方法是不一定要泥守旧规的，新的方法也是应该随时产生的，Kelerman写《十一月九号》，Ererberg写《姌娜的爱》，就是用第三身称第一身称兼用的方法。而且作者自己承认创作有另一种使命——Propaganda，那么议论的插入只要适当也就没有什么可议的了，我们就举出Galsworthy的《Strife》就可以证明《短裤党》的插入议论并不是不可能的事。张知主的话的书写目的是很显然的要烘托史兆炎，作者不注意到这一点，硬说与正题无关，这又是一种武断。一个批评家批评一本著作，只用一两点钟走马看花的瞥过，这不是批评家的态度，批评家批评一部书应该存着忠实于这本书的态度，不应该抱着专门找错处的心理，对作者对读者都应该负责任，要细心的读，一个字也不应该轻轻放过，因为批评家的笔是比创作家更难下是笑话，我们所见到的是在《短裤党》一书里的工人群众及其领袖没有不健全的，史兆炎就是健全的一个。他是一个健全的革命家，并不是一个温情主义者，《短裤党》的作者是写革命小说，不是写温情小说，不知作者何以硬要逼《短裤党》作者走上温情主义的道路，而要《短裤党》的作者去写温情主义的失败！这是作者最主观最错误的见解。但事实虽是如此，作者偏偏要说是用的客观的方法，我们真不知客观的批评方法原来是如此。

关于《评短裤党》一文的意见，重要的已经略加说明了，其他许多枝节问题，以及作者的一些主观见解的错误与不错误，我们不想多说。不过《短裤党》缺乏小说风味那是实在，但作者没有在这一处多加注意。总之：我们对于这一篇批评的结论就是作者的思想太不稳定，对于近年的文坛现状不甚了然，还没有完全脱离寄生于资产阶级腋下的资本主义文学的理论见解，对于群众革命的实际还没有亲切的认识，英雄主义始终还是作者的中心思想；而又想不落伍，又想站在时代前面，又不肯深究群众革命的原理，只拾到一些崭新的名词来点缀文章；这结果遂闹出《短裤党》一评里的许多离奇的卖矛卖盾的笑话！

一九二八年一月十七日于上海

（原载《太阳月刊》1928年2月号）

《冲出云围的月亮》

蒋光慈作　长篇小说　北新书局出版

苏读余

为我所万料不到的，蒋光慈君的《冲出云围的月亮》，竟会在一月以后就“再版”。还不管它每版印多少本；但是究竟是我们读书界的一个好现象。

我对该书的出版，似乎不曾“注意”到。后来在朋友的书架上见有这本书，才跑到北新去买来读。可是，已是再版了。然则再版本或能校正几个刊误的字；所以虽非初版本，也欣然的读下去。

越为了先前未曾注意，更能对于那本偶然碰见的书，去另眼相待。为了是另眼相待的结果，该书的好处同劣点尤能清楚一些，可是这本《冲出云围的月亮》的优点实能使我们忘了其中几处不能如人意的地方。所以该书始终不失为一本好书。我关不住自己要说的话，就草此文介绍该书于诸位之前。

这本书，是一本普洛列塔利亚文学的作品。其中简略的事绩是怎样，我不妨将它约略地记之于下：

曼英是一个革命的女郎。起先当女兵，后来因战伤回到上海，又因生活的转变，及革命计策的更换，所以就舍弃了自己的肉体，用自己的肉体去引诱一般为自己所要革除的人来入彀。这样就流为娼妓一样——不，意志是不能和普通的妓女作同日语的，后来过久了这样的生活，她的意志将要崩坏，又受到了许多新的刺激，她觉得非自己来自尽不可。于是她就往吴淞那面去跳海。可是中途为了自然界的激励，她被自然界征服了。又为了家中尚有一个来上海时所认识的可怜的女孩阿莲，所以她终于把一颗行将熄灭的心火复燃起来，回到上海后去从事她实际的革命工作——入工厂里作事。

以这种事实来描写，本是一种极好的对象！那第三期革命工作的结果，原本是这样的是真正的普洛列塔利亚阶级所产生的普洛文学。加之作者用极通俗之笔来描绘，说这是中国幼稚的普洛文学中一本值得注意的小说也不为过。

事实在上面已约略地述过。我个人也没有对于事实上的意见要说。本来普洛文学的结构——事实是不能够太注重的；太注重了将失了普洛的本身价值。在这本书中于结构上不能称为"严密"，我自然不能怎样说他的不对了。不过作者描写的对象——每个角色的个性，是很值得研究一下子的。现在我就谈谈这个吧。至于文字在上段已经略提一过，很通俗。虽然第一段到第五段的五段间觉有些地方象是作者极不经心写成的，可是此后几段，把前面那些地方终也给遮掩了。所以对于文字上，我也象结构那般不去注意他。

现在该归到来谈各个角色了。

第一先谈主角曼英。她的事迹在上面已稍为说了一些，想读者也已知道了吧。但是我终对于她的行动上有几句话要讲：就是当她由战伤回到上海的时候她的志趣是坚决的，一颗心是专以大家的利益为前提的。可是在后来以她的肉体来引诱她的仇敌——不！是公众的仇敌的时候，作者不免把她的行动与思想写得自私了一些。因她引诱每一个人，不管那对象是怎样的人。就是有一天在大马路一家商店门口遇到的那个尚要怕羞的少年人，也当他是她的一只小鸟，用肉体去诱惑他，这不是很自私的吗？——专以曼英的自己为前提！虽然作者替曼英留了些地步，说那少年是资本家的儿子；可是资本家与他的儿子是没有关系的！父亲是父亲，儿子是儿子，如因恨了资本家就恨及了他的儿子，这是不对的！因为父亲是坏人而儿子是好人却多得很呢。

第二说李士毅吧。他在书中虽只出现二次，可是他的健全的志向已深印在我的心中了。看他不为一切环境所动摇的心，超然脱凡的外表，已够值得我们的敬仰了。以我个人的意见看来，他是全书中最完美的一个模型。

第三说李尚志了。他的真切的情谊，他那积极的思想，在书中也占了卓越的地位。

此外几个人物，如阿莲、杨坤秀、陈洪运、钱培生、柳遇秋……等，其中除阿莲无甚表示外，其余几个人，在我们的立场看来，是很灰色的。有的变了一向的志愿，有的作威作恶，……有的，总之，是灰色的人物。

书的结尾，曼英是做了“冲出云围”的“月亮”。因为她是跑进工厂去实际革命了。她虽然由集团的革命，转到“自私”的——错误的革命，再入到个人的革命，并不能成为一种伟大的革命；但是全书中她的方式虽有变更，可是其意志是统一的，我们也就不能不原谅她了！

（原载1930年7月16日《现代文学》创刊号）

《丽莎的哀怨》与《冲出云围的月亮》

冯宪章

以下，我只想凭着我的记忆，给《丽莎的哀怨》与《冲出云围的月亮》写出一点读后的印象。

如题名所示，《丽莎的哀怨》就是丽莎的哀怨。但是，丽莎为什么哀怨呢？

原来，丽莎是一个贵族的女儿，一向她的生活，就非常优裕，她不知道世间有所谓忧愁，也不知道世间有所谓贫困；她知道的只是快乐，只是幸福，只是……

在社会上，她是高出于平民的人物，她是尊贵的，威严的，神圣的，更加以她生得非常漂亮，就好象美丽的天使下降一样，谁也不敢触冒，谁也不敢侵犯，一任她如意伸展！上下纵横！

后来，更与门户相当的团长白根结了婚，她越发幸福，越发快乐，越发如意起来，她更得随意挥霍，更得任性，好象她的周围，荡溢着温柔的，馨香的，如天鹅绒一般的空气；她全身都为幸福与快乐所溶解了……

溶浸在这么快乐的海潮里面，当然再也想不到其他一切，更想不到世界会变迁，时代会流转，贵族的运命会完结！因为她相信：一切永远也不会更换变动！

然而，实际上，一切都不断的在动，一切都不断的在变化，昔日桑田已经变成了大海！社会如一切一样，没有一刻会静止，永远不断的在向前奔跑！时代也如一切一样，没有一刻的休息，永远不断的在回转！

这社会的奔跑，时代的回转，使神圣的，尊贵的贵族阶级渐渐地向着没落之路跑，使被目为下贱的“黑虫”，从地窖底下伸了起来！

伸起了头的“黑虫”，在呼喊面包，呼喊革命，呼喊自由！他们的呼声如象雷鸣虎啸，如象怒浪狂潮，冲破了丽莎愉快的迷梦！使丽莎再也不能这样安宁了。

但是，丽莎相信着白根的权威，相信着贵族的力量，她想只要白根出动军队，马上也可以把那些“黑虫”除掉，她依旧可以过温柔的梦一样快乐的生活！

可恨的！就是“黑虫”的数目是那样的众多，组织是那样的严密，精神是那样的勇敢，白根的军队终于失败，他们终于不得不脱离神圣的，尊贵的俄罗斯，逃到东方巴黎的上海来。

就是到了这个时候，丽莎都还固执的相信着：“黑虫”的起来，不过偶然的现象，神圣的俄罗斯到底还是他们贵族阶级的！丽莎身虽在上海，可是她的心可天天在希望着白军的反攻，“黑虫”们的没落！

但是，一年两年，三年！……不管丽莎怎么的希望，怎么的祈祷，而事实上“黑虫”越发伸展起来，越发强固起来！一切都成了幻梦！兼且携带到上海来的钱，已经浪费一空，夫妇生活成了问题，不得不含羞忍欲去做舞女，去给一般有闲的浪子玩弄，最后更不得不出卖她的肉体，而至生了梅毒，而至……

从前高贵的神圣的丽莎，今日到了这样的结局，这样的下场，当她想起来了自己的过去，想起来了过去的快乐生活，怎得不哀怨？想起来了她从事革命的姐姐，看到了影戏上伏尔加河的船夫，她怎得不懊悔呢！？……

所以丽莎哀怨了！

这是《丽莎的哀怨》的事实的概硬。从这里，我们可以看出丽莎与白根就是俄罗斯贵族的代表，丽莎的运命就是俄罗斯贵族的运命，丽莎的哀怨就是俄罗斯贵族的哀怨！

俄罗斯贵族，在俄罗斯的“黑虫”未起之前，正如丽莎一样快乐，幸福，如意，挥霍，任性，傲慢，……

俄罗斯贵族，到现在，也正如丽莎一样走到了末路，绝望，……

所以《丽莎的哀怨》表现了俄罗斯贵族阶级怎么的没落，为什么没落；并且暗示了俄罗斯新阶级的振起！

如果把《丽莎的哀怨》的艺术的用语，翻译成社会科学的用语的话，《丽莎的哀怨》如一切社会科学一样，在告诉我们，旧的阶级必然的要没落，新的阶级必然的要起来！它在阐明社会进化的过程！它的作用，与布哈林××主义的ABC一些也没有两样！

这是《丽莎的哀怨》的社会——政治的评阶。

然而，虽然说"在某一文化的勃兴期，尊重内容；开花期，内容与形式调和并重；而崩坏期，形式过重。"中国普罗文艺，正在勃兴期间，当然主要的在内容，主要在社会的评价——政治的评价。但是"形式必须适合内容，内容也必须适合形式。"（蒲列汗诺夫）"不接受形式，就不接受内容的某一方面。"（普列汗诺夫）所以"无产者理论家也可以作（并且必须作）关于艺术作品的形式上的评价。"（卢那卡尔斯基）就是说我们来作美学——艺术的评价，并非完全没有意义。

那么，《丽莎的哀怨》的艺术价值怎样呢？

如果所谓艺术的价值，是在使明明目的宣传，而要令读者感不到自己是在被宣传的话，那末，《丽莎的哀怨》是值得相当高评的作品了。

《丽莎的哀怨》是采取反面的表现方法。就是它表面地处处都在傲慢着贵族阶级的神圣与高尚，威严而不可侵犯；处处都在痛骂"黑虫"的横蛮与强暴；轻视"黑虫"的愚蠢与无能；祷告"黑虫"的没落与沉沦！但是，实际上，完全相反！它如上面所说过的一样，的确地在告诉我们：贵族阶级的强横卑鄙，末路途穷；更在给我们暗示："黑虫"的蓬勃振起，无可压抑！

它将使读者，宣传于不知不觉之中。不会象其他的初期的普罗列塔利亚文学制作，就宛如标语口号一样，使一般的读者一见生厌；或者在那里显然地，感觉着有人在对自己说教。这就是说，《丽莎的哀怨》已经脱离了标语口号的形式，而深进了一步——走上了适合新内容的新形式的道路的开端。

虽然不能说《丽莎的哀怨》这一种形式，是我们新兴文学唯一的形式；至少我们可以说这是适合"哀怨"的题材的形式；我们多种多样的形式中有力的一种形式！

《短裤党》里的主要人物和事实，与《丽莎的哀怨》里的适切的对照。所以作者在写《短裤党》的形式是另一种“粗暴的，力学的”形式；而在写《丽莎的哀怨》的形式又是一种不同的形式。当我们读《短裤党》时，就仿佛在读一首战歌，是那样的狂热，是那样的奔放！而当我们读《丽莎的哀怨》的时候，却宛如读一首抒情的长诗，是那样的缠绵，是那样的健丽！

真的！与其说《丽莎的哀怨》是一部小说，无宁说它是一部散文的诗，诗的散文。

这是我读了《丽莎的哀怨》后的印象。

然而，作者的进步就如长足的革命运动一样，一部更胜一部，最近出版的《冲出云围的月亮》，给我们与比《丽莎的哀怨》更好的感觉。

《冲出云围的月亮》是表现在“八一”事件失败之后的三种思想的倾向。拿主人公曼英代表虚无主义的盲动主义的思想；拿曼英从前的爱人柳遇秋代表投机的卖灵魂的倾向，更拿曼英后来的爱人李尚志代表正确的坚实的革命党人！这三种思想的倾向互相冲突，挣扎，卒之曼英颖误了她那种虚无的倾向的不对，洗净了灵魂与身体来合李尚志去，共同努力为普罗列塔利亚请命！

不用我在这里多加饶舌，很明白的在“八一”失败之后，在中国青年之中，有这么三种倾向。而在这三种倾向之中，卒之是李尚志所代表的思想得到胜利，中国的革命已经从机会主义与盲动主义反复之中离开，坚决的布尔塞维克化了！

所以在政治的评价上，《冲出云围的月亮》是很健全的这一时代的表现。它给我们指出：以为中国革命已经没有希望，没有出路的倾向，（取消派就是这样！）而至幻灭虚无的盲动主义的倾向，通通都是错误的离开群众的幻想；只有象李尚志一般坚忍耐苦的，深入群众的党人的倾向，才能保证中国革命的胜利！

至于形式的一方面呢？钱杏邨先生在《拓荒者》二期上创作月评中说：

“《冲出云围的月亮》……同时也说明了蒋光慈君本身的进

步。第一，是语句的构造，是比以前更为简明，更为大众化了。第二，是复杂的事实的错综的得体。第三，是人物性格的描写的展开。”

这是很的当的批评。特别是性格的描写，越发显得作者的进步的长足！曼英的描写，比较菊芬更要成功！

还有一点，就是作者在《冲出云围的月亮》对于心理描写，特别的深刻：这一点似乎有朵思退夫斯基的风味！

可是钱杏邨先生在前些地方又说：

“不过，蒋光慈君的表现，仍不免于有相当的遗憾。那就是，第一，关于曼英的浪漫行动，在转变以后，批判得不很充分。第二，曼英对于革命的认识是从英雄主义的个人主义转变到集体主义，关于曼英的集体化的意识，蒋光慈君没有把它充分的指出。第三，是足以作为当时的典型人物的李尚志，（当然他是没有完全成长的新型）蒋光慈君描写他是不很着力的，这样尖端的人物，新写主义作家应该特别的加以注意。”

这与我所得的印象却有些出入。也许是我的观察错误，然而有了“错误”才显得出正确。就把我不敢决定是错是对的意见拿出来，也无甚防碍罢？

我以为曼英在工人群众中演讲，就是对于她转变后浪漫行动的批判，就是她集体化的意识的指出。曼英明明白白的对李尚志说：

“我不单要洗净我的肉体，而且要洗净我的灵魂才来看你！”（大意而已，因手边没该书。）

至于李尚志的描写，的确不很着力；但是只不过是“不很”而已，李尚志的轮廓在书中是活跃着的。所以不很着力，我想这是因为《冲出云围的月亮》在表现曼英的转变，重心不在单表现革命党人的生活。革命党人的生活有过《短裤党》，并且作者以后也许还有许多东西。

不过钱杏邨先生也不过说“不很”“没有，……充分”而已，所以与我的印象也不过只是出入，绝没有冲突。

钱杏邨先生最后希望作者要“弥补”斗争的气分非常削弱与很少

正面表现革命的缺陷，这在为马克思主义者的钱杏邨先生的任务上是不可缺的必须，而且也是非常正确的指示！

因为如梅林格所说："现代艺术（布尔乔亚艺术），完全缺乏的东西，是对于有阶级意识的劳动者如生命中的生命的，那喜悦的斗争的要素。"那末反过来，我们普罗列塔利亚文学当然便应该充分的具备斗争的气分。

在这一点上，我也如钱先生一样，极希望作者能够更进一步！"他一定要进一步的去描写觉醒了的日渐成长的革命的普罗列塔利亚群众，以及革命的新的典型人物，一定要把复兴了的普罗列塔利亚的斗争情绪反映到他的创作里去；他必得进一步的很敏锐的把握住日渐发展了的尖锐了的斗争的现代的核心的时代的动的，力学的心！"（钱杏邨：《创作月评》）

不单作者应该如此，我们目前一切的普罗列塔利亚作家都应该如此！

不过说"作者最近几部著作中，斗争的气分是非常的削弱了！"这在我的意见却又不然。我以为只不过是斗争的分野不同而已！在《短裤党》里的是社会的政治的斗争；而在《冲出云围的月亮》里的是意识形态的斗争！斗争依然还是斗争！我们不能说如象杰克伦顿的"铁踵"的思想斗争，就不是斗争！

最后，我从友人们闲谈之中，听见有人说"李尚志的恋爱观不正确"，因而牵涉到作者的恋爱观。这里我想顺便也写出我对于李尚志的恋爱观的意见。

恋爱观就是所谓性道德。它是上层建筑的风俗道德的一部门。因此，它当然要随着时代变迁，一时代有一时代的不同。

现代是革命的时代，现代的性道德应该怎样呢？

在我现在动手译着的格利米约夫斯基的小说《苏维埃大学生生活》里，曾经借细妮亚说了出来这么的话：

"布尔乔亚治歪屈理解，蒙蔽劳动者和农民的眼睛，确信共产党员否定一切的道德。那是——撒谎的！我们知道有共产主义的道德！布尔乔亚的道德发源于神的命令。但是我们知道神为着怎么的人，和为什么必要；并且知道布尔乔亚为什么要使用道德！我们的道德有其他的性质。我们的道德是完全服从普罗列塔利亚特阶级斗争的利益。共产主义道德——这是为劳动者对一切榨取的斗争效力的组织！我们的道德有对于革命利益，对于为确立与完成共产主义的斗争的完全的组织。即于革命有利益的东西是道德的，于革命有害的是不道德的，不得不克服的东西！

“由普罗列塔利亚特这唯一正确的阶级的见地，不道德的东西是使我们战士衰弱的一切，是使我们对新社会建设的意志衰弱的一切，是防害我们遂行我们直接的目的的一切！如果很早很早就放纵的乱来不规节的性生活，伤害我们肉体的精神的精力，伤害我们的意志，导我们上性的放任的横道上去，那可以说是不道德的……相反地，不宽大地对待性的抑制与露骨的性的本能，和以同志的态度对待喜欢的女人——这是在性关系上最高的共产主义的典型，这是——如天地之隔地，从腐败了的布尔乔亚社会的性道德远离的，我们的性道德的基础！”

李尚志的性道德——恋爱观是不是有防害革命工作呢？

李尚志从来没有因为曼英忘记过工作，只不过不管曼英对他怎样，而他对曼英依旧的热爱！也许非难者就因此说李尚志的痴情不对。但是，在我却以为李尚志对于爱恋超出庸俗的也就在此一点。

在一般的恋爱，如果到了一方对于自己不爱的时候，不特原有的热爱消灭无形，甚至反友为敌！只有典型的党人李尚志，才能有对曼英这样的爽快的精神！这不是李尚志特有的痴情，在我，以为是人与人之间应有的态度！

所以我以为李尚志的恋爱观在目前还是对的；而且我们有拿李尚志来做典型的必要！

这是我偶尔的印象与感想，亲爱的读者哟！你们以为怎样呢？

（原载《拓荒者》第1卷第3期1930年3月10日）

读了冯宪章的批评以后

华 汉

读了冯宪章的《丽莎的哀怨》与《冲出云围的月亮》的读后感后，我也想来写一篇我的读了宪章的读后感后的读后感。

正文开始吧：

宪章在他那篇文章中，对于《丽莎的哀怨》，有这样的几段评语：

"这是《丽莎的哀怨》的事实的梗概。从这里，我们可以看出'丽莎与白根就是俄罗斯贵族的代表，丽莎的命运就是俄罗斯贵族的运命，丽莎的哀怨就是俄罗斯贵族的哀怨！'

"俄罗斯贵族，在俄罗斯的'黑虫'未起之前，正如丽莎一样快乐，幸福，如意，挥霍，任性，傲慢……

"俄罗斯贵族，到现在，也正如丽莎一样走到了末路，绝望……

"所以《丽莎的哀怨》表现了俄罗斯贵族阶级怎么的没落，为什么没落；并且暗示了俄罗斯新阶级的振起！

"如果把《丽莎的哀怨》的艺术的用语，翻译成社会科学的用语的话，《丽莎的哀怨》如一切社会科学一样，在告诉我们，旧的阶级必然的要没落，新的阶级必然要起来！它在阐明社会进化的过程！它的作用，与布哈林××主义的ABC一些也没有两样。"

这是宪章对于《丽莎的哀怨》的社会——政治的评价，再看宪章对于它的艺术的评价吧：

"如果所谓艺术的价值，是在使明明目的在宣传，而要令读者感不到自己是在被宣传的话，那末，《丽莎的哀怨》是值得相当高评的作品了。

《丽莎的哀怨》是采取反面的表现方法。就是它表面地处处都在傲慢着贵族阶级的神圣高尚，威严而不可侵犯；处处都在痛骂"黑虫"的横蛮与强暴；轻视"黑虫"的愚蠢与无能，祷告"黑虫"的没落与沉沦！但是，实际上，完全相反！它如上面所说过的一样，的确地在告诉我们：贵族阶级的强横卑鄙，末路穷途；更在给我们暗示"黑虫"的蓬勃振起，无可压抑！

"它将使读者，宣传于不知不觉之中，不会象其他的初期的普罗列塔利亚文学制作，就宛如标语口号一样，使一般的读者一见生厌；或者在那里显然地，感觉着有人在对自己说教。这就是说，《丽莎的哀怨》已经脱离了标语口号的形式，而深进了一步——走上了适合新内容的新形式的道路的开端。

"虽然不能说《丽莎的哀怨》这一种形式，是我们新兴文学唯一的形式；至少我们可以说这是适合"哀怨"的题材的形式；我们多种多样的形式中有力的一种形式！

"《短裤党》里的主要人物和事实，与《丽莎的哀怨》里的适切的对照。所以作者在写《短裤党》的形式是另一种"粗暴的，力学的"形式；而在写《丽莎的哀怨》的形式又是一种不同的形式。当我们读《短裤党》时，就仿佛在读一首战歌，是那样的狂热，是那样的奔放！而当我们读《丽莎的哀怨》的时候，却宛如读一首抒情的长诗，是那样的缠绵，是那样的健丽！

"真的！与其说《丽莎的哀怨》是一部小说，无宁说它是部散文的诗，诗的散文。"

照宪章的意思：《丽莎的哀怨》的政治的评价，是一部布哈林的文“××主义ABC”；艺术的评价，是一部“诗的散文，散文的诗”；是新兴文学的“多种多样的形式中有力的一种形式”。

而且，它——《丽莎的哀怨》，“的确在告诉我们：贵族阶级的强横卑鄙，末路穷途；更在给我们暗示：“黑虫”的蓬勃振起，无可压抑！”

假如我没有读过《丽莎的哀怨》，仅读过宪章这一篇评文，我真要拍案惊起，庆幸我们这两年以来的文艺运动，终竟收到这样伟大的成果了。

然而——

《丽莎的哀怨》，对于我的感印，却绝对不象宪章所说的那样！

它，不仅不是一部什么××主义ABC，倒反而是一部反××主义的ABC；不仅不是一种有力的形式，倒反而是一种含有非常危险的毒素的形式！

为什么呢？

因为我们读了《丽莎的哀怨》，并感觉不到俄罗斯贵族的“强横卑鄙，傲慢幸福”，并感觉不出俄罗斯新兴阶级的应该兴起，以至于“无可压抑”；恰恰相反，我们只能感到作者所传染给我们的感情，是在激动我们去同情于丽莎的哀怨与悲愁，同情于俄罗斯亡国贵族的没落与沉沦，飘零与悲运！

这绝对不是我主观的批评，我很可以引用一些《丽莎的哀怨》的原文，来为我作证。

首先，我们把主人翁丽莎的遭遇来说吧：

主人翁丽莎，在姑母惨死，白党消灭，而日本援兵又全部败北的时候，俄罗斯最后的一块乐土——海参崴，她和她亲爱的丈夫白根，是不能不和它永别了。你看她在刚要离开她的故国的时候，她发出了怎样凄婉动人的哀鸣与感叹：

> “我还记得，我那时的心情是如何的凄惨，我的泪水是如何的汹涌。我一步一回头，舍不得我的祖国，舍不得我的神圣的俄罗斯……别了，永远地别了！……此一去走上迷茫的道路，任着浩然无际的海水飘去。前途，啊，什么是前途？前途只是不可知的迷茫，只是令人悚惧的黑暗。虽然当我们登上轮船的时候，曙

光渐渐的展开，空气异常的新鲜，整个的海参威似乎从睡梦中昂起，欢迎着光明的到来；虽然凭着船栏向前望去，那海水在晨光的怀抱中展着恬静的微笑，那海天的交接处射着玫瑰色的霞彩……但是我所望见得到的，只是黑暗，黑暗，黑暗而已。

“从此我便听不见了那临海的花园中的鸟鸣，便离开了那海水的晶莹的，温柔的怀抱；从此那别有风趣的山丘上，便永远失了我的足迹，我再也不能立在那上边回顾彼得格勒，回顾我那美丽的乡园——伏尔加河畔……”（《丽莎的哀怨》：P.40—41）

这是何等的凄婉动人！何等的缠棉哀怨！

这真是一段“散文的诗，诗的散文”了，然而，这种“散文的诗，诗的散文”，教示了我们一些什么呢？

它并没有教示我们一种俄罗斯贵族的卑鄙强横，只令我们觉得可怜的丽莎的凄婉温柔，只令我们感到亡国孤臣的前途之阴晦暗淡。当然，我们更半点儿都感觉不到俄罗斯贵族之“快乐，幸福，如意，挥霍，任性，傲慢”之可恶了！

不幸的运命播弄着丽莎，在上海蛰居了二年之后，她和白根以及他们在轮船上相逢的孀妇伯爵夫人，全都金尽囊空，走到了穷途末路了！结果，她们为生活所迫，丽莎和伯爵夫人竟含羞忍辱的走到了变相的卖淫——裸体跳舞——的末路上去！

试看她们第一次跳上变相卖淫的舞台的时候，光慈是在怎样描画那时的情景：

“我还记得我第一次上台的时候……在我还未上台之先，我看见伯爵夫人毫不羞赧地将全身衣服脱下，只遮掩了两乳和那一小部分……接着她便仿佛很得意似地跑上台去……她开始摆动自己的肥臂，伸展两只玉白的臂膀……她开始跳起舞来……我的天哪，这是怎样的跳舞呵！这难道说是跳舞吗？若说这是艺术的跳舞，那我就希望世界上永无这种跳舞的艺术罢，这简直是人类的羞辱！这简直是变态的荒淫！我不知道这件事情到底是谁个想出来的。我要诅咒他，我要唾弃他……

“伯爵夫人退场了，我在台后边听见些中国人呼哨起来，“再来一个！”“再来一个！”……这种野蛮的声音简直把我的心胆都震落了。我再也没有接着伯爵夫人的勇气。我本来已经将衣服脱了一半，但是忽然我又把衣服穿起来了。伯爵夫人赤裸裸地立在我的面前，向我射着诧异的眼光，她向我问道：

“——你怎么样了，丽莎？

“——我不能够，我不能够！这样我会羞辱死去，伯爵夫人，你晓得么？我要离开此地……我不能够呵！我的天哪！……

“——丽莎！你疯了吗？——伯爵夫人起了惊慌的颜色，拍着我的肩，很急促的说道：——这样是不可以的呵！我们已经与主人订了约……事到如今，丽莎，只得这样做下去罢，我们不能再顾及什么羞辱不羞辱了。你要知道，我们不如此便得饿死，而且已经订了约……

“她不由分说，便代我解起衣来，我没有抵抗她，我眼睁睁的看着我的肉体无论哪一部份，毫无遮掩地呈露出来了，我仿佛想哭的样子，但我的神经失了作用，终于没哭出声来。所谓团长夫人的尊严，所谓纯洁的骄艳的白花……一切一切，从此便没落了，很羞辱地没落了。

“我如木偶一般地走上了舞台……我的耳鼓里震动着那些中国人的呼哨声，笑语声，鼓掌声，我的眼睛里闪动着那些中国人的无数的俗恶而又奇异的眼睛。那该是如何可怕的，刺人心灵的眼睛呵！……始而我痴立着几分钟，就如木偶一般，我不知如何动作才是。这时我的心中只充满着空虚和恐怖，因为太过于恐怖了，我反来好象有一点镇定起来。继而我的脑神经跳动了一下，我明白了长此痴立下去是不可能的，于是我便跳舞起来。我也同伯爵夫人一样，开始摆动我的臂部，伸展我的两膀，来回在舞台上跳舞着……上帝呵，请你赦我的罪过吧！这是怎样的跳舞跳舞呵！我不是在跳舞，我是在无耻地在人们面前污辱我的神圣的肉体，那些中国人，那些俗恶而可恨的中国人，他们是看我的跳舞么？他们是在满足他们的变态的兽欲呵。不料从前的一个贵族的俄罗斯妇女，现在被这些俗恶而可恨的中国人奸淫了。”（同书 P.74—76）

这又是多么的悲惨！多么的沉痛！而又多么的值得同情！多么的值得悲悯啊！

人生的悲剧，竟扮演得如此之可怜，我想那些没有坚决的阶级意识的人，读书至此，难保不拂袖而起，追问：谁为俄罗斯贵族造下如此悲运了吧！

然而，光慈仿佛还嫌它不能激起读者对于俄国白党的同情，这篇故事的开展，一步逼紧一步的，还有更能挑拨得起读者，不仅悲悯，而且还有些愤怒——由同情而生的愤怒的大悲剧在后面在！

后来裸体的跳舞是被工部局因它有伤风化，忽然下令禁止了，于是，丽莎和伯爵夫人纵欲变相的卖淫也不可得，结果，只有，只有不顾一切，走到当娼做妓，公开的卖淫的路上去了。

当丽莎把她的嫖客——美国人，引进了房中，把自己亲爱的丈夫白根当成朋友驱逐到室外而同她那客人共枕而眠的时候，丽莎的心里起了怎样的变化而事前事后又是怎样的一种情景呢？

请看光慈是在怎样深刻的描画当时的情形，是在怎样着力的解剖丽莎那时的心理吧：

> “记得在初婚的密月里……那时白根该多么充满了我的灵魂！他就是我唯一的理想，他就是我的生命，他就是我的一切。那时我想道我应当为着白根，为着崇高而美妙的爱情，将我的纯洁的身体保持得牢牢地，不让它粘染到一点的污痕，不让它被任何一个男人所侵犯，我应当珍贵着我的美丽，我应当保持着我的灵魂如白雪一般的纯洁。——总而言之，除开白根而外，我不应当再想到其他世界上的男子。
>
> “有一次，我听见一个军官的夫人同着她的情夫跑掉了……那时我是如何地鄙弃那一个不贞节的女人！我就是想象也不会想象到我能叛变了白根，而去同另一个男子相爱起来。那对于我是不可能的，而且是要受上帝惩罚的事情。但是到了现在……曾几何时呢？！……人事变幻得这般地快！我居然彰明昭著地将客人引到家里而且这是得着了白根的同意，……这到底是怎么一回事呢？难道说现在的我已经不是从前的丽莎了吗？已经成了别一个人吗？

“在我的臂膀上开始枕着了别一个人的头，在我的口唇上开始吻着别一个人的口唇……我的天哪，……这对于我是怎样地不习惯，是怎样地难乎为情！从前我没想象到，现在我居然做得到了。现在同我睡在一起的，用手浑身上下摩弄着我的肉体的，并不是我的情夫，而是我的客人，第一次初见面的美国人。这较之同情夫跑掉了的军官夫人又如何呢？

“我在羞辱和恐惧包围中，似乎失了知觉，任着美国人搬弄。他有搬弄我的权利，因为我是在做生意，因为我在这一夜是属于他的。他问我许多话，然而我如木偶一般并不回答他。如果他要……那我也就死挺挺地任所欲为，毫不抵抗。后来他看见我这般模样，大概是扫兴了，他默默地起身走了。他丢下十块钱纸票……唉，只这十块钱纸票，我就把我的肉体卖了！我就把我自己放到最羞辱的地位！我就说我的丈夫没有了，虽然当我同他睡觉的时候，白根是在门外边，或是在街上如幽魂也似地流浪着……

“美国人走了之后，不多时，白根回来了。这时我有点迷茫，如失了什么实物也似的，又如走错了道路，感觉得从今后便永远蹈入到不可测的深渊的底里了。我躺在床上只睁眼望着他，他也不向我说什么，便解起衣来向刚才美国人所躺下的位置躺下。我的天哪，这到底是怎么一回事呢？白根是我的丈夫呢，还是我的客人呢？……

“忽然我如梦醒了一般，将手中的纸票向地板摔去，嚎啕痛哭起来了，我痛哭我的运命；我痛哭那曾经是美妙，然而现在已经消失了的爱情，……我痛哭骄艳的白花遭了劫运，一任那无情的风雨摧残。我痛哭，因为在事实上，我同白根表现了旧俄罗斯的末路。上帝呵！我除了痛哭，还有什么可以表示我的悲哀呢？”（同书 P.92—94）

没有阶级观念的人，读了光慈这一段奇警的散文，看了光慈这一番深刻的描写，谁能不激起万分的同情，为书中的女主人翁一朵骄艳的白花的丽莎——俄罗斯的贵族——之被无情风雨的摧残，放声一哭！？

而况，丽莎的结局——将为梅毒所害死的结局——又是那样的凄凉！那样的悲惨！伯爵夫人的结局——疯狂受辱，穷病将死的结局——也是那样的可怜！那样的惨痛！又谁能担保那些没有阶级观念的人，不痛责造成她们悲运的“十月革命”和“苏联的无产阶级”呢！

就算已经获得了无产阶级的阶级意识的人来说吧，我想除了宪章而外，恐怕没有好多人会说这部东西是在替无产阶级的解放斗争代言，而将要说，它是在为贵族阶级的没落得可怜说话吧！

因此《丽莎的哀怨》的效果，只能激动起读者对于俄国贵族的没落的同情，只能挑拨起读者由此同情而生的对于“十月革命”的愤感，就退一步来说吧：即使读者不发生愤感，也要产生人类因阶级斗争所带来的灾害的可怕之虚无主义的信念。

一个无产阶级文艺上的战士的作品，不惟不能有所助益于他所绝对爱护的无产阶级，反而激动起一般读者对于他的敌对阶级的很大的同情，这能说不是很严重的失败吗？

光慈，谁不知道他是绝对拥护十月革命的人，谁不知道他是绝对爱护苏联以及全世界无产阶级的健者，然而，他的《丽莎的哀怨》的效果，却分明不能使人去拥护苏联以及苏联的无产阶级，却反而能够激动起一般读者对于没落的俄罗斯白党，给以无限的同情，无限的共感，这难道可以说是光慈最大的成功么！？

宪章不顾事实的硬说《丽莎的哀怨》，就是一部文艺上的××主义ABC，硬说它是一种新兴文学的有力的新形式，这是何等的主观！何等的错误！

以主观的观念论来作文艺批评的基准，这真不知离开了马克思主义文艺批评的观点几千万里！这点，我们希望宪章要努力去纠正才对！

至于本书的作者光慈，是不是真是有意的要激起一般读者对于白党的同情呢？这我可说他的主观上是不会有的，这可以从下面这一段文章中看出：

“现在我确确实实地明白了。俄罗斯并没有灭亡，灭亡的是我们这些自称为俄罗斯的爱护者。如果说俄罗斯是灭亡了，那只是帝制的俄罗斯灭亡了，那只是地主的，贵族的，特权阶级的俄罗斯灭亡了。新的，苏维埃的波尔雪维克的俄罗斯在生长着，违反我们的意志在生长着。我们爱护的是旧的俄罗斯，但是它已经死去了，永远地死去了。我们真正地爱护它？不，我们爱护的并不是什么祖国，而是在旧俄罗斯的制度下，那一些我们的福利，那一些白的花，温柔的暖室，丰盛的筵席，贵重的财物……是的，我们爱护的是这些东西。”（同书，P.7—8）

作者的态度和主旨，恐怕再也没有比这一段话中所暗示得还要显明的了吧，光慈的主观，确确实实要想表现出俄罗斯贵族的必然没落，和苏联的无产阶级之必然兴起，也就如宪章所说的，它“的确在告诉我们：贵族阶级的强横卑鄙，末路穷途，更在给我们暗示：“黑虫”的蓬勃振起，无可压抑！”

光慈的主观上的计划，一点儿不差，确确实实是这样的。

然而，马克思主义者，是不和谁讲主观的，客观上，光慈这部东西，是不是和他的主观上的计划相适应呢？不错，俄国的贵族确然是没落了，可是经过光慈的感情的组织所表现出来的贵族的没落，却是那样的令人同情！却是那样的令人共感！

读者在这种同情共感的情绪支配之下，那怕丽莎是如何的在那里咒骂十月革命，那怕白根是怎样的在那里痛愤俄国的波尔雪维克，读者并不感到他们的不该咒骂，或不应痛愤，恰恰相反，他们反而觉得十月革命和俄国的波尔雪维克之受人咒骂和痛愤，都是罪有应得！

《丽莎的哀怨》已经在客观上把光慈主观上的计划缴械了。光慈应该拿出他自己无产阶级的精神来，承认他这部作品的严重的失败！而宪章没有看出这部作品在读者中的危险，没有指出这部作品的本身的最大缺点，便无条件的加以主观的好评，象这种非马克思主义的文艺批评的观点，更应该自己努力纠正的！

其次，关于《冲出云围的月亮》，听说杏邨对于宪章已有很详尽的质疑，在这里，我只想很简单的说说我个人对于宪章的批评的意见。

宪章在批评《冲出云围的月亮》的时候，一则曰：它的政治价值，是如何的健全，再则曰：它的形式，又是如何的了不得，他不仅十足的同意杏邨的好评，而且又完完全全否定了杏邨所指摘出来的缺点。

并且，他更还很奇妙的反驳杏邨道：

> “不过说：‘作者最近几部著作中，斗争的气分是非常的削弱了，’这在我的意见却又不然。我以为只不过斗争的分野不同而已！在《短裤党》里的是社会的政治的斗争；而在《冲出云围的月亮》里的是意识形态的斗争，斗争依然还是斗争！我们不能说如象杰克伦顿的‘铁踵’的思想斗争，就不是斗争。”

这是什么话！

作为阶级的idealogic的斗争的文学乃至艺术，我们怎么可以奇奇怪怪的把它强分为这是社会的政治的斗争，那又才是意识形态的斗争呢！这样的分法是不对的。

至关于《冲出云围的月亮》，是否真如宪章所说，政治价值是如何的健全，形式又是如何的高超呢？

首先，我要说，一种新兴文学之有无政治价值和它的政治价值的高低，完完全全是基于这种作品对于无产阶级之解放斗争之助益的多少来定，至于形式，虽然我们必须注意，但这毕竟是次要的问题，为什么呢？如果没有好的内容而仅有好的形式，结果，只有助桀为虐的，“诗的散文，散文的诗”的《丽莎的哀怨》，在宪章的心目中已经认为是了不得的形式了吧，然而，这样了不得的形式，却只能在那里帮助着它的内容去激动起读者对于白党的同情与哀感！

所以，我说形式毕竟是次要的问题。

《冲出云围的月亮》，我们应不应该说它的政治价值很健全呢？这只有检讨它的内容才可以决定。

这部书的题材，谁都知道，是写的是1927年大革命失败后，幻灭了的小资产阶级的转变，这种题材，分明是给茅盾的三部曲一种答复的，在茅盾的眼中，中国的革命是完了，所以，在目前只有幻灭，只有动摇，只有由幻灭动摇而生的变相的自杀！革命复兴的微光，在茅盾的眼中是半点儿影子都看不见的，然而，光慈，他却与茅盾大不相同，在他的眼中看来，大革命失败后走到虚无主义的路上去了的小资产阶级却已经开始得转变，开始得走回革命的战线上来了。摄取这样的题材来制作，光慈并没有错，尤其是茅盾的作品影响着很多落后的青年的时候，这样的作品，还有必要。

不过，问题不在题材，而在作者的阶级的观点和对于他所处理的题材的态度。

无产阶级文艺，应该最大限度的扩展开他的题材的，它不仅要写工农，兵士与贫民而且还要写豪绅土地资产阶级，以小资产阶级的智识分子为题材，当然也是可以的，不过，最要紧的就是要占稳着无产阶级的阶级观点去写。

譬如，茅盾的三部曲中的题材，我们可不可以写呢，可以，不过，我们的态度却不象茅盾样只为那批落后的小资产阶级宣扬，我们却要毫无情面的对于那批游魂鬼影，加以嘲骂讽刺，痛击丑诋！

为什么要这样呢？因为无产阶级只有敌视这批游魂，才能开展他斗争的解放的道路！

《冲出云围的月亮》的最大的缺点，在我看来是：

第一，光慈对于曼英的浪漫行动（占全书十分之八的描写）太观照的去表现了，一点儿也没有加以阶级的敌视的态度，这最容使读者感到《冲出云围的月亮》的大半部，都只是茅盾的《追求》的公开的翻板，并看不见两个作家的阶级观点有什么差别。

这是它的第一个大缺点。

第二，光慈对于幻灭后的小资产阶级的转变的分析，完全是革命的小资产阶级的观点而不是无产阶级的观点。这从什么地方可以看出来呢？这从曼英的转变的条件上可以看得出来。

走到了虚无主义的道上去，以“与其改造这世界，不如破毁这世界，与其振兴这人类，不如消灭这人类”，（《冲出云围的月亮》，P.212）为其素志去了的曼英，是在怎样的条件下转变的呢？

看吧：

> “今天李尚志又来了，他说，他无论怎样不能忘记我！他说，他爱我，一直从认识的时候起，……我的天哪，这真是把我苦恼住了！我并不是不爱他，而是我现在不能爱他了。……如果我要领受他的爱，那便势不得不将我自己的生活改造一下，然而，这

是怎样困难的事情啊！不但要改造生活的表面，而且要将内里的角角落落都重新翻一翻……”（同书，P.269）

果然，后来曼英为了“要领受他的爱”，便在自杀未成之后，投到工人中去把“自己的生活改造”了。

再看她改造生活后归来，与她的爱人李尚志同度甜密的生活的时候，她是怎样的说法吧：

“——亲爱的，我不但要洗净了身体来见你，我并且要将自己的内心，角角落落好好的翻造一下才来见你呢。所以，我进了工厂，所以我……啊，你的话真是不错的！群众的奋斗的生活，现在完全把我的身心改造了。哥哥，我现在可以爱你了。……”（同书，P.230）

很显然的，曼英的转变，完完全全是以她的爱人李尚志为前提条件。她为了“要领受他的爱”，所以，不能不到工人群众中去“改造一下自己的生活”，然后才好来见她的爱人——李尚志的！我们试设想：假如没有李尚志其人，曼英的转变恐怕要成问题吧！

光慈这种想法是多么的罗曼谛克啊！

然而，用这种罗曼谛克的想法去分析这一时代的小资产阶级的转变，这完全是一种非无产阶级的小资产阶级的观点。

为什么呢?

因为，革命失败后，动摇幻灭以后的小资产阶级之重向革命战线归来，并不象光慈所看的样，是以革命的爱人为前提，这一转变的条件应该是：第一是全国经济的大破产和统治阶级的统治危机的深入，即都市的工厂倒闭，农村的经济破产，以及军阀混战的不断的爆发；第二是全国工农贫民以及下层的小资产阶级的生活的痛苦之加深，除了拼命的斗争，只有一条死亡的道路；第三是革命形势的复兴，工农斗争的扩大和深入。幻灭动摇以后的小资产阶级，在这样的历史条件之下，受了这些条件的推动，没有出路可走，于是，又才只好毅然决然的转变到革命方面去。

这便是我们的战士的归来的最客观的历史条件。

然而，这些历史条件的现实生活的轮廓，我们在《冲出云围的月亮》中，一点点儿活鲜鲜的实生活的影子都没有看到，我们所能看到的，只是爱人，爱人，又爱人，这如何可以增高他的作品的斗争性！又如何可以说它的政治价值是非常之健全啊！

所以，我说：作者光慈对于这一时代的小资产阶级的转变的分析，不是无产阶级的观点，而是十足的小资产阶级的观点。

这是它的第二个大缺点。

有了这两大缺点，于是，《冲出云围的月亮》便必然的要减少它的斗争性，光慈想要给茅盾的一个答复，实际上也就没有十分成功。

宪章不从这些重要的地方去加以批评，只是很主观的去说《冲出云围的月亮》的政治价值，是如何的健全，形式又是如何的了不得，并且又还毫无理由的去完全否认杏邨的很正确的指摘。

这又是多么的主观啊！

象宪章这种十足的观念论的批评，简直是非马克思主义的，简直是对于作者和读者都是有毒害的。

我们希望宪章努力的去克服！

现在是我们坚决的实行公开的“自我批判”的时候了。

我们只能问我们的批判和争论是否切合于马克思主义，我们绝对不能限定谁对于谁只能有好的批评或不好的批评。

我们要的是切合于马克思主义的真理，我们坚决的反对的是：非马克思主义的毁和誉！

只有这样，我们的“自我批判”，才能活泼，也只有这样，我们的“自我批判”，也才能展开我们的文艺运动的前途。

最后，我还要说一句：

如果我这篇文章的观点有不正确的地方，我绝对欢迎批评与纠正！

（原载《拓荒者》第1卷第4、5期合刊，1930年5月）

《野　祭》

钱杏邨

《野祭》是一部恋爱小说，若果把它当做问题小说看，它的重心问题当然是恋爱问题。不过这其间还藏着一个更重要的，为时代所涌出的，而还没有解决的青年文艺作家在这个狂风暴雨时代的苦闷；那就是没有落伍的作家总想一面仍然从事文学事业，一面去做一般人所谓的实际革命工作，而事实上又无法兼顾的一个问题，我们看野祭的主人公陈季侠时时痛骂自己的事就可知道。这个问题实在是大革命时代的一个很值得注意的问题，具着这样苦闷的青年大约各处都有。其实，这种冲突不仅在我们的时代有这种现象，各国也都是如此，记得屠格涅夫（Turgenev）在新时代里就说过“在文艺上成功不如在事业上失败”的一句愤慨。不但如此，在《父与子》里他也说过“艺术不过是赚人钱的东西罢了”的气愤语。由此我们可以看到这个问题的纠纷的难以解决。我们究竟是抛弃实际工作的好呢，还是不做文学的好呢？我想把主观的意见在这一篇批评里稍加说明。

这个问题是要分几个步骤解决的，第一是要问文学究竟是一种事业不是？大概传统的错误的见解是免不掉的，许多人仍然把文学看得不重要，文章事业便成了两个独立的名词，文学显然的不如事业重要。因此许多做所谓实际工作的青年对于做文学的青年常常的加以诋毁，骂他们浪漫，骂他们废物，骂他们对于革命没有帮助。这一类的话，老实说我们也受了不少了；但是我们做文学的人是否和他所说的一样呢？在我们所看到的，文学仍然是一种事业，一种重要的事业，换句话说，也是实际工作的一种。这一点，有很多的事实是可以证明的；我们看欧文（Irving）的Westminster Abbey里关于诗人的论断，可以做理论的证明；看俄罗斯文学著作直接间接对于革命的影响可以做事实的证明。文学工作也是实际工作的一种，在我们看来，是没有什么轩轻的。若果根据文学对于社会的使命一方面说，它是可以改变一般青年的思想和意志的，那么对于事业的影响和实际工作是没有分野的。所以，第一点我们可以说真正的站在时代前面而没有落伍的作家的文学创作，是藏了一种帮助革命进展的伟大的力的！落伍的无聊的文学作家妨碍革命，时代的文学是有益于革命的。

第二，文学作家的生活和做一般人所谓实际工作的青年的生活确实是不同的。他们事业表现的方法不同，他们生活的环境也不同，因此，在形式上看来，文学作家不用炸弹，不上火线，似乎是浪漫而快乐，使大家生出误会也是不可避免的。究竟怎么样呢？在实际上是没有什么分别的。做实际工作的要去做运动要去领导群众；做文艺工作的也要有思想的修养技巧的修养，也要去采取材料去剪裁去布局去写作的，严格的说，他们的工作也是繁难的，和做实际工作的是一样的困难。就革命的利益一方面说，都是不可缺少的人才。所以当福利格拉德（Frigragt）感到实际工作影响他的创作时，他便写信给Marx（马克思）说明他的困难，Marx便回信给他，让他在行动方面自由，只要求他的创作是帮助革命的。以前，特洛斯基（Trotsky）的态度也是如此，当他发现一个新的作家或新的创作时，他总要尽力的推崇，批评，以促成文学的进展。在这些地方看来，我们可以看出做实际工作的领袖和能了解文学实际的人对文学作家是很能谅解的。文学的重要，尤其是革命文学的重要，大家总可以更进一步的多看到一点罢。

关于这个问题的主观态度已经约略叙述了，我们是不反对专做文学的，事实上没有法子兼顾，我们反对落伍的，无聊的，反革命的文学的作家！文学作家能站在时代前面去创作，才是文学作家的真正的革命生活，我们不必有什么内疚。我对于陈季侠的这种苦闷的解答便是如此。

现在回到最重要的恋爱问题来说罢。作者对于恋爱问题，我们把全篇综合起来，他的意见是说：在现代经济制度未根本推翻以前，真正的恋爱是不会实现的。现在的所谓自由结婚问题是和旧式婚姻在实际上是一样的。现代的婚姻条件，他说得很是透澈："不过现在女子只要面孔生得漂亮，想恋爱是极容易的事情；而男子呢，也只要女子的面孔生得漂亮，其他什么都可以不问。男子所要求于女子的，是女子生得漂亮，女子所要求于男子的，是男子要有金钱势利。"（P.70）实在的，现代的经济制度底下的婚姻离开经济是不能成立的，只是一种肉的结合，经济的结合而已。作者在《野祭》里就指出这种错误，并且用淑君玉弦来比较证明，说明真正的结合不是在漂亮与不漂亮的问题，因此玉弦在实际上就不可靠了。淑君的事件，虽然在前部没有结果，但最后的胜利还是归诸淑君。假使象征的说，游移不定的小资产阶级的郑玉弦是失败了，最后的胜利是归于不优美的工人运动者章淑君。我们在全书里可以找出真正的婚姻的条件不是在像貌的问题，是和爱伦凯所主张的人格的合抱的主张是一样的。今后的婚姻的第一个重大条件便是人格的合抱，便是思想的一致。这一个扼要的意义，作者是为我们解答了。

在两性问题当中还有一件值得我们注意的，那便是失恋问题。我们看见许多的失恋的结果大多是悲惨的，有的趋于自杀，有的变成疯狂，有的消极灰心，有的故意堕落。这种思想当然是自杀，然而也是极错误的。恋爱固然是要紧的事，但不是人生中的最重要的问题的一个，还有很多很多的比恋爱重大的问题。失恋的人无论怎样伤心，我认为应该趋于积极的自杀，不应该趋于消极的自杀。积极的自杀是说在两性爱方面失败了，我们应当把这原有的热情尽量的献给多数人去，为个人去死，没有为群众死亡的伟大的，这是积极自杀的一种。淑君的行动，姑无论其是否因片面的失恋的结果，可是为革命而死，把爱陈季侠的精神献给革命的群众，这种牺牲是很伟大的。在作者对于两性问题的意见，这一点也是值得我们注意的。……记得屠格涅夫对于这问题也有同样的见解，他在《父与子》里就说："我常说，有种人掷一生于妇女的爱情牌上，却当这个牌杀掉的时候，便垂头丧气，什么事情也不愿去干，——那么这个人不是男子，却是畜生！"失了恋就要自杀这究竟是什么意义呢？很可以痛快的说，这是苦闷而找不着出路的一种办法。我们若果能把注意的中心转个方向，走上革命的路，苦闷自然被理想的希望打得粉碎，而觉着前面只是光明了。所以关于失恋的问题，最好是用这样的办法解决：失恋了，苦闷了，那么你就把你的注意的对象移动，把个人的转为群众的，以完成你的事业。可是不要误会，我们不是说革命是失恋人的唯一的出路，就是不失恋吧，革命也是比恋爱重要的。

作者描写长的恋的故事这是第一次，虽然在形式上好象和其他专门包办三角四角……恋爱的作家一样，实际上在意义方面已开了一个新的局面，把革命与恋爱揉杂在一起书写了。现在，大家都要写革命与恋爱的小说了，但是在野祭之前似乎还没有。至于作者描写恋爱的立足点，很明白的可以说出，这是描写小资产阶级观念的失败。不过，同时更感到这里面描写的暗示，还包了一个婚姻的阶级性的问题在里面。恋爱确实是有阶级性在里面，各个人的阶级不同，他们的经济背景和生活状况当然也是不同，以两个经济背景不同的人合在一起，他们的思想行动，事实上是没有方法调协的。所以嚣俄（Hugo）的贵女恋大盗一类的事，便多少的有些不可靠了。要谈到真正的恋爱，除去现代经济制度打翻以后是永没有希望的。读者还有不相信的罢？我可以用一个失败的计划来证明：曾经有一个幻想，写一篇青年学生恋一个丐女的故事，事实上竟没有法子下笔，他们怎样进行恋爱呢？行动，环境，衣着就不同，我们是没有法子写他们恋爱的进行的。要勉强的写起来，其结果不过成为一篇浪漫派的作品而已。整个的计划便这样推翻了。谁个有方法写这样阶级不同的婚姻呢？这真可以说是千难万难了。……

全书的三个重心人物——陈季侠，章淑君，郑玉弦——也可以说是代表目前的青年的三种人生。陈季侠完全是小资产阶级的象征；章淑君很有些和屠格涅夫新时代里的人物玛丽亚娜相似，是一个很有毅力的女子，是象征了革命的小资产阶级；郑玉弦那样莫名其妙，对革命没有相当的认识，对革命家的好恶完全以政治当局的见解为是非，这也可以证明小资产阶级的可革命可不革命的特性。深刻点说，在这三个人物的成功和失败两方面看，可以看到作者理想中的最后胜利者究为谁个！可以看到最后悔悟了走错了路而徘徊在歧途上的又为谁个！不论作者写作的命意是否如此，全篇所显示的事实确是如此。

这三个人物的描写，章淑君写得不差，郑玉弦却写失败了。我所感到的淑君似乎有迟钝的感觉，若以之与玛丽亚娜相较，那是不如玛丽亚娜。玛丽亚娜的感觉也迟钝，也可以说比淑君更迟钝，然而就忠实一方面讲，玛丽亚娜是比淑君忠实的多，思想见解方面，玛丽亚娜也比淑君深刻的多。若以屠格涅夫的著作相较，我觉得作者对于这种人物应该更进一层的描写。说到郑玉弦，那是失败了，描写得比较的隐晦些。她虽然是莫名其妙，但还不狡猾；上海的女性，很多的带着巴黎女子风味了，而玉弦却还没有。作者果真稍稍卖一点力，描写玉弦的成功是比淑君容易的。她是一个活泼，忠实，胆小，而没有果断力，对于革命没有绝对的信仰的女子。这样的女性太富于病态了，在任何国的作家的笔下，据我读过的书说，没有这样的女性，或许也只有我们国度里有罢？对于这两个人物的描写，觉着作者果能再深刻点描写，一定是有很好的成绩的，这里的章淑君的描写，结果却免不了些微的畸形病。至于陈季侠，作者所以然要把他写成那样人物，是因为当时作者在武汉，目睹许多小资产阶级的青年反动，幻灭，悲哀……是有感而发的，是要把那时代的青年的矛盾心理的冲突表现出而写的；所以他——陈季侠——便始终的苦闷，游疑，不稳定；可是这描写的对象不是整个的小资产阶级问题，是倾向革命，同情革命，且进而革命的青年的心理的表现，描写是有相当的成功的，不过不如描写淑君的深刻。总之，作者之于这三个重心人物，和以前所作的小说相较，在技巧方面是有了特殊的进展，这是谁都掩不了的事实。其他的人物，在这篇批评里不想再说什么了，我深信描写得大都不差。

事实的采取没有什么可议的。全书的布局，我们可以把它分成三部，第一章到第四章是第一部，重心人物是章淑君；第四章至第九章是第二部，重心人物是郑玉弦；第十章是第三部，归结到淑君的死，来收束全书；陈季侠当然是全书的中心。不过，因为全书采用第一身称描写，全书的描写与配布遂感到一些缺陷。如第四，第五，第六三章布局便免不了一种固定的形式的弊病；假使要用第三身称描写，这种病就可以免除了。同时，淑君的心理，玉弦的心理，淑君牺牲的经过，便都能详细的叙述了。然而，没有办法，这是一部自叙体的小说，自叙体的小说本已难作，何况最重要的人物又不是叙述的主人，而是淑君呢？这真是无可奈何的事！

这部小说高出于其他恋爱小说的最重要点，就是作者没有忘却他的时代，同时主人公们也不是放在任何时代都适宜的人物。这是一部含有时代性的恋爱小说。在这部小说的本身方面有它的本身地位，但就作者的过去的全著作看来，却没有《短裤党》和《罪人》的重要，《短裤党》的局面是能兼顾到个人的爱与群众的爱的两方面，《罪人》却进一步描写民族的反抗性了，有一些杜斯托夫斯基（Dostoevsky）的风味了。继《野祭》而写的《菊芬》在描写女性的一方面是成功了，但只能和《野祭》并论。不过，归结起来说，这是一部恋爱小说，不伟大也是当然的事实。

在技巧的一方面，有些地方很值得我们注意，第一就是作者的女性描写。作者的作风是很朴实的，他的女性的描写也不会涂上许多文字的脂粉；写淑君的不可爱，写玉弦的可爱，都是很忠实而没有做作。这种描写可以看到作家的精神，但这不是一件烦难的事。在这部小说里我感到的作者描写女性的好处，是以小资产阶级的眼光，写出淑君玉弦密司黄三个人的比较的美，在创作的恋爱小说里实在没有看到这样的美的描写，这段文引在这里：

> 这是一个很朴素的二十左右的女子。她的服装——黑缎子的旗袍——没有密司黄的那般鲜艳；她的头发蓬松着，不似密司黄的那般光润；她的两眼放着很温静的光，不似密司黄的那般清俐动人；她的面色是带有点微微的紫黑色的，若与密司黄的那般白净而红润的比较起来，那简直不能引人注目了。她的鼻梁是高高的，嘴唇是厚厚的，牙齿是不洁白的，若与淑君的那副洁白而整饬的牙齿比较起来，那就要显得很不美丽了。总而言之，这是一个很朴素的女子，初见时，她显现不出她有什么动人的特色来。但是你越看她久时，你就慢慢地觉得她可爱了：她有一种自然的朴素的美；她的面部虽然分开来没有动人的处所，但是整个的却很端整，配置合宜；她的两颊是很丰满的，这表现她不是一个薄情相；她的态度是很自然而温厚的，没有浮躁的表现；她的微笑，以

及她说话的神情，都能显露出她的天真的处女美来。（P.45—46）

从这一节里，我们可以看到作者的描写的力量。他描写女性不但注意于美的比较，同时还有一个特别注意的地方，在这一部小说里也可找到，那就是对于女性牙齿的注意。当他初次搬进淑君家的时候，他就注意到，“她有一副白净如玉一般的牙齿，我对于她这一副可爱的牙齿，虽有几番的注视，倘若我们在她的身上寻不出别的美点来，那么她的牙齿的确是可以使她生色的了。”（P.9—10）后来，有一天，“她这时只痴呆的得意地向我笑，在她的笑口之中，我即时又注意到她的一副白玉般的牙齿了。”（P.16）因此，当他会见了密司郑的时候，他就不能不注意到她的牙齿的美丽了。这是作者描写女性一个特殊的注意之点，和其他作家描写不同的地方。

全书技巧的另一个特色，就是心理的描写，在这一部小说里，心理的描写很是精细。淑君玉弦的心理描写，因为第一身称，很难以捉得到。季侠的心理描写，确实是很健全，很健全的。而心理描写中最精神，最能看出转变的明显的痕迹来的，是季侠对于淑君的爱的心理的逐渐变化。对淑君毫无爱感的季侠，因淑君忠实的感动，人格事业的感动，郑玉弦倒戈的感动，是一度一度的慢慢的高涨起来，涨高到最高点。那一种迟缓的，轻倩的，逐渐的变动，如水的纡曲下流，直达大河的描写，真是心细如发。不过，以之和莫泊桑（Maupassant）霍甫特曼（Hauputmann）托尔斯泰（Talstoi）他们的心理解剖的著作相较，相差究竟很远，这一点希望作者此后能更进一步努力。此外，就是季侠对于政治的苦闷与内疚心理的一致，季侠对于政治的苦闷所以然不能尽量的发泄，在作者读者或者觉得是一种缺陷，但这在作者是没办法的，作者写这一部小说的地方政治环境是恐怖的，人民的一切自由是没有的，一个名辞是可以致死命的，作者想写，然而没有法写，就是写了出来，也没有人敢拿去排印，作者于是便不能不如此的让它不充实了。关于内疚的心理，前面已经说到了，这种心理不是个人的心理，是这个时代的文艺青年所同具的一种苦闷的心理，是被作者完全捉住了。季侠的心理解剖，以上可算已经钩出了一个轮廓，概括的讲来，季侠的整个心理的表现，作者是说得明明白白的，那就是所谓："亲爱的玉弦……美丽的西湖……悲哀的中国……可怜的淑君……"（P.88）的说明了。次之，淑君的心理，在客观的描写上说得可算不差，性格也大致显明了，只郑玉弦的心理描写的隐晦，令人想不到他的深刻的性格。

作者的创作，严格的说来，在技巧方面是没有怎样大的成功，但每一本书都有他的时代的地位，从《新梦》起，除开《纪念碑》一部，都是富于时代精神的描写，这是事实可以替我们证明的。

然而，我有所感，我感到的是现代文坛上一部分作家的绝大错误，这种错误在目前的文坛上表现得最是强烈，那就是一种可怕的矛盾的现象。许多的作家虽然笔下写出了许多的"革命文学""无产阶级文学"一类的名辞，但他们始终是一个个人主义者，小资产阶级的病态的情绪没有除净，始终是站在自己阶级的观点上喊着时髦的名辞。要证明这个原则，我们可以设一个譬喻，譬如一个提倡革命文学的作家，他确实写出了许多漂亮的适于时代的名辞了，但他自己却不下笔去做，不但不去做，对于真能做革命文学的作家反攻击之不遗余力。这好象版权所有似的，说革命文学的提倡是"我"的所有权，革命文学的创作也是"我"的所有权，有人做时便是"非正道也"的一般可笑。这不是题外的话，是从许多的真实的事件上所看到的。

还是用《野祭》作者的事件来证明罢，最近我就看到一篇很有趣味的文章，那是诈僚的文艺与社会（《文学周报》五卷二十二期），据全文看，他是在提倡革命文学了，事实上却不是如此。他一面提倡革命的与劳动的文艺，一面却又反对鲁莽。劳动阶级不是绅士，革命者不是优美的处子，劳动文学的生命就是粗暴；作者不把劳动文学的生命捉住，便信笔的写出这样奇怪的理论，岂不是卖矛买盾的现象吗？岂不是掩耳盗铃的智者吗？象这样的例子不想多举，只这一篇是有关于野祭的作者的，所以附带的说出。归结起来，提倡革命文艺与劳动文艺是我们所渴望的，但是希望提倡的人站在革命文艺与劳动文艺的观点上说话，喊几个时髦名词是没有多大益处的。一面喊着革命文学，一面仍然做着那惨雾般的小说的矛盾的作家是我们所反对的。提倡革命文学应该自己站起来去干！同时，提倡这种文艺的人应该注意到真正去做这样文学的作者，不应该抱着个人主义时代的门户之见，压抑有希望的作家，以把持永久的文坛的局面的企图。时代是没有法子挽回的，英雄思想终归是失败的，便看十年来的中国文坛的经过，也就可以证明。我们诚恳的希望一部分的作家不要再做着这样的梦！要想抓住时代，只有努力创作代表时代的著作！……

关于《野祭》的批评，我想在这里结束，我的意见是：《野祭》的意义是不差的，技巧也有了不少的成功；真能代表时代的恋爱小说，这是中国文坛上的第一部！

一九二八年一月一六夜于上海

（原载《太阳月刊》1928年2月号）

《田野的风》

蒋光慈著　湖风书局版

《田野的风》是蒋光慈先生最后的一部作品，同时也可以说是他最进步的作品。一向贯串在蒋先生的作品里的，恋爱与革命互为经纬的写法，在《田野的风》里是不用了。这里面虽然也有男女的琐事，可是只占据了一个极不重要的地位，而且没有结束。大体上，作者是直接地写了斗争的生活。这便是一个在题材的选择上的极大的进步。《田野的风》已经不是变相的恋爱小说。

一大群形形色色的乡下人，经过一个革命工人（张进德）和一个革命知识分子（李杰）的训练和组织，在乡下办起农会来，农会受着外界的压迫，他们成为自卫军，逃在一座小山上；后来连小山也被围困，这围困使他们团结得更紧，而且终于能突破重围和他们的大队联合在一起了。

这样的过程很有点象绥拉菲摩维支的《铁流》，而张进德便隐然是一个中国的郭甫久鹤。这种类似尤其是在后半部可以看得出来。但这不必是有意的模仿。《铁流》是用全力在那儿写从散漫到团结这过程的，而《田野的风》却着重在写阶级的忿怒，从散漫到团结只作为一个必然的结果呈现出来，而且可以同样有力地呈现出来。《田野的风》假使有更进步的技巧来帮衬，那是可以有更大的成功的。

全书开首几节把一个个的人物依次描叙着，看下去很觉得有点沉闷。笔墨极不经济，而费了不经济的笔墨写出来的人物还不免是一个个的木头人。作者极不宜于写性格和心理，写出来总是非常浮浅。《田野的风》的前半部便犯了这个毛病。但是从农会组织起来以后，沉闷就过去了：以前的几个木头人居然都在整篇故事里配置了很好的地位，活动起来。一直到最后，佃人是不见了，我们只看到黑沉沉的一群杀奔金冈山而去。

当然，全书里是可以寻出许多小毛病来的。有几个人物自始至终都可以不必要：例如王贵才。有许多事情是无聊的枝节，或甚至是不近情理的枝节：例如刘二麻子企图侮辱何月素和极守旧的老人王荣发也会入他们的一伙等等。然而我们不能向蒋光慈先生要求周密和精细。把《田野的风》只当作一种写群众的东西，这些小缺点自然是可以忽略的。

作者借用李杰和他的父亲（大地主）的冲突以及他的死来给予了这作品以很多抒情的成份。有人会发觉这是缺点，然而正是这种抒情的成份使蒋光慈先生的作品有了极强的感动力。而且地主阶级出身的李杰和工人出身的张进德之间的对比，也写得相当成功。

蒋光慈先生的作品向来就是很单纯的：文笔是单纯的文笔，人物是单纯的人物。他只能写固定的典型。《田野的风》里的典型是更固定了。就连智识分子的李杰也是始终如一的。这种手法也许不容易在技巧上见长，可是却能够有更多支配读者的力量，盖棺定论，他始终不失为一个有力的煽动的作者。纵然因作品里有太多的罗曼谛克的气份而受过各方面很多的指责，然而能够这样有力地推动青年读者的作家，却似乎除了蒋光慈先生之外没有第二个。而且最后，他是可以把罗曼谛克的气份也渐次地克服的。《田野的风》便是一个明证。然而蒋光慈先生是去世了。

蒋光慈先生的死，纵然是平凡的死，也应当是左翼文坛的一个重大的损失。我们只要看，左翼文坛截到现在为止，还只产生着一些似是而非的作家，有气没力的作品，甚至连蒋光慈这一点成就都赶不上，至于宣传的效能，那是更不必说。

然而左翼文坛的是把蒋光慈先生忘记了。我们似乎没有看见一篇纪念他的文章，甚至很少看见提起他的名字。人死了，他的建设革命文学替革命文学夺取多量读者等等功绩，自然是应当跟着死去的。

（原载《现代》第1卷第4期1932年8月1日）

（1949—1981年部分）

《蒋光慈选集》序

黄药眠

一

最近我以两星期的时间，把蒋光慈先生的作品仔细翻开阅了一遍。因为过去在上海曾经有一个时期和他朝夕见面，因此现在重新读起他的作品来，我也就感觉到有些亲切，在我脑子里时时会联想到他那北方人的高高的身材，微微突出的下腭，温和的笑态和笑时露出来的洁白的牙齿，以至于他那洪亮而且具有抑扬顿挫的谈话的声音。时间过得真快，光慈逝世不觉已十九年多了。现在我们已步入了全新的时代，光慈生前所追求的理想，所奋斗的目标已经达到。在这个时候，我作为作者的一个朋友，回想当年过的苦难的日子，提起笔来写他的选集序文，真不能不发生一种追怀的情绪！

对于光慈的作品，即在当时的文坛，已就有着很大不同的分歧的意见。有人说他好也有人说他坏。究竟从整个左翼文学运动的历史发展看来，我们今天应该怎样来估价他的作品呢？

我想我们基本上是应该肯定它的。

我们说要肯定他的作品，这并不是意味着要把衡量今天作品的标准去肯定它，我们只是说以今天的立场来从左翼文学运动的历史去追迹，并根据当时具体的客观现实来估计它当时所起的积极作用。

作家本人也是客观历史的存在，所以要具体了解他，我们首先就得究明他当时所处的时代。

从一九一九年"五四"运动前后到一九二五年左右，马列主义的学说，才开始逐渐介绍过来，而真正有组织的共产主义运动也是在一九二一年才开始，在这样革命思想的启蒙时代，蒋光慈乃是把马列主义的鲜明的旗帜插到文艺园地上来的旗手。我们如果要求在那个时期就有一个在思想上和艺术上都很成熟而又结合得很好的作家出现，那是不可能的。所以尽管光慈的作品在思想上有些庞杂，在艺术上有些幼稚，但它在当时的一般青年读众当中还是起着启蒙作用。

作为光慈作品的最突出的思想是什么呢！显然的，那就是人民的爱国主义，这种精神，在他的作品里随处都可以看到。如《哀中国》里："回想往古不少轰烈事，中华民族原有反抗力，却不料如今全国无声息，大家熙熙然甘愿为奴隶！"又如在《纪念碑》侠生寄给若瑜的第六封信里，"诗人的伟大在于能反抗一切的黑暗，帝国主义者对待中国人真是黑暗极了！我反抗，一定要反抗……"又在其晚年的作品《异乡与故国》，光慈在八月三十日的日记里悲痛的写着，"我不愿意谈起中国的事情，我愿将中国忘记掉，但是我不能够，我的一颗心总是在遥念着那些在艰苦斗争中的朋友们……"又在十月三日的日记里，他这样写着，"说也奇怪，我近来很想回到上海去，虽然我知道上海是不会给我以愉快的感觉的。秋意渐渐地深了，我的思国的情绪也因之渐渐地增加了！"

但是光慈的爱国主义决不是狭义的民族主义，民族自大主义，民族自私主义。他的爱国主义是根据他对于祖国的人民和土地的爱，他对于人民生活的关心和敏感，对于自由和正义的热烈的要求和对于帝国主义的憎恨。

在《少年飘泊者》一二三页里，光慈这样写道："倘若我能拿着枪将敌人打死几个，将人类中的蟊贼多铲除几个，倒也了却平生的愿望……倘若我能努力在公道的战场做一个武士，在与黑暗奋斗的场合中，我能不怕死做一位好汉，这或者也是报答她（他的爱人——药眠）的方法……"

在《野祭》一一二页里，光慈这样写着："不料天使似的女战士，不料在与我会面的后几日竟被捉去枪毙了……难道世界上公道是没有的吗？难道长此不见正义和人道吗？我的心痛……"（这里光慈所说的"正义"，"人道"，显然是从阶级立场出发的，并不是资产阶级的人道主义者所说的"人道"——药眠）

在《弟兄夜话》里，光慈借着江霞的口这样说，"……现在的世界太不成样子了！有钱的人不做一点事，终日吃好的，而穷人则同牛一样，反而吃不饱，衣不暖，这是什么道理？张三也是人，李四也是人，为什么张三奢侈得不堪，而李四苦得要命？难道说眼耳口鼻生得有什么不同……即如刘老太爷为什么那样作威作福的？他打起自己的佃户来就同打犯罪的囚犯一样，一点不好，就把佃户送到县里去，这是什么道理？什么'公理''正义'都是骗人的，假的，谁个有钱，谁个就是王，就对……"

在《纪念碑》里，光慈笔底下的上海是这样的："上海为中国资本主义最发达之地，实在没有什么雅趣，徒觉着金钱气焰的熏天，市侩的龌龊讨厌而已……到上海之后，可以看到资本主义的真象，可以看到帝国主义的无状，可以看到西方文明是什么一回事，相形之下更可以看到东方文明之糟糕。……"

他的立场表现得最明显的，要算他的《中国劳动歌》了。因为，在这选集里，我不准备选他的诗，所以索性把全首诗选出来给大家看看：

起来罢，中国劳动的同胞呀；
我们受帝国主义压迫到了极度；
倘若我们再不起来反抗，
我们将永远堕于黑暗的深窟。
打倒帝国主义的压迫，
恢复中华民族的自主；
这是我们自身的事情，
快啊，快啊，快动手，
起来罢，中国劳苦的同胞呀！
我们受军阀的蹂躏到极度；

倘若我们再不想法自救，
我们将永成为被宰割的鱼肉。
推翻贪污凶暴的军阀，
解放劳苦同胞的锁扣；
这是我们自身的事情，
快啊，快啊，快动手！

起来罢，中国劳苦的同胞呀！
我们尝足了痛苦，做足了马牛；
倘若我们再不夺回自由，
我们将永远蒙着卑贱的羞辱。
我们高举鲜艳的红旗，
努力向社会革命走；
这是我们自身的事情，
快啊，快啊，快动手！

《中国劳动歌》七月九日

光慈的这个人民的爱国主义不仅表现在作品里面，同时也很具体的表现在文艺理论上。

从左翼文学理论之史的发展看来，蒋光慈显然是占有着非常重要的位置。他继承了五四运动的革命传统，同时又直接继承国际的革命文学传统，把苏联的文学理论介绍过来。在文学方面他是从北方飞来的最初的候鸟，带来了新时代的光辉。正是光慈首先把五四新文艺运动推向更高的阶段。

我们应该回忆一下，当光慈带着粗犷的气息大踏步走上文坛的时候，一般的关于文学理论上的情况。那个时候意见是很分歧的。有些人醉心于个人主义的抒情，有些人努力于客观的描写，有些人则开始摹仿资本主义的颓废的作风，有些人则在追求着形式。也正是光慈首先初步地提出了马列主义的文学观点。

由于文献上的限制，我们没有办法来把他的论文一一加以列举，现在只能就我们所得到的一些材料举出几个要点来加以说明。

光慈认为“革命文学是以被压迫的群众做出发点的文学，”革命文学决不是狭义的民族主义的文学。他说：“革命文学应极力暴露帝国主义的罪恶，极力促进弱小民族之解放斗争……同时应极力避免狭义的国家主义的倾向，中国被压迫民众对于帝国主义的反抗，同时就是对于旧社会制度的反抗……”“近两年来，中国革命的性质已不是单纯民族或民权的革命了，倘若有人认为国家主义的文学是革命文学，这也未免是时代错误……”（见《关于革命文学》）

光慈认为文学必须表现革命，服从于政治，服从于当时的政策。他说“文学家的心灵应与革命混合起来。革命文学家在这个时代是最有幸福的，没有比革命的材料更美妙的题材了”。他说作家“不但要同情革命，不但要在革命的怒潮中，革命的胜利中寻出有趣的东西，听出欢畅的音乐，并且也要领受他临时的策略，他临时的失败……并且要忍耐地拿住他的理性，持住他的计划……”（见《俄罗斯文学》）。

光慈认为文学不应只表现个人生活，而应表现人类生活的大变动，表现群众向光明欲望之激动，表现群众的奋斗。“革命文学应当是反个人主义的文学，它的主人翁应当是群众而不是个人，它的倾向应当是集体主义，而不是个人主义……革命文学的任务是要在这些斗争生活中，表现出群众的力量，暗示人们以集体主义的倾向”（见《关于革命文学》）。

光慈认为革命文学的作用最重要的就是要不但表现出时代，并且要在忙乱的斗争生活中，寻出创造新生活的原素来。他说“文学应该暴露旧社会的罪恶，攻击旧社会的破产，并促进新势力的进展……”（见《关于革命文学》）又说“我们要有革命情绪的素养，对于革命的信心，对于革命的深切的同情……”（见《现代中国文学与社会生活》）。

从以上这些论点，我们可以很清楚看到光慈对于文学的整个见解，即他对于文学工作者的立场，文学的任务，文学的主题与题材，文学的作用等，都接触到了。这些见解，一般的说来都是正确的。虽然对于文学之现实主义的创作方法方面，群众与个人人物之典型塑造方面，以及小资产阶级知识分子底自我改造方面，他都很少提到。光慈这些理论上的缺点，恰好也正是他在创作上的缺点。关于这，我在后面还要提到。

尽管光慈的文学理论还是一个粗疏架子，不够周详，有很多是从外国抄来的教条，很少同实际结合，尽管他在理论上还没有很丰富的事实作根据，尽管他对于当时文学界创作的情况缺乏具体而深入的研究，所发表的多是一般的理论，因而没有很大的说服性，可是从一九二五年间就坚持这种粗具体系的革命文学理论的，光慈倒是最初的一个，这一个拓荒者的功绩，是不可磨灭的。

从以上所说的许多话，我们现在可以得到一个结论；就是光慈的作品，是充分表现着人民的爱国主义，而在革命文学的理论上，他更有着很大的贡献。

这是一般地说的。现在再让我们进一步来看看，光慈在具体的工作上，他究竟贡献了我们一些什么东西。我认为他有以下几点功绩。

第一，他在创作实践上替左翼文艺运动奠下了若干基础。文艺运动，不能光靠文艺理论的提倡，和对于反动的文艺作品之斥责来完成。文艺运动只有通过作品，才能够发挥他的广泛的积极作用，而文艺理论也只有成为了作家创作的方针，才能够发挥力量。而光慈恰好就是第一个运用革命的观点来从事创作而又获得相当成就的人。他于短短的六七年的时间，创作了一百万字左右的作品（翻译和论文在外），这不能不算是他的努力。有了光慈的作品，人们就不可能否认，革命文学是有他自己独特的作风，和他在中国新文学的建设上占有着特出的位置。

第二，他替我们的文艺带来了一些新鲜的题材和新鲜的人物。在光慈以前，作家们所描写的，大都是知识分子和围绕在知识分子周围的人物，可是在光慈的笔下，则有罢工的工人、店伙、革命的知识分子，地下工作者，农会的领袖，叛逆的女性，他把过去狭隘的写作范围推广开去。在题材方面，光慈显然是有意识地要反映社会上的重要矛盾和主要斗争，所以举凡当时比较重要的事件，如学生的抵制日货运动，粤汉路工人罢工，黄埔军校，上海工人的三次暴动，南昌暴动，湖南的农民运动等，他都或是正面，或是侧面地接触到了。

第三，他替革命文学争取了许多读者，扩大了政治影响。正因为光慈能抓住当时社会历史事件的重要环节，所以他的作品就有着广泛的感召力。比方，他的《少年飘泊者》，在号召知识青年参加革命上就曾发生很大的作用，而《冲出重围的月亮》，据郁达夫说，在出版的当年，就曾重版到了六次之多。他的书，照例是一出版就很风行的。这种情形，正是说明了作者所拥有的社会力量。

也许到现在还有人感到奇怪，光慈的作品有时很粗糙和幼稚，何以当时广大读者会这样欢迎它。其实，如果从艺术社会学的见地说来，这也是并不足为奇的。因为一个作品之所以能获得广大的读众，并不光靠作品之成熟和丰富，同时还要看它当时所处的社会客观情况。如果正当社会群众心里异常紧张的时候，有时只一句话也就可以引起强烈的反应，又如果正当群众正在苦闷而急于要获得一条出路的时候，有时一个标语，一句口号也就可以获得广大群众的热烈的拥护。诚如我上面所说，因为光慈的作品能抓住当时群众所最关心的问题，所以他的作品能获得群众们的广泛的欢迎，也就是一件很自然的事情了。

也许还有人感到奇怪，光慈笔下的人物，多数是凭主观的空想，缺乏具体的形象，但何以当时的读者，竟会受到这样大的感动。我想如果从当时现实的情况去研究，这也是并不足为怪的。因为革命阶级对于客观事物的认识，也是在发展过程中的，自最初的朦胧的认识，到后来的明确的认识。在那个时候，大多数的青年读者，只是有一种接近工农，向往革命的要求，但是真正的工农究竟是什么样子，革命工作究竟是怎么一回事，他们脑子里还是比较朦胧的。所以光慈的小说能够给予他们以一些工人和农民的侧影，革命工作的轮廓，他们也就感到异常高兴了。而且就是这样粗枝大叶的描写，在当时对于初觉悟的青年，已经是起着莫大的鼓舞作用了。如果今天我们还用光慈描写工农革命者的方法来写工农，那当然是幼稚，或者是“主观主义”的空想；但如果用今天的标准去否定光慈小说的价值，那也未免太机械，和忽视了历史发展的具体情形了。

二

不过，我们肯定光慈的作品和它在历史上所起的作用，这并不妨碍我们今天对于他的作品的缺点加以批判。

有人说，光慈的缺点，主要是在于他的文字的技巧。但是我认为不对，他的缺点，主要还是在于思想上。

光慈出身于中产之家，早年曾参加五四后的学生运动，但不久就出国到苏联去学习了。回国以后，除了曾做短时期的翻译以外，就是在上海大学教书，对于中国下层人民的生活是了解得很少的，对于真正的群众工作也是毫没有经验的。由于他的这样的生活经历，所以在他的思想上，包涵着有最进步的马列主义的思想，同时又还残存有相当浓厚的五四初期右派的个人主义的意识，和从乡间旧社会带来的才子佳人的趣味。比方何兰英与李宗保，以及在《纪念碑》里的侠生和若瑜，在《少年飘泊者》里的汪中和玉梅，是不是都有些才子佳人的味道呢？是有的。比方，他爱以拜伦自况，他的《海上秋风歌》，则还有苏曼殊的"独向遗篇吊拜伦"的神气，《纪念碑》第三封信里说"我或者将飘零流浪以终生"；《野祭》第二十三页作者的化身陈季侠说"我是具有孤僻性的人"；《菊芬》第五十二页里，作者的化身江霞同志对菊芬说"有很多人夸奖我，说我的文学天才还不错……"，从这些话里面，我们就可以很清楚看到作者天才自命，风流自许，自高自大的飘飘然的神气。所以在光慈思想里面虽然进步的思想是作着主导的地位，可是因为有下面两种落后的思想混杂着，互相矛盾着，因而在作品里面也就不能把它的思想的革命性充分发挥出来。本来进步的思想是应该能帮助作家清除自己的落后的意识的，但是由于蒋光慈自满自足，不愿意毅然决然投身到革命的急流之中，而只愿做一条小鱼游泳在流水的边缘，因此他的理论就因为没有经过批评与自我批评的锻炼，没有经过革命生活实践的考验，而始终不能充分具体化成为有血有肉的东西，而以各种程度停留在空泛的理想，和个人的浮浪的热情阶段上。

在理论上光慈是主张革命者应该乐观的，但是在那些带有自叙传性质的作品里面，我们可以清楚看到他的抑郁和苦闷情绪。这些苦闷，当然不能说不是若干的反映了时代的心理状态，但这难道不是怀才不遇，孤高自赏的个人主义的心情在那里作祟么？

在理论上光慈是反对哥哥呀，妹妹呀的花月文学的，（见《少年飘泊者》自序）但光慈作品里面，大多数都是把革命和他的甚为自私的爱情交织在一起的。比方在《纪念碑》，侠生给若瑜的第三十六封信里，“我很愿意同你拥抱着一块跳到长江的波浪里，大海的狂涛里，我俩永远地，永远地相爱，相抱、相聚、相恋以终古……”《李宗保和淑真》里，作者这样写着，“我实在不能生存，会马上发狂，马上死，假使失去了你的话……”，又在《菊芬》里作者这样写着：“可是到了第三天，我无论如何忍不住了，不去看看菊芬我一定是要发疯了……”，在《野祭》里作者这样写着“也许当她（淑君——药眠）在群众里声嘶力竭的时候，就是我陪着密斯郑散步，或在戏院里寻乐的时候……”说这些话的人要不是作者的化身，就是为作者同情的人物。这样看来，难道光慈不也正是和当时的一般作家有其相同之处，恋爱至上主义者吗？殉情主义者吗？是的，恋爱自由，这本来也是反对封建的一种表现，可是恋爱问题到底只是附属的，次要的问题，而光慈老把它和严肃的革命工作对等地纠缠在一起，这岂不是遮盖了革命的光芒，而把读者的注意旁引到别的方面去起着抵消作用吗？

理论与实践不能统一，作品的具体思想性，赶不上他的理论，这是光慈的最基本的缺点。

从苏联回来以后，还有一种作为阻碍光慈更向前进步而终于抑郁以终的因素，那就是他脱离政治的倾向。在《纪念碑》里，光慈这样写着，“我不愿作一个政治家，或一个出风头的时髦客……我想做一个伟大的文学家……”，在《菊芬》里面，主人翁在那里怀疑，“继续从事文学工作呢？还是将笔丢下去拿起枪来呢？”后来又说“……同时我又想道：我的小说还不坏，我还是尽我的所长吧！”，又在《野祭》里作者这样写着“我虽然是一个流浪的文人，很少参加实际工作”。又说“我是一个流浪文人，平素从未做过实际的革命运动，照理讲，我没有畏惧的必要……”，如果把这些话和我上面所引的三天不去见菊芬就会发疯的说法来比看一下，那我们将会觉得，光慈对于恋爱何以如此其热烈，而对于革命又何以如此其动摇啊！也许有人会说，光慈在《野祭》上的话是有苦心的，为了使到他的书能够出版和发行，和统治者不会追迫他这样紧，他不能不做些掩饰的工夫。但我认为这是没有必要的。而且光慈之想和政治保持一定的距离并不是从写《野祭》时开始，他是有一贯的态度的。其实光慈是错了。他不晓得，如果他不能做一个政治家，他也就一定无法做一个好的文学家。正因为他在思想上有这样的倾向，所以当1929—1930年革命到了最艰苦的时候，他就支持不住了。那本为当年许多前进文人所诟病的《丽莎的哀怨》就是这个时候写出来的，这难道是一件偶然的事情吗？阶级斗争愈尖锐，光慈就愈想躲开一点，但也正因为阶级斗争愈尖锐，象光慈这样身份的文人也就愈无法躲开，统治者对他的追踪和围困也就愈紧，而光慈也就在这统治者残酷的压迫之下，精神上陷于异常苦恼和矛盾的情形之下溘然逝世了。

正因为光慈在思想上有这样的缺点，在生活上始终浮在上面，没有下层工作的实际经验，所以在艺术创作上也就不能作很现实的客观的描写，而多数是凭个人的主观的空想。在作品里面，有的是平面的叙述和隐在幕后的作者个人的独白，而不善于塑造出有血有肉的人物性格。光慈学来的理论，只是很生硬地被陈列出来，而并没有能够被具体化到对于每一个事物的看法和感觉上——是的，这就是光慈在创作上的主要的毛病。至于说他的文字技术上的缺点，那是次要的。试想，如果光慈能稍去其骄矜之气，到生活中去锻炼去学习，以光慈的聪明，难道积六七年的写作经验还不能克服这个缺点吗？就纵使他自己一个人不能克服，难道朋友们不能帮助他克服这个缺点吗？

上面，我说了这许多话，目的无非是表明光慈在左翼文学运动中的功绩，并从而说明我们这个运动是怎样从比较幼稚的情况成长到今天波澜壮阔的场面。光慈作品之所以还有这些缺点，一方面固然是由于客观历史条件的限制，但主要的还是由于他自己主观努力的不足，不然，他的成绩一定是还要大的。

三

最后，我想说几句关于这本选集的话。

在选择作品的时候，我是根据以下几个标准来选择的。即它必须反映若干基本的客观的历史真实，表现出当时的时代精神，在当时已发生了很大的影响，而在今天又还有教育意义的。此外是它在作者作风上有代表的意义的，或是它在某方面能说明作者的生平史迹，带有自叙传性质，而有助于我们对他的了解的。

根据这些条件，所以我在这里选了以下几篇。第一是《少年飘泊者》，这是作者的初期作品。在这里面反映出了“五四”以后的反日运动，一九二三年京汉路工人大罢工的“二七”惨案，一直到汪中到广东去投考黄埔军校。这部小说，的确当时曾起了很大的影响。小说的主人公汪中，不是知识分子，而是由佃农的儿子，经过乞丐、学徒、店员、工人的生活，而最后参加革命，在惠州之役牺牲。主人公这样的出身和经历，在当时的文坛，亦可说是别开生面。第二部是《短裤党》，这是作者在清党前夜写成功的。他的内容是描写上海工人响应北伐军的三次暴动。这里面虽然没有一定的主角（此书出版时，这一个问题，曾引起了争论），而且组织得散漫些，但作者以急速的步调从各个角度去反映这一个历史上伟大的斗争，诚不愧为一篇很出色的报告文学。第三部是选自《田野的风》中的两段，第一段是写地主的儿子李杰，何松斋的侄女何月素背叛了自己的阶级，协助矿工张进德在自己本乡进行组织农会的情形。第二段是描写农民起来了，但从城里反拨过来的反革命的逆流，连同本乡的反革命势力却企图消灭革命势力。于是觉悟的农民乃起来组织革命的武装，来和反革命的武装对抗。这里所选的，是原书中最紧凑的两段。《田野的风》，是光慈最后的一部力作。和光慈过去的作品比较起来，这部书的风格显然是有了很大的转变，恋爱的罗曼蒂克的气氛是减少了，而且我们可以看出光慈已开始在努力改变他的单凭主观想象的空泛的描写，转而试图从事于客观人物性格的刻划，虽然结构松懈，最初一百页写得沉闷些，但这已经是一个很大的进步。从这一部书来看，如果光慈不死，他的创作是可能开出更美丽的花朵，结成更丰富的果实的。第四部是选自《冲出云围的月亮》。本书的内容是叙述一位青年女子曼英因朋友柳遇秋之招，跑到H镇去投考军事政治学校。后来因为资产阶级背叛革命，曼英乃不得不随军南下；但经过许多的艰苦南征失败，曼英流落在S镇的小旅馆里。国民党小官僚陈洪运看见了她，想诱惑她做他的姨太太，因此没有把她逮捕起来。曼英没有办法，只得骗他让她先到上海去，再行结婚。到上海后，曼英因为对于革命的大业感到失望，光明的前途渺茫，因而转而咒诅这世界，企图用个人的力量来破坏和毁灭这世界，于是她在上海抱着愤世嫉俗的心情，过着自暴自弃的腐烂浪漫的生活。后来于无意中，她又碰见她以前的爱人柳遇秋，和以前曾追求她，而为她所拒绝的李尚志。前者已叛变革命做了国民党反动派的官，后者则仍在上海做地下工作。最后，她终于受到李尚志的感化，放弃她过去的腐烂生活，到工厂里去做女工，仍回到革命队伍中来。这里所选的是她和柳遇秋李尚志在上海见面当中的一幕。从全书看来，其中有许多不健康的心理描写。但是这里面表现了一九二四——一九二六年大革命失败后，一部分掉队的知识分子底投降叛变或彷徨苦闷，和另一部分人，在由公开转入地下的艰苦年月中的坚持革命的坚贞。所以也选录了一小部分。最后是《鸭绿江上》，这是光慈的比较完整的短篇小说。《夜话》是一篇带有自叙传意义的散文。因为限于篇幅，他的诗，只好都割爱了。

至于作者的生平，则另于卷末附“作者小传”及“著作年表”。虽然我们曾尽一切的可能，通过各种关系搜集有关的资料，但由于过去多年的战乱，文献仍感不足。我们诚恳地希望光慈的生前友好能够协助我们，提供更多的意见和资料，以便我们将来有补订修正的机会。

一九五〇、八、二四序于北京师范大学

注：钱杏邨在一九二八年三月十二日，太阳月刊发表的“蒋光慈与革命文学”里关于光慈的文学理论活动，曾这样说：“……从一九二四年‘新青年’上所发表的提倡革命的论文起，一直到一九二七年止光慈做的论文现在都无法搜集了……”由此可见，光慈的文学理论活动应该从一九二四年算起。又据李何林编的“近二十年中国文艺思潮论”第一一四页，亦引钱杏邨所说的话：“在‘新青年’上光慈就发表过一篇‘无产阶级革命与文化’，在一九二五年于‘觉悟’‘新年号’上就发表过‘现代中国社会与革命文学’，并且在一九二四年办过一个‘春雷’周刊……”但这些文献，直到现在我们都还没有找到。所以这里我姑把光慈的文学活动从一九二五年算起。但如果要把有关革命文学理论的文献更加追溯上去，那就可以还溯到一九二三年“二七”事件后不久郭沫若先生的“我们的文学新运动”。里面曾提出了“反抗资本主义的毒龙”“爆发出无产阶级的精神”等口号。但是政治上比较成熟，理论上比较完整还是要等到郭先生发表“文学与革命”的时候，而光慈的革命文学理论的观点则早在一九二五年即已建立了。至于在这以后，则有一九

二七年十一月二十三日，成仿吾发表的从“文学革命到革命文学”。成氏这篇文章，最值得注意的是，他提出了“知识分子应该自已否定一遍，努力获得阶级意识”的问题。由一九二七年末一九二八年初起，无产阶级文学的理论已经大倡，体系亦更加完密，这里，用不着多说了。现在只附注于此，以供有文学史兴趣的读者们参考。

（原载《人民文学》第3卷第2期）

《短裤党》

——上海工人武装起义的报告文学

贵 芳

革命作家蒋光慈在1927年出版了一本中篇小说，题名《短裤党》。这是为歌颂当时上海八十万工人三次起义而写的。书中没有一定的主角，组织也颇散漫，够不上称之谓辉煌的史诗。但正象作者所说："本书是中国革命史上的一个证据，就是有点粗糙的地方，可是也自有其相当的意义。"

作者在书中用史兆炎的名字影写当时领导起义的中国共产党人赵世炎烈士，用杨直夫的名字影写瞿秋白烈士。由于作者熟悉这些人物和他们的革命活动，在某些情节的处理上，应用了朴实无华的白描手法，看来很平常，却有着十分单纯的也是深沉的感人力量。例如描写第二次武装起义前夕，史兆炎在召集产业工人的秘密会议上讲话的情景：这是一位面色黄白的，二十几岁的青年，他头戴着鸭嘴的便帽，身穿着一件蓝布的棉袍，立起身来，右手将帽子取下，正欲发言时，忽然腰弯起来，很厉害地咳嗽了几声。等到咳嗽停住了，他直起身子时，两眼已流了眼水。他镇定了一下，遂低微地向大家说道："诸位同志们！……现在北伐军已到了松江了，我们是应当欢喜的。不过工人的解放是工人自己的事情，倘若工人自己不动手，自己不努力，此外什么人都是靠不住的。……我们应当宣布总同盟大罢工，我们应当积极预备武装暴动！"奇怪的很！史兆炎当说话的时候，没曾咳嗽一声，可是说话刚一停止，便连声咳嗽起来。他又弯着腰向地板坐下了。……大家的目光都聚集在他一个人的身上，会议室寂静了两分钟。这时窗外忽然沙沙地雨下大了起来，天气更加黑沉下去，于是不得不将电灯扭着。

描写两次暴动中，工人夺取军警武装的经过，字里行间都闪烁着作者火一样的燃烧情绪，这也是绝不能从当时的一般新闻记载中可以看到的：革命没有武装总归是不行的，一定要有武装！武装呵！但是自己没有武装怎么办呢？只有去抢敌人的营寨，只有从敌人的手里把武装抢来。……这时李金贵掏出了手枪，王得才拿出了斧头，朱有全握着石头，潘德发持着菜刀，各露出各人的武器，大家的面孔上丝毫没有表现出来一点儿惧色。两个守门的警察见着来势汹汹，吓得翻身就向屋里跑，金贵等这时一拥上前，将警察署的门拦住了。……喂！工人真不要命！工人真不怕死！不要命，不怕死的工人当然要吓得雇佣的警察们屁屎横流……满街满路地行走着扛着枪、破衣褴褛的工人！有的工人，大约是没有夺取着枪吧，没有枪扛在肩上，但也有斧头和锹铲之类的拿在手里。到处飘扬着旗帜！到处充满着热烈的，欢跃的，革命的空气！一刹那间，旧的，死灰的上海消逝了影子，而新的，有生意的上海展开了自己的面目。

关于这本小说奇异的命名，据作者在前言中解释说，在法国大革命时，有一群极左的，同时也就是最穷的革命党人，名为“短裤党”。本书是描写上海穷革命党人的生活的，作者想不到别的适当名称，只得借用这“短裤党”三个字。但在今天我们可以了解，本书出版在“四·一二”血腥政变后的第七个月，作者采用这样生僻隐晦的题名，其究竟，只是想逃避反动派的检查罢了。

（载《解放日报》1957年3月26日）

《蒋光赤选集》序言

当革命的暴风雨将要到来的时候，最初飞来的几只海燕，掠过了乌云弥漫的太空，歌唱出斗争的曲子，即使说有的羽翼还不够健强，声音还不太嘹亮，但毕竟是时代的预言者，时代的战士。她们冲破黑暗，发出了号召的画角，鼓舞了来者；勇敢的战斗就在她们身后猛烈的展开，胜利的光芒遥遥的已经在望。因此对这些开路者，是不应该轻于忘记的。我于光赤和他的作品，始终是作着这样估价的。也许难免不被人讥为党其所同，阿其所好吧。

我还记得在一九二五年秋天，在上海静安寺路民厚里的一个亭子间第一次会到他；前楼住着秋白同志，楼下住着太雷还有其他同志。当秋白同志笑吟吟的给我们作了极简单介绍之后，一个意气豪迈、丰姿焕发的面容，和一阵爽朗的笑声出现在我的面前。老实讲，在没认识他以前，我是早已被他的《新梦》等诗歌触发了革命的热情的，而且在当时不止我一个人受到他的激励，不少的青年也因为他昂扬的歌唱而得到鼓舞，迈上了革命的第一步。我们乍一见面，他就滔滔不绝的向我缕叙着列宁领导的苏维埃工人阶级对于人类新的史页的创造，由此而谈到文学作为革命的武器，当仁不让的抒发了他的抱负，如果不是我和他同气相投的话，的确他那种狂态是会使个别的人有“不逊”之感的。以后我们更在上海大学时相过从，并读到他《少年飘泊者》的原稿，进一步在同一意念之下建立了深的友谊。一九二七年初，正当革命风云涌罩全国之时，他笔酣墨饱的抓住了当时上海工人三次起义的事迹，以半个月的时间，奋力疾书的完成了《短裤党》一书，表现了中国无产阶级武装斗争最初阶段的形色面貌。我也曾为他那蓬勃恣肆的笔力，汹涌澎湃的热情，而感到欣喜激动，也曾许之为中国无产阶级文学中长篇小说的开路之作，而他却谦逊的说：仅想做一番革命的铙吹，留下一个历史的见证罢了。直到是年夏初，由于蒋介石叛变革命，上海已经成为反动屠夫虐杀革命力量的场地，我们先后到了武汉，这时我才认识阿英同志，黄鹤楼、东湖等胜地，也曾给我们三个人留下了踯躅慨歌的踪迹；我们当时已经朦胧的觉到以文学服务革命事业的口号，随着革命的步调的前进应该愈加明确，由此在光赤的倡议之下，开始了“太阳社”的组织，而最初无产阶级革命文学的旗帜，也是通过了光赤的口头和笔下，首先展示在人们的面前的。

当然，我也用不到为光赤讳：他虽然心意向往而且实际上也是在努力追求着革命的未来，可是在他的思想感情中，也还存在了不够健康的一面，在作品里便时而流露出近于感伤的情调。特别是在一九二七年以后，中国革命情势退入低潮，无产阶级革命事业遭到了难以估计的损失，革命者此仆彼继，这时，他虽然写出了《野祭》《菊芬》等小说和《哭诉》等诗歌，反映了革命者的英勇就义，国民党的恐怖残忍；但同时也流露了苦闷、低沉，他是为革命而苦恼着。就在这一时期，更写出了《丽莎的哀怨》、《冲出云围的月亮》等带有浓厚的悲观情绪的小说，不但使他的作品失掉新颖夺人的光彩，而且影响了他的身体。他为了养病，离开了故国，东渡到了日本，从此直到他的逝世，我就没有和他再会过一次面；甚至连送葬之日，也由于当时环境的关系，在极端的白色恐怖之下，不能临墓一吊，这使我多少年来一直引为恨事的！

在这里，我还不能不提到他最后的一部小说《咆哮了的土地》的成就，这一作品是在他从日本回国以后写的，曾在《拓荒者》上发表了一部分，以后出版单行本时，为了避免国民党的查禁，才易名为《田野的风》，而他生前却未及见这书的出版。透过这一作品，我们不但看到他对于革命形势的发展，对于革命的信心重新得到恢复，而且在艺术创造的造诣上也愈加坚实，特别是歌颂了农民对于豪绅地主阶级的不屈不挠的斗争，也正反映了中国无产阶级革命运动中农村所起的决定性作用，这也应该说是土地革命的最早的象征吧。去年北京大学几位年青的同学，为了研究左翼文学运动初期情况，曾向我了解光赤和他的作品中的一些问题，当谈到他创作生活中这一段起伏时，他们是表示出难以理解当时的原因。我想：中国革命运动是经过了一段漫长而又崎岖的道路，曲折的向前发展着，作为时代精神面貌反映到作品上，也容易受到影响而形成波浪形，虽然这中间是有升有沉，但从总的方面看，终于还是前进着的。何况在左翼文学初期，作者们大多数是出身于小资产阶级，他们的世界观并不象今天社会主义时代已经得到了较为彻底的改造，经过纡回后归入主流，那就更无怪其然了。可是，由于光赤最后能写出了《咆哮了的土地》这样的力作，那我们对他和他的作品，不但要看作是既伏之后重新的高扬，而且由此也可以肯定的说：如果不是生不假年，他必将有更高的建树，是可以断言的。

我们对于光赤和他的作品从来就是作着实事求是既不夸张也不贬低的估价的。然而那些别有用心的人们——过去从胡风反革命集团到资产阶级右派分子，一直是为了抹煞无产阶级文学的发生与发展，为了否定文学的政治性，他们对于左翼文学初期作品，从来就是采取了歪曲和不屑一顾的态度，当然对光赤最初的作品在青年知识分子群中所起的启蒙作用，和他最后的作品比较正确的反映了农民斗争的真实面貌，经常是加以攻击。最明显的例子，如黄药眠在《蒋光慈诗文选集》中所作的《蒋光慈小传》，就是在伪装的客观叙述中，而并不客观的有意加以贬低。说光赤是："说起话来，总有绝大的抱负、不逊的语气……"数句，作为评骘。达夫的月旦并不一定含有恶意，而在黄药眠的笔底下，却变成了盖棺论定，我看难免不是借箭射人，有意的诋伤，这就无法令人容忍了。更奇怪的是，最近又有李何林同志在其《十年来文学理论和批评上的一个小问题》中，大肆发挥"艺术即政治"的诡辩术，其中用了较多的篇幅举光赤作品为例来证明他那"政治与艺术一致论"，说甚么蒋光赤的小说"……它的艺术力量和它的思想性不高是相一致的。它的艺术性方面的'粗糙'和它的思想性方面的'粗糙'是相一致的"反复的都是打着"艺术第一"的假幌子，一面否定光赤小说的政治作用，一面又否定了光赤小说在当时已达到的艺术成就，这样离开了毛泽东同志"政治第一"的标准，事实上也就是不要艺术性的存在了。即使补充了"……'粗糙'是任何新生事物必不可避免"一语，还是不分主次，对左翼文学初期作品作了不公正的估价，同样是难以使人心服的！

光赤对于中国革命文学的贡献，还不仅在于创作方面，他曾介绍了《十月革命与俄罗斯文学》，陆续的在《创造月刊》上发表；同时，并整理了秋白同志原著的《十月革命前俄罗斯文学》的原稿，合并出版了《俄罗斯文学》两卷本。也翻译过苏联十月革命初期诗人们的诗歌。特别是对于苏联里别进斯基的《一周间》的翻译和介绍，更对于中国无产阶级革命运动起着鼓舞作用的。然而，这些一样的是被那些别有用心的人所抹煞，因此也一直是未被重视的。

今年是"左翼作家联盟"成立三十周年，《蒋光赤选集》适在此时出版，这不仅可以由此看到光赤个人成就的痕迹，更重要的是：通过他和当时其他作家的作品可以反映出当时革命形势和文学战线的业绩，寻找出无产阶级文学在发生与发展的过程中的来龙去脉，对往者可以作出正确的判断，对今后也能有所借鉴，这样，是极有意义的。

至于为《蒋光赤选集》作序，阿英同志对他的为人了解的比我更深，对他的作品也更加熟悉；而阿英同志适在此时因病未愈，而我只好以回忆与杂感承乏草此，当我急遽的完稿之后，蓦然想到：光赤去世已二十八年了，而中国革命运动已经经过了民主革命阶段，度到社会主义革命与社会主义建设时期，而且进一步的向共产主义迈进着，中国无产阶级这一伟大的胜利虽然他生不及见，我想他死而有知，长眠在新迁的墓地，也会含笑高歌吧。至于我，因为重读了一遍他的作品，也不能不回想到同志们当年在暴风雨中的顽强的战斗，历历如在眼前，而引起了无限感慨与兴奋的！

孟 超

1960年3月

（《蒋光慈选集》，人民文学出版社出版，1960年4月北京第二版）

蒋光赤论

范伯群　曾华鹏

蒋光赤（一九〇一——一九三一）是生活和活动在一个“一切都翻了个身而重新安排的时期”：辛亥革命的失败宣告资产阶级不可能再成为革命的盟主；十月革命的胜利，为人类开辟了新纪元；五四运动的掀起，中国共产党的成立又标志着中国无产阶级成为历史舞台上的主导力量。在刚跨进新民主主义革命的年月中，就显示了党和工人阶级的丰功伟绩，使中国革命面貌为之一新，并为中国革命积累了宝贵的经验；但由于党还处于幼年期，缺乏斗争的经验，从一九二一年创立至一九三五年遵义会议之间，也受到“左”、右倾机会主义的侵袭，出现了一次右倾和三次“左”倾的路线性的错误。在文化战线上，当时也处于革命初期，封建买办旧文化势力受到不断的冲击而开始解体；而革命文学也还只是刚刚步入倡导和创建阶段，在斗争中的年轻的革命文学队伍，决心将一切文学糟粕弃置于历史垃圾箱里，但部分染有“左”倾幼稚病的革命文学家在战斗中出现过“走火”现象，以致误伤过精华，这是一种历史性的误会。

蒋光赤就是这一时代的一朵浪花。他的才能是多方面的，在苏联他以攻读社会科学为主，回国后又曾教授社会科学和在报章杂志上发表该方面的论著。在文坛上，他不仅是诗人和小说家，并且还是文艺理论家和翻译家，他认真地为中国读者介绍马克思主义文艺理论；同时他又是文艺杂志的编辑工作者和革命文艺团体的组织者，他热情地鼓吹无产阶级革命文学。他的创作活动主要是在一九二一——一九三〇年间，较为忠实地描绘了苏联革命初期的生活和二十年代中国社会面貌的一个侧面，其中尤为可贵的是我国工人阶级的斗争生活，革命知识分子的成长道路，以及农民的自觉反抗斗争都在他的作品中较早得到了反映，他的作品在一定程度上有助于我们去认识二十年代中国社会的动向。蒋光赤虽是一位较早受到马克思主义影响的革命文学家，但他毕竟是个未能与劳动人民相结合的知识分子，象他这类"新起的知识分子"，往往首先卷入革命的怒潮，狂放地显示自己的"热度"；但革命一旦遭受挫折，又容易动摇和伤感。蒋光赤就经常陷于这一矛盾的漩涡中：一方面，他是一个竭力要想替新兴阶级服务的左翼作家，他号召自己的读者为推翻帝国主义、封建主义的统治和争取自身的解放而斗争；另一方面，他始终是一个没有扎根于广大群众土壤中的书生，但却又自视甚高，自命为彻底的马克思列宁主义者，不恰当的自我估价妨碍了他进一步作脱胎换骨的自我改造。虽然如此，但这位初步接受马克思列宁主义的小资产阶级知识分子仍不失为是中国无产阶级文学的拓荒和启蒙时代的战士，因为"新兴阶级的文艺思想，往往经过革命的小资产阶级作家的转变，而开始形成起来，然后逐渐的动员劳动民众和工人之中的新的力量"。[1]在披荆斩棘地为铺平无产阶级文学大路的工程中，蒋光赤贡献过自己的劳动和汗珠。

一

一九二一年，蒋光赤以朝圣者般的虔诚心情，历尽跋涉艰辛，投入革命圣地莫斯科的怀抱，在那里度过了四个年头。从半封建半殖民地的旧中国来到社会主义国家的新天地，他的心情是开朗、乐观而豪放的，他对光明的新世界感到无限亲切和仰慕，他将莫斯科当作自己"亲爱的乳娘"和"第二故乡"。他急于要抒发这沸腾于满腔中的激情，于是这位受过五四新思潮的洗礼的诗歌爱好者，立志要做"革命的诗人，人类的歌童"（《自题小照》）。他的《新梦》集就是在这种环境下诞生的。它不是怀忆留恋往昔的旧梦，而是诗人在"乳娘"

[1] 瞿秋白：《〈鲁迅杂感选集〉序言》。

怀中做的“新梦”。

诗人以如焚的激情，热烈地讴歌十月社会主义革命的世界意义，吟唱赤都莫斯科对自己的养育之恩。在诗人颂赞光明的同时，也抒写了自我改造的历程：“回想起，廿载过去的光阴，全埋葬在浪漫悲哀的生活里！哈哈！现在我的心灵活泼了，时润将来希望的温柔雨；我的心肠清净了，且谢谢这赤浪，红潮将我全身的灰尘一洗。”（《西来意》）然而在社会主义太阳的光照下，诗人是不会忘怀正处于黑暗深渊中的祖国和人民的。在那里，帝国主义的战舰蛮横地行驶往来；魔王的假人道的旗帜在狂妄地飘摇招展（《太平洋恶象》），军阀的钢刀在仓仓响，人民的肉头在滚滚流（《钢刀与肉头》）。于是诗人的炙手可热的爱国主义感情使他时时惦念祖国的命运和前途。诗人的结论是必须振臂高呼，召唤人民走俄国人的路：打破帝国主的压迫，推翻贪暴凶残的军阀，我们高举鲜艳的红旗，努力向那社会革命走（《中国劳动歌》），前途就是曙光照耀的莫斯科。他所宣传的已不属于旧民主主义的思想范畴，而是通过阶级斗争，从民族解放的道路走向社会主义革命的理想。

《新梦》集之所以能表现五四时期最先进的革命理想，其重要原因之一是，这位“取经人”是在赤都，也就是说是在思想养分最充裕的条件下孕育自己的诗篇的。作为一位爱国主义和国际主义者，他的《新梦》集的基调是对社会主义、对祖国人民的强烈的爱！

但是，在这时期，蒋光赤的思想还远未成熟，自我改造也不彻底，而他在去国之前所受的思想影响又比较复杂，在未接受马克思主义之前，他在不同程度上受过资产阶级教育和封建思想的影响，还曾经是无政府主义的信徒。这些复杂的思想影响就不能不在他的诗中留下烙印。他肯定美好的未来，但有时却掺杂些乌托邦的空想；他自许是拯救祖国的战士，但间或感到前面是茫茫无穷的路，而战士已经疲惫；他有宏大的抱负，但又经常流露出对前途的微茫哀愁，这种情绪在《月夜的一瞬》中曾恶化为灰暗的消沉情绪；在蒋光赤的心灵中还存在着比较严重的小资产阶级思想。而他对于小资产阶级知识分子要转变成为无产阶级的革命战士必须经过一个脱胎换骨的艰辛的历程又认识不足，因此错误地认为只要对无产阶级革命具有初步的认识，自己便是马克思主义者了。蒋光赤对自己思想水平的估价也是偏高了的，他以为在短暂的时间内，“贝加尔湖的清水”就“把我的心灵洗净了”。这些都直接影响到蒋光赤的自我改造，并且使他在较长时间内在自己的作品中都表现出不同程度的小资产阶级思想。

在《新梦》集中，蒋光赤的诗风已初步形成，他的作品以红色鼓动诗为最多，往往以赤都的新貌和自己的激情作为诗的经纬，织成豪放、宏朗的诗篇。它们奔放昂扬，跳动着内在的节奏，善用热烈的呼号和心灵的倾诉来赢得读者的共鸣。有时虽作情意深沉的吟唱，但灼热的感情潜流仍在字里行间回荡奔突。这样的诗风既能恰当地传达诗人的欢歌与愤懑，同时又完全符合于五四时期狂飚突进的时代精神。诗的语言是充分白话化的，有自然朴素的韵律而又接近口语，但有时仅是有韵的分行散文，诗意并不葱茏。有的诗作显得哲理外露，诗情不深，有时仅以狂呼去刺激读者，缺乏更深沉更强烈的感染力量。有的小诗是即兴式的随感，缺乏锤炼。在《新梦》集问世时，作者曾一再申述：“该集中有许多幼稚的作品，我自己也不十分满意。”“我自己以为其中仅有几首比较还好，其余的也是幼稚极了。”❶但他愿将这册记录自己赤都心史的诗集“献给东方的革命青年”。

二

一九二四年，蒋光赤由苏联返国，从“新鲜的，自由的，光明的空气”中来到了“黑暗萃聚的上海”。这里“为帝国主义压迫中国民众表现最明显之区”，蒋光赤感到“无一件不与我的心灵相冲突！因之，我的反抗精神大为增加了。”于是他大力地提倡向黑暗社会进行抗争的革命文学，他说：“谁个能够将现社会的缺点，罪恶，黑暗……痛痛快快地写将出来，谁个能够高喊着人们来向这缺点，罪恶，黑暗……奋斗，则他就是革命的文学家，他的作品就是革命文学。”❷但是，另一方面蒋光赤在当时的生活是比较脱离实际的：“我虽然对

❶ 蒋光赤、宋若瑜通信集：《纪念碑》171、197页。

❷《民国日报》副刊《觉悟》：《现代中国社会与革命文学》，1925年1月1日。

于群众运动表充分的同情，但是我个人的生活总是偏于孤独的方面。我不愿做一个政治家，或做一个出风头的时髦客，所以我的交际是很少的。我想做一个伟大的文学家，但是这恐怕是一个妄想啊！”❶作为一个文学家，蒋光赤当时过的是亭子间的生活，他没有参与到斗争的最前列去，这是一个无法补偿的损失。不过，他的马克思列宁主义的知识，和他与革命工作者——如瞿秋白、张太雷等人的接近，又使他对当时的现实有或多或少的认识。

《哀中国》集中除《寄友》一首外，都作于一九二四年七月至一九二六年十月之间。当时帝国主义列强正分别扶植投靠他们的各派军阀进行混战，这些国内外的反动派又相互勾结，肆意压迫人民大众，一手制造“二七”“沪汉”“沙基”“三一八”等惨案。在《哀中国》集中，诗人的最强音是反对帝国主义，反对封建军阀。《血花的爆裂》《北京》《血祭》等作品都是很有煽动力的反对帝国主义反对封建军阀的檄文。这是基本的一面。但诗人在《哀中国》集中的心情又是复杂的，有时甚至是矛盾的。在《诗人的愿望》《过年》等诗篇中，他一再热烈地宣称，愿呕心沥血、历尽艰辛拯救祖国于黑暗深渊。但是在《我本是一朵孤云》《海上秋风歌》中所流露的却是感到自己无能为力的无可奈何的心情。诗的音调也顿时变得喑哑了。最能表达这种矛盾心情的是《哀中国》：诗人先画出一幅帝国主义飞扬跋扈，军阀政客横行暴虐的图景，于是大好河山变得惨淡寥落。他又从国内的萎靡颓唐的气氛中感到祖国似乎已经无望，它正在沦亡的边缘挣扎；但他又从古代英雄联想到我们的民族还不致于无望，于是诗人在悲歌和叹息中又看到了微茫的希望。这种矛盾的心情正是诗人的理想和现实的矛盾的反映，也是他与革命斗争和人民群众存在着一定的脱节现象的结果。蒋光赤从赤都回来，他原想以文学为武器，并以莫斯科为蓝本来改造现实，有时还不免以苏联的劳动者的主人翁态度来要求中国的劳动者，但是由于他没有投入群众斗争的洪流，还没有完全看清中国革命的具体进程，他的某些美好的梦想就难免与现实不尽相符，因而时时发出哀痛的呼号。

❶ 蒋光赤、宋若瑜通信集：《纪念碑》128、138页。

诗人在《新梦》集中对十月革命和赤都的热情的讴歌，在新的境遇下已化为对帝国主义和封建军阀的愤怒的进攻，而当年那种淡淡的哀愁也有了扩展。因此《哀中国》集的特色是激越的愤慨，庄严的召唤和深沉的悲叹三者往往同时出现于诗中。

与《哀中国》集同时，蒋光赤又开始运用小说体裁来反映现实和抒发胸臆，创作了第一部中篇《少年飘泊者》。和诗歌一样，他的小说也是反对唯美倾向而自觉地跳出来作"粗暴的叫喊"的。他斥骂唯美派，指出他们"过着粪堆里的生活，口里喊着什么美呀，月呀，爱呀，美呀，闹得个不亦乐乎，真是要笑死人又气死人了！"同时又作这样的自我表白："不错，我也晓得花月爱美之可贵，并且我也热烈地希望花月爱美之实现——谁也不反对花月爱美，除非是疯狂。但是我们现在的责任，不仅仅在于喊花呀，月呀，爱呀，美呀，而最要的是揭露现在粪堆里的生活没有花，没有月，没有爱，没有美，——我们要反抗粪堆里的生活，我们要寻一条走到花月爱美的道路！"❶这就是作家自觉地要作"粗暴的叫喊"的目的。

蒋光赤常常自命是"天涯的飘零者"。这种游子的飘零感促使他构成了一个少年的十年飘泊史。在小说主人公汪中身上我们的确看到了"祖国虽大，但是没有地方给与我以安稳的勾留"的惨痛生活。这是一个陀螺，欲求立锥之地而不可得，却在帝国主义和封建主义所扭成的双股皮鞭下，被打得无所驻足，满身伤痕。这是一个容不得他生存的社会，于是他也就成了一个容不得这社会生存下去的斗士。汪中这一形象是富有时代色彩的，他在一定程度上代表了五四——五卅时期青年的成长和进步倾向。他承受五四新思潮的影响而走上叛逆的道路，他想挣脱旧社会的镣铐，追求个性的解放，争得人道的待遇。可是旧社会的汹涛却打得他萍飘蓬转，最后在工人运动的影响下走入更积极的反抗斗争，投身到被当时视为革命大本营和中国莫斯科的广州去。当革命军东征时，在高呼"打倒军阀，打倒帝国主义"声中冲锋陷阵，终于壮烈牺牲。作家通过汪中的具体生活道路，较为成功地塑造了一个当代革命青年的形象。同时作家也企图通过一个飘泊者的经

❶《民国日报》1924年11月23日文学专号第2期：《现代中国的文学界》之二《粪堆里》。

历广泛地揭露旧社会的罪恶，因为飘泊者的身份更便于去接触广阔的社会阶层。但是由于作家用大量的篇幅让主人公来正面叙写自己颠沛流浪的生涯和倾诉心中的痛楚，而当他找到革命道路以后的生活和斗争，则更多地作暗场处理，因而作品荡漾着一种淡淡的忧郁情绪，缺乏更为昂扬的色调，这与作家此时的心情不能说是完全没有关系的。在艺术表现上，作家似乎并不着力去追求点的深度，却刻意追求面的广度，把他所要反抗的和歌颂的都陈列出来。这对人物的细致刻划会有所妨碍，特别是周遭的次要人物更易浮光掠影。另外，作品中所反映的生活不少都来自第二手材料，例如林祥谦烈士牺牲时的情景主要是抄录当时某报的通讯而成；[1]由于作家对某些生活不够熟悉，就不得不用想象来填补，或者仅能用粗线条勾出一个轮廓而已。

《少年飘泊者》采用第一人称和书信体裁写成。这是由于蒋光赤还未能完整地掌握小说体裁的技巧，于是这位年轻的诗人就借用抒情诗的手法来处理。他还不善于通过人物的行动和场面的处理来深刻地显示主题思想，却喜让人物发议论，而书信形式，就更能自由地抒发和倾述人物的感慨。

作品出版后，在青年读者中产生了较大的影响，这是由于作品有强烈的时代感，它喊出了青年久郁于心头的声音：作品中人物形象虽还不够丰满，但却是时代的产儿；作品的结局又解决得比较正确，能指示青年一条正路；再加上作家的如焚的热情和特具的煽动力，就使作品能在青年读者中获得反响，帮助许多青年走上了革命的道路。

一九二六年一月—十月，蒋光赤连续写了九个短篇，除《疯儿》外，都收在短篇集《鸭绿江上》中。整个短篇集继续了《哀中国》、《少年飘泊者》等作品中强烈控诉旧社会的基调。但是，和前面两部作品一样，蒋光赤本时期思想上的消极因素同样在这部小说集中留下了鲜明的印记，特别是《碎了的心》所呈现的失望色彩尤为突出。由于作者初次尝试短篇小说这一体裁，驾驭得还不熟练，对生活素材也缺乏精心的艺术提炼。

大革命的风暴的吼啸又使蒋光赤回复到他在赤都时期那般乐观

---

[1] 参看恽代英《中国劳动阶级斗争第一幕》，《中国青年》1927年“二七”纪念号。

而豪放的气度。上海工人三次武装起义的枪声在他听来，无异是中国"阿芙乐尔号"的大炮轰鸣。于是他兴奋地呼唤着，"我真感谢我的时代！它该给与了我许多可歌可泣的材料！……我且把我的一枝秃笔当成我的武器，在后边跟着短裤党一道儿前进。"并且写出了"中国革命史上的一个证据"——《短裤党》。中篇发表以后的相当长的时间内，各种不同的反应围绕着这部作品展开了一场剧烈的争论。敌人咒辱道："听说现在上海特别市党部大大的注意它，有许多人说它是赤化的宣传品，是鼓吹暴动的作品，是煽惑农工朋友们起来捣乱的党报；……什么革命文学家，为被压迫阶级呐喊的作者；我想他决定就是一个暴徒了，你们想他的名字就希奇，什么字不取，偏偏用光赤两字（光者光棍也，赤者赤化之暴徒耳）。"他们咒之曰"短命的短裤党"。❶另一种意见则从"文学作品之可贵，技术是其最重要的一点"的资产阶级文学观点出发，说"蒋先生这册小说是完完全全失败了"。❷然而同志们为这一中篇的诞生而欢呼，认为这是一部能使青年的鲜血在体内沸腾起来的作品。瞿秋白也曾中肯地指出："暴民专政（可读作革命人民的专政——引者）正是《短裤党》那篇小说的理想。"❸

蒋光赤是站在欢呼革命人民专政的理想初步实现这一角度来结撰《短裤党》的，他歌颂了为此理想而前仆后继奋斗着的共产党人和中国工人阶级。

在《短裤党》中塑造了一些勇敢、坚毅的革命英雄形象，其中以瞿秋白为原型而塑成的杨直夫这一党中央委员的形象，给读者留下了较鲜明的印象，这与作者熟识瞿秋白是分不开的。杨直夫在作品中是一位对革命事业无限坚贞忠诚的共产党人。作家并没有让他在这次起义中直接去冲锋陷阵，而是将他处理成一个卧病在床的病夫，但是却让读者感到他是一个每一根血管和神经都与斗争息息相关的猛士！这确是成功的设计。

那种血与火的白热化的激战气氛是给作者烘托出来了，凭借着蒋

❶ 奇工：《短命的短裤党》，《泰东月刊》一卷七期。

❷ 王任叔：《评〈短裤党〉》，《生路》创刊号。

❸ 《瞿秋白文集》第2卷698页。

光赤诗人的气质，为时代留下了它的脚印，即使在今天读来还是令人感奋的。可惜时代气氛的描写没有完全融入人物活动的镜头中去。在内容上也还有把握得不太准确的片断，有时将过“左”的言行，作为正面事物加以歌颂，对史兆炎和华月娟的恋爱也写得似嫌灰色。

作家的构思意图是值得嘉许的，他侧重于写三次武装起义中的一次失败的起义，这样就更能揭示革命者在尖锐的时代考验中的精神状态，并且成功地避免单纯写刀光剑影的战争场面。作家既能写出处于逆境中的革命者的坚毅的内心世界，那么虽然不详写起义的胜利，读者也会感到胜利的必然。作品虽在构思上显得巧妙，但结构却并不严谨。

《短裤党》虽然避免了单纯写军事行动，用比较多的篇幅去描划人物，但由于出场人物众多，又无突出的主人公，势必给塑造有分量的典型人物带来困难。这与作家受了当时流行的革命文学不应该写个人，而应该以群众为主人公的理论影响是分不开的。有的批评家甚至这样称赞：“从短裤党里，我们真可以看到个人主义是在光慈的心里死亡了。”❶而蒋光赤自己也曾提倡过这一论调：“革命文学应当是反个人主义的文学，它的主人翁应当是群众，而不是个人……革命文学的任务，是要在此斗争的生活中，表现出群众的力量，暗示人们以集体主义的倾向。”❷作家的这种理论认识势必给塑造人物带来一定的缺陷。

三

“四一二”反革命政变使蒋光赤义愤填膺，他觉得黄浦江中鼓荡的是弟兄们的血潮，龙华盛开的桃花是牺牲者的血光。他对革命形势并没有失望，但对时局的估价却带着点天真的乐观：“汉江中的热浪还是在奔腾，我们的胜利终将不远，也许在六月的荷花时分，我们一定可看得见不久要恢复上海，占领南京……”（《寄友》）于是他急奔武汉，但是汉江给他的只能是更大的失望，他到武汉脚跟还未站稳，

❶ 钱杏邨：《短裤党评》，《秦东月刊》一卷六期。

❷ 蒋光赤：《关于革命文学》，《太阳月刊》二月号。

"七一五"反革命政变又将他挤回了上海。这时作家的心情急转直下，在《〈哭诉〉后记》中他写道："本年8月底从汉口到上海，当时满腹牢骚，一腔悲愤，竟无发泄的机会，爰提笔写了这一首给母亲的长诗。"因此，《哭诉》一诗可以作为理解本时期蒋光赤创作的思想基础。

《哭诉》（后改题为《写给母亲》）写成于1927年10月。这是一首自传体的长诗。由于时代的煎逼，作者满腔悲愤，于是长歌当哭，诗中有强烈的控诉与咒诅的力量，但前进的鼓号是停息了。这种心情与《哀中国》集中的某些诗篇的情绪是相通的，但又远比《哀中国》集中的哀伤情绪更为浓重。他哀号着："诗人呵，痛哭吧，祖国而今到了沦亡的时候"，他满眼的泪混和着鲜血，却又感到自己是多么无能为力："呵，我只恨，我只恨，我的心愿大而能力小。"这是一个受伤倒下的叛逆者，用双手按住滴血的伤口，在地上挣扎着："我只知道倔强，抵抗，悲愤，顽固，至死也不变。"全诗皆是出自肺腑的哀歌，通篇运用长句作尽情的倾吐，有时用假想中的母亲的对白与自我倾诉相对答。

《野祭》的写作年代稍早于《哭诉》，是构思于"四一二"和"七一五"之间的作品。在白色恐怖下，作家通过恋爱故事的曲折形式，对反动军阀屠杀革命者的暴行进行控诉，奠祭那些被害的革命者。如果说，在写《野祭》时，蒋光赤还未曾为悲观绝望的情绪所压伤，那么在"七一五"后创作《菊芬》和《最后的微笑》时，他已被那阴霾云雾所笼罩了。

《菊芬》原名《汉江潮》，反映了宁汉合流时某些小资产阶级革命者的心理以及他们追求解脱苦闷的道路。主人公菊芬刚从重庆"三三一"大屠杀中逃到了"革命中心"武汉，可是"七一五"的屠刀马上又架在她的脖子上了。在绝望下她选择了极"左"的手段进行报复。在她去执行暗杀前所写的一封绝命书式的信中，充分地表现了狂热的小资产阶级革命者在当时白色恐怖下，感到四面受敌而欲寻要解脱时的心理：她觉得处于不是被杀也要气死的境地，"人生总不过一死，死去倒干净些"，但与其被杀死不如先拿一把尖刀，将世界上一切混帐的东西杀个精光。于是她决定将生命孤注一掷，"我固然知道暗杀不是唯一的正当手段，但是我现在所能做得到的，恐怕只有这个了"。在她向世界告别时，她要求人们都别灰心失望，因为“黑夜终有黎明的时候，我们终久是要胜利的。”这一形象在当时是有一定的代表性的。

继《菊芬》之后，而又与之同调的是长篇《最后的微笑》（原名《罪人》），不过主人公从一个女性的知识分子换成一个男性的工人罢了；如果说菊芬想暗杀敌人而没有成功，那么阿贵却成功地杀死四个工人阶级最阴险的敌人。

在《最后的微笑》中，蒋光赤集中地写“四一二”大屠杀后一个青年工人被工厂开除后三天内的生活。作家将人物放在生活之湍流中，作品中不乏较好的片断，但是主人公整个思想来看，最足以使他冲动的信条是：小蚂蚁被它的同类所欺侮了，还要拚命地抵抗一下，我难道连这一个小蚂蚁都不如吗？作家强调了个人复仇的一面。在形象的塑造上太多地借重于梦境和幻觉，将它作为情节的引线，行动的根据，有些幻觉使人物的思想发展成了不规则的跳跃，缺乏由郁积而逐渐走向爆发的过程，于是人物就显得有过多的神经质和痉挛性，失去了生活的真实感，也不大象一个工人的作为。这与作家当时受朵斯妥也夫斯基的影响是分不开的。

蒋光赤以热烈歌颂或是充满同情的笔调连续写了两篇以个人暗杀为反抗手段的题材的作品。在作品中，江霞称菊芬是人类的伟大和光荣，而王阿贵也自感是“一切被侮辱了的人们的表率”；可是也还有另外一个蒋光赤在，在理智上那时他是懂得：“当一个勇敢的不怕死的英雄很容易，而当一个勇敢的不怕死的英雄，同时是成就事业的智士，这就很困难了。”❶作家也和菊芬一样知道“暗杀不是唯一的正当的手段”，但是当他理智中的正确的原理和他的小资产阶级感情发生了矛盾时，感情终于占了上风。因为他生活在这“黑暗的地狱，凶残的屠场”中感到找不着出路，就产生了痛不欲生的念头，他曾自我剖白道：“母亲呵，我简直要疯狂，我简直要疯狂！我的这一点慈柔的心灵怎经得这般摧丧；我几番想道，我还是追随着他们死去吧，我真是再忍受不下了这些食人的魍魉。”“呵，战死了罢，战死了罢，战死在阵前！死时的失败，我相信，胜于活时的偷安。”（《哭诉》）。

❶ 蒋光赤编：《俄罗斯文学》，99页。

这是作家思想中小资产阶级感情的流露，是一种貌似勇敢实质懦弱的表现，是一种追求解脱的遁世思想的畸形变种。这种情绪是和作品中的人物的思想相通的，因此作者对菊芬和阿贵的行为不能进行有力的批判。当然，在客观上当时革命运动中出现的第一次"左"倾路线的冒险盲动行为也可能给作家以影响，至少是给发表这些有错误思想的作品以一种适宜的气候。

蒋光赤自称长篇《丽莎的哀怨》是"一次大胆的尝试"，在他的旅东京日记《异邦与故国》中也流露出对这一作品较为满意的情绪。但就这部长篇的内容看来却是同情一个白俄贵族妇女在 十月革命后的痛苦遭遇。如果说蒋光赤写《丽莎的哀怨》是旨在诬蔑布尔什维克和十月革命，这是无法令人信服的。我们认为这是一本动机和效果相背的作品。

蒋光赤在《俄罗斯文学》上卷之八《无产阶级诗人》一节中写道："当十月革命如暴风雨一般将旧的俄罗斯的一切，毫不顾恤地扫去的时候，代表此旧俄罗斯的歌声为之苦泣，震怒，羞辱，哀怨，尽力地诅咒这为他们所不明白的，所不需要的，打破他们蜜梦的革命……反革命的歌者被革命的浪潮送到那被人忘却的，荒野的，无人凭吊的坟墓去……"❶这段话或许可以作为旁证来解释《丽莎的哀怨》的作者的构思意图。

如果上面仅仅是推论，那么从《丽莎的哀怨》的本身来分析，也可看出作家为表达这种思想曾作了一定的努力。他想将自己笔下的一群白俄都写成不劳而获或嗜臭如命的生物，在旧俄他们度着奢华的坐食生活，流浪到上海之后，又给中国人民带来灾难。不仅如此，作家还想通过丽莎的姊姊——贵族阶级的叛逆者薇娜和劳动者伊万等人来与丽莎这一群作对比，算是一种侧面的揭发。

但是即使作了上述的努力，作品还是失败了，其原因是蒋光赤所选择的对象既不典型，揭露也并不深刻和准确。所谓"丽莎的哀怨"当然绝不止于她个人的哀怨，而是整个俄罗斯贵族在阶级末日到来时的绝望的呻吟。丽莎，该是俄罗斯贵族阶级的化身。可是在蒋光赤笔

❶ 蒋光赤编：《俄罗斯文学》，101 页。

下的这个尚未进入社会生活和参与政治活动的贵族少女，不可能充分地承担俄罗斯贵族代表的身分。于是，作家不可能将贵族与人民之间的根本矛盾深刻地揭示出来，将他们的吸血本质曝晒于光天化日之下，而是着重去写丽莎渴望过贵族式的爱情生活，盼望遨游巴黎、维也纳和罗马，同时不厌其详地写她被生活所迫而出卖肉体的痛苦心情，如此描写，倒使丽莎成了一个虽然追求享乐，但还不失为纯洁正派的少妇，一切后果并不是她的错误，而是她的不幸。但是最根本的原因还在于作家在具体的创作过程中，从内心深处或多或少地流露出小资产阶级的无原则的同情心，使作家不自觉地脱离了原先的构思意图，把丽莎看成是一个“天涯沦落人”，寄于同情和怜悯。这种情况的出现，在他的作品中也绝非偶然，例如，蒋光赤在写革命者时往往有意无意地写到他们在尖锐的斗争中所流露的无原则的同情心。《短裤党》中的邢翠英和鲁正平对着敌人的尸体出现过这种心情，在他后来写的《冲出云围的月亮》中的王曼英和《咆哮了的土地》中的张进德身上也都有过这种不正确的动摇——蒋光赤有时称之为“一颗心不禁软动了一下”。作家不止一次地描写革命者在某种场合下的“软动”心理，与他自己身上的小资产阶级思想是相通的，而这种小资产阶级的消极思想在革命低潮时期就以更浓重的色彩出现在作家对丽莎的态度中。这种“软动”的心理就必然会排挤原先的构思动机，使作家解除了自身的武装，反而在作品的不少场合中设身处地地为丽莎的遭遇设想，以她的哀怨为哀怨，以她的自我辩解为辩解，于是一切都颠倒了。“大胆的尝试”也就成了严重的丧失立场。

上述种种原因造成了以瑕掩瑜的后果——使良好的主观动机化为恶劣的客观效果。至于作品在艺术性方面比之以前倒是有较显著的进展的。作品的语言流畅而富于抒情色彩，特别是在对人物的心理描写上，作家善于捕捉人物心灵的波动，进行深微的刻划。但是这种艺术性却只能对恶劣的客观效果起推波助澜的作用。

但即使是在写《菊芬》《最后的微笑》和《丽莎的哀怨》时，蒋光赤也决非有意歪曲生活，而是在时代激剧动荡中小资产阶级阴暗心理的流露。在当时他仍有进步的一面。由于政治环境的突变，一些从事革命实际工作的青年转而从事文学创作，于是革命文学在上海有了强烈的活动。这时蒋光赤仍参加革命文学的行列，在一九二八年初，与钱杏邨、孟超等同志创办《太阳月刊》，他还主持过“太阳社”，对革命文学的倡导作出很大的贡献，在客观上具有革命意义，但在某些方面也表现着“文人的小集团主义”（瞿秋白语），这也是小资产阶级思想在组织上的表现。虽然如此，他在主编《太阳月刊》以后，还主编过《时代文艺》《海风周报》《新流月报》和《拓荒者》等刊物，并且在这些刊物上发表了一些介绍马克思主义文艺理论的论文，这些功绩都是应该肯定的。此外，这时期他也写了《乡情》集中的一些诗篇，如《乡情》（原名《从故乡带来的消息》）和《给某夫人的信》等，都有一定积极意义，特别是《乡情》一首，简直可看作是以后《咆哮了的土地》的萌芽。

四

一九二九年八月，蒋光赤东渡至日本东京养病，从他当时的日记《异邦与故国》来看，他在国内曾与友人经常议论政治问题，探讨中国革命斗争的途径，他的身体虽然病弱，但思想已渐趋健康。在国外他又深深地怀恋祖国，遥念那些在苦斗中的同志们，甚至觉得旅居在异邦就是志士的羞愧。在东京他与日本的进步作家过从甚密，又埋头读书、翻译和创作。

《冲出云围的月亮》写成于东京，读了这个长篇，我们感到，蒋光赤对于复杂的生活现象，已经具有较大的把握能力了。他将“四一二”政变后革命低潮期中革命队伍里形形色色的人物——纳入了自己的画幅之中。

主人公王曼英是个在大革命失败之后落荒而走的革命小资产阶级知识分子，革命的暂时退潮使她从理想主义的堤坝上跌进虚无主义的汪洋中。她感到这个社会是改造不好了，“与其要改造这世界，不如破毁这世界，与其振兴这人类，不如消灭这人类”，她自命“恨世女郎”。王曼英采用的报复手段极为怪诞荒唐，但是这种思想却是时代的产物，自有它的代表性，它尖锐地表现了激进的小资产阶级在革命退潮时期的苦闷、动摇和幻灭。但蒋光赤并不是仅仅描叙她从追求到动摇幻灭，他的主要意图却是写主人公从幻灭中又振作起新的追求，王曼英终于在现实的多方诱导下洗净了自己，她成了一个女工，一个工人运动的参加者。“这月亮曾一度被阴云所遮掩住了，现在它冲出了重围，仍是这般地皎洁，仍是这般地明亮！”这是主人公的自我评价，也是作家对人物的鉴定。

作家塑造李尚志、李士毅两弟兄的目的是作为王曼英堕落时的对立面出现的，因为他们身上的坚韧性和乐观精神正是幻灭时期的王曼英所缺乏的。工人运动的领导者李尚志一针见血地指出王曼英的幻灭病的根源：“你现在脱离群众了……你成了孤零零的一个人，你失去了集体的生活，所以你会失望起来……如果你能时常和群众接近，以他们的生活为生活，那我包管你的感觉又是别一样了……群众的革命的浪潮还是在奔流着，不是今天，就是明天，迟早总会在这些寄生虫的面前高歌着胜利的！”

作家在塑造王曼英和李尚志这两个形象时，也存在不少缺点。例如，他对王曼英的幻灭流露了过多的同情和原宥，总将她看成是“对敌人无损，对同志无益”的多余的人，过多地将她和一些更灰色更堕落的人相比，来显示其“优越”，因此对这种虚无感的危害性批判不力。李尚志这一艺术形象是写得比较苍白的，他的议论较多，缺乏行动上的正面展开。这与作者对李尚志这一类型的工人运动领导者不熟悉是分不开的。

在安排作品的矛盾方面很能增加戏剧效果。曼英想毁灭人类，却拯救了阿莲；阿莲为不愿被卖进妓院而逃出，但把她救出火坑威胁的却是一个出卖身体的曼英。矛盾的巧妙安排不仅使情节的开展具有魅力，而且有助于人物的塑造，正因为曼英拯救了阿莲，才能让读者看得出她的虚无冷酷的心中尚有余温，也算是她在今后仍能振奋前进的伏笔。

长篇《咆哮了的土地》（原名《父与子》）是蒋光赤在一九二九年十一月从日本回国以后所写的一部作品，也是他的最后一本作品。这部作品是在当时党所领导的农村斗争的热潮鼓舞下写成的。整个长篇的主旨也是企图显示农民运动的正义性和威力。由于反动统治者的迫害，这一作品的全文直至蒋光赤逝世后才化名《田野的风》与读者见面。

蒋光赤当时并未到过农村，这个长篇的素材准备和思想准备大概有如下几个方面的来源：一是作家在童年和青少年时期对农村生活比较熟悉，因此有一定的“原始积累”；二是一九二七年以前蒋光赤的家乡安徽六安已有农民协会组织，《乡情》一诗就是为悼念作家童年的友伴——当时家乡农民协会的执委的牺牲而作的，在诗的开端作家写道：“从故乡来了一个友人，向我报告了许多消息”；可见作家是搜集过若干有关的第二手材料的；三是正确的马克思列宁主义的理论和文献的指导：在《咆哮了的土地》中能清晰地看到蒋光赤曾受毛泽东同志的《湖南农民运动考察报告》一文的启示。与作品的成功有关的另一点是蒋光赤将笔下的主人公的身分一个安排为矿工，另一个安排为叛逆地主家庭的革命知识分子。相对而言，作家对这两个形象要比本色的青年农民熟悉得多。

《咆哮了的土地》反映一九二七年大革命时期某村庄贫苦农民团结在农会的旗帜下展开了打倒土豪劣绅的农民运动。农会使这个“恬静”的乡间掀起了风暴，土豪劣绅皆为之颤栗。更可贵的是作家写大革命失败后，农民组织了自卫队，与地主武装展开激烈的斗争，最后终于冲出重围，“去向金刚山入伙去，在那里有很多的朋友”，这里的金刚山无疑是暗示井冈山革命根据地。在一九三〇年以瑞金为中心的中央革命根据地已经建成的事实教育下，他能认识井冈山的道路是正确的进军道路，是完全可能的。

矿工张进德出身于农村，一度从事工人运动，由于资本家要杀害他，就逃回农村，可是他仍是一个战士。作家尽量想将他塑成一个工人出身的革命实干家和朴实的群众政治领袖。他与农村有深厚的血缘关系，因此他处理问题要比李杰切合实际和稳健得多。同时作家也通过夜审等出色的场面正面展开了他处理复杂事件的才干。在对形势发展的估计上，虽然他不如李杰敏感，但当敌人蠢动复辟时，他却又显得那么坚强勇敢。特别在作品结尾时，他在严重的局势下是那样地镇定沉着，他明确自己的职责是“引导他们走入生路，而不是引导他们去寻死路，寻死路那是很容易的，只要他发一个命令杀下山去”，最后他决定领导大家突围向金刚山进军。这样的英雄是菊芬和阿贵等盲动主义者所望尘莫及的。但是从艺术上来要求，作者没能赋予这一形象以更浓厚的性格色彩，似乎只是一些正确的品质的图解，因而显得有些概念化。

李杰是昔日李家老楼的少爷，今日李家老楼的叛逆者。作家在塑造这一形象时，紧紧扣住一个重要关节：李杰的工作成绩首先取决于他是否能和农民同甘苦共命运。作家比较细腻地展开了李杰通过重重考验的途程。他从克服不同的生活习惯开始，接着就开展了对家庭的斗争，取得了农民的初步信任，当他取得这种信任时，家庭的招降书也跟踵而至，回击招降书的后果是地主集团对他和张进德的暗杀，而最高潮则是农民要他下令烧李家老楼这一场面，作家都处理得较有分寸。直到在战斗中负重伤时，这个在斗争中得到锻炼而逐步成长的知识分子向张进德留下了遗言："我希望你此后领导同志们好好地，好好地进行下去"。如果在烧李家老楼一场中他的思想尚有很大波澜的话，那末在临终前的李杰对本阶级和旧世界毫无留恋，而在与这星星之火的自卫队永诀时留下的是战斗的遗言。

蒋光赤在过去的中长篇中惯用以主人公的命运为轴心，使周围的次要人物环绕着这个圆心并"无我"地为它服务，其中最突出的是《少年飘泊者》和《冲出云围的月亮》，这种手法有时容易使次要人物浮光掠影。在《咆哮了的土地》中却一改过去惯用的手法，而以农会的萌芽、成长为主线。就是这个被地主视为"怪物"的农会震撼着每个人的心灵，有的愿以生命保卫它，有的则用疑虑的目光瞅着它，有的则将它恨之入骨，于是作品中的人物都围绕这一圆心而跃动了。在写作手法上，从一至二十二章是逐个地引导人物出场，每个人物出场时都对他们的经历和个性作一番概括的介绍，然后再将他们一一编织到事件中去，安排他们在作品中的位置。这种写法还显得比较板滞。二十三、四章农会的成立是作品手法转折的起点，作家开始放手组织多采的场面，从三十三章至三十八章连续出现了农会夜审、游街前后、荷姐"告状"等出色场面，这应该认为是作家在艺术技巧上的进步的标志。

如果说在撰写《菊芬》和《最后的微笑》时作家没有找到时代的英雄，那么在创作《冲出云围的月亮》和《咆哮了的土地》时，他将时代英雄的称号献给了工人运动领导者李尚志和农民运动领导者张进德和李杰。而《咆哮了的土地》与写工人武装起义的《短裤党》遥遥相对，成为作家创作史中的两座顶峰。但当他刚爬上了比《短裤党》成就更大的第二高度时，疾病夺去了他年轻的生命。郭沫若忆及蒋光赤时，深感叹惋：他“可惜太死早了一点。假如再多活得几年，以他那开朗的素质，加以艺术的洗炼，‘中国为甚么没有伟大作品’的呼声怕是不会被人喊出的罢”。❶

一九三一年八月三十一日蒋光赤病逝于上海，时年三十。

五

在蒋光赤进行创作的年代里，中国左翼文艺好象是荒野里压于大石之下的萌芽一样，曲折地滋长，它不惟表现了自己的幼年性，而且由于它的倡导者有一部分是正在“转变方向”中的革命小资产阶级知识分子，因而难免不犯或“左”或右的错误，但它毕竟“在幼稚与错误之中，慢慢的生长而且健康起来”。❷

蒋光赤是被瞿秋白肯定为革命小资产阶级作家“转变方向”时很有实绩的一个，认为他的《短裤党》是“转变方向”中“最先叫喊的”一部作品。但他也曾受着时潮起伏的影响而忽冷忽热，在创作历程中走过一段弯路；不过，从作品思想性的总倾向来看，是站在当时的一般水平之上的，其中大部分的作品在不同程度上表现了时代的呼声。

蒋光赤创作中的艺术性是逐步发展的。他初期的诗歌和小说，都热中主观抒情而不善叙事，作家的激情是有一定的时代色彩的，并能与当时革命青年的政治动向相共鸣；但它只借助于人物之口说出，而没有融化在鲜明的形象中，人物往往显得道具化，成了作家的传声筒。以后他的手法渐趋细腻，并开始注意作品的构思和人物的心理刻划，但大段的心理描写使作品的情节发展过于缓慢，也忽略了以人物自身的行动去雕塑人物的规律。直到他最后的作品中，才开始有了转机，

---

❶ 《郭沫若文集》第七卷243页。

❷ 蒋光赤编：《失业以后》前言。

在矛盾的开展，人物的行动性和场面的处理上有了进展。

蒋光赤在艺术方法上曾经受过苏联革命初期浪漫派诗人的影响。有一个时期，比较倾向于革命浪漫主义。以后，他对国内的现实生活相对的有了较多接触，同时又大量阅读了苏联陆续出版的文艺论著和创作，因而又很称颂当时苏联文学中的“康健的写实主义”——革命的现实主义。他对这些先进的艺术方法，也企图在自己的作品中作初步的运用和尝试。例如在《短裤党》和《咆哮了的土地》中，对革命斗争生活较为忠实而有倾向性的反映，以热情的笔触歌颂时代的英雄，鼓吹革命人民专政和打倒土豪劣绅，一切权力归农会的革命理想。但在《菊芬》《最后的微笑》《丽莎的哀怨》中，都不同程度地歪曲了现实，更谈不上伟大的理想与目标了。

蒋光赤创作中的成就和弱点也和当时指导创作实践的文艺理论有着密切的关联。他一方面以正确的理论为指导，使自己的创作活动紧密地为革命斗争服务；同时，在无产阶级文学创建初期，“不但在日本，美国，德国，甚至于在苏联，也经过波格唐诺夫式的幼稚病。”❶而蒋光赤进行创作的年代中，这种幼稚病也是很难幸免的了。

在当时，蒋光赤以及某些文艺理论家对文艺与生活的关系和作家的思想改造的必要性等问题都还缺乏足够的认识。在他们看来，革命文学家与革命实际工作者必须有所分工，蒋光赤在东京时还和日本左翼作家探讨这一问题，认为文学工作和实际工作是很难联合在一起的。诚然，这两者之间是需要有一定的分工，但并不等于革命文学家无须参加革命实际斗争。蒋光赤所信奉的，正是近乎这种过了头的分工论。当时的客观环境不允许作家公开地自由地深入工农群众，蒋光赤的这种理论认识更使他安于现状，没能更主动更自觉地争取到斗争的旋涡中去；再加上当时还有一种幼稚的理论认为，这些提倡革命文学的作家已经是无产化了的，在他们身上早已没有唯心的主观主义思想和个人主义了，至多也只有一些小资产阶级恶习性的偶而复现，这种论调使蒋光赤自视甚高，认为无须思想感情的改造了。以上种种都直接地影响到蒋光赤思想水平的提高和对于现实生活的认识。这样，在他笔

❶ 瞿秋白：《〈鲁迅杂感选集〉序言》。

下的工农形象，当然不可能是栩栩如生的了。

当时的革命文艺理论往往过分强调作品的“政治价值对于艺术价值的统治权”，而忽视艺术性。当听到责难新兴文艺的艺术性时，常以各种借口来辩护。如认为某一文化在勃兴期总是以内容为重，甚至说标语口号化也不必避免，当时对蒋光赤作品的评论中也常出现这种论调，好象无产阶级文学是不必要什么艺术性的，否则就不成其为无产阶级的了。“……只要是真能表现现代被压迫者的人生，只要是从实际生活中喊出来的被压迫者的痛苦与欲求，那便好了；我们不看重形式上的美，……”❶在一篇评论《冲出云围的月亮》的文章上也有类似的论调：“本来普洛文学的结构——事实是不能够太注重的；太注重了将失去了普洛的本身的价值。”❷虽然蒋光赤并未完全受这种理论所左右，而是在创作实践中逐步提高自己的艺术素养，但其进展不很迅速，究其根源，这种论调的影响恐怕不无关系的。

当我们考察了二十年代中与蒋光赤的创作有关的形势和文艺理论之后，我们更会感到生活在今天的幸福。今天的作家们不但有一个自由地公开地深入工农兵群众的良好政治环境，而且能受到毛泽东文艺思想的指引。这是新时代赐与我们作家的最美好的客观条件。在毛泽东文艺思想的光辉照耀下，我们的作品的思想性和艺术性已比当时大为提高，但我们也决不会轻视和忘记先行者的功绩，因为他们曾在一段崎岖的道上为我们披荆斩棘，开路搭桥！

（原载《文学评论》1962年第5期）

❶ 见《中国青年》1926年5月特刊号编者为蒋光赤的短篇《疯儿》所加的按语。

❷ 苏读余：《冲出云围的月亮》，《现代文学》创刊号。

蒋光赤《哀中国》

唐 弢

蒋光赤是一个小说家，所作长短篇小说不下十余种。现在我却想从诗的角度上来谈谈他，特别是早期的几本。光赤从苏联回国后，努力提倡革命文学，由于技巧不够成熟，作品侧重口号，被指为口号文学，不受注意，因此作品虽多，而影响不广。钱杏邨对此甚为愤愤，以为这是别德内依事件的重演。因为别德内依也曾受过俄国批评家们的冷遇，甚至被否定为诗人。光赤的命运正复相同。既然别德内依是诗人，现在也从诗的角度来谈光赤，这倒是很有意思的了。光赤的第一本诗集是《新梦》，一九二五年一月上海书店出版，全书分五个总目：《红笑》、《新梦》、《我的心灵》、《昨夜里梦入天国》和《劳动的武士》，一共收诗四十一首。作者在自序里，说明诗人的伟大与否，当视其“如何表现人生及对于人类的同情心之如何而定”。高语罕为他作了一篇长序，现在把开头和结束两段抄在后面：

《新梦》作者蒋光赤，是我数年前一个共学的朋友。那时，他是一个无政府主义者。后来，他留学苏俄共和国，受了赤光的洗礼，竟变成红旗下一个热勃勃的马克思主义的信徒。他本富于情感，于研究社会科学之暇，高歌革命，没有三年，新诗已褒然成帙。我劝他把它发表，他居然允许了；现在出版有日，特把我劝他发表这本诗集的意思，略对读者表明一下，做个引子。

……

唉！光赤是一个热烈的青年诗人；我拿太戈尔和他相提并论，无论照那方面说，都是比拟不伦。他绝不愿，且羞耻的去学太戈尔！他绝不愿象太戈尔那样看着几万万印度同胞，受着英人的践踏，还拿那些“忍耐”“精神自由”“欧人已在我们面前求救”的鬼话来“站在左边帮右衬”，替英人努力地消灭印度人的革命怒潮！现在又不害臊的跑到中国来了！这个老而不死的货！我愿《新梦》集出版，能以杀却一些那老货所撒的恶种！我更愿光赤越发努力，成就一个完全的：

“革命的诗人，

人类的歌童！”——自题小照。

这段话说得很是有趣，因为其时太戈尔正在中国。一九二六年十二月，《新梦》三版，毁版重排，改成横式，四十八开小本，由新青年社发行，加了一篇《三版改版自序》，其中有一段说：

《新梦》初再版久已销售净尽，因种种关系，现在才预备三版付印。作者重新改正了一遍，将其中作者自已以为太不好的诗，删去了几首。又因为初再版的格式太不美观了，遂又决定将其改版。

三版本删去六首，剩下三十五首，各诗亦略有修正。这些诗，都是作者在苏联时写成的，欢欣鼓舞，热情奔放，钱杏邨称之为中国革命文学的开山祖。

光赤的第二部诗集是《哀中国》，收诗二十三首，都成于回国以后，目睹国内军阀横行，暗无天日，从悲愤而歌唱，而提出革命的要求。此种情怀，与写《新梦》时已经完全不同。我们且看他《哀中国》一首的全诗：

我的悲哀的中国！
我的悲哀的中国！
你怀拥着无限美丽的天然，
你的形象如何浩大而磅礴！
你身上排列着许多蜿蜒的江河，
你身上耸峙着许多郁秀的山岳。
但是现在啊，
江河只流着很呜咽的悲音，
山岳的颜色更惨淡而寥落！

满国中外邦的旗帜乱飞扬，
满国中外人的气焰好猖狂！
旅顺大连不是中国人的土地么？
可是久已做了外国人的军港；
法国花园不是中国人的土地么？
可是不准穿中服的人们游逛。
哎哟！中国人是奴隶啊！
为什么这般地自甘屈服？
为什么这般地萎靡颓唐？

满国中到处起烽烟，
满国中景象好凄惨！
恶魔的军阀只是互相攻打啊，
可怜小百姓的身家性命不值钱！
卑贱的政客只是图谋私利啊，
那管什么葬送了这锦绣的河山！
朋友们，提起来我的心头寒，——
我的悲哀的中国啊！
你几时才跳出这黑暗之深渊？

东望望吧，那里是被压迫的高丽；
南望望吧，那里是受欺凌的印度；
哎哟！亡国之惨不堪重述啊！
我忧中国将沦于万劫而不复。
我愿跑到那昆仑之高巅，
做唤醒同胞迷梦之号呼；
我愿倾泻那东海之洪波，
洗一洗中华民族的懒骨。
我啊！我羞长此沉默以终古！

易水萧萧啊，壮士吞仇敌；

燕山巍巍啊，吓退匈奴夷；
回思往古不少轰烈事，
中华民族原有反抗力。
却不料而今全国无生息，
大家熙熙然甘愿为奴隶！
哎哟！我是中国人，
我为中国命运放悲歌，
我为中华民族三叹息。

寒风凛冽啊，吹我衣；
黄花低头啊，暗无语；
我今枉为一诗人，
不能保国当愧死！
拜轮曾为希腊羞，
我今更为中国泣。
哎哟！我的悲哀的中国啊！
我不相信你永沉沦于浩劫，
我不相信你无重兴之一日。

就诗而论，这不能算是好诗，但作者的革命热诚是值得赞美的。这部书于一九二七年一月出版，汉口长江书店发行，四十八开小本，左起横排，封面深红色，由瞿秋白题签。宁汉分裂，旋即遭禁，所以颇不易得。后来一部分诗收入《战鼓》。现代书局于一九二八年九月为作者出过一册诗选，彼时已改名光慈，故曰《光慈诗选》，也收了几首，但已苓落不全。同年，春野书店又为光慈出过诗集《哭诉》，收长诗一首，列为《太阳小丛书》第四种。

（原载《晦庵书话》生活·读书·新知三联书店1980年版）

蒋光慈（1901—1931）

林　非

郭沫若在1921年出版的诗集《女神》，曾经以反帝反封建的叛逆精神，鼓舞了广大的读者；而蒋光慈在1925年出版的诗集《新梦》，又进一步歌颂了伟大的无产阶级革命，擂起了响亮的战鼓。象蒋光慈这样鲜明地讴歌无产阶级革命的诗篇，实在是现代文学史上的一个创举。钱杏邨在1928年写成的《蒋光慈与革命文学》一文，认为《新梦》“简直可以说是中国革命文学著作的开山祖”，这是说得一点儿也不错的。

从五四时期的“文学革命”，发展到后来的“革命文学”，这是历史的必然，显示了中国共产党领导革命运动的逐步深入，也显示了无产阶级新文化的成长和壮大。蒋光慈的《新梦》，在从“文学革命”到“革命文学”的发展道路上，应该说是一个重要的里程碑。随后，他还写了不少迅速反映当时工农革命运动的小说，这些都是无产阶级革命文学最初的成绩，在当时曾产生了广泛的影响，有不少追求进步的青年，就是受到了这些小说的启发，从而走上革命道路的。

正因为是无产阶级革命文学运动开始时的记录，蒋光慈的作品就必定会显出不成熟的痕迹。譬如他的第一篇小说《少年飘泊者》，还不善于细致和冷静地去描写。他的《短裤党》，虽然已经比较成功地渲染和烘托出上海工人武装起义的气氛，却也还不善于刻划革命者丰满的性格；至于这篇在当时写成的小说，当然也还没有认识到陈独秀右倾机会主义路线的危害，对于这一点来说，恐怕是不能过于苛责作者的。

在他短促的创作生活中，思想水平和艺术技巧不断提高，他最后的一部长篇小说《田野的风》，在思想和艺术上都有了十分明显的进步，甚至还向往和歌颂了井冈山的斗争。郭沫若说他“可惜太死早了一点，假如再多活得几年，以他那开朗的素质，加以艺术的洗炼，‘中国为什么没有伟大作品’的呼声怕是不会被人喊出的罢”（《创造十年续篇》）。从蒋光慈在这短短几年中，创作上的迅速趋于成熟看来，我们是可以相信郭沫若的这个估计的，也更惋惜蒋光慈过早地去世。

不少资产阶级论客，轻视和嘲笑蒋光慈的小说，把它说得一无是处，这不过是表现了他们的阶级偏见而已。翻开西方资产阶级的小说史，从薄伽丘的《十日谈》，到十九世纪那些成熟的、闪耀着异彩的长篇小说，中间经过了五六百年的漫长的道路。无产阶级的文学刚诞生不久，又怎么可能立刻就成熟起来呢？它也需要有一个发展的过程。但是决不需要几百年的时间，它就会从嫩绿的幼苗，长成参天的大树。有着伟大胸怀的无产阶级，批判地继承了人类文化中一切有用的东西，就会在不远的将来，产生成批杰出的作品，比起资产阶级的文学艺术来，它将会显得无限美好和崇高。

在旧中国的荆棘丛中，当无产阶级革命文学开始生长的时候，受尽剥削和压迫的工农大众，连识字的机会都丧失了，很难去从事文学艺术的创作，建设无产阶级革命文学的任务，只好由走向革命的小资产阶级知识分子来担负。这些作家“意识到自己的前驱的使命，便首先发出战叫”（鲁迅：《中国无产阶级革命文学和前驱的血》）。但是，他们小资产阶级的思想感情还不能立刻就克服，他们还需要在革命的烈火中继续改造和锤炼自己，因此在他们的创作中，一定会存在很多不健康的成分，蒋光慈自然也不例外，象他的《丽莎的哀怨》，就完全是一部失败的作品。这些投身于无产阶级革命运动的作家，不管他们作品中的思想弱点有多么严重，却无论如何也掩盖不了那些属于新世界的光芒。林彪和“四人帮”装出一副“左”的面貌，抓住种种次要的倾向和缺点，凶恶的否定三十年代的无产阶级革命文学运动，这是他们的反动阶级立场和形而上学思想方法的又一次暴露。

蒋光慈在诗集《哭诉》的“后记”中说：“倘若别的诗人矜持自

己是超时代的艺术家，是美的创造者；那我就矜持我自己是时代的忠实儿子，是暴风雨的歌者。”他的散文《在伟大的墓之前》，也跟他的诗和小说一样，显示了自己是“暴风雨的歌者”。在这篇散文中，作者将叙事、抒情和议论很巧妙地结合在一起。由于形象的叙事和热烈的抒情，就使作者议论列宁的伟大之处，更显得鲜明和深刻。作者写到中国的苦力对列宁的崇敬，和印度民间传说中对列宁的向往，更为这篇散文增添了诗的光彩。在写议论性散文的时候，穿插叙事和抒情的成分，可以加强它说服和感染的力量。蒋光慈的这种写法，是一个很好的证明。

蒋光慈的不少小说，在描写革命和战斗的时候，总要加上一些爱情的描写，因此被一些人称为“革命加爱情”，似乎多少带有贬意。如果处处都要渲染恋爱，而又充满了才子佳人的味道，这自然是一种很不健康的倾向。但是坚贞和忠诚的爱情，本来就应该是文学作品中值得描写的内容，特别在五四以后反封建的战斗中，真挚不贰的爱情就更是值得描写的。蒋光慈在这方面的有些笔墨，也是应该肯定的。在蒋光慈和他的妻子宋若瑜的通讯集《纪念碑》中，收有蒋光慈书信四十篇，是写得很有抒情意味的散文，描述了他在初恋中的纯洁的感情。作者从书信中流露的感情，间或也有些才子佳人的味道，然而他对待爱情的态度相当严肃，比创造社有些作家在这方面的描写，是要显得高明的。

1929年，他在旅居日本时期写成的《异邦与故国》，虽然只是短短两个月的日记，但是比起《纪念碑》来，更是研究他创作和思想的重要资料。从这部日记中，也可以看到他明朗、流畅和热情洋溢的艺术风格。

蒋光慈作为无产阶级革命文学运动的先驱者之一，是完成了他的任务的。语云：“筚路蓝缕，以启山林”。当无产阶级的文学艺术正在茁壮成长的时候，我们不应该忘记这位先驱者的功绩。

（原载《现代六十家散文札记》天津百花出版社1980年3月版）

谈蒋光慈的诗

张大明

蒋光慈是中国现代文学史上的无产阶级革命作家，一九三一年八月三十一日在上海病逝，年仅三十岁，正当才华横溢之时。

蒋光慈的文学成就表现在诗歌、小说创作，传播马列主义文艺理论，翻译介绍苏俄文学，组织文学社团，编辑文学刊物各个方面。作为诗人，他贡献的是诗集《新梦》、《哀中国》（后合并为《战鼓》）、《哭诉》和《乡情集》。他用他的“全身，全心，全意识——高歌革命”（《新梦·自序》），充当时代的歌手。高昂激越的爱国主义情调，溢于言表的反帝反封建精神，对十月社会主义革命的纵情讴歌，构成了蒋光慈诗歌的主调；即使赞美姑娘，吟咏爱情，也同样打上时代的烙印。

他的第一首诗《红笑》，写于一九二一年从中国去莫斯科途中，寄托了他追求光明的炽热理想。歌颂列宁，歌颂十月革命，歌颂新生的苏维埃政权，这是诗人最先选定的主题。

诗人满怀激情，以革命的乐观主义精神，鼓励黑暗世界的民众：莫相信人类的历史永远是污秽的，不，人类已探得了光明的路口。诗人在光明里看到的一切都是好的，美的，新鲜的。“鲜艳的红花，娇滴的绿柳。”（《梦中的疑境》）红军士兵“放下枪头，拿起锄头；从枪头上夺得了自由，从锄头上要栽培这自由。”（《一个从红军退伍归农的兵士》）在诗人梦想的天国：没有压迫，没有剥削，不分贫贱和富贵，不分城市和农村，到处是鸟语花香，阳光灿烂，生活象诗一样美。虽然带有浓重的小资产阶级的幻想，却明显充溢着诗人对革命的一片热忱。

看到人类的光明，更热爱自己的祖国。然而中国的大地却是昏沉黑暗。帝国主义侵略者的铁蹄在践踏我华夏国土，军阀混战的硝烟弥漫在祖国天空。神州赤县到处是乞儿饿殍，满目疮痍，哀嚎不绝于耳。八国联军“快枪明亮亮的荷在肩上；刺刃冷森森的挂在腰底”（《余痛》）；他们杀人放火，奸淫掳掠。

满中国外邦的旗帜乱飞扬，
满中国外人的气焰好猖狂！

——《哀中国》

《中国劳动歌》、《余痛》、《哀中国》这些诗篇爱国主义主题突出，贯穿着一条反帝反封建的红线。诗人明确指出：我们的祖国本来“怀拥着无限美丽的天然”，身上“排列着许多蜿蜒的江河”，“耸峙着许多郁秀的山岳”，但是现在呢，“江河只流着很呜咽的悲音，山岳的颜色更惨淡而寥落！”（《哀中国》）人民在受欺压，祖国在被人宰割。中国的劳苦群众受帝国主义压迫和军阀蹂躏都到了极度，若是再不起来反抗，再不想法自救，我们将永远堕于黑暗的深窟，永远成为被宰割的鱼肉。革命已经是刻不容缓了。革命的任务就是：

“打破帝国主义的压迫，
恢复中华民族的自主”；
“推翻贪暴凶残的军阀，
解放劳苦同胞的锁扣”。

革命，“这是我们自己的事情”，它不靠神仙皇帝，靠我们自己解放自己。诗人号召同胞们动员起来，团结起来，“高举鲜艳的红旗，努力向那社会革命走”（《中国劳动歌》）。蒋光慈的诗篇是由爱国主义思想和革命意志的经纬线织成的。他对祖国的爱深沉而真挚，他的讴歌都发自内心，没有半点虚假。正因为他把个人的命运和祖国的命运拴在一起，他才对祖国的被欺凌痛哭失声，他才爆发出那样猛烈的革命叫喊。只有革命才能解救祖国，才能荡涤母亲身上的污垢。诗人满怀激情为家乡的农民运动唱赞歌。革命使过去的奴隶变成了主人，掌握了命运，儿时的穷朋友黄牛“现在做了农民协会的执委”，“变成了穷人的大哥”（《乡情》）。他又歌颂工人领袖刘华“是上帝的叛徒，黑暗的劲敌！”他“有领袖的天才，指挥的能力”（《在黑夜里》）。更加可贵的是，写于“五卅”当时的《血花的爆裂》和写于“五卅”周年的《血祭》，作者强调了暴力革命，“顶好敌人以机关枪打来，我们也以机关枪打去！”这些诗，充满火热的感情，洋溢着青春的活力，表现了推翻旧世界、建设新世界的强烈愿望和坚定意志。诗人登昆仑而高呼，振聋发聩，惊醒同胞，富于号召力；它强烈地动人心弦，读后叫人不能安静，要思要想，愤然而行。在已经倒下和现在幸存的革命者中，有的人就是因为读了蒋光慈的小说和诗歌，才毅然跟当时的社会决裂，走出家庭，投身革命的。诚然，诗中有些喊叫未免空泛，而且把“我”字写得太大，对民众的觉悟和力量估计不足。他对民众发问：“中国人受洋人无礼的污辱也实在够了！为什么到今日还在忍受？”他又怀疑：“莫不是四万万人尽是草包？莫不是中国人有天生成的奴性？”（《余痛》）他表示：

我愿跑到那昆仑之高巅，
做唤醒同胞迷梦之号呼；
我愿倾泻那东海之洪波，
洗一洗中华民族的懒骨。

——《哀中国》

他看不到人民群众的历史主动性；举世皆浊唯我独清、举世皆睡唯我独醒的自恃，在某种程度上拉大了他和民众之间的距离，甚至给他带来痛苦。这是蒋光慈暴露在作品中的比较显著的世界观上的弱点。但是，尽管这样，蒋光慈的作品仍然引导许多青年走上了革命的道路。革命实践，能教会这些投身社会的革命者一切。蒋光慈诗篇的社会意义在这里，历史价值也在这里。

和他的小说比起来，蒋光慈的诗歌在艺术上的成就要高一些。但他的某些诗作也是形象性不足，诗意不浓，正如他自己所说："我知道我的诗同我自己本身一样，太政治化了，太社会化了。"（《哭诉·后记》）议论多于描写，直白的说教代替了诗歌应有的含蓄。诗人曾说："有理想，有热情，不满足现状而企图创造出些更好的什么的，这种精神便是浪漫主义。具有这种精神的便是浪漫派。"❶这恰是蒋光慈诗歌浪漫主义色彩的最好注脚。他的诗都情满于怀，革命激情，溢于言表。他对新社会新制度，爱得深沉；对帝国主义封建军阀，切齿痛恨。这爱，浓冽如醇酒，纯洁如清泉；这恨，具有千钧之力。爱和恨统一，感情迸发，唱而为诗，气势雄浑，开人心扉。他的浪漫主义表现出火一样的热情和理想的光芒。哪怕有些空泛，却是鼓舞人前进，为理想而生活，为解放而战斗！热情，理想，气势，为蒋光慈的诗歌染上了一层特别的色彩。这种色彩不表现于某一篇某几行，而是潜藏在整个诗歌中。蒋光慈虽然浪漫，却能放能收，比较注意锤炼、整饬。他的政治诗，大都讲究气势，注意在读者胸中卷起波澜，如《中国劳动歌》、《哭列宁》和《哀中国》；他的抒情诗，大都通篇押韵，抑扬顿挫，音调自然，铿锵有声，如怀念亡妻的《牯岭遗恨》就字斟句酌，一唱三叹，回肠荡气，感人至深。蒋光慈诗歌的另一个特点是明白晓畅，一读就懂。他注意了音节的优美，但又不雕琢，不堆砌；他也古今中外、上下四方驰骋幻想，却不用典故，不炫耀知识。他总是直接倾诉，把全身心都交给读者，包括他的忧伤和衰颓，毫不隐瞒自己。这样写，确实有韵味寡淡，不耐咀嚼之病，但却没有诘屈聱牙、艰深晦涩之弊。

"我的诗要歌吟着民众的悲欢，纵然我是飘泊，颠连，但是我的心愿永不变。"（《牯岭遗恨》）诗人献身祖国、献身革命的精神确实始终未变。他是在最黑暗的年月诅咒现实、述说理想的，并为这种信仰而奋斗了一生。

（原载《诗刊》1979年12月号）

---

❶ 郭沫若：《创造十年续篇》，《沫若文集》第7卷第244页。

蒋光慈的创作道路

田本相

蒋光慈是应当为无产阶级和人民大众纪念的一位革命作家。这是因为他的名字同中国无产阶级革命文学的事业紧密地联系在一起了。

他不但是早期无产阶级革命文学的倡导者，而且是无产阶级革命文学创作的力行者。

他的作品，虽没有鸿篇巨制，但是它却显示了中国无产阶级革命文学的最初实绩；他的创作道路，尽管有着曲折，但是他却为探索一条无产阶级革命文学的正确途径，竭尽了毕生的努力。蒋光慈是始终高擎着革命文学的旗帜前进的。

对于蒋光慈及其创作历来都有着争议。自不必说反动派的诽谤和资产阶级的轻蔑，即使有的文学史研究者也有时对他评价过低，未能更深入地揭示出他的创作意义。

对于蒋光慈的创作道路，应当放到无产阶级领导的中国人民革命的进程中，放到中国无产阶级革命文学萌发成长的艰辛历史中加以考察，才能看到它的经验教训及其对中国现代文学发展的特殊贡献和特殊意义。

蒋光慈的创作，处处都使人们看到一个誓愿为无产阶级革命而奋斗的作家，热切地为无产阶级代言的艰难而曲折的探索印记。从他在黑暗现实中终于发现了新世界的热情呼唤中，从他对旧世界怀着悲愤而爆发出来的粗暴呐喊中，都使人看到他是怎样顽强地从旧的世界观挣扎欲出向着新的世界观过渡的搏斗足迹。这一切都启示了来者。蒋光慈作为中国无产阶级革命文学的先行者之一，无疑，他的创作道路是有着开拓意义的。

我生革命怒潮浩荡之时，一点心灵早燃烧着无涯际的红火。我愿勉力为东亚革命的歌者。

——摘自《新梦·自序》

蒋光慈，又名蒋光赤、蒋侠僧，1901年出生于安徽省六安县一个小商人的家庭里。

蒋光慈是在 十月革命的曙光照亮了祖国大地，而迎来了他的青年时代的。五四运动的烈火点燃了他朝气蓬勃的青春生命。还是在芜湖读中学时，他便投入了轰轰烈烈的爱国学生运动，开始了对黑暗社会的反抗。

和“五四”时期一般青年作家生活经历不同之处，在于他刚一踏上战斗的征途，便站到了革命潮流的涛头，对社会主义的光明理想产生了强烈的向往。1921年，当他只有廿岁时，更有幸到革命成功不久的苏联留学，在列宁的故乡度过了四个年头。这段到革命圣地取经的革命经历，对他未来的文学和战斗的生活，发生了深刻的影响。他正是在“亲爱的乳娘”——列宁领导下的苏联的怀抱里，吮吸着无产阶级革命的乳汁而开始了他的创作道路的。

蒋光慈是现代文学史上第一个以鲜明的社会主义倾向出现在文坛上的革命作家，他的第一部作品也是以讴歌社会主义作为开端的。

《新梦》诗集，是他留学苏联期间的作品。这些诗篇以其昂扬的革命音调，崭新的革命风格，鲜艳的革命赤色，出现在1925年中国的新诗坛上。它一问世便赢得了广大青年读者。

《新梦》，它“染着十月革命的赤色”，它是十月革命的颂歌。在《莫斯科吟》中，他热情赞美十月革命：“十月革命，又如通天火柱一般，后面燃烧着过去的残物，前面照耀着将来的新途径。哎！十月革命，我将我的心灵贡献给你罢，人类因你出世而重生。”他不仅歌唱十月革命开辟了人类历史新纪元的伟大意义，而且满怀欢欣地赞美苏联的革命新生活新人物。他赞颂昨日“从枪头上夺到了自由”，今日“从锄头上栽培自由”的红军退伍战士（《一个从红军退伍归农的红军兵士》）；他还赞美英雄的劳动的武士，“你把旧的世界已打破了一半，新的世界一定要创造在你手里”（《劳动的武士》）；他还向“皮昂涅克”（少先队）致以敬礼，他说这是“十月革命的婴儿”，“将来的花，我们新世界的主人”。诗人更唱到：“十月的红雨，好生洒润这美丽的花木；俄罗斯，红色的俄罗斯啊！你是蕃殖美丽的花木的新土”（《十月革命的婴儿》）。在《哭列宁》、《临列宁墓》中，诗人怀着深挚的无产阶级感情，哀悼革命导师的逝世。他讴歌列宁“如经天的红日”，安卧“在克里姆林宫城下”，“远观世界革命的浪潮，近听赤城中的风雨”，“列宁虽死了，列宁的心灵永化在无产阶级的心里”。这些哀悼列宁的诗篇，凝聚着中国无产阶级和中国人民对革命导师的崇高敬仰的心意。

《新梦》，燃烧着对帝国主义、封建军阀的仇恨，它又是反抗黑暗的战歌。他的反抗有着被压迫人民的战斗声音，抒发着劳苦群众被蹂躏被宰割的痛苦和仇恨。在《太平洋中的恶象》中，无情地撕下帝国主义的“假人道旗帜”，痛斥它们“魔王的狂荡”，高呼“远东被压迫的人们起来罢，我们拯救自己命运的悲哀，快啊，快啊，……革命！”这些诗洋溢着国际主义的战斗激情。在《劳工歌》、《中国劳动歌》中，诗人振臂号召：“打破帝国主义压迫，恢复中华民族的自主”，“推翻贪暴凶残的军阀，解放劳苦同胞的锁扣”，“我们高举鲜艳的红旗，努力向社会革命走；这是我们自身的事情，快啊，快啊，快动手！”激昂的革命热情化为直率的战斗号召，虽类似口号，但在那时却有着一种战斗的力量。

《新梦》，它留下老一代革命者历经艰辛探求救国救民真理的脚印，记下了他们向往苏联追求社会主义理想的心声。十月革命的炮声震醒了中国人民，多少革命青年向往着列宁的故乡，盼望着从那里取得革命的圣火。蒋光慈作为最早一批去苏联学习真理的先行者，以他为红火燃烧的心灵写下了动人的诗篇。“艰难的路途已经走了，危险的关头已经过了；一大些白祸的恐慌，现在都变成红色的巧笑了”。“那不是莫斯科吗？多少年梦见的情人，我快要同你拥抱哩！”（《红笑》）这种圣洁的心情，生动地概括了早期共产党人渴望学习革命真理的心灵历程。在这“新造之邦”中，给他以青春的笑意，春天般的希望：“贝加尔湖的清水，把我的心灵洗净了；乌拉山的高峰，把我的眼界放宽了；莫斯科的旗帜，把我的血液染红了”（《新梦）》。诗人充满了“温柔雨”滋润心灵的诗意感受以及“赤浪红潮”荡涤心胸的愉悦（《西来意》）。

《新梦》于1925年出版，它犹如一束革命火把，为整个诗坛带来耀眼的光芒。五卅运动前夕，文艺界弥漫着彷徨苦闷的气氛，新诗于《女神》之后逐渐减却了昂扬的战斗声音。《新梦》一出，则象翱翔的海燕，预示着革命暴风雨的来临。它那高昂的革命音调于沉寂中突出，显示了无产阶级革命文学的蓬勃生气。可以说，在那时还没有一个诗人象蒋光慈一样，把自己的诗贡献给无产阶级，而中国的无产阶级正是通过诗人爆发出自己的呐喊，找到自己的诗的武器。因之，《新梦》在无产阶级革命文学的发展上有着开路的功绩。它是幼稚的，却有着强大的生命力。

《哀中国》诗集，收集了诗人1924年回国后到1926年10月间的作品。《哀中国》继续着《新梦》的反抗精神，但是那充满着光明的欢歌气氛为悲怆的音调所代替了。

在诗人眼帘中，“满国中外邦的旗帜乱飞扬，满国中外人的气焰好猖狂”，“满国中到处起烽烟，满国中景象好凄惨！”诗人不由得“为中国命运放悲歌”，“为中华民族三叹息”。但是诗人仍然充满信念：“我不相信你永沦于浩劫，我不相信你永无重建之一日”（《哀中国》）。诗人痛切祖国山河惨遭帝国主义、封建军阀蹂躏，心中燃烧着悲愤之火。民族的苦难，人民的厄运，使诗人肝肠欲裂，痛苦万分。因之，整个《哀中国》的反抗精神更为沉实强劲，于悲愤之中爱国主义之情炙热灼人，在那屈原式的沉痛叹息中又昂扬着激越慷慨的战斗声音。《血花的爆裂》写于“五卅”惨案之后的6月2日，对“帝国主义的恶贼”枪杀爱国工人的罪行发出了强烈的控诉。诗人相信工人的血不会白流，“将灌出鲜艳的红花”，他高唱着：“起来罢，我们为中华民族的大暴动！起来罢！我们把帝国主义的权威断送！”伺后，《我要回到上海去》、《在黑夜里》、《血祭》等大都是围绕着“五卅”惨案写的。其中《在黑夜里》一首是值得称道的，他全力歌颂了为革命献出生命的工人领袖刘华同志。全诗笔调朴素庄重，于叙事中含蓄着无产阶级之情，把一个早期共产党人的英雄形象刻画得高大丰满光采照人。刘华不但是新诗中也是“五四”后新文学创作中第一个无产阶级的英雄形象。

《哀中国》较之《新梦》的诗风有一显著的变化。悲愤的控诉代替了热情的欢歌，沉痛的叹息代替了真挚的赞词，“欲哭无泪，欲号无声”的愤懑心理代替了那充满憧憬的心灵。《哀中国》把《新梦》中反抗的战歌更加发扬了起来，形成了它的基调。革命浪漫主义的气息为革命现实主义代替了。这种变化是不奇怪的。诗人从一个充满了自由、光明和革命气氛的苏联回到“黑暗萃聚”的祖国，这是从一个新世界到旧世界的变化，这个变化必然对诗人产生强烈的影响。他曾说：在帝国主义压迫下，“金钱的势力，外国人的气焰，社会的黑暗，……唉！无一种不与我的心灵冲突！因之我的反抗精神大为增加了”（《纪念碑》）。无论是《哀中国》还是《新梦》，或反抗黑暗，或歌颂光明，都显示着蒋光慈不愧是一个“革命的歌者”。

> 我本是一飘泊诗人！
>
> 我永远不屈服于环境！我将永远为一反抗，为一赞颂革命之诗人！
>
> ——《纪念碑》

大约和《哀中国》的创作同期，蒋光慈便开始了他的小说创作。1926年，小说《少年飘泊者》出版了。这部小说在广大读者中引起巨大的反响。到1933年这部小说出了十五版，可见其影响之广大了。《少年飘泊者》能引起这样广泛的影响，这决不是偶然的。

一部优秀的作品总是提出和回答时代生活中某些重大问题。《少年飘泊者》在现代文学史上的意义，则是它站在革命立场上回答了那一时代中青年的道路问题。

五四运动使广大青年觉醒起来，各种新思潮都给了青年以反封建的民主启蒙。但是，随着斗争的深入，并不是每个青年都能看清革命的道路的。在军阀统治下阶级阵营的变化，使得一些青年彷徨犹豫，诸如经济的困窘，爱情上的苦闷，失学失业的痛苦以及种种不幸和悲剧，青年的出路问题便十分尖锐而普遍地突现出来。《少年飘泊者》通过汪中的形象，对这样一个迫切问题给了初步的却是革命的回答。因此，这部小说在五卅运动后革命走向高潮的形势下，便对青年起到了巨大的革命鼓舞作用。

汪中是一个佃农子弟。作者写他漂泊异乡，历经痛苦遭遇，投身革命最后牺牲的一生是有其独创之处的，其构思有着鲜明的革命立意。首先，小说对汪中漂泊异乡的原因作了较深刻的揭示，是地主阶级的逼租使他的父母先后悲惨死去，汪中不得不孤身逃往他乡；是阶级的压迫使他萌发了“要破坏这逼死我父母惨死的万恶社会”。因之，汪中的反抗是阶级的反抗。其次，小说描写汪中漂泊流浪中的种种不幸遭遇，不论是投奔桃花村的落空，斯文先生的欺侮，和玉梅恋爱的悲剧等，都在于突出汪中在偌大的中国社会“没有路可走”，这就为走革命的道路的主题作了有力的准备。后来，写汪中在陶永泰祥字号当小伙友，使他亲眼看到资本家丧尽天良以至暗害爱国学生，对资本家的本性有了认识；纱厂当工人，又使他看到“洋资本家虐待工人”的罪恶；当他进了工会，参加了“二七”大罢工，目睹林祥谦烈士壮烈牺牲，加上罢工失败后他自己被抛入牢狱，终于使他觉悟到“一定要革命”。这样，便令人信服地刻画出汪中的觉悟过程。小说把汪中放到大约从“五四”到大革命前这样一个广阔的背景上加以塑造，不但揭发了这一时代的某些侧面，而且比较深刻地揭示出汪中只有投身革命才是唯一道路的必然性，因此，汪中的形象具有较强烈的典型意义。

小说有它的弱点。如在抒发对旧世界的仇恨中又杂有不健康的情调，表现汪中走向革命中又过多强调了复仇思想和爱情悲剧的动力。在艺术上表现了浓郁的抒情特色，但缺乏对客观现实生活更具体更生动的描绘；虽展现了时代的社会斗争，但缺少典型情节的提炼。这些缺点都是在无产阶级革命文学萌发阶段上所不可避免的。但是，作家世界观的弱点也是不可忽视的，这正是需要我们加以分析的。这部小说的历史功绩是不可抹煞的。倘若说，“五四”以来的新小说多系提出问题，而往往不能对问题给予回答；那么，《少年飘泊者》则试图运用革命的立场来回答现实中迫切课题，就此来说，则显示了革命世界观的优越性。在现代文学史上，《少年飘泊者》以此显示了它独辟蹊径的首创性。

1926年写作的八篇小说，均收于短篇集《鸭绿江上》中。在它的"自序诗"中，充分地反映了他的心境："我不过是一个粗暴的抱不平的歌者，而不是在象牙塔中漫吟低唱的诗人"，但是"我的心灵已经被刺印了无数的伤痕"。他要"呼号""为光明而奋斗的鼓号"。这里，多少透露了他疲惫伤感的心绪。这些短篇以《鸭绿江上》和《弟兄夜话》较为出色。前者描写朝鲜爱国青年李孟汉和云姑的爱情悲剧，控诉了日本帝国主义奴役朝鲜人民的罪行。于失掉祖国的悲愤哀伤中蕴含着浓烈的爱国主义的情思。云姑的牺牲写得悲壮慷慨，在敌人法庭上表现出大义凛然的英雄气概："倘若高丽的劳动群众没有死完的时候，则自由的高丽终有实现的一日"，对祖国的胜利充满信心。《弟兄夜话》等篇，除共同控诉对黑暗现实的反抗，有着革命的倾向，大抵以写革命者的婚姻爱情为内容，虽力图有所突破，表现出一种新的爱情观，但流露出浓重的小资产阶级情调，有的甚至歪曲了革命者的形象，如《一封未寄出的信》写一个革命党人爱上了一个有钱的少奶奶，为其美丽而颠倒灵魂，是完全损害了革命者的形象的。

但是，蒋光慈总是沸扬着革命热忱的。于1927年4月上海工人第三次武装起义后不到半个月所写的《短裤党》，是蒋光慈自觉地以革命创作为革命斗争服务的光辉结晶，也是蒋光慈前期创作的高峰。这部小说，作家以最饱满的政治热情和鲜明的爱憎，对震惊中外的上海工人武装起义这一伟大历史事件作了最及时的反映。作家说："当写的时候，我为一股热情所鼓动着，几乎忘记了自己是在做小说。""当此社会斗争最剧烈的时候，并且把我的一只秃笔当做我的武器，在后边跟着短裤党一道儿前进"（《短裤党·写在本书的前面》）。小说先写第二次武装起义的失败，继写第三次武装起义的成功，由败而胜的构思企图，在于突现上海工人阶级不怕牺牲前仆后继的英勇革命精神以及党的领导作用。虽然这部小说是急就成篇并带有报告文学的特点，但作家仍令人信服地揭示了这次起义的阶级斗争背景：它勾勒出起义前夕的上海在帝国主义、反动军阀统治下"闷煞人"的反动政治环境，刻划出无数劳苦群众在黑暗势力的高压下热切盼望革命军到来，“要拿到政权，要自己解放自己”的革命情绪和革命要求，从而反映出这次伟大起义如烈火干柴必然爆发之势。更为难得的是，在这部小说中第一次正面描写了党领导的革命斗争并塑造了党的领导者的形象。尽管它有“缺乏所谓‘小说味’”和“粗糙之讥”，但却出色地展示了这个伟大事件的历史真实过程。其中党的领导者杨直夫、史兆炎的形象，刻画得比较生动感人。他们不仅有着为党的事业而献身的革命品质，而且具有领导者的政治预见，策略思想和领导才能。作者还塑造了李金贵、邢翠英等工人阶级的形象，写了他们的流血牺牲，由于缺乏细腻的刻划，显得性格单薄。也由于缺乏对人物的深刻理解，对他们革命的思想揭示得不够充分，甚至还有歪曲之处。

小说出版之后，有人攻击它是“短命的短裤党”（奇工：《短命的短裤党》），也有人说它是“完完全全失败了”（王任叔：《评〈短裤党〉》）。这部小说的历史价值是不可抹煞的，如作者说，它是“中国革命史上的证据”（《写在本书的前面》），作家敢于反映这样重大的革命题材，在革命文学创作中是难得的突破，表现了作家是一个为了革命文学而勇于探索的闯将。在艺术上也是有特色的，激越浩荡的革命热情形成一种奔腾澎湃的文气，粗犷的笔触遒劲有力，火烫般的热情熔铸全篇，颇有激动人心的艺术力。只有和作家共同着革命脉搏的战士，才能领略感受小说的粗犷的美和火炽的心。

从蒋光慈的前期创作来看，它的总的倾向是努力探索着建立中国无产阶级革命文学创作的道路，力求表现新的题材，新的主题，新的人物。他的成就和不足，都应当从无产阶级革命文学的创建和发展上给予评价。他的创作功绩表现在：

第一，他是用创作实践打开了中国无产阶级革命文学的突破口的先行者之一。

在“五四”时期，鲁迅和郭沫若都是新文学的开路先锋，他们的创作都有着社会主义因素，他们的创作有着杰出的历史意义。蒋光慈的创作，就其思想深度和反映现实的深度以及它的艺术成就，自然是不能同鲁迅、郭沫若相比较的。但是，当中国有了自己的无产阶级政党，无产阶级要求文学表现革命的题材和革命的人物，要求有自己的革命文学，那么，蒋光慈于此则是尽了自己的历史责任。从《新梦》

那样具有鲜明社会主义倾向的诗篇开始，到《哀中国》抒发革命反抗之声；从《少年飘泊者》到《短裤党》，他的创作主题大体都未曾离开过无产阶级领导的革命斗争，确实，他“为一赞颂革命之诗人”。这些，显然便为新文学注入了新鲜的革命血液。可以说，他高举着“五四”新文学的战斗旗帜，继续着鲁迅、郭沫若的战斗传统，作为一个置身革命的作家，在创作上贡献了他的特殊功绩。

第二，由于他主观上的革命要求，则使他努力反映现实的革命斗争，自觉地为革命斗争服务。

他的创作比较广泛而及时地描绘了时代的革命面貌。从十月革命、五四运动、“二七”罢工、五卅运动、“三一八”惨案，直到北伐革命战争、上海工人武装起义，这些重大的历史事件都直接或间接地反映在他的作品之中。他所描写的主人公，大都是置身于革命斗争中的知识分子和工农群众的形象。他和一般作家不同之处，他是把他的人物都放到革命斗争中加以展现。并且努力创造出无产阶级的英雄人物。

蒋光慈的前期作品确实有它的复杂性和严重的缺点，但是对这些问题应当加以分析，才能从中得出必要的结论。

蒋光慈追求光明，追求理想，心怀热情。他赞颂社会主义，他讴歌十月革命！但是他不能深刻理解社会主义，深刻领会阶级斗争和无产阶级专政。因之，当他真挚地唱起社会主义的歌时，又表现了陶醉在“天国”梦境里的小资产阶级的热情。不懂得十月革命也有过血污；不懂得理想的实现还必须经历严峻的斗争，只是觉得“冰雪的寒威过去了”，处处是红旗、歌声、笑意；心洗净了，血染红了，他自身就是革命的了。因之，他的“新梦”就有着幻想的成分和对革命的幼稚性。一旦回国，碰上那残酷黑暗的现实，便产生了理想和现实的冲突，那些虚幻的理想成分和缺少锻炼的热情便将化成悲愤，甚至发出伤感的调子。

蒋光慈是誓愿献身革命的，他努力赞颂革命，但又不深切懂得革命的实际情形；他努力反映革命斗争，但不懂得无产阶级领导的民主主义革命同旧民主主义革命的区别，也不懂得新民主主义革命同社会主义革命的区别和联系。因此，他有时把个人复仇思想作为革命行为加以赞颂，把个人反抗作为革命英雄的举动。汪中的革命动机中就有着个人复仇的思想，而他献身牺牲，也把“将敌人打死几个”，“将人类中的蟊贼多铲除几个”看作是“平生的愿望”。邢翠英的牺牲，也有着盲动复仇色彩，作者也把它当作英雄行为加以肯定了。这些描写深刻地反映了蒋光慈的革命幼稚病，反映了他对革命政党的正确路线和策略缺乏深入的研究。这方面，又和中国共产党的不成熟的情形是适应的。毛泽东同志曾经指出：“中国共产党方面，在第一次统一战线时期，它是幼年的党，它英勇地领导了1924年到1927年的革命，但在对于革命的性质、任务和方法的认识方面，却表现了它的幼年性”（《矛盾论》）。对于蒋光慈作品中反映中国革命斗争的弱点，也应从党的“幼年性”方面给予分析和评价。

我们不能忽视作家世界观中的消极因素的影响。不能划清集体主义同个人主义的区别，不能区分社会主义同资本主义乃至无政府主义的区别，这是蒋光慈作品中呈现复杂矛盾状况的根由。蒋光慈往往把个人幸福、个人反抗，甚至于把资产阶级的民主自由和英雄史观也误认为是革命的。例如，他是十分崇拜英国诗人拜伦的，并且常常以拜伦自况。他同情拜伦的漂泊遭遇，也自称是“漂泊诗人”。他崇拜拜伦的天才，也叹息“为什么天才的遭遇比人们更寥落而痛苦”？他称拜伦是“黑暗的反抗者”，也称自己是“反抗的歌者”，所谓“十九世纪的你，二十世纪的我”。显然，蒋光慈把拜伦这个十九世纪的资产阶级诗人当作偶象了。这样，我们就不难理解，为什么《哀中国》中有着某种拜伦式的反抗和忧郁了，也不难理解为什么把《怀拜伦》诗作为《少年飘泊者》的题诗了。汪中的形象，他的漂泊的遭遇正是有着作者心目中拜伦的某些影子。在那时对资产阶级文学缺乏分析批判的历史条件下，这种混淆的情形也是难免的。但正是这种拜伦的影子，有时搅得作家思想深处极为矛盾冲突，欲冲绝而出但又不知向何处冲去，愿为革命写作而又不能较深入地反映革命斗争。在他写给爱人宋若瑜的书信集《纪念碑》中，相当真实地表现了他思想的苦闷和心情的矛盾。他一方面对“多数的穷人”抱着“无限的同情”，一方面又觉得茫茫人海“没有爱我的人”；他一方面“对于群众运动表充分的同情”，一方面又觉得“我个人的生活总是偏于孤独的方面”；

他一方面要做一个革命诗人，但一方面又认为诗人“没有不飘零流浪的”；他一方面感到“将飘零流浪以终生，但我并不以为苦”，“现在无所谓悲观乐观”，但一方面又说“我现在的确是寂苦烦闷”。这些，充分反映了他要求革命、献身革命但又深受资产阶级世界观的束缚，想要突破而又不能清醒认识现实、认识自己的矛盾心理。而这些，往往都和他的革命热情掺杂一起深刻地烙印在他的作品之中。

在文艺观上，他也是充满矛盾的。在中国，他是较早地宣传革命文学理论的先行者之一。还在1924年就写了《无产阶级革命与文化》，从无产阶级的阶级本质论述了无产阶级文化建立的必然性，认为无产阶级革命必然为人类文化“开一条新的途径”。1925年写的《现代社会与革命文学》则明确提出了革命文学的口号，宣传了“文学是社会生活的反映”的马列主义的文学观点，指出文学应该“鼓动、提高、兴奋社会的情绪”，中国现代社会应该产生“反抗的、伟大的、革命的文学家”。值得注意的是，他又把拜伦当作了革命文学的榜样。认为他的“高呼反抗、自由”，不但“看出英国社会生活或者欧洲之社会生活如何黑暗”，而且“的确惊醒不少漫漫的迷梦”。他的结论是：“倘说到人类文化史，不得不把拜伦看得重重的”。在推崇拜伦的同时，他即提出“谁个能够将现社会的缺点、罪恶、黑暗……痛痛快快地写将出来，谁个能够高喊着人们向这缺点、罪恶、黑暗……奋斗，则他就是革命的文学家，他的作品就是革命的文学”。在这里，显然又表现了他不能分清革命文学和资产阶级文学的界限。因之，当他努力去反映新的主题新的人物时，总是有着资产阶级文学观的影响。

附带有一点需要加以讨论的，即蒋光慈作品中的爱情描写问题。历来意见都把“革命加恋爱”的批评作为定论了。不应当否认作家描写爱情的某些公式化的倾向，也不应否认类似题材中所流露的小资产阶级思想感情。但是，对此也需要进行历史的具体的分析。总的说来，作家的主观试图是想透过爱情的描写赋予革命的内容，力求表现一种革命的爱情婚姻观，但是又不能突破旧世界观的局宥。对于作家的探索和尝试是值得稍加总结的。

“五四”时期的创作，把爱情婚姻问题作为题材的小说数量很多，表现了程度不同的反封建色彩。但是，把爱情婚姻问题同革命斗争联系起来并力图给予革命回答的是蒋光慈开创的。《少年飘泊者》中，作家把玉梅的死作为推动汪中走向革命的因素之一，甚至汪中最后牺牲，“不怕死做一好汉”，也有着报答玉梅“无限的恩情”的因素，都可看到作家是力图把爱情同革命紧紧连系起来。但是，却又过份渲染了爱情的力量，爱情至上的观点便束缚了作家的手脚。《鸭绿江上》，作家分明指出日本帝国主义是制造李孟汉和云姑爱情悲剧的渊薮。但李孟汉说：“我要解放高丽，也就是安慰我云姑的灵魂，也就是为她报仇”。把解放祖国的伟大目标同安慰爱人灵魂等同起来，把云姑看成“我的生命”，同样是这种爱情至上观点的影响。《弟兄夜话》描写了革命者江霞的婚姻苦闷，当大哥劝他回家完婚时，他用革命道理说服了大哥，而他也不再烦闷，去“专想一些革命的事情”。此篇作家竭力摆正个人婚姻苦闷和革命工作的关系，明显看到作家用革命观点去解决问题的意图，应当说是一次良好的尝试并有所突破的。即使象《碎了的心》，也表现了作家的探索和努力。革命党人汪海平和一个忠实的基督教信徒吴月英恋爱，在汪海平的影响下使吴月英抛弃了对上帝的信仰。特别是汪海平的牺牲使她认识到“现在的世界是没有道理的，上帝也是骗人的”。但是，她的心“碎了”，“不能够再活在世上了”，最后自杀死去。于爱情中力图突现革命党人的革命影响，这自然是好的。可能作家把吴月英的自杀当作对旧世界对上帝的控诉也是对革命者的殉情，突出革命党人的革命影响和作用，但是，客观上则给人带来失望黯淡的结局，仍然不能摆脱洁净爱情至上的影响。这些都反映出：当作家还不能明确区分革命的爱情观同资产阶级爱情观的界限时，就往往把二者混淆了。但我们应当肯定作家力求把爱情和革命联系起来，并试图表现出革命爱情观的探索和努力，他在一些作品的爱情描写中有着新的进展，并为后来的创作提供了可资借鉴和引为教训的东西。

蒋光慈前期创作的复杂矛盾的面貌，既表现了一个早期革命作家渴望社会主义、追求革命的强烈要求和用革命改变黑暗现实的强烈愿望；又反映了他由于分不清新旧世界观的界限，往往在力图用先进世界观反映革命斗争的同时，又被旧的世界观羁绊着困扰着。这种矛盾交织消长的情况是早期无产阶级革命文学不可避免的特征，也是无产阶级革命文学从旧文学中蜕变出来的必然现象，它只有在革命斗争中，在文学发展的斗争中才能逐步地纯洁起来。

我虽然经受了许多创伤，但我从未曾叫饶过，更未曾起过投降或屈服的念头，这是我可以引为光荣的。……我想，我可以痛苦，我可以奋斗，我也可以死，但我不会失望，更不会走到衰颓的路上去。

——《哭诉·自序》

正当蒋光慈在他的创作道路上探索前进时，“四·一二”反革命政变发生了，中国的革命遭受到严重挫折。革命的失败激起作家思想的剧烈震荡。尽管经受创伤、心情悲愤、充满痛苦，他并没有因此停止创作，依然在革命文学的道路上挣扎着战斗。但是，他世界观中的弱点在这革命急剧转变的年代便更加突出地暴露出来，在创作上出现了一个短暂的危机阶段。

在“四·一二”政变中，革命者的鲜血洒遍黄浦江畔。蒋光慈于大屠杀中从上海逃往武汉。他俯望汉江激流心血沸腾，对反动派绞杀革命者的血腥罪行满腔悲愤。此刻，他的思想也产生了激烈的冲突。这些，在小说《野祭》中透露出来。《野祭》于1927年10月由创造社出版。此书有《书前》一篇未署年月，大约写作于“四·一二”到“七·一五”事件之间。它虽然是恋爱题材，但仍对死于反动派屠刀之下的革命者寄托着祭奠之情，表露了作家对反动派的愤怒。同时，在某种程度上也反映着苦闷。如钱杏邨曾指出，通过主人公陈季侠反映了“为时代所涌出的，而没有解决的青年文艺作家在这狂风暴雨时代的苦闷，那就是没有落伍的作家总想一面仍从事文学事业，一面去做一般人所谓实际的革命工作，而事实上又无法兼顾的一个问题”（钱杏邨：《野祭》）。陈季侠对自己的痛骂则反映了作者那革命关头中的思想苦闷和自我谴责的心情。写于1927年10月的《哭诉》，是一首自传体的长诗，较之《野祭》，就更加突出地表现了他悲愤交集痛苦欲绝的苦闷心情。他一面哀号着：“诗人呵，痛哭吧，祖国而今到了沦亡的时候”，他痛恨自己“心愿大而能力小”；一面对反革命屠杀表示了极大的愤慨，“我的一颗心，……只是烧呀，……任冰山也不能将它冷透！”“我只知道倔强，抵抗，悲愤，顽固，至死也不变”。不能说蒋光慈于大革命失败后是悲观绝望的，即使在哀痛苦闷中也有着对革命的信念，在焦灼中仍显示着革命的热度。在暴风雨中，虽有着痛苦，他也是焦虑着革命的痛苦，他始终把脚踏在革命上，这是蒋光慈最可宝贵之处。

蒋光慈总是要革命要战斗的。1928年初他和钱杏邨等人创建了太阳社，同创造社一起高举起无产阶级革命文学的战斗旗帜。他亲自为《太阳》月刊创刊号写的“卷头语”中高呼着：“兄弟们，向太阳，向着光明走！我们也不要悲观，也不要徘徊，也不要惧怕，也不要落后。我们相信黑夜终有黎明的时候”，“我们也要如太阳一样，将我们的光辉照遍全宇宙”。在他撰写的关于倡导革命文学的论文《现代中国文学和社会生活》《关于革命文学》中，其主调也是积极的，宣传了马克思主义的文艺观点，于此他也是有着功绩的。

但是，蒋光慈作为一个革命作家，由于总是未能对中国革命的性质、任务和方法有一个比较切实的认识，不懂得和不完全懂得中国革命的实际，因此，当革命突然遭受挫折，不但引起痛苦悲愤，而且看不清革命斗争的曲折以及如何绕过暗礁继续前进的道路。所以，革命的幼稚病以“左”的急躁情绪表现出来。在他写的倡导革命文学的论文中，对形势采取了错误的估计，把革命低潮看作是“革命浪潮极高涨的年代”，还认为“近两年来的中国革命的性质，已经不是单纯或民族或民权的革命了”（《现代中国文学和社会生活》），这种“左”倾的判断，无疑会对他的创作产生影响。那么，我们也就不难理解为什么《菊芬》、《最后的微笑》直到《丽沙的哀怨》会向着错误的倾向发展了。

《菊芬》写于1927年11月。小说中的主人公菊芬于1927年重庆“三三一”大屠杀后逃到武汉。她刚刚从血泊中出来，紧接着又遇到“七一五”反动大屠杀。菊芬在这白色恐怖中终于采取了暗杀手段，最后牺牲了自己。在她的绝命书中，她明明知道“暗杀不是唯一的正当的手段”，但是又说“现在所能做得到的，恐怕只有这个了”。她尽管相信“黑夜终有黎明”，“终久是要胜利的”，“我们的要求是合乎正义的”，但是，这种企图通过暗杀手段实行报复的思想只能是盲动的，是无政府主义的。从自觉地反映党所领导的有组织的斗争的《短裤党》，到鼓动个人反抗采取暗杀手段，不能不认为是一个倒退。《最后的微笑》写一个青年工人阿贵被工厂开除了，阿贵在一种交织着对反动派的强烈仇恨和失业引起的极度痛苦中走上了复仇杀人的道路。他把压迫工人的特务、工头、厂长都杀了。驱使他采取复仇杀人的思想是：“小蚂蚁被它的同类所欺侮了，还要拼命地抵抗一下，我是一个人，难道受人欺侮了，就这样乖乖地算了吗？报仇呵！……杀人！”这种思想同无产阶级的有组织有领导的革命斗争是格格不入的。

在蒋光慈前期创作中就有着某些无政府主义以及盲动主义的思想。从汪中的报仇思想到邢翠英为了替丈夫复仇而去拼死都有所反映。在《菊芬》、《最后的微笑》中，就发展为对个人复仇并采取恐怖手段的崇拜。在作家看来，菊芬的暗杀行为是“伟大”的，是“人类的光荣”，“我们应当效法菊芬，崇拜菊芬”。阿贵的复仇杀人也被辩解为：“凡是被压迫者反抗压迫者的行动，无论什么行动都是对的”。并且认为阿贵能够“从前不敢杀鸡，现在居然杀了人”，这“困难问题为从来最勇敢的哲学家所不敢解决”，但阿贵却解决了，可见阿贵的行动也是勇敢的英雄行为。在革命遭受严重挫折之后，作家陷入了背离马克思主义背离中国革命实践的唯心主义的痛苦冥想之中。象对阿贵那些变态的梦想和狂乱的幻思的描写中，单是用受了陀斯陀也夫斯基作品影响来解释是不够的。崇拜自发性是其政治思想上的根源。列宁曾指出：“经济主义者和恐怖主义者是各自崇拜自发潮流的一个极端：经济主义者崇拜自发的、纯粹工人运动，而恐怖主义者崇拜那些不善于或者没有可能把革命工作同工人运动结合起来的知识分子的自发的激愤。凡是不再相信或者从来不相信这种可能性的人，除了采取恐怖手段之外，确实是难以找到别的方式来表示自己的愤激情绪和革命的毅力。”（《怎么办？》）蒋光慈就是这样一个不善于或者没有可能把革命工作同工人运动结合起来的知识分子，而《菊芬》《最后的微笑》则反映了他于革命失败后的自发的激愤。尽管他有着革命的愿望，但这种革命愿望也无法避免陷入错误的路线和方法上去。而当时党内的“左”倾盲动主义路线也是促进他这种自发的激愤的客观因素。他曾说："若对于革命没有了解，而想写一篇革命的著作，这是不可能的事情"（《现代中国文学和社会生活》）。蒋光慈把自己列为深刻了解中国革命的作家，甚至认为"自身就是革命"，这就使之陷入某种暂时无法解脱的创作危机之中。

《丽莎的哀怨》同样是蒋光慈对革命陷入苦闷的产物，也是他脱离革命实际把自己封闭在狭小天地的主观产物。其题材、内容不同于《菊芬》、《最后的微笑》，就其思想实质来说，不过是他的"自发的激愤"的另一种表现形式罢了。

小说写一个白俄贵族妇女丽莎，于十月革命后和丈夫白根逃亡到上海。因为携带着大批钱财，刚到上海仍能过着挥霍享乐的生活，并企望着他们失去的天堂失而复得。但是，钱花光了，财物卖尽了，反动的幻想化为泡影。丽莎便在米海诺夫伯爵夫人的指点下去跳裸体舞，后来便卖淫度日，最后她痛苦得自杀了。小说虽对白俄贵族的腐朽反动的丑恶生活和灵魂有所揭露，还想借丽莎的姐姐薇娜对贵族的叛逆来揭示丽莎腐朽没落的可耻下场；但是，小说流露出来的总的倾向却是对丽莎的同情。资产阶级人道主义的怜悯心，便写了一个丽莎的悲剧，其结果是导致了对十月革命的控诉。不能说蒋光慈主观上要诽谤十月革命，但也并非是作家选错了描写对象，一旦在政治上失去阶级警惕，便不能不导致政治立场的错误。对蒋光慈这样的革命作家来说，他对革命的苦闷，以及由此带来的"创伤""痛苦"，一方面可以表现为自发的愤激，以那种极端的复仇杀人的方式抒发出来，一方面也可以在伤感中，抒发所谓"痛苦"抚慰"创伤"，以致在政治上模糊了敌我界限，那么，资产阶级的消极感情便会流淌而出了。

小说发表后，也有人称赞它揭示了"旧的阶级的没落，新的阶级必然的要起来"的"社会进化的过程"，并说它"宛如读一首抒情的长诗"（冯宪章：《〈丽莎的哀怨〉与〈冲出云围的月亮〉》）。而有人却批评指出：《丽莎的哀怨》"只能激动起读者对于俄国贵族的没落的同情，只能挑拨起读者由此同情而生的对于'十月革命'的愤感"，或者"产生人类因阶级斗争所带来的灾害的可怕之虚无主义的信念"（华汉：《读了冯宪章的批评以后》）。

蒋光慈的短暂的创作危机是他前期世界观中的消极因素在革命

失败条件的发展的结果。由于蒋光慈毕竟对革命有着坚强信念，所以，他没有导致更严重的地步，并逐渐地从危机中解脱出来。

在群众痛苦和反抗声中，
我将找到所谓伟大的东西。

——《我应当归去》

1929年8月25日到11月9日，蒋光慈曾在东京养病。在《异邦和故国》这部日记集中，记述了这段时间的思想和活动。他在养病期间研读了有关马克思主义文艺理论的著作，并且访问了日本左翼作家，同他们讨论左翼文艺运动的理论和创作问题。同时，他写了《冲出云围的月亮》。在这短短两个月中，成为他整理思想、总结创作、酝酿前进的转机。《冲出云围的月亮》，这部小说的名称就有些象征意味，好象预示着作家要从纠缠的苦闷中"冲"了出来，向着新的高峰迈进。

蒋光慈的创作特点在于始终表现着和探索着对中国革命的认识。因此，每部作品都烙印着他对革命的思考、态度和情绪。《冲出云围的月亮》是作家摆脱危机进行新的探索的标志。这部小说在蒋光慈创作道路上的意义是：

第一，长时期来，蒋光慈描写革命斗争的作品总是掺杂着某些崇拜自发性的盲动色彩以及个人反抗的无政府主义因素，而《菊芬》、《最后的微笑》则更突出地反映出来。在《冲出云围的月亮》中，却开始得到初步的清理和批判。小说中的王曼英，是一个在大革命失败后陷入彷徨动摇的革命小资产阶级知识分子。她也有着菊芬那样的盲动复仇的思想，而且对能否把社会改造好都失去了信心。她的哲学是："与其改造这世界，不如破坏这世界"。她曾经采取复仇的手段进行"破坏"，但没有象菊芬那样最后牺牲了自己，而是从彷徨、动摇、幻灭的"云围"里冲了出来。她做了一名女工，并且成为工人运动的积极分子。同《菊芬》、《最后的微笑》比较起来，显然作家否定了菊芬、阿贵的道路。王曼英尽管刻划得比较薄弱缺乏充分的批判，但作家毕竟赋予她新的光明的前途，使她从个人的复仇反抗转到投入有组织有领导的革命斗争中去。

第二，他在小说中探求具有新的革命品质的革命人物。李尚志、李士秋这些人物也是写得不够有力的。但是作家却努力揭示他们同群众接近，相信群众，从群众中汲取革命力量的思想。如李尚志批评王曼英幻灭的思想时说："你现在脱离群众了……你成了孤零零的一个人，你失去了集体生活，所以你会失望起来……如果你能时常和群众接近，以他们的生活为生活，那我包管你的感觉又是别一样了"。这些，颇能显示出李尚志的思想特点，也是作家所追求的革命人物所具有的新的品质。在这些人物塑造中，体现着蒋光慈经过痛苦的探索而作的自我解剖的印痕。相信群众，从群众中吸取力量是作家经过革命的挫折教训而得出的可贵的新的认识。

第三，同是反映处于革命低潮时期的作品，《冲出云围的月亮》较之《菊芬》、《最后的微笑》等，则初步扫除了那些低沉阴晦的气氛而变得明朗起来，扫除了那些伤感苦闷的调子而变得乐观起来。"群众革命浪潮还在奔流着，不是今天就是明天，迟早总会在这些寄生虫面前高歌胜利的"。这些，都显示出作家的确开始摆脱由革命失败带来的消极苦闷的思想负担，看到了革命的光明前景。

钱杏邨当时曾指出："这一部创作是描写1927年革命失败后的最一般的三种不同的倾向，三种青年的典型，而加以批判——尤其是对于幻灭消灭的一种。同时指出了那种倾向是最正确的，最有前途的，指导现代青年以一种正确的路线。……而同时，又可以说是给予茅盾君的《幻灭》《动摇》与《追求》的一个答复，证实那些人物的出路并不完全如茅盾君所说——只有伤感的灰色的死。"（《创作月评》）当然，也证实那些人物的出路并不象作者自己的人物如菊芬、阿贵那样激愤地变态地去拼死。从钱杏邨的评论中透露出来，《冲出云围的月亮》不仅是作家思想的一个进步，而且在当时的小说创作中也打破了那为革命失败带来的苦闷伤感的空气。可以说，它是革命文学创作朝着更健康方向发展的征兆。

如果说《冲出云围的月亮》是作家度过危机的新起点，那么，写于1930年11月的《咆哮了的土地》（后以《田野的风》出版）则是蒋光慈的创作思想和艺术都趋于成熟的作品，也可以说是他创作道路上的最高峰。

关于这部小说的创作情况，很难找到更多的直接材料，这多少影响了我们对它作出更深入的研究。但一些材料说明，蒋光慈很快把他的创作目光转向描写群众斗争，并不是偶然的。还在日本养病期间，他写的《我应当归去》一诗中，便透露出作家的抱负。他深挚而热烈地怀念着祖国。纵然祖国虎狼相驰漆黑如漆，他“深深地相信着，光明的神终有降临的一日”。他表示要永远和那“反抗的贫苦者”“永远地在一道”，他要“在群众痛苦和反抗的声中”，“找到所谓伟大的东西”。倘若说，他创作《短裤党》的成功，是因为从上海工人阶级武装起义的斗争中，曾经找到了“伟大的东西”；那么他于大革命失败后创作上的弯路，正是由于脱离了群众斗争。他所描写的大都是他身边熟悉的知识分子以及他自己的悲愤感受。当他回国后，正是毛泽东同志领导的土地革命和武装斗争获得深入发展的阶段，革命根据地不断扩大，革命力量坚实地壮大起来。此刻作家确实把目光再一次转向了伟大的群众斗争。据吴似鸿同志回忆：“光慈受到土地革命战争的影响和鼓动，他决意要写一部长篇小说，内容便是描写初期土地革命。当时，他不管环境如何恶劣，某些人对他如何非议，他始终抱定初衷，毫不动摇。”（《蒋光慈回忆录》）从这个简略的回忆中，使人看到作家在革命仍处于低潮的复杂情势下，把自己的注意力倾注到革命的重心上，倾注到革命的主流中。他能力排众议坚定自己的创作方向是很不简单的。可以说，作家确实从伟大的群众斗争中“找到了所谓伟大的东西”。

作为一部反映早期农民运动的长篇小说，《咆哮了的土地》的成就是空前的。它的成功首先是作家政治思想走向成熟的结果，也是作家努力用党的正确路线、策略和政策观察研究农民运动的产儿。

小说写的是1927年前后的农民运动。目前虽然没有材料证明作家生前曾研读过毛主席的《湖南农民运动考察报告》，但是从小说的主题思想到某些情节和细节，都鲜明地显示着毛主席这一伟大历史文献的影响。据回忆，“他在酝酿期间，曾参考了不少文件，读了不少报纸，观察社会现象，研究人物形象，同时访问了不少朋友，接近各种社会团体，找生活，找经验。”（吴似鸿：《蒋光慈回忆录》）深入地研究党的路线、方针、政策，尽可能掌握实际情况，这样，就使得作家较之他以往任何一部作品都更正确更真实地反映了革命斗争的本质面貌，同时也都更正确更真实地描写了革命斗争中的各种人物。

小说的杰出成就在于它满腔热忱地歌颂了这场为绅士阶级恶毒攻击、也为右倾机会主义者们反对的“痞子运动”。比较生动而真实地再现了这场“其势如暴风骤雨，迅猛异常，无论什么大的力量都将压抑不住”的农民运动的兴起和发展过程。它通过革命党人发动农民、组织农会、斗争豪绅、成立自卫队，最后奔向金刚山的描写，接触到党在新民主主义革命中领导农民进行土地革命，开展武装斗争，夺取胜利的革命道路问题。

小说的主题思想是有着重大的现实意义和历史意义的。蒋光慈写作这部小说期间，正是李立三的“左”倾路线有了某些发展，党内两条路线斗争比较激烈的时期。当时李立三的“左”倾路线主张进行城市起义，反对毛主席在长期中用主要力量去创造农村革命根据地，以农村包围城市，以根据地来推动全国革命高涨的正确主张。并且诬蔑毛主席的主张是“农民意识的地方观念与保守观念”（请参看《关于若干历史问题的决议》）。在这种背景下，作家把创作的目光转向他并未曾亲自经历过的农民运动，不顾别人反对，热情歌颂党所领导的农民运动，坚持用党的正确路线和政策来描写这场伟大的斗争，它在客观上是对“左”倾机会主义路线的一个批判，同时，也是对曾经反对农民运动的右倾机会主义路线的一次清算。小说的结尾，描写农民的武装队伍冲出敌人包围，去向“聚集了千余人的如他们一样的队伍”的“金刚山入伙，在那里有很多的朋友”。这个结局是意味深长的，金刚山即井岗山的谐音，它暗示了农民的出路，实际上也是革命的出路。今天看来，小说可能有着这样或那样的缺欠，但是，在那样一个历史条件下，象蒋光慈这样一个长期在城市里从事革命斗争的作家，不顾别人反对，坚定地去反映这样的重大课题，无疑显示了他政治上的成熟和独具的胆识。

小说所塑造的张进德和李杰的形象是比较成功的。他们不但迥异于作家过去塑造的同类型的人物，而且把他们放在新文学作品的形象行列中也都具有新的光采。作家透过这两个人物在于揭示出这场农民运动是在革命党人领导下的一场有组织的群众运动，它是按照党的正确路线、策略和政策开展斗争的。蒋光慈已经较好地克服了那种“自发的激愤”，再看不到那些盲动复仇和无政府主义的色采了。

在张进德的塑造中，作家强调了他是一个自觉地肩负起“改造”这个“不公平世界”的农民运动的领袖人物。他原是一个生长在农村，后来做过矿工、经历过工人运动锻炼的革命者，因为遭受敌人迫害，回到农村领导农民运动。作家一开始便把他放到农民群众和群众的斗争中来展现他的性格特色。张进德把革命的思想带到农村，好象“无声的巨炮，震动了这乡间的僻静生活”，使得农民如“梦醒了一样”，“突然看清了这世界是不合理的世界，而他们的生活应当变成别一种生活”。农民把他当作自己的知心朋友，而他又深深懂得贫苦农民的“痛苦生活”。特别是对那些具有各种弱点的贫苦农民，他总是怀着热情，看到他们革命的本质和主流，帮助他们在斗争洗刷旧的思想习气。作家如此注重刻划张进德同农民群众的血肉联系，便揭示出革命领袖人物的新的特色，而这点恰恰是作家过去所未曾重视的。当农民群众发动起来后，作家又突现张进德善于掌握对敌斗争的策略和政策的领导才能。如在处理小抖乱和癞痢头打死关帝庙老和尚的事件中，表现了他于斗争中深思熟虑老练持重的品质。当斗争处于危急关头，他坚定镇静。“革命大人物”叛变革命的消息传来，李杰虽有所预料但表现了某种忧虑不知所措，而张进德则毫不犹豫，要“勇敢地干下去”。李杰牺牲，农民自卫队围困三仙山上，张进德便提出带着队伍奔向金刚山。从作家这些描写中，使我们看到了一个比较成熟的革命者的形象。正是在张进德的形象塑造中，体现着作家政治思想的趋向成熟，也体现着作家美学理想的新发展。

李杰是一个地主阶级出身的知识分子，由于和兰姑的爱情不能圆成同家庭破裂了，参加了革命军。他是带着“改造乡间生活的决心”，回到家乡从事农民运动的。而且他认识到要达到目的“问题不在于将做恶的父亲杀死，而是在于促起农民自身的觉悟”。作家同样把李杰刻划为一个自觉到自身使命的革命者。同时，作家特别描写了李杰同地主家庭决裂取得农民信任的过程。在发动农民和领导农民起来进行革命斗争之中，揭示出李杰的思想性格的发展。在李杰的形象塑造中，标志着作家初步认识到知识分子投身群众斗争有一个思想改造的问题，蕴含着知识分子必须同群众结合的思想，可以说，李杰的形象是作家多年来探索知识分子道路的极为难得的总结，也是现代文学史上第一个把革命工作和群众运动初步结合起来的革命知识分子形象。在这个形象上，最鲜明地反映作家对自己过往错误思想的批判。

小说刻划出如此众多的农民形象，在这些形象描写中反映出作家突破了英雄史观的限制，以比较鲜明的唯物史观勾勒农民群众的革命要求和革命力量。如果说《短裤党》中，他还把工人的盲动性当作英雄行为加以赞颂，而《咆哮了的土地》则满腔热情描写了农民群众在斗争中摆脱历史固袭的重担和自发的反抗性，从而勾勒出在党的领导下农民组织起来推翻旧世界的历史主动性，令人信服地揭示出“只要农民自身一觉悟了，那还怕乡间的生活不改变面目吗”！作家热情地描写了不同类型的贫苦农民的觉醒过程。吴长兴身受着压迫和痛苦，但是他“穷糊涂”了，经常无故打骂妻子。在斗争中，他不但成为自卫队的骨干，并和他的妻子也成为并肩战斗的朋友。李木匠是一个沾染着旧习的穷苦人，可是他看不上自己丑陋的妻子，虐待她，自己去胡搞。在斗争中他终于荡涤了身上的污浊。小说描写他告别妻子的场面是相当感人的，李木匠看着妻子，不仅感到羞愧，更从内心发出恩爱之情。作家着意刻画出革命斗争使得贫苦农民的原有美好品质和纯洁心灵放出新的光采。王荣发老汉从骂儿子革命是“不守本分”到最后自己也追上自卫队参加斗争，显示出斗争唤醒了最守旧的农民。其他如对小抖乱、癞痢头、刘二麻子的描写，都展现出伟大群众运动的波澜壮阔荡涤陈腐的巨大力量。蒋光慈从未象这部小说这样描写群众的斗争和群众的力量，更没有这样描写出群众的觉悟和群众是历史主人的伟大觉醒。

《咆哮了的土地》在现代文学史上是有着它杰出的意义的。鲁迅是现代文学史上第一个站在被压迫群众立场上提出中国革命农民问题的作家，他着重批评了农民的不觉悟，唤醒他们起来革命，而《咆哮了的土地》则是继鲁迅之后回答了农民问题并且热情反映了农民的觉醒，可以说，蒋光慈是第一个站在革命立场上描写了农民运动的作家。由于他首开革命文学创作农村革命斗争题材的领域，对后来的创作产生了积极的影响。

《咆哮了的土地》的艺术成就也是值得总结的。它以革命现实主义的笔触，把一场汹涌而起的农民运动的发展过程组织在一幅形象的画卷之中，描绘出运动的波澜起伏的必然趋势和众多人物的活动，显示了作家的艺术已走向成熟的阶段。革命理想不是以幻想形式出现，而融汇在现实描写之中。人物的刻画，场面的描写都更加细致生动，人物在行动中显示出思想感情的发展，这些，都有别于以往创作中经常出现的主观的渲泄和直抒的呐喊。但毕竟由于作家没有亲历过农民运动，使得人物塑造缺乏鲜明的个性，也影响到性格的深度，叙述仍多于客观的描写，缺少生动的细节刻画和典型的情节提炼，因此艺术感染力还不够强烈动人。

当作家写完这部长篇之后，病魔便夺走了他的生命。1931年8月31日，蒋光慈病逝于上海，时年仅三十岁。郭沫若曾感叹道；他“可惜太死早了一点。假如再多活得几年，以他那开朗的素质，加以艺术的洗炼，‘中国为甚么没有伟大作品’的呼声是不会被人喊出的罢”。蒋光慈的早逝，确实是中国革命文学的损失。

回顾蒋光慈的创作道路，他是值得后人尊重和纪念的。他一生勤奋写作，虽曾有过弯路，但一直在革命文学道路上勇敢地探索前进。他用创作的成功昭示着来者，他的挫折也使后人引以为戒，他的成败都属于革命文学自己的经验和教训。他开辟了革命文学创作中前人未曾开辟的领域，他塑造了前人所未曾塑造过的革命人物，他抒写了前人未曾接触过的革命主题。如鲁迅所说：“中国的无产阶级革命文学在今天和明天之交发生，在诬蔑和压迫之中滋长。”蒋光慈在黑暗的政治环境中，把自己的全部心血贡献给了这伟大的事业，披荆斩棘，不怕挫折，始终前进，他不愧是革命文学创作中的一员闯将，一个值得后人尊敬的先行者。

（原载《现代文学集》吉林人民出版社1980年12月）

蒋光慈

张大明

蒋光慈是我国有名的无产阶级革命文学作家，他的新诗和小说都曾脍炙人口，影响深远。由于国民党的残酷迫害，他只活了三十岁，正当才华横溢之时，即在贫病之中死去。死的时候，身边没有亲人，十分凄凉。

蒋光慈的成就是多方面的，除新诗和小说外，他还写了不少宣传马列主义、阐述无产阶级革命文学理论的论文。他直接从俄文翻译了俄罗斯和苏联文学，译笔流畅；最有代表性的是里别金斯基的小说《一周间》。他编辑太阳社的文艺刊物，从事革命文学的组织工作，功劳卓著。

一九二九年他在日本东京养病时，于十一月八日在诗篇《我应当归去》中写道：

祖国啊，被压迫的祖国啊，
也许你不了解我的效劳，
但是总有一日，总有一日，
你会很亲爱地将我想到。

他是祖国的忠实儿子，祖国欢迎他归来。他的名字已经镌刻在现代文学史上，他的贡献人们世世代代记得很牢，很牢。

一位文艺界的老前辈曾多次说过，他在延安鲁艺招生时，报考者都说，他们是读了蒋光慈的作品才走上革命道路的。另一位老同志曾亲自告诉我，她从贵州逃到四川读中学，因为读了蒋光慈的《少年飘泊者》和巴金的《家》，打动了心灵，受到启发，再加上其他因素的影响，便投奔延安，参加革命。

大革命失败后，蒋光慈的书销路颇好，一本中篇小说《冲出云围的月亮》，出版的当年就重版六次。书坊老板为着赚钱，常改头换面出版蒋光慈的书，如将《少年飘泊者》改为《长信一封》，将《鸭绿江上》改为《李孟汉与云姑》，将《冲出云围的月亮》改为《革命前线归来的王曼英》，等等。

革命要被杀头，但革命又是时髦的。

蒋光慈为初期无产阶级革命文学赢得了读者，从而扩大了无产阶级革命文学的影响。他的勋劳已为无产阶级革命文学的历史所肯定。

把蒋光慈的书改头换面出版是一回事，而将他人的作品当成蒋光慈的著作来出版则更有兴味。比方说，有一本书叫《三对爱人儿》，作者邹枋，内收短篇小说七篇：《归来的道上》、《北老儿》、《三对爱人儿》、《浓酒与淡味》、《胡须的鬼》、《紫樱与嫩卿》、《消息》。书前有谢六逸和黄天鹏写的两篇序，于1931年4月20日由上海联合书店出版。毛边，三十二开本，无统一编号。当年5月4日《文艺新闻》第八号第四版在“读书顾问”专栏，刊有清萍对该书的介绍；8月10日出版的《现代文学评论》第二卷第一、二期合刊上，又有该书的出版广告，说：“这是一部很美丽的小说，其中充满着有味的速写，纯然是作者自己的反映。作者是以幽默著称的，这部书全是幽默的结晶。……凡爱好文学者，不得不读。”

奇怪的是，一九三二年三月二十日又有一本《三对爱人儿》由上海月明书店出版。书的内容、页码、版式、装帧、封面设计、书名的字体都没有变，连印数都一样，也标的一千五百册，只将封面的蓝色改为淡红，只是去掉了原书介绍邹枋情况的黄序，又将谢序的“谢”字去掉，并将谢序的写作时间由三月改为二月，就成了蒋光慈的著作，封面上“堂堂正正”地写上了“蒋光慈著”。

这不是可以深长思之的吗？

在旧社会，书商为了赚钱，这种事可以说是常见的。但为什么要借用蒋光慈的名字呢？

秘密就在于他写了革命！

蒋介石叛变革命以后，国内阶级关系起了大分化。不少小资产阶级知识分子经受不住白色恐怖的压力，或消沉，或颓废，或堕落，或叛变。黑夜沉沉，冷冷清清，到处充满血腥气味。这时，惟有创造社和太阳社的作家能以高昂的调子叫喊：要斗争，要革命，要继续前进，创造第四阶级的文学。

这声音振聋发聩，富于号召力。

就小说而言，蒋光慈全都写的是革命。《少年飘泊者》里的汪中，代表了“五四”一部分青年们所走过的道路。他从农村走到城市，由学生而学徒、茶房、纱厂工人，又在“二·七”大罢工时被捕、坐牢，出狱后到上海，找到革命。短篇小说集《鸭绿江上》里的不少篇什，如《弟兄夜话》、《徐州旅馆之一夜》，情文并茂，激动人心；读后叫你按捺不住，要喊要动，要为正义、为真理、为自由、为解放而斗争。以上海工人三次武装起义为题材的中篇小说《短裤党》，尽管写作匆忙，概念化的毛病突出，但因为他反映及时，无疑对革命起了配合作用；即使在革命失败后来阅读，也能让人回味起革命时如火如荼的情景来，在胸中激起万顷波澜。在革命低潮时期写的《野祭》、《菊芬》、《最后的微笑》，哪怕个人意识比较浓厚，但仍然不能掩盖作者对革命的一颗赤子之心。

《冲出云围的月亮》所以那样受欢迎，是因为它憎爱分明，反映了某种时代真实。李尚志和柳遇秋，一个坚持革命，一个背叛革命，恰成鲜明对比。女学生王曼英，青春年少，内心充满浪漫谛克。随着革命潮流的高涨和低落，她也不断改变着对人生的态度。她曾一度自暴自弃，走上毁灭自己的道路。“曼英想来想去，总觉得那光明的实现，是太过于渺茫的事了，与其改造这世界，不如破坏这世界，与其振兴这人类，不如消灭这人类。”流浪中，她在醉后失身。于是，她一不做二不休，既下了水就痛快地洗个澡。她甚至以自己身上的梅毒去报复一般苍蝇样的纨绔子弟。然而她的灵魂是清白的。她痛斥叛变革命的柳遇秋说：我卖身体比你卖灵魂高尚！她胸中的革命火焰终于被坚持革命的李尚志点燃，并在跟工人的交往中，加了油，越燃越旺。她象一轮明月，冲出乌云，又露出了皎洁的笑脸。

长篇小说《丽莎的哀怨》本意是以十月革命以后流落到上海，为生活所迫沦为妓女的白俄贵族女人丽莎所发出的哀怨，来衬托无产阶级的胜利；但由于作者当时的思想也有些消沉，情绪低落，因而笔下对丽莎不免流露出同情，在政治倾向上说，是错误的。小说出版后，除冯宪章对之有所肯定，说它是“诗的散文、散文的诗”以外，左翼文坛曾给予严肃、热切的批评。

蒋光慈最后一部长篇小说，也就是政治上和艺术上都比较成熟的长篇小说，是发表在他主编的大型文艺刊物《拓荒者》上的《咆哮了的土地》。小说未载完，刊物即遭国民党查禁。后来改题为《田野的风》出了单行本。小说以湖南农民运动为题材，写工人张进德和背叛了地主家庭的知识分子李杰由城市回到乡村，建立农会和农民武装，打土豪，斗地主，让农民自己掌握自己的命运。农民革命，突飞猛进，势如破竹，锐不可挡。但由于整个形势的逆转，它不得不退却。退到哪儿？退到金刚山，也就是井岗山。展示了农民运动的光明的道路，胜利的道路。

在并没有见到《中国的红色政权为什么能够存在？》、《井岗山的斗争》和《星星之火，可以燎原》等党内文件的情况下，蒋光慈能从生活出发，以无产阶级的革命热情，写出这般有价值的作品，实在是难能可贵的。这是蒋光慈在创作上有所飞跃的明证。即或在今天，这咆哮的土地，也还让人流连忘返，这田野的风，也还令读者心醉。

蒋光慈的作品，不仅写了革命，还写了恋爱，革命加恋爱。这也是他的作品拥有大量读者的原因之一。

典型的例证是王曼英的故事。她由爱而恨，由堕入毁灭的深渊到冲出云围，始终穿插着爱情。虽说对王曼英的新生，小说似乎过于渲染了爱情的作用，但她从所爱的人的身上看到光明、受到鼓舞、汲取力量，却又是符合生活真实的。短篇《鸭绿江上》表现了热爱祖国的思想，反帝反封建的精神，争取民族解放的决心，而且也是通过留学生李孟汉讲述他和云姑的爱情故事来反映的。云姑和李孟汉身上的上述素质，是和忠于爱情的品质连在一起的，不可分割的。大胆的爱和极度的恨相结合，显示了人物灵魂的完整的美。蒋光慈的其它小说，也无一不包含爱情的纠葛。

因为革命，而有爱情的结合，因为情爱，而催人健康、向上：这是作者所肯定的，歌颂的。另一种情况是把爱情庸俗化、商品化，沉湎酒色，纵情恣乐，以满足官能的享受，甚至把爱情当做达到某种政治目的、实现某种个人欲望的手段，这是作者所反对的。它应该被批判，被鄙视。

生活，不能没有爱情，七情六欲都不该缺少，但情操应该高尚。

男女之间不应太禁锢，表露爱情，可以很直白，很奔放、明朗、泼辣，但情感应该健康。

蒋光慈小说中的爱情描写，有缠绵悱恻，调子低沉的部分，但绝大多数地方却激越昂扬，是和着革命一起写的。读了它们，不是掉在爱的漩涡中，弄得晕头转向，而是会勃发出一股力量。

这就是艺术魅力之所在。

对蒋光慈的创作，历来有两种评价。一种评价是：它反映了时代，代表无产阶级革命文学的主流，其历史功绩不容抹杀；一种评价是：标语口号，公式化概念化，是政治的演绎，不是艺术的表现，其艺术水平几在零点以下（郁达夫一九二八年一月二十五日日记，载《东海》一九七九年第三期）；还有人说，蒋光慈根本不懂得文学创作为何物。

不错，革命加恋爱的公式，是通过蒋光慈的小说首先带入文坛的，一时间成了普遍的创作倾向。这种公式，是成功还是失败，是好现象还是坏现象，文学史家、文艺理论批评家可以各有各的评价，但首先大家都得承认有这种现象存在；而这种普遍现象又是因为蒋光慈的创作而出现的。一个作家的创作能产生这么大的影响，他在文学史上的地位就是显而易见的。

标语口号式的倾向不自蒋光慈始，但应当承认，在他的作品中是比较严重、比较突出的，因此，可以拿他做代表，要分析标语口号文学的利弊得失，也可以拿他来举例。站在今天的高度回头来看历史，应当说，尽管标语口号文学的产生有其历史的必然性，但无论如何那影响是不好的。标语口号可以宣传革命，但那究竟不是文学；文学有文学的特征，文学有文学的任务。取消了矛盾的特殊性，也就取消了各个事物的存在。

贯穿于蒋光慈全部作品的总主题是：反对帝国主义、反对封建主义、反对军阀混战；暴露社会的黑暗，揭示人生的疾苦；蒋介石背叛了革命，杀了人，人民要报仇，要讨还血债；革命失败了，不能就此了事，还要继续革命；只有革命，才能争得解放，夺来自由，换来幸福。

这是当时时代的内容，谁把他写进了文学艺术作品，谁就顺应了历史的潮流。

任何文学艺术作品都是时代的产物，都会打上时代的烙印。《最后的晚餐》不会和《堂吉诃德》同时产生，《清明上河图》也不会出现于唐代。同样，蒋光慈的作品，也大大地区别于“五四”文学，就是跟左联成立后的小说也完全两样。

同时，也只有反映了时代精神的作品才有历史价值。诚然，蒋光慈的作品艺术性不高，但是他囊括了时代的主要内容，顺应民情，合乎民心，适应了时代的需要。

可见，是不是正确地反映了时代，有没有时代精神，是一个作品成功与否的关键之一，是人们评价它之得失的标准之一。

……一个有成就有影响的文学艺术家，一部成功的伟大的文学艺术作品，其原因固然是多方面的，但是不是反映了时代，恐怕应该是主要的，起决定作用的。要不然，马、恩不会对巴尔扎克评价那么高，列宁不会称托尔斯泰为俄国革命的镜子。

蒋光慈写过一篇政治性的散文——《在伟大的墓之前》。它以饱满的无产阶级热情，如实地写出了苏联的工人、农民、士兵冒着零下四十度的严寒，在莫斯科广场排队瞻仰列宁遗容的悲壮情景，从列宁和党、和苏维埃国家、和世界被压迫阶级与被压迫民族的关系等方面，歌颂了列宁的丰功伟绩。文章对于处在大革命前夜的半封建半殖民地的中国人民，认识无产阶级革命导师的伟大学说和他所从事的伟大事业，具有启发作用，对于即将奔赴革命前线的中国青年，尤其具有鼓舞力量。

自然，这篇散文文采不足的缺点是明显的，但是，严谨的结构，叙述、议论和抒情的有机结合，仍然值得学习。

歌颂列宁也是蒋光慈诗歌的主题之一。

一九二四年一月二十二日，在列宁逝世的第二日，蒋光慈写了《哭列宁》。他赞美列宁的伟大，哀悼列宁的逝世，愿掏出全世界无产阶级、劳动人民的红心，贡献于列宁墓前，祝列宁的在天之灵有灵，愿列宁主义领导我们前进。

你是一个空前伟大的个性：
你送给了人类不可忘的礼物，
你所遗留的将与日月同明！

列宁葬在哪里？葬在资产阶级的欢笑里，葬在全世界无产阶级的哀悼里，葬在奔腾澎湃的赤潮里，葬在每一个爱光明的人们的心灵里。

死的是列宁的肉体，
活的还是列宁的主义。

因为爱列宁，进而歌颂列宁领导的国家，颂扬伟大的十月革命。

一九二一年写于去莫斯科路上的《红笑》，用强烈的对比，表现了他的爱憎：在北洋军阀统治的这边是——“艰难的路程”、“危险的关头”、“白祸恐慌”、“乌烟瘴气”；但在莫斯科那边却有着“亮光”。看见那亮光，脸上就荡出“红色的巧笑”。

那不是莫斯科吗？
多少年梦见的情人

他看见：

莫斯科的雪花白，
莫斯科的旗帜红；

旗帜如鲜艳浓醉的朝霞，
雪花把莫斯科装成为水晶宫。

多么真挚的感情，何其动听的歌声！诗人满怀革命的信心，以革命的乐观主义精神，鼓励黑暗世界的民众："莫相信人类的历史永远是污秽的，……人类已探得了光明的路口"。

好了！好了！
人类正初穿着鲜艳的红色衣襟。
十月革命，
那大炮一般，
轰冬一声，
吓倒了野狼恶虎，
惊慌了牛鬼蛇神。
十月革命，
又如通天火柱一般，
后面燃烧着过去的残物，
前面明耀着将来的新途径。
哎！十月革命，
我将我的心灵贡献给你罢，
人类因你出世而重生。

——《莫斯科吟》

形象的语言，优美的诗句，充分讲述了 十月革命的强大威力和伟大意义：打碎旧世界，建设新世界，开辟人类历史新纪元，为人类创造了一条解放的道路。

诗人占有理论，懂得政治，笔下的诗行，既有诗意，又有概括力。

这都是诗人写的政治抒情诗。抒情诗要有情而发，为情而写，不能无病呻吟，或者扯起嗓子干吼。光慈的诗，都情满于怀，热气腾腾。革命激情，溢于言外。对新社会新制度，爱得强烈；这爱，浓冽如醇酒，这爱，纯洁如清泉。唱而为诗，具有扑面而来的革命气息。这是从内心深处，由感情迸发而唱出的赞歌，所以开人心扉，动人心弦。

这些诗大都节奏鲜明，押韵自然，疏密相间，结构谨严。

蒋光慈出过一本通信集《纪念碑》，内收一九二四和二五年他和宋若瑜女士的通信。后来上海美丽书店又以《最后的血泪及其他》出版，恐怕也是盗版。

这是爱的横流，感情的倾泻，委婉缠绵，回肠荡气。充分地率直地写出了小资产阶级浪漫诗人在热恋之中的情怀。那样地真诚，那样地坦白，每一个字都使人感觉得到他那滚烫的心在跳动。

不能说《纪念碑》在文学上有多大的意义，但要研究蒋光慈这个人，却不可不重视《纪念碑》的价值。蒋光慈的经历和工作，蒋光慈的思想和品质，蒋光慈的特性和风格，蒋光慈在文学上的主张和抱负，都能从《纪念碑》的字里行间找出蛛丝马迹。

就是那随意落笔，直抒胸臆，酣畅淋漓，情意葱茏的文风，也未尝不可借鉴。

在“若瑜两周纪念忌日”的一九二八年十一月六日，诗人声泪俱下，泣不成声，写下了撕肝裂胆的抒情诗篇《牯岭遗恨》。他欲去祭奠而不得，诅咒社会的黑暗，人世的无情：

但是而今到处是荆棘连天，
旅行是这般地艰难！
只能远远地招魂，
不能前来墓前祭奠……

他在无可奈何之中，用哀歌唱出了自己的寄托：

姑娘，你躺得静静地，
只有云雾来做你的衣；
姑娘，你躺得静静地，
只有明月来与你为侣。
庐山的风月永远是清幽，

你在那儿终古地漫游；
漫游，漫游，朝朝与暮暮，
永远隔绝了人世的烦忧。

好一幅庐山风月图！笔酣墨饱，情意浓郁，剪裁云雾，驱遣明月，花香阵阵，鸟语声声，烘托出一种幽静的气氛，献出生者一瓣香心。姑娘所生的人世，阶级斗争刀光剑影，被压迫者备受欺凌，没有快乐，只有悲伤，没有安宁，只有扰攘。诗人祝他所爱的姑娘安息，自己为保卫姑娘的安息，还得去作不停的斗争，悼念若瑜，要实现通信中的宏愿，因此，诗人写下了自己的保证和行动：

我的歌要歌吟着民众的悲欢，
纵然我是飘泊，颠连，
但是我的心愿永不变。

不错，他是这么说的，也是这么做的。他总是站在时代的前头，唱出国家要求独立、民众要求解放的声音。诗人自认为他就是代表民众的，他也的确以奔放的热情，豪迈的气势（例如："我愿跑到那昆仑之高巅，做唤醒同胞迷梦之号呼；我愿倾泻那东海之洪波，洗一洗中华民族的懒骨。我啊！我羞长此沉默以终古！"——《哀中国》），反映了时代的风貌。

就散文说，蒋光慈还出版了日记《异邦与故国》，其中一部分曾在他主编的《拓荒者》创刊号发表，题为《东京之旅》。

一九二九年，他东渡日本，治疗肺病。在东京，他与孟超、任钧等，组织太阳社东京支部；与日本的左翼文艺工作者密切往还，共同研讨建立无产阶级革命文学的问题；阅读别林斯基、普列汉诺夫、卢那察尔斯基的文艺理论批评著作，清算自己的文艺思想；撰写长篇小说《冲出云围的月亮》；翻译苏联的革命文学《一周间》；登富士山，饱览自然风光。

这些，是日记的主要内容。

而日记的主调则是：思念祖国。对祖国的眷恋之情在篇中随处可见。虽然国内的左翼文艺界对他流露在《丽莎的哀怨》中的情绪进行了严肃的批评，虽然他在党内也有不痛快的事，“虽然我的祖国是那般地不好”。热爱自己的祖国，尽管这是一个公民最起码的品德，但无论在什么境遇下，都对祖国怀着赤子之心，又不能不说是高尚的。虽说东京对他的生活、身体、文艺创作都是有利的，但他还是坚决地表示：“我应当归去！”

纵然那里虎狼相奔驰，
纵然那里黑暗得如同地狱，
我总是深深地相信着，
光明的神终有降临的一日。

这种爱国主义精神是一贯的，他从莫斯科唱到东京，十年中，它象一条红线贯穿在他的创作的始终。

蒋光慈属于浪漫主义作家。他的任何作品都充满激情，即使是消极成份居多的创作，也无不是一往情深。其热度，感到烫手，其浓度，也未必化得开。

他不象现实主义作家那样，冷静地观察人生，细针密缕地组织作品。他是被情感所驱遣，奔越，豪放，粗犷。

据郁达夫回忆：蒋光慈“从俄国回来，穿得一身很好的洋服，说得一口抑扬很清晰的普通话，身材高大，相貌也不恶，戴上那里的一副细边近视眼镜，却使他那一种绅士的态度，发挥得更有神气。”“光慈的态度谈吐，大约是受了西欧文学家的影响的，说起话来，总有绝大的抱负，不逊的语气。”（《光慈的晚年》，《现代》第三卷第一期）

按照人们的想象，浪漫派的气质，粗犷、豪放的作风，青春年少，风流倜傥，绝大的抱负，不逊的语气，一定是下笔时狂书滥写，一纸天书，算作才子气。实则不然！

据郭沫若回忆，蒋光慈创作时却是文不加点，一气呵成，毛笔恭楷，端庄秀丽。

可见浪漫不等于乱舞，才子气不表现在写的字谁也认不得。

综观蒋光慈的全部作品，总的印象是：思想意义大于艺术意义。在他的著作中，从一九二一年到一九三一年，中国天空的风云雷雨都装下了。他以其题材的重大，反映的及时，表现的强烈，影响了一批青年走上革命道路。

因此，无论如何，我们应当记得他！

一九八一年是他诞辰八十周年、逝世五十周年，我们应当纪念他！

（原载《踏青归来》，天津人民出版社1981年版）

报春紫燕　破晓曙星

——蒋光慈倡导革命文学功绩述评

胡从经

在上海西郊的虹桥公墓，安息着一位中国无产阶级革命文学的先行者——蒋光慈。墓碣由陈毅同志题签，朴素的花岗岩上镌有“作家蒋光慈之墓”一行遒劲豪放的碑铭。自建国初期作家遗体迁葬于此之后，每逢清明总可以看到许多不同年龄、不同职业的人络绎来此凭吊，他们大多是光慈遗著的热心读者。在朴实无华的墓前，老人倚杖伫立，青年俯首凝思，少女献上鲜花，孩子敬以队礼……，各自以不同的形式寄托对这位革命文学前驱者的缅怀与哀思。不料，林彪、“四人帮”掀起“文艺黑线专政”论的恶潮，给民族文化带来了空前的浩劫。可叹的是，连长眠地下数十年的光慈也未能幸免。这位早逝的革命作家也成了所谓批判“三十年代文艺黑线”的靶心之一，墓被夷平了，碑被推倒了，作品再一次被“查禁”了。但是，光慈是抹煞不了的！鲁迅说得好：“纸墨更寿于金石”，历史将永远铭刻着光慈的不朽业绩。林彪、“四人帮”不过是历史舞台上蚍蜉般的匆匆过客，他们及其炮制的“阴谋文艺”都逃脱不了化为烟埃的命运；在人民的春天里，社会主义文学争妍斗艳、万紫千红，但我们怎能忘却那些以自己的青春以至生命都贡献给革命文学的先行者们。为此，我写下了这篇试图探索光慈倡导革命文学的理论与实践的文字，聊表对这位前驱战士的追思与纪念。

传播马克思主义文艺观的拓荒者

光慈迫于白色恐怖重压，于一九三一年八月三十一日逝世之后，左翼批评家钱杏邨在以方英笔名所写的悼文《在发展的浪潮中生长……》中说："他只活了三十年，在他的全生命之中，他是以无限的精力献给了革命。他热烈的参加了伟大的'五四'。他不避艰险的走向国内战争激烈的苏联。回国以后，是八年如一日的，不为任何所屈，从事于文艺运动。在十余年的创作生活中，他写了近百万言的著作。开拓了中国文艺运动最先的路"（刊《文艺新闻》第二十七号"祭坛之下"）。一九二四年光慈自苏联归国之后，即与当时活跃在文化战线上的许多共产党人一起，积极倡导无产阶级革命文学。一九二四年十一月，光慈与沈泽民等在上海《民国日报》的副刊《觉悟》上，创办了中国无产阶级革命文学的第一个刊物——《春雷文学专刊》。同年八月，在《新青年》季刊第三期发表《无产阶级革命与文化》的论文，积极倡导创立和建设中国的无产阶级文化。十一月，在《觉悟》上发表《现代中国的文学界》，疾声呼吁"我们要努力振作中国的文学界，我们要努力地使中国的文学趋于正轨，走向那发展而光辉的道上去！"在这一年里，还由党的出版机构——上海书店出版了自己的第一本诗集《新梦》，显示了革命文学的实绩。一九二五年初在《觉悟》上发表论文《现代中国社会与革命文学》，更引吭高呼："谁个能够将现社会的缺点、罪恶、黑暗……痛痛快快地写将出来，谁个能够高喊着人们向这缺点、罪恶、黑暗……奋斗，则他就是革命的文学家，他的作品就是革命的文学"，而且强调"现在中国的社会真是制造革命的文学家的一个好场所！"此后，还在《创造月刊》上连载了《十月革命与俄罗斯文学》，在上海大学出版的《心群月》刊物上发表了《文学与时代》。在《太阳月刊》上还陆续发表有《现代文学与现代生活》、《关于革命文学》、《论新旧作家与文学革命》等论文。一九二七年还由创造社出版部出版了《俄罗斯文学》的专著。

蒋光慈发表上述文艺论文与专著的背景是，二十年代的中国文坛，各种文艺思潮竞相传播，白壁德的人文主义，叔本华的悲观哲学，克罗齐的唯心美学，弗络伊德的精神分析等等，都曾成为人们观察与分析文艺现象的指针。同时，西方文学流派的模仿者也叠相出现，诸如什么“古典主义”、“唯美主义”、“象征主义”、“表现主义”等等，也此起彼落，喧嚣一时，诚如鲁迅所剖示的：“大吹大擂地挂起招牌来，孽生了开张与倒闭，所以欧洲的文艺思潮，在中国毫未开演而又象一一演过了。”而作为中国共产党人的蒋光慈，他曾经沐浴过十月的阳光，他曾经亲历过革命的洗礼，刚一回到暗夜如磐的祖国，就投身于党所领导的文化战线的斗争，积极而执着地宣传马克思主义文艺观。前所引录的篇目，就是光慈在文艺思想战线上纵横捭阖的不灭战绩。现就光慈竭立鼓吹并为之论战的几个主要原则问题，概述如下：

关于文艺的阶级性

蒋光慈在一九二四年顷就曾明白地指出：“因为社会中有阶级的差别，文化亦随之而含有阶级性。统治的阶级为着制服被统治阶级，于是利用文化迷惑被统治阶级之耳目。……文化本身不得不蒙着一重阶级色彩。”他进而强调说：“现代的文化是阶级的文化！”（《无产阶级革命与文化》）。以上关于文学阶级性的阐明，在当时的中国是不同凡响的“伟美之音”；因为在二十年代的中国文坛上，周作人提倡的是“人的文学”（《艺术与生活·人的文学》），胡适提倡的是“易卜生主义”（《胡适文存初集卷四·易卜生主义》），徐志摩则扬言文学“是表现人类创造力的一个工具”（《诗刊弁信》，载一九二六年四月一日《晨报副刊·诗刊》创刊号），即使是文学研究会、创造社、语丝社等进步文学社团的文学主张，无论是“为人生的艺术”抑或“为艺术而艺术”，都没有挣脱资产阶级文学论的羁绊。

执着地宣传文学的阶级性，是当时活动于文化战线的共产党人为之论战的中心之一，光慈就是其中甚为活跃的一员。他还反复强调了作家的立场、思想、感情以至于艺术观均受本阶级的影响和制约，如在《死去了的情绪》一文中说：“每一社会的心灵、每一艺术家必生活于某一阶级的环境里，受阶级的利益的熏染陶溶，为此阶级的心灵所同化。因之，艺术家的作品免不了带阶级的色彩”。后来在《关于革命文学》一文又重申了同样涵意的话：“一个作家一定脱离不了社会的关系，在这一种社会的关系之中，他一定有他的经济的、阶级的、政治的地位，——在无形之中，他受这一种地位的关系之支配，而养成了一种阶级的心理。……在社会关系上，他有意识地或无意识地，总是某一社会集团的代表。”以上论述今天看来已几乎是常识，但在半个多世纪以前，却不啻是发聋振聩的呐喊，使人们一新耳目，促进了无产阶级革命文学的萌蘖。

关于文学的社会作用

二十年代的中国文学界，“现代评论”派宣扬“一件艺术品的产生，除了纯粹的创作冲动”，决不应“还夹杂着别的动机”，“新月派”则鼓吹“我们写诗，因为有着不可忍受的激动，灵感的跳跃挑拨我们的心，原不计较这诗所给予人的究竟是什么”，还有“弥洒社”更直截了当地声称他们的创作是“无目的无艺术观不讨论不批评而只发表顺灵感所创造的文艺作品”……，他们都讳言文艺的功利目的。

与上述论调相反，蒋光慈认为“文学是社会生活的反映，一个文学家在消极方面表现社会的生活，在积极方面可以鼓动、提高、奋兴社会的情绪。”（《现代中国社会与革命文学》）除了一般泛论文学的认识作用、教育作用、美感作用而外，光慈还强调了革命文学必须为无产阶级政治斗争服务的职责与使命：“革命的作家不但一方面要暴露旧势力的罪恶，攻击旧社会的破产，而且要促进新势力的发展，视这种发展为自己的文学的生命。”（《关于革命文学》）关于文学与政治的关系，早期共产党人李大钊、瞿秋白、邓中夏、恽代英、萧楚女等曾阐扬过，而光慈继他们之后更反复地、突出地宣传这一重要命题。他一方面犀利地揭露资产阶级所谓文艺“超阶级”、“超政治”、“超功利”的欺人之谈，另一方面，则竭力敦促革命文学发挥“鼓动、启发、开导社会情绪”的能量，热切地呼吁：“我们的时代是黑暗与光明斗争极热烈的时代。现代中国的文学，照理讲，应当把这种斗争的生活表现出来。”（《现代中国文学与社会生活》）事实上，他也以自己的创作响应和实践了上述的呼号。稍后，光慈在自己的短篇集《鸭绿江上》的《序诗》里写道：“朋友们，请别再称呼我为诗人，我是助你们为光明而奋斗的鼓号，当你们得意凯旋的时候，我的责任也算尽了！”在中篇《短裤党》的《前言》中也说：“当此社会斗争最剧烈的时候，我且把我的一只秃笔当做我的武器，在后边跟着短裤党一道儿前进。”由此可见，曾立誓“用你全身，全心，全力高歌革命呵”的光慈，无论在理论宣传，还是在创作实践中，都没有违悖自己的誓言。

关于文学与生活

我国早期共产党人在致力于马克思主义文艺观启蒙工作时，颇注重文学与生活的关系问题的论述，例如萧楚女在《艺术与生活》一文中指出艺术就是“人生的表现与批评”（刊《中国青年》一九二四年第三十八期），沈泽民在《文学与革命的文学》一文中也说明“文学始终只是生活底反映”，要求革命作家“了解无产阶级的每一种潜在的情绪”（刊一九二四年十一月六日《民国日报》副刊《觉悟》）。蒋光慈在有关论述中也一再强调了“文学是社会生活的表现”，他在批驳了所谓“艺术家的心灵”是“自由的”、“超人的”、“神秘的”，以及艺术家创作“不受时代的限制”，仅仅只是“自我表现”的“空想的唯美主义者”的谬论之后，正面阐述了“文学对于社会生活总是落后的，——先有了社会生活，然后社会生活的表现才有可能；若先无社会生活的现象，则文学又将何从表现呢？”（《现代中国文学与社会生活》）基于社会生活是文学创作的源泉的正确认识，光慈还进一步提出对革命文学家的要求，即必须投身到革命的漩涡中心去，亲身经历斗争的生活，直接感受斗争的脉搏，然后再从事于革命文学的创作。他语重心长地指出，革命作家必须具备“革命情绪的素养”、“对于革命的信心”，以及“对于革命之深切的同情”，认为以上是革命作家所必有的条件，缺一而不可的。他还特地指出，革命作家一定要对于革命有“真切的实感”，认为这是“写出革命的东西”的先决条件。然而，由于环境的限制与主观的因素，光慈此后的创作并没有能够达到上述的要求，这是很遗憾的。

要能正确地反映现实生活，要能艺术地描摹斗争历程，要能无误地把握历史进程，这就触及到了革命文学的症结所在——作家的立场、观点、思想、感情、素养，亦即世界观问题。光慈在《关于革命文学》一文中提出了评判作家革命与否的标准："倘若我们要断定某个作家及其作品是不是革命的，那我们首先就要问他站在什么地位上说话，为着谁个说话。这个作家是不是有反抗旧势力的精神？是不是以被压迫的群众作出发点？是不是全心灵地渴望着劳动阶级的解放？……倘若答案是肯定的，那么，这个作家就是革命的作家，他的作品就是革命的文学。"作为中国无产阶级革命文学最早的开拓者之一，尽管光慈的创作道路上不断出现坎坷与曲折，但他却是执着地朝自己所昭示的方向不断努力的。

关于文学遗产的批判继承

为了反击诬蔑共产党人"灭绝文化"的无耻谰言，为了批判主张"全盘西化"的民族虚无主义，同时也为了抨击煽惑"整理国故"的复古主义，光慈依据马克思主义经典作家关于批判地继承民族文化遗产的论述，正确地阐述了创造无产阶级新文化与继承民族文化遗产及传统的关系，他指出："无产阶级不但不需要，而且断不能与旧的文学传统断绝关系，因为他实在不甚知道旧的文学传统是什么一回事。无产阶级仅仅需要接近旧的文学传统，好占据着它，并由此征服普希金以为已用。"接着他认为要建设无产阶级新的艺术、新的文化，并不能从半空中下手就可以办到，而是对旧艺术进行"采取它"、"改造它"，进而"征服一切旧的比较好的东西，为我们建设新的材料"（《俄罗斯文学上卷·未来主义与马雅可夫斯基》）。

有些进步的文化人对于共产党的文化政策也是不甚了解的，他们出于偏见地认为，胜利了的无产者将无情地践踏人类创造的文化珍宝，甚至马克思的友人海涅也恐惧地哀叹道："共产主义者，不信神的人们得到统治权，用自己粗糙的手腕，毫不怜惜地破坏一切温柔的美的偶像（我的心灵所贵重的东西）——我真是恐怖而战栗啊！"他还痛苦地预言："凯旋的无产阶级将我的诗抛入坟墓……"对于海涅式的并非恶意的误解，光慈则婉婉而抒情地答辩道："共产主义者也爱百合花的娇艳，但同时想此百合花的娇艳成为群众的赏品；共产主义者也爱温柔的美的偶像，但同时愿把温柔的美的偶像立于群众的面前；共产主义者对于资产阶级之无意识的玩物，非常地厌恶，然对于美术馆、博物馆及一切可为群众利益的艺术作品，仍保护之不暇，还说甚么破坏呢？”至于世界人民所共有的优秀文学遗产（其中也包括德国大诗人海涅的作品），光慈更满怀深情地写道：“共产主义者对于帝王的冠冕可以践踏，但是对于诗人的心血——海涅的《织工》、歌德的《浮士德》，仍是歌颂，仍是尊崇！我的海涅啊！你可知道你有许多作品还为共产主义者所颂（诵）读呢？倘若你能听到这颂读的声音，你又作如何感想呢？海涅真是白忧惧了！”（《无产阶级革命与文化》）在二十年代中期的中国文学界，能如此精辟而得当地论述关于文学遗产继承问题的，尚不多见。

关于马克思主义文艺观在我国最初传播的启蒙期，蒋光慈的贡献是不能抹煞的。这种传播是即将兴起的左翼文艺运动的思想准备和理论准备，关系到此后革命文化同封建文化与买办文化合流的反动文化的斗争。光慈作为早在二十年代中期就积极宣传马克思主义文艺观的拓荒者，我们应该铭记他的劳作和努力。等到革命文学运动勃兴之后，光慈更在《东京之旅》中公开宣称只有马克思主义才能解释文艺的真谛，而且崇敬、钦佩和赞赏马克思、梅林、拉法格、普列汉诺夫、列宁、卢那察尔斯基等，对于文学和艺术的渊博学识和精辟见解，这是需要坚定的信念和超人的胆识的。就在他所主编的《拓荒者》上，为纪念革命导师列宁的诞辰，还专门组织了两篇文章，一篇即列宁所著的《论新兴文学》（即《党的组织和党的文学》[1]），这是我国首次介绍列宁的文艺论著；另一篇是沈端先（夏衍）译的《伊里几的艺术观》（以上均刊《拓荒者》一卷二期）。光慈还在该期的编辑部文章中着重写道：“这个月，是伟大的革命的领袖伊里支（按指列宁——引者）的纪念日，为着纪念他，我们又特别的译了两篇关于他的艺术论的论文（有一篇是他自己作的），在这里发表。据此，我们可以看到，伊里支对于艺术的指导理论是如何的正确。希望读者们从他的艺术观

[1] 编者注：此文题目翻译有误，现在已经改正为《党的组织和党的出版物》。

里去认取自己在文艺运动中所应担负起的任务。”其时正当中国左翼作家联盟成立的前夕，光慈强调要以革命导师有关文艺的经典论著，来作为左翼文艺运动的指导理论，并要求革命作家从列宁的艺术观中去认取与把握自己在革命文艺运动中所应负的任务、所应起的作用，是有其及时而重要的意义的。

开辟革命文艺批评阵地的战斗者

光慈是试图以马克思主义文艺观为克敌制胜的批评武器，一贯勤勉地学习着、敏锐地观察着、勇猛地出击着的战斗者。他在文艺批评方面的战绩，首先在于他积极参加与配合党所领导的思想理论斗争，把批判的锋芒指向封建文化、买办文化合流的反动文化代表人物胡适、徐志摩之流，从而为无产阶级革命文学的发展廓清道路。

资产阶级右翼势力的代表者胡适，虽然在“五四”巨潮中拍波击浪、煊赫一时，但几度浮沉之后，随着历史的演进、革命的深入，他就日渐沉沦而暴露了自己的反动面目。在关于“问题与主义”的论战中，他公然说：“空谈外来进口的‘主义’，是很危险的”，反对马克思主义在中国的传播。一九二三年又创办《国学季刊》，大肆推行所谓“整理国故”运动，甚至叫嚷：“被马克思、列宁、斯大林牵着鼻子走，也算不得好汉”。对于胡适背叛“五四”反帝反封建斗争精神的种种反动言论和行径，光慈严正地指出：“胡适之博士现在的行动和言论，真令我们要断定他陷入反革命的深窟了。”他还将胡适自“五四”以来六七年间的蜕变，作了鲜明锐利的揭示：曾几何时，胡适不是在一九一七年的《新青年》上高呼过“新俄万岁”吗，可是如今却惟恐诋毁列宁、斯大林领导的苏俄之不够；胡适当年曾自诩为新文化运动的首领，如今却反诬青年的爱国运动是“胡闹”；胡适也曾反对过向帝国主义卖国献媚的不平等条约，如今却说帝国主义者是不存在的，并说什么反对文化侵略是无理的举动……。通过排比对照，透剔地刻划出了胡适从倡导新文化堕落为依附旧势力的历史过程，光慈认为这种“退后的趋势”是“阶级的分化”使然，正因为革命浪潮的高涨，于是中国的知识阶级便分道扬镳了。光慈的这种批判和分析，是实事求是、合乎逻辑的，并且指出："革命的浪潮不知吓退了许多人，把许多人抛到落伍的道上去，也不知道送了许多人进入过去的坟墓，加了他们一个死去的冠冕，胡适之博士不过是其中之一个罢了！"（《并非闲话之三·过去的人》，刊《新青年》第四期）这样，光慈就不仅批判了买办文人胡适，而且也抨击了从新文化阵营中分化出来，投靠和依附统治阶级的一群"过去的人"。

资产阶级右翼势力的另一个代表人物徐志摩，当时正高踞着"新月社"坛主之位，被同伙们奉为"诗哲"。一九二五年十月，徐志摩接编《晨报副刊》之后，立即把这张在新文化运动中曾叱咤风云的报纸，演变为"新月派"的喉舌。徐志摩也抖落诗人的羽翅，赤膊上阵地在其上写些敌视革命的文章，如一九二六年一月，当他看到陈毅同志为纪念列宁逝世两周年在列宁学会上所作的报告——《纪念列宁》之后。立即在《晨报副刊》上发表《列宁忌日——谈革命》来反对，攻击中国共产党领导的革命运动是"幻想"中的"假设"，是"一个永不可能的境界"，并表白他对革命的恐惧："列宁……我却不希望他的主意传布，我怕他。"甚至蛊惑人心地说什么："青年人，不要轻易讴歌俄国革命，要知道，俄国革命是人类史上最惨刻苦痛的一件事实。"可见其反共反人民的立场、态度是十分露骨的。光慈响应和协同鲁迅对徐志摩的批判，更为率直地驳诘道："在诗哲的眼光中，什么打倒军阀，什么打倒帝国主义，什么救国……都是一些无理的举动，因为这些与诗的哲学大相反背了。"他还愤怒地指斥所谓"诗哲"在神游于美丽之宫，在徘徊于象牙之塔的同时，段琪瑞就正在枪杀北京的学生，外国军舰就正在轰击大沽口，顾正洪正牺牲于外国资本家的枪口下，南京路正溅满了"五卅"烈士的鲜血，……进而剖析道：按照徐志摩的逻辑，"为着不妨害诗哲的歌吟起见，我们应当欢迎帝国主义，取消打倒军阀等等的口号，什么反抗的运动都不要做了，如此，新中国才可以产生，诗哲的心意才可以快乐。"（《并非闲话之四·诗哲，新中国与打倒帝国主义》，刊《新青年》第四期）光慈采用对比、联想、反嘲等手法，逐层剥下了徐志摩"诗哲"的楚楚衣冠，还给他以"认贼作父"的卑怯本相。

目睹当时中国文学界的郁闷、淫靡的颓败相，光慈也力排众议地予以揭露和批判。他直截地指出："现在的文学界太紊乱了"，进而不客气地说："粪堆啊，马桶啊，苍蝇啊……这都是中国人的生活之象征——中国人的精神生活之象征。"二十年代的文坛上也确乎泛滥着一股股文学逆流，试以当时某学者撰写的《今日中国之小说界》所列举现象为例，充斥读书界的小说有"罪恶最深的黑幕派"（如《中国黑幕大观》等），有"滥调四六派"（如《玉梨魂》、《美人福》之类），有光怪陆离的"笔记派"……，总之，"鸳鸯蝴蝶派"的才子们，"唯美派"的绅士们，以及标榜各种"主义"的"正人君子"们，在军阀的卵翼下，正霸占着文坛，毒害与污染着千百万人的心灵。所以光慈指出："所谓'靡靡之音'的文学潮流，现在漫溢着全国"。甚而认为"靡靡之音"不仅是文学界的"颓象"，而且是亡国的"征象"。

在严峻地抨击文学界消极面的同时，光慈却热情地介绍了国际无产阶级文学运动的经验，以及推崇和奖掖本国革命文学的新生力量。

光慈自苏联归国之后，即向国人大力介绍 十月革命后所涌现的崭新的文化艺术：早在一九二六年，他就在创造社的机关杂志《创造月刊》上连载了以《十月革命与俄罗斯文学》为题的长篇论文，陆续评介了苏俄的布洛克、白德内衣、马雅可夫斯基、里别丁斯基、皮涅克等诗人和作家，尤其对无产阶级文学奠基人高尔基备多推崇。次年，又将已发表的新俄文学部分作为上卷，并以根据屈维它（瞿秋白）的原稿改写的旧俄文学——"十月革命前的俄罗斯文学"作为下卷，合编为《俄罗斯文学》，交由创造社出版部出版。在这本文学史著作中，提纲挈领、要言不繁地评述了新生的苏俄文学，如在该书《革命与浪漫缔克》一章中，论述了布洛克的长诗《十二个》的地位与作用，认为"《十二个》的意义和价值，将随着革命以永存"。关于马雅克夫斯基，光慈认为"十月革命涌现出许多天才的诗人，而马雅可夫斯基恐怕要算这些诗人中最伟大的，最有收获的，最有成就的一个了。……也许他是一个巨大的怪物，这个巨大的怪物只有 十月革命，才能涌现出来"。至于高尔基，光慈更怀着崇敬与钦佩的心情写道："这一个伟大的名字，已经普遍在人们的记忆之中了。他的著作固然成了革命的一种很大的力量；就是他的行动也始终是和革命的脉搏合致的。"（《高尔基的〈我的童年〉书前》）。后来，光慈还在自己主编的太阳社刊物《海风周报》创刊号上发表了《革命后的俄罗斯文学名著》（署名魏克特）一文，为中国读者罗列推荐了许多革命文学名著，例如：高尔基的《阿尔托曼诺夫的家事》，阿·托尔斯泰的《在苦恼中的行程》（现通译《苦难的历程》），绥拉菲莫维奇的《铁流》，乌·伊凡诺夫的《铁甲列车》，里别丁斯基的《一周间》，富曼诺夫的《叛乱》，格拉特珂夫的《水门汀》等。

建设无产阶级革命文学的实践者

早在一九二四年十一月，光慈就与沈泽民以及上海大学的王秋心、王怀心兄弟等组织了最早的革命文学团体——“春雷文学社”，在上海《民国日报》副刊《觉悟》上创办了第一个革命文学刊物——《春雷文学专号》。《觉悟》一九二四年十一月十六日第八版刊载了该社成立的“小启事”：“我们几个人——光赤、秋心、泽民、环心……组织了这个文学社，宗旨是想尽一点力量，挽一挽现代中国文学界‘靡靡之音’的潮流，预备每星期日在《觉悟》上出文学专号，请读者注意！”在《春雷文学专号》的创刊号上，光赤领衔发表了《我们是些无产者——代文学专号宣言》的序诗，激情澎湃地放歌：

朋友们啊！
我们是些无产者；
除了一双空手，一张空口，
我们连什么都没有。
但是这已经够了！
手能运用飞舞的笔头，
口能做狮虎般的呼吼。
………
我们的笔龙能为穷人们吐气，
我们的呼吼能为穷人们壮色。
………
所以我们诅咒有产者野蛮而恶劣，

我们要联合全世界命运悲哀的人们，
从那命运幸福的人们之宝库里，
夺来我们所应有的一切！

倾向如此鲜明、锋芒如此凌厉的文学刊物，当年中国文学界在此之前还从来没有出现过，必将产生相当的震撼与反响。可惜《春雷》只出了两期，就因军阀当局的干涉而休刊了。就在这两期《春雷》中，光慈除为其写了序诗外，还发表了论文《现在中国的文学界》，以及抒情诗《哀中国》。前者锐利地剖视了当今文学界的“众生相”，揭露了生活于粪堆之中却赞美这是“甘露玉液”的愚妄与欺骗，进而振臂呼号：“我们要努力地振作中国的文学界，我们要努力地使中国的文学趋于正轨，走向那发展而光辉的道路上去！”后者则表达了诗人炽烈的爱国热情，以及对国家民族命运的严重关注。关于《春雷文学专号》，华汉（阳翰笙）所撰《中国新文艺运动》（刊冯乃超所编的左联出版物《文艺讲座》，神州国光社，一九三〇年四月十日出版）一文曾记述有：“在五卅运动之前，光慈确曾主张过革命文学的，当时也确曾有许多青年给以不少的同情的回响（我仿佛记得，光慈和泽民曾合办过《春雷》，赞之者有王怀心王秋心兄弟及许多青年朋友）”。钱杏邨也曾写道，光慈“在一九二四年办过一个《春雷周刊》，专门提倡革命文学”。华、钱二位都是当年无产阶级革命文学运动中的倡导者与参予者，他们的历史记录证明光慈及其所编的《春雷》，确乎在中国现代文学史上留下了不可磨灭的一页。

一九二七年初，在党的领导下以上海为中心的左翼文艺运动蓬勃兴起，光慈与钱杏邨、洪灵菲、孟超、楼适夷、冯宪章、森堡（任钧）、王艺钟等组成了革命文学团体——“太阳社”，并由光慈主编该社的机关杂志《太阳月刊》。创刊号于一九二八年一月由上海春野书店出版。光慈在创刊号《卷头语》中写道：

弟兄们！向太阳，向着光明走！
我们也不要悲观，也不要徘徊，也不要惧怕，也不要落后。
我们相信黑夜终有黎明的时候，正义也将不终屈服于恶魔手。

………

太阳是我们的希望，太阳是我们的象征，——
让我们在太阳的光辉下，高张着胜利的歌喉：
“我们要战胜一切，
　我们要征服一切，
　　我们要开辟新的园土，
　　　我们要栽种新的花木。”

这首气势磅礴、信念坚定的进行曲式的诗，实际上是太阳社从事无产阶级革命文学运动的宣言书，这一群年轻的共产党人，勇敢地擎起了象征着光明、正义、希望、胜利的“太阳”，与当时风起云涌的整个革命文学运动相呼应，与兄弟的创造社、我们社、新星社、引擎社等革命文学社团相携手，努力推进“开辟新的园土”、“栽种新的花木”的革命文学运动。

以光慈为中坚的太阳社从此担负起“对于时代的任务”，兢兢业业于“有益于时代的相当的工作”。在《太阳月刊》中，光慈除承担编辑事务而外，还在其上发表了《现代中国文学与社会生活》、《关于革命文学》、《论新旧作家与革命文学》等鼓吹革命文学的论文，并连载了长篇小说《最后的微笑》中《蚁斗》、《往事》、《夜活》、《诱惑》等章节，此外还译介了苏联文学作品《寨主》、《冬天的春笑》等。同时，作为一个编辑，光慈还十分关注革命文学新生力量的发现与培养，在《太阳月刊》上披载了不少后来成为左翼文艺运动的骨干，以及最终为革命事业贡献了生命的前驱者的作品，如殷夫所发表的第一篇处女作《在死神未到之前》，就刊载在《太阳月刊》第四期上，光慈等在《编后》中还特地指出：“殷夫的一首几百行的长诗，是他去岁在狱中所作，技巧虽然不怎样的成熟，但出于一个十七岁被捕以后的革命青年之手，在我们觉得是最值得纪念的。我们在这一首诗里，可以看到一个革命青年的情绪在当时是怎样的奔进；全诗的情绪虽然带着一点病态，然而没有一点幻灭的调子，在这样的环境之中，有这样的作品，我们觉得是很足以矜持的。”以上可能是关于殷夫诗作最早的评述，先行者对后进者的挚爱与期待溢于言表。根据阿英的回忆，这首诗是殷夫的自发来稿，光慈、阿英他们不仅发表了这位陌生青年的诗稿，加了肯定与欢迎的按语，而且还约他晤谈，吸收他参加了太阳社。殷夫的这首长诗一九二七年夏写于狱中，表露了一个年轻的革命者在逆境中对于事业与信念的执着忠诚，以及准备为革命献身的视死如归精神，也初步显示这个成长中的无产阶级歌手熠熠的才华。光慈等的关怀与奖掖，对于殷夫的勇猛精进肯定是有力的勖勉与促进。

《太阳月刊》于一九二八年七月在国民党反动当局的威逼下被迫停刊，光慈为“停刊号”撰写了《停刊宣言》，利用最后的战机与敌人周旋斗争，一面对敌人的高压表示轻蔑，一面对革命文学发展寄予希望。光慈信心百倍地写道：“强力虽能压抑我们于暂时”，但是“最后的胜利终归属于我们”。庄严地向读者宣告：“太阳虽然在形式上为乌云所掩，它的光明在实际上是并没有减少。现在我们目击的西沉的太阳，不仅明天早晨能重现它的光明，黑夜里它也依然的负着它的使命前进。”顽强而坚卓地表达了光慈以及太阳社同仁坚持献身于革命文学事业的信心与决心。事实上，太阳社确实没有放弃战斗，《太阳月刊》被迫停刊不久，光慈又主编出版了另一种太阳社的机关杂志——《时代文艺》，仅出一期，也被迫停刊了。

一九二九年初，光慈又以不折不挠的精神与毅力主编又一种太阳社的刊物——《海风周报》。这是一本侧重于文艺批评的刊物，比较注重于马克思主义文艺思想的阐明与宣传；也有世界各国无产阶级文艺概况的介绍；以及关于国内文艺运动以及作家、作品的绍介与批评。此外，也刊载了一些作品，如洪灵菲的小说《在俱乐部中》，殷夫的诗《梅儿的母亲》，冯宪章的诗《是凛烈的海风》等。

与《海风周报》出版的同时，光慈还主编了太阳社的另一种文艺刊物——《新流月报》。创刊号出版于一九二九年三月一日，光慈在《编后》中说：“本月报发刊的意义很简单，就是想对目前的如火如荼的新时代文艺运动，加上一点推进的力量。”这份月报以发表小说为主，刊载的作品有洪灵菲的《在木筏上》、《在洪流中》，醒目地指出：“取材的背景是在洪水泛滥的时代，和他的《在木筏上》一样的会给予我们以新的印象。”《在洪流中》是以党所领导广东农民运动作背景的，描述了一个名叫阿进的农运积极分子在白色恐怖中坚持斗争的故事，展示了革命将“把人类催进到光明的大道上去”的前景。光慈所指出的“洪水泛滥的时代”，是含有深刻的寓意的，它是势如暴风骤雨、力如雷霆万钧的农民运动的象征。在自己主编的刊物上披露这样的作品，并且点明它的主题和意义，这也是需要胆识和魄力的。

《新流月报》自第五期起改名为《拓荒者》，仍为太阳社的文艺刊物，由光慈主编。第一期特大号出版于一九三〇年一月十日，展现了无产阶级革命文学运动团结战斗的新局面，规模也十分壮观。在一至三期的《拓荒者》中，非常注重于马克思主义文艺理论批评的建设，既译载有经典作家的有关论著，如列宁的《论新兴文学》（即《党的组织与党的文学》，成文英译）、罗莎·卢森堡的《俄罗斯文学观》（沈端先译），又发表有革命文学运动倡导者、参加者的有关论述，如郭沫若的《我们的文化》、冯乃超的《文艺理论讲座》、钱杏邨的《中国新兴文学中的几个具体问题》、沈端先的《文学运动的几个重要问题》等，都致力于无产阶级革命文学运动的廓大与推进。

《拓荒者》所披载的作品，展示了中国无产阶级革命文学运动曙新期辉煌战绩的一斑，在它的作者群中，尤其应该铭记的是，其中许多前驱战士，象洪灵菲、殷夫、冯铿、柯涟、冯宪章等烈士，都先后在敌人的屠刀下献身，诚如鲁迅所嘱咐我们的“要牢记中国无产阶级革命文学的历史的第一页，是同志的鲜血所记录”（《中国无产阶级革命文学和前驱的血》）。而这些至可宝贵的作品的发表与传世，当然也渗透着作为刊物编辑的光慈的热情、劳作与心血。

《拓荒者》第四、五期合刊，出版于一九三〇年五月，已成为新近成立的中国左翼作家联盟的机关刊物。光慈这时已参予了“左联”的领导工作，系七名执委之一。在此之前，第三期的《拓荒者》已刊载了“中国左翼作家联盟的成立”的消息以及“左翼作家联盟的意义及其任务”的特载。在四、五期合刊的编辑部文章中，光慈面对岩石般的重压，无畏地写下了这样一段话：“中国的白色恐怖虽然比之日本来得更加急激，最近，如艺术剧社的被封，与社员的被捕，学校的不断的被封闭，革命学生的成十成百的拘捕，文艺刊物的不断的查禁，文艺组织的不能公开，一切一切，都表示白色恐怖的加紧，但是，我们一定是要突破这种种的压迫来进行我们的运动，同时，也要号召广大的革命的群众来参加我们的斗争，来扩大我们的宣传，来完成我们的解放运动。”以上掷地有声、铿然鸣响的宣言或文字，代表着集合在“中国左翼作家联盟”战斗红旗下的革命作家，强烈抗议和反对国民党反动派“文化围剿”的斗争意志；表达了以鲁迅为旗手的中国文化新军，在敌人的追捕、囚禁、屠戮之下也毫不动摇、永远进击的奋斗精神。

光慈先后编辑了《春雷文学专号》、《太阳月刊》、《时代文艺》、《海风周报》、《新流月报》以及《拓荒者》，以上都是中国无产阶级革命文学开创期以至发展期较有影响的文艺刊物，它们积极宣传了马克思主义文艺观，努力开拓了革命的文艺批评，热情扶植了革命文学的新生力量，有力展示了左翼文艺运动的战斗实绩，诚挚促进了革命作家的团结与统一战线的建立，为中国无产阶级革命文学事业作出了有力的贡献。

除了刊物而外，光慈还主持编印过三种“丛书”。第一种为“太阳小丛书”，所收均为太阳社成员作品，共出版四种：钱杏邨的短篇集《革命的故事》，杨某的短篇集《战线上》，王艺钟所译至尔·妙伦的童话集《玫瑰花》，蒋光慈的长诗《哭诉》（以上均出版于一九二八年，由春野书店印行）。第二种为“拓荒丛书”，据称“本丛书纯系拓荒社诸位先生所著译的名著杰作”，实属太阳社同人的著译，预告中标有六种，实际上只出版三种，即卢森堡的中篇《爱与仇》、钱杏邨的短篇集《玛露莎》、冯宪章译的《叶心嘉树选集》，皆由现代书局印行；另有三种存目无书，即洪灵菲的长篇《家信》、殷夫的诗集《伏尔加的黑浪》、之本的译文《新写实主义论文集》，可能因为环境的日渐恶劣而无法出版。第三种为“中国新兴文艺丛书”，这套丛书先后共出有三本，都遭到国民党反动当局的查禁。第一本是《失业之后》，为“中国新兴文学短篇创作之一”，署“蒋光慈编”，北新书局于一九三〇年五月初版，卷首有光慈所撰《前言》，回顾了革命文学运动自一九二七年勃兴以来的战斗历程，不无欣喜而自豪地写道：“在艰苦的三年的奋斗之中，中国的新兴阶级文艺运动，因着客观条件的成熟，不但获得了它的存在权，而且是渐次的把这一运动的基础植立在被压迫的大众之间了”。认为集内所辑作品“确实是显示了中国新兴阶级文艺的最初的姿态”，展现了“中国无产阶级文艺的最初的画像”。第二本为《两种不同的人类》，为“中国新兴文学短篇创作之二”。第三本为《中国现代作家选集》，由上海文学社于一九三二年七月初版，其时已是光慈逝世之后了。集中共辑有鲁迅的《狂人日记》、柔石的《为奴隶的母亲》、冯铿的《突变》、白莽（殷夫）的《小母亲》等十九个短篇，作者全系中国左翼作家联盟的盟员。这三本丛书问世之后都遭到国民党反动当局的查禁。

除了努力繁忙的编辑业务而外，光慈还投身于革命文学的创作实践，在其中倾注了火样的热情、旺健的精力与鼎沸的心血。在他不足十年的创作生涯中，前后共出版了五本诗集（《新梦》、《哀中国》、《战鼓》、《哭诉》、《乡情集》），九部小说集（《少年飘泊者》、《鸭绿江上》、《短裤党》、《野祭》、《菊芬》、《最后的微笑》、《丽莎的哀怨》、《冲出云围的月亮》、《咆哮了的土地》），一本通信集（《纪念碑》），一册日记（《异邦与故国》），一卷学术论著（《俄罗斯文学》，后易名为《俄国文学概论》），还有三本译文集（《爱的分野》、《一周间》、《冬天的春笑》），以及散见于报章杂志未收集者，累计达一百多万字。光慈作品在中国现代文学史上的地位与作用，我想留待另一篇文章谈；现就如此丰盛的创作成果来看，真令人叹为观止。而且，我们不能忘记光慈是在怎样的环境下进行创作的，敌人的搜捕迫害，贫病的侵袭干扰，都熄灭不了光慈献身革命文学事业的创作热情。关于光慈是如何忘我而艰辛地进行创作的情况，他的爱人后来追忆道：“光慈由于带病写作……成为贫血症。而在创作时期，尤其写到斗争场面，常以全副热情和精力贯注笔下。《咆哮了的土地》斗争场面多，所以，他在写作时甚感吃力。有时当夜晚写作，因用脑过度而昏晕过去……”（吴似鸿：《蒋光慈回忆录》）其坚韧不懈的创作精神于此可见一斑。光慈的作品，以其饱绽的政治热情、鲜明的思想倾向、新颖的生活内容、曲折的故事情节，颇激动了当时许多青年读者的心，点燃了他们心头憧憬光明的希望之火。光慈的处女诗集《新梦》一出版，就赢得广泛的好评，左翼批评家钱杏邨在《中国新兴文学论》中就曾推崇其为“中国的最先的一部革命的诗集”。同时还在《蒋光慈与革命文学》一文中揭示《新梦》所表现的精神：“只是向上的，革命的歌调；只是热烈的，震动的喊叫；只是向帝国主义及一切反动力量抗斗的特征”，并且认为“中国的革命诗歌集，是没有比这一部再早的了，这简直可以说是中国革命文学著作的开山祖。”(《现代中国文学作家》第一卷，泰东图书局1928年7月初版）光慈反映中国青年斗争轨迹的三部曲——《少年飘泊者》、《鸭绿江上》、《短裤党》，也正如钱杏邨指出的从中“我们整个的可以看出‘五四’以后，中国青年的革命精神进展的痕迹，和他们的行动的表现，象这样表现青年革命心理发育的系统创作，在国内我们是找不到一部的，这是光慈对于中国革命文坛的伟大的贡献。”（《现代中国文学作家》第一卷，泰东图书局1928年7月初版）当时著名作家郁达夫也曾认为“中国的新文学里……蒋光慈著的短篇小说集《鸭绿江上》，却可以占到一个很重要的位置。”（《奇零集·〈鸭绿江上〉读后感》）后来，郭沫若也甚称许光慈文思的敏捷、写作的勤奋，说他是“一字不掉，不字不改，一气呵成。”（《实践·理论·实践》）光慈同时代的作家、批评家对他作品的推许，作为历史的佐证，说明这些作品不愧为中国无产阶级革命文学最初绽开的花蕾、最早缔结的硕果。郁达夫在光慈逝世时曾深为惋惜地写道：“光慈……以他的热情，以他的技巧，以他的那一种抱负来写作东西，则将来一定是可以大成无疑，无论如何，他的早死，终究是中国文坛上的一个损失。”（《光慈的晚年》）郭沫若也为光慈的早逝痛惜，认为他“何如再多活几年，以他那开朗的素质，加以艺术的洗练，‘中国为甚么没有伟大的作品’的呼声，怕是不会被人喊出的吧？”（《创造十年续编》）光慈以三十一岁的英年早逝，实在至为痛惜，不然，他此后对中国革命文学事业的贡献是不可估量的。

另外，从敌人的禁毁来看，也足堪反证光慈作品的影响与威力。当年光慈的几乎所有作品，都被国民党反动当局以“普罗文艺”、“宣传阶级斗争煽惑暴动”等罪名通令查禁，甚至连载有光慈评传资料的《新文学家传记》（贺炳铨编，上海旭光社1934年10月初版）也被勒令停止发行，可见这些“黑暗的动物”对于光慈及其作品是何等惧怕，妄图以法西斯手段来消弭他的巨大影响。但是，正如鲁迅所昭示的:“试看新的文艺和在压制者保护之下的狗屁文艺,谁先成为烟埃。”历史的辩证法不正是如此么,统治者炮制的诸如民族主义文艺之类的“狗屁文艺”，早已化为随风而逝的烟埃；而无产阶级革命文学前驱者的不灭战绩，其中也包括蒋光慈的不朽力作，却将成为中国人民精神宝库中的珍贵遗产。

本文仅就光慈在中国左翼文艺运动史上，对于革命文艺理论的建设、革命文艺批评的开拓、革命文学创作的实践，作一番资料史实的搜集梳理工作，试图勾勒一下这一拓荒者的文学轨迹。至于进一步的研究，诚望杰构于来哲也。总而言之，衷心希望在今后现代文学的研究中，千万不要冷落了这位为革命文学倾洒了心血、奉献了青春的前驱作家。

（原载《钟山文艺论集》，江苏人民出版社1980年11月版）

蒋光慈和早期无产阶级革命文学

——纪念蒋光慈诞生八十周年和逝世五十周年

秦家琪　李　志

蒋光慈是中国现代文学史上著名的革命作家。在风雨如晦的二、三十年代之交，蒋光慈致力于革命文学的理论探讨，并在创作中描写和歌颂了无产阶级的斗争生活，回击了国民党反动派的文化“围剿”，催生了中国的无产阶级革命文学，在中国现代文学史上作出了不可磨灭的贡献。

一

蒋光慈既是战士又是作家，这是时代赋予我国第一批无产阶级革命作家的共同特征。

1901年，蒋光慈出生在安徽省霍邱县南乡白塔畈的一个贫民的家庭。他的祖籍是安徽省六安县，祖父赤贫逃荒、落户于霍邱县。后来，他的父亲在白塔畈开米行，做小本经营，家道转为小康。家中兄妹四人，只有蒋光慈因自小聪明，才得到了上学读书的特殊待遇。

“五四”前夕，由于小学国文教师占谷堂的引导，蒋光慈开始阅读《新青年》等进步刊物。他曾自号“侠生”（后又改为“侠僧”）。在新思潮的激发下，他以“昨日思班子。今朝慕列宁”（注：班子，即班超）的诗句，表达了对伟大的革命导师的倾慕与敬仰。小学毕业后，他考上了固始县中学，但不久就因为带头反抗校长欺压贫苦学生而被开除。旋又转入安徽省立第五中学读书，并担任芜湖市学生自治会副会长。

“五四”革命风暴，锻炼了年青的蒋光慈。带头组织“抗日救国十人团”，出版进步刊物《自由魂》，并开始用“蒋光赤”的笔名向《皖江日报》、《星期评论》、《新青年》、《每周评论》等报刊杂志投稿。在“五四”高潮中，他率领芜湖市的学生打商会，禁洋货，宣传爱国，反对卖国，使芜湖地区的“五四”反帝爱国运动搞得如火如荼，有声有色。

共同的斗争，使青年时代的蒋光慈和曾经在芜湖开展过革命活动的陈独秀、恽代英等中国第一代共产主义知识分子结下了革命的情谊。在他们的影响下，蒋光慈为寻找真理于1920年奔赴上海，经陈独秀、陈望道和李汉俊的介绍，参加了社会主义青年团，并在地下党创办的“外国语学习社”学习俄语。1921年5月，蒋光慈与刘少奇、任弼时、肖劲光、韦素园、曹靖华等同志一起，由党派往莫斯科东方劳动大学学习。他们是中国第一批的留苏学生。在赴苏的长途跋涉中，蒋光慈于乌拉尔山，写出了第一首歌颂苏联的诗篇《红笑》。留苏期间，蒋光慈在克里姆林宫见到了列宁，并和列宁一起在红场参加过星期六义务劳动。这一切，使蒋光慈在政治上迅速成长。1922年，他在苏联转为中国共产党党员。俄罗斯进步文学和十月革命后苏联文学的熏陶，则进一步培养了他对文学的兴趣和爱好。蒋光慈的第一部诗集——《新梦》就是在留苏期间写成的。

1924年初夏，蒋光慈由莫斯科回到祖国。随即受党派遣，前往家乡皖西、豫南的大别山区建党，在那里发展了第一批党员，建立了第一个党小组。同年秋天，他从安徽来到上海，在党创办的上海大学教授俄语。其间，他积极参加了上海的工人运动，又与家乡的农民运动保持着密切的联系。1925年4月，他接受党的委派，去张家口冯玉祥将军处担任苏联顾问的翻译。

在紧张的革命活动中，蒋光慈一直关心着革命文学的理论宣传和创作。在短短的两三年中，他先后发表了《无产阶级革命与文化》、《现代中国的文学界》、《现代中国社会与革命文学》、《文学与时代》等论文，出版了中篇小说《少年飘泊者》，诗集《哀中国》，散文集《纪念碑》及其他许多单篇。它们是中国无产阶级革命文学的最初的成果。

1927年4月3日，即“四·一二”大屠杀的前夕，蒋光慈写成了反映上海工人武装起义的中篇小说《短裤党》。“四·一二”反革命政变后，他由上海去武汉，又因武汉发生“七·一五”政变，重返上海。为了从文艺上反击敌人，1928年，他与孟超、钱杏邨、杨邨人等一起筹办，成立了革命文学团体“太阳社”，先后出版了《太阳月刊》、《时代文艺》、《海风周报》、《新流月报》等革命文学刊物。同时，蒋光慈又继续出版了诗集《哭诉》，中篇小说《野祭》、《菊芬》、《最后的微笑》和《丽莎的哀怨》等作品。为建设无产阶级革命文学，迈出了可贵的第一步。

1929年8月下旬，蒋光慈因病前往日本东京休养。同年12月回国。患病期间，蒋光慈仍坚持写作，在东京译完了苏联里别津斯基的长篇小说《一周间》，又先后完成了长篇小说《冲出云围的月亮》和日记《异邦与故国》等。回国后，在极端困难的条件下，他带病坚持工作，积极参加有关“左联”的活动，主编《拓荒者》，编辑、出版了《中国新兴文学短篇创作选》（一、二集），还出版了诗集《乡情集》，写成了他的最后一部长篇小说《咆哮了的土地》，在创作上取得了新的成就。

1931年8月31日，蒋光慈于贫病交迫中逝世于上海。

二

蒋光慈的文学活动的特点之一，是重视革命文学的理论建设。他积极宣传马克思主义文艺理论，热情介绍苏联文学，参与二十年代末期有关革命文学问题的讨论，为建设革命文学呐喊呼号，作了舆论准备。

蒋光慈对革命文学的关注，是从1923、1924年开始的。当时，早期共产党人邓中夏、恽代英、瞿秋白等曾在党的刊物《新青年》、《中国青年》上撰文提出过革命文学的口号，蒋光慈参加了这一次讨论。他在1924年写的《无产阶级革命与文化》、《现代中国社会与革命文学》等文中，从马克思主义关于经济基础决定上层建筑的原理，初步地论述了“文学是社会生活的反映”和文学的阶级性等问题。他就有关革命文学的性质和任务，提出了“谁个能够将现社会的缺点、罪恶、黑暗……痛痛快快地写将出来，谁个能高喊着人们来向这缺点、罪恶、黑暗……奋斗，则他就是革命的文学家，他的作品就是革命的文学。”❶同时，还针对当时社会上视共产主义学说和无产阶级革命如“洪水猛兽”的偏见，援引苏联的文化建设成就撰文予以批驳。指出：“无产阶级革命，不但是解决面包问题，而且是为人类文化开一条新途径。”坚信建设“无产阶级文化，不但是可能的，而且是必然的。”❷蒋光慈当初提出的这些看法，是他后来进一步倡导革命文学的酝酿和准备。在中国现代文学史上是有着历史功绩的。

1928年以后，蒋光慈在主持“太阳社”期间，结合有关革命文学问题的讨论，撰写了《现代文学与现代生活》、《关于革命文学》、《论新旧作家与革命文学》等几篇较有影响的论文。在这些文章以及由他执笔的《太阳月刊》等刊物的前言和编后记中，他力图运用马克思主义文艺观点来阐明自己对文学问题的看法。数量虽然不多，但较之前一阶段的观点，是更为深刻和系统的。

首先，在文艺和政治的关系上，蒋光慈认为，革命文艺应当表现时代，改造社会。

在《关于革命文学》一文中，他说：“革命的作家不但要表现时代，并且能够在茫乱的斗争的生活中，寻出创造新生活的元素。”与前期的论文相比，蒋光慈已看到，光是写出旧社会的“缺点”、“黑暗”与“罪恶”是不够的。革命作家不仅要“攻击旧社会的破产”，还要“认识现代生活，而指示出一条改造社会的新路径”。在大革命遭受挫折，革命在艰难困苦中曲折前进的时刻，蒋光慈把摧毁旧世界、创造新生活作为文学的历史使命，阐发了革命与文学的不可分割性，在当时是起了唤醒人民、鼓舞斗志的积极作用的。

其次，在世界观与创作的关系上，蒋光慈重视和强调了革命作家掌握无产阶级思想的重要性。他认为，对一个作家来说，如果“没有

---

❶ 蒋光慈：《现代中国社会与革命文学》。

❷ 蒋光慈：《无产阶级革命与文化》。

革命情绪的素养，没有对于革命的信心，没有对于革命之深切的同情……缺乏这些东西，是写不出来革命的文学作品的。”[1]文中所说“素养”、“信心”和“同情”等等，实际上就是指一个革命作家的立场、信仰和无产阶级的思想感情，也是一个革命者所必须具备的进步的世界观。

第三，在文学与生活的关系上，蒋光慈认为：“艺术品的创作，虽然由于作家想象之力，但到底总还要有一点实际生活的根据。”“当作家根本不了解现代生活是什么东西时，我们如何能向他提出应当表现这个时代的要求？”[2]对于处在“转变期”的作家，蒋光慈“要求他们认识时代，了解时代的社会生活，要求他们与革命的势力接近。”[3]这些看法，即使在今天看来，也仍然具有一定的现实意义。

但是，由于受到当时党内“左”倾教条主义观点和国际无产阶级文学运动中的“左”倾思潮的影响，蒋光慈的文学观点也有些是片面和不正确的地方。在文艺与政治的关系上，当时革命作家内部不同程度地都夸大了文艺的政治宣传作用，片面地强调“文艺即宣传”，忽视或抹煞了文学艺术本身的特点。蒋光慈本人虽然没有直接地提出这样的观点，但是从他主编的《太阳月刊》等文学刊物以及他本人的创作，都可以看到这种“文艺即宣传”论调的体现。在世界观与创作的关系上，蒋光慈一方面强调作家要“获得”无产阶级意识，另一方面却忽视了革命作家自身的思想改造问题。他和当时某些革命作家一样，把“转变立场”“转变方向”等等，主要看作是对“转变期”作家（即包括鲁迅、茅盾在内的“五四”进步作家）提出的要求，而那些提倡革命文学的“新的作家”并不在内，因为“他们曾参加过革命运动，他们富有革命情绪，他们没有把自己与革命分开。”[4]显然，这种理解是片面的和狭隘的。既不利于这些作家克服自身的非无产阶级思想，也不利于革命文学内部的团结。这种“左”的论调，也妨碍革命作家进一步深入生活。

[1][2][3][4] 蒋光慈：《现代中国文学与社会生活》。

三

蒋光慈对于革命文学的贡献，更多地反映在他的创作方面。勤于写作，勇于探索，是他的革命文学活动的又一特色。在现代文学史上，是蒋光慈第一个把无产阶级斗争生活引进了文学创作的领域，然而，这些作品也曾多次地引起人们的争议。这种分歧，不仅是权衡一个作家在创作上的成败得失，也是关系到如何历史地评价早期革命文学的成就、缺点和局限性的问题。因此，重新研究、探讨蒋光慈的作品，是一个有待于进一步深入展开的课题。

蒋光慈的创作包括诗歌、小说和散文，其中数量最多，影响最大的是他的小说。他的创作，大体可以以1927年为界，分成前后两个阶段。

第一时期的创作，以诗歌《新梦》、《哀中国》和小说《少年飘泊者》、《鸭绿江上》为代表。写作于"四·一二"反革命政变前夕的《短裤党》则是两个阶段的转折点的标志。

诗歌是蒋光慈创作活动的开端。他的第一部诗集《新梦》，倾诉了作者对世界上第一个苏维埃政权的深情的赞扬，歌唱红色的"天国"，赞颂十月革命使"人类因你出世而重生(《昨夜里梦入天国》、《莫斯科吟》)。他哀悼"殒落了一颗伟大的红星"，决心"收拾眼泪，挺起胸膛，继续列宁的未竟之志。"(《哭列宁》、《临列宁墓》)这些革命诗篇写作于1921到1924年间，其时国内正值"五四"运动从高潮趋于低落之际，而蒋光慈因在赤都莫斯科，诗集的基调高昂、明快，其崭新的主题和炽烈的感情，在当时中国的诗坛上，可说是绝无仅有的。而写于回国之后的《哀中国》，由于接触到祖国灾难深重的现实生活，在思想、风格上有了较大的变化，大都充满爱国主义激情。它们以粗犷的反抗的声音，揭露了帝国主义侵略、屠杀中国人民的滔天罪行(《余痛》)，为祖国面临沦亡而悲痛，期望中国人民早日觉醒(《哀中国》)，号召无产者团结起来，推翻旧世界(《我是一个无产者》)，痛悼"五卅"惨案中的死难战友，渴望早日投入更加激烈的战斗中去(《血花爆裂》、《我要回到上海去》)。较之《新梦》，《哀中国》由前者的热情奔放，转为苍凉沉郁，但总的基调还是积极向上的。

写作于第一次大革命时期的中篇《少年飘泊者》和短篇小说集《鸭绿江上》，是以揭露和批判旧社会的黑暗现实为主的作品。《少年飘泊者》是作者的第一部自传体小说。作品通过叙述一个佃农的儿子汪中的个人奋斗，寻找出路，终于走上武装斗争的道路的故事，告诉青年读者，在黑暗的旧中国，忍耐下去，继续当奴隶，是没有出路的。作品虽然也穿插着一些缠绵悱恻的恋爱故事，但比之于同时期的描写知识分子遭遇的作品，主题思想更为积极。小说发表后，曾在青年中激起强烈的反响。《鸭绿江上》共收入《弟兄夜话》《鸭绿江上》等八个短篇。它们仍然以强烈控诉旧社会的罪恶为主要内容，但作者的视野，开始由个人的生活际遇转向更广阔的社会。在这些作品中，可以看到中国共产党成立后无产阶级力量的逐步壮大，人民反抗呼声日益高涨的时代面貌，以及人民群众推翻旧世界的决心。集中有些小说（如《逃兵》、《寻爱》、《碎了的心》等）流露出作者生活基础不够和艺术上缺乏锤炼等弱点，但总的来看，它们是继承和发扬了“五四”新文学的反帝反封建精神和现实主义的传统的。

作为“中国革命史上的一个证据”，蒋光慈的中篇小说更象是报告文学。《短裤党》是第一次大革命高潮的产物，也是作者的两个创作阶段的过渡。作品描写了上海工人的罢工斗争和武装起义由失败转向胜利的全过程，热情赞扬了中国工人阶级的英勇斗争和牺牲精神。这一作品接近于报告文学，虽然是“粗糙的”，但却使人感受到强烈的时代脉搏的跳动。作品提出了党的领导和武装斗争问题，宣传了“暴民专制”的思想。小说写成后的十天，蒋介石就悍然发动了“四·一二”反革命政变。作品启示人们以武装夺取政权的思想，表现了作家具有过人的胆识，是当时无产阶级文学中具有重要意义的一章。

蒋光慈的第二阶段的创作，以反映党领导下的无产阶级斗争生活为主要内容，大部分取材于大革命前后的现实斗争，表现了在时代急遽变动中的革命人民的历史动向。

“四·一二”事变以后，蒋介石实行疯狂的屠杀政策，白色恐怖笼罩全国。在革命暂时处于低潮的形势下，蒋光慈写了长诗《哭诉》，小说《野祭》、《菊芬》和《最后的微笑》等作品。把自己对国民党反动派的仇恨和狂躁的复仇心理通过作品中的人物表现出来。在长诗《哭诉》中，他高喊："呵，战死了罢，战死了罢，战死在阵前！"在《菊芬》中，他让这个青年姑娘说出了"我现在也不知因为什么缘故，总是想杀人，总是想拿起一把尖利的刀来，将世界上一切混帐的东西杀个精光……"这样的话来，并使菊芬真的接受了暗杀的任务。而在《最后的微笑》中，被开除的工人王阿贵在杀死了仇人之后，"依然充满着胜利的微笑"倒下去了。作者在写这些作品时的思想和生活准备是不充分的，加上当时党内"左"倾盲动主义的思想影响及"拉普"派创作方法的流行，致使作品缺乏生活实感，人物没有个性，形象不丰满，实际上成了党内"左"倾思想的"传声筒"。

随着革命文学问题讨论的深入和《菊芬》等作品在创作上的失败教训，使蒋光慈开始注意在作品中如何增强艺术性的问题。为了表现在艺术上的新的探索，他在1929年写了长篇小说《丽莎的哀怨》。小说以 十月革命后的白俄贵族少妇丽莎及其丈夫白根逃离俄国，浪迹上海的生活遭遇为线索，企图从反面来表现 十月革命的伟大胜利和反动阶级不可避免的灭亡。作者透过丽莎的一双充满仇恨的眼睛，来描绘这个一切都反了过来的世界，同时，又细致入微地刻划了她在沦为暗娼后的"痛苦"和"哀怨"。作品发表后，激起了强烈的不同反响。有人肯定这种"反面的表现办法"，认为作品已"脱离了标语口号的形式，深入了一步"❶，相反的意见则认为这是一个失败的作品，作品引人去"同情于俄罗斯亡国贵族的没落与沉沦，飘零与悲运"，这是"含有非常危险的毒素的形式。"❷《丽莎的哀怨》固然不能说是一部成功之作，但是蒋光慈在创作这一小说时力图进行艺术上的新的探索，却是不应予以过多地指责的。

继《丽莎的哀怨》之后，他又写了中篇小说《冲出云围的月亮》，日记《异邦与故国》和诗集《乡情集》。这些作品从不同角度，以不同形式表现了他在思想上和艺术上的探索，从中可以看到蒋光慈虽然远在异邦东京，但是热爱祖国，热爱人民的烈火，始终在他的心头燃

❶ 冯宪章：《〈丽莎的哀怨〉和〈冲出云围的月亮〉》。

❷ 华汉：《读了冯宪章的批评以后》。

烧着。

蒋光慈的最后一部作品，是长篇小说《咆哮了的土地》（后改题《田野的风》）。作品通过描写一个村庄从发动农民，成立农会，到与封建地主阶级展开斗争的全过程，反映了在党发动下的一场农村革命风暴正在兴起，表现了中国农民的觉醒和反抗。作品的成功，首先在于它具有新的思想高度。小说写作时的1930年，正是立三“左”倾路线给党内带来严重影响的时刻。蒋光慈在作品中热情地歌颂了党领导下的农民的集体斗争，结尾以这支农民武装向“金刚山入伙”的暗示，宣传了井冈山的革命道路，这是富有深意的。从鼓吹暗杀、行刺的个人盲动行为，到指出农民武装革命的历史必由之路，这既反映了作者在认识上的飞跃，也揭示了中国民主革命深入发展的历史面貌，同时，也实践了作者要在创作中“指示出一条改造社会的新路径”的夙愿。其次，作品还成功地塑造了一些比较血肉丰满的人物形象。其中有矿工出身的农民运动领袖人物张进德，有背叛地主家庭的知识分子李杰。他们是领导这场斗争的两个不同类型的革命者形象。前者坚定、顽强，具有一定的斗争策略，是一个在斗争实践中逐渐成熟，不断增长才干的好带头人。后者是一个在阶级斗争考验中成长起来的革命知识分子。随着地主与农民矛盾的激化，作者在火烧李家老楼（李杰的家）的问题上，深刻地揭示了李杰的剧烈的内心冲突，比较真实地写出了人物的成长过程。作品中的另外一些人物，如李木匠、吴长兴、王贵才等，也都各有特色。作者通过描写他们的悲惨遭遇，形象地说明了农民只有起来革命才有出路的真理。《咆哮了的土地》是三十年代反映农村斗争具有代表性的作品，标志着蒋光慈的创作在思想上和艺术上的飞跃发展。它开始摆脱了“左”倾盲动主义的思想影响，也在相当程度上克服了公式化、概念化的毛病。可惜，正当蒋光慈的创作趋于成熟之际，疾病、劳累和生活的困顿，过早地夺去了他的生命，使他没有能够留下更多更好的作品。

四

回顾蒋光慈的革命文学活动，可以看到：

一、在中国现代文学史上，蒋光慈是开创革命文学的一位辛勤的园丁和拓荒者。他的革命文学实践是卓有成效的。它们对于发展三十年代左翼文艺运动，反击国民党反动派的文化“围剿”，有着不可抹灭的历史功绩，应该认真总结。但是，蒋光慈的文学活动，也有着明显的历史局限性，其中某些缺点、错误，不仅在当时有消极作用，而且也给后来的无产阶级革命文学活动，带来一些不良的影响，也要引为鉴戒。

二、文艺与政治的关系问题，是无产阶级革命文学运动的中心课题。蒋光慈的革命文学主张和二十年代末期关于革命文学问题的讨论，都是围绕着这一问题而展开的。在国民党反动派推行法西斯统治的年代里，蒋光慈倡导的革命文学处于和反动政府尖锐的对立之中，他们当时所强调的文艺和政治的不可分割性，是指革命文学和中国新民主主义革命的血肉联系。它们和“五四”文学的反帝反封建的民主精神一脉相承，是为无产阶级夺取政权的斗争服务的。但是，把为政治服务作为创作的前提而提出的做法，即使在二、三十年代，也是有副作用的。这是导致蒋光慈等人的文学创作公式化、概念化的重要原因，也是建国以后在文艺创作上提倡“写中心”、“赶任务”、强调“主题先行”等“左”倾教条主义理论的源头。这个教训，我们必须记取。

三、革命文学运动的兴起，使二、三十年代中国文坛的面貌焕然一新。蒋光慈在本时期的作品，表现出革命文学创作在题材、主题和人物形象方面的新探索、新收获。与此同时或稍后一些，茅盾、叶紫、丁玲、胡也频、殷夫和洪灵菲等作家在创作中都力图表现党所领导的工农斗争主题，努力塑造觉醒了的新人形象。就连巴金、老舍这些民主主义作家，也都写出了象《砂丁》、《萌芽》和《骆驼祥子》等以描写劳动人民生活题材为主的作品，这是三十年代文艺的可喜的收获。但是，由于“左”倾文艺思潮的干扰，片面地强调文艺的政治作用，轻视或忽略其审美作用，也使得蒋光慈的创作在艺术上缺乏进一步的锤炼，而停留于某种政治概念的演绎和图解，严重地妨碍了蒋光慈和一些早期革命文学作家创作出思想性和艺术性相统一的更成熟与完美的作品。这是当时带有普遍性的问题。严酷的事实提醒我们，社会主义的新文学，不但要有崭新的题材、主题和人物形象，而且需要在艺术上千锤百炼，精益求精，才能具有强大而悠久的艺术生命力，进入人类文化艺术的宝库。

1981年1月于南京师范学院

（原载《群众论丛》，1981年4期）

第一个阶段的共产小说

[美]夏志清

茅盾和张天翼是1928—1937年这十年里共产主义作家中最伟大的两个。但正因为如此，所以他们不是最典型的共产主义作家。巴金的长篇革命小说跟共产主义小说有很多相似之处，可是他是一个无政府主义者，而且他的作品中的浪漫主义虽然被某些共产主义作家的模仿，却遭到正统派马克思主义文艺批评家的非难。现在我们就讨论三个有代表性的作家：蒋光慈、丁玲和肖军。在他们的作品中，我们可以看到这一时期共产主义小说的文艺品质和宣传主题的例证。这三个作家代表着自1926年到1937年这一时期共产主义小说的趋势：无产阶级化，革命的浪漫主义，新写实主义及反日本帝国主义。

1929年共产主义文艺批评家钱杏邨出版了他的曾引起极大争论的《现代中国文学作家》上册。书中收集了四篇早先发表过的评论鲁迅、郁达夫、郭沫若及蒋光慈的文章。作者对鲁迅的批评极为严厉，可是对郁达夫、郭沫若及蒋光慈却评得一个比一个强。很明显的，钱杏邨是想把他的好朋友蒋光慈推为这一时期的领导作家。对于有判断力的读者来说，这书的作者的批评不通之至：他把这四位作家的文艺重要性完全颠倒错置了。事实上，鲁迅是这四个作家中最优秀的，郁达夫有其真实性，甚至于郭沫若也比蒋光慈高明。郭沫若跟蒋光慈都是同样坏的小说家，但是郭沫若至少在中国新诗上有些贡献。钱杏邨完全忽略了这些最初步的区别。他不仅借此满足了他个人的妄念，而且还引用了一个批判的标准。钱杏邨认为蒋光慈是最伟大的作家，因为蒋光慈最正确。钱杏邨大言不惭的赞扬他的朋友，说蒋光慈是一个用笔来供给群众的需要的宣传家："他的创作是具着一种重大的使命的——Propaganda！"❶

除了受他自己的朋友的推崇外，蒋光慈（1901—1931）从来没有被认为是现代中国的一个伟大作家。但是他的确是最早一个卖文为生的共产党作家，同时也是那时期的一个最多产的作家。蒋光慈是中国人最先在苏联求学的一个。1923年他回到中国，在《无产阶级革命与文化》（《新青年》，1924年），及《现代中国社会与革命文学》（《觉悟》，1925年）此类文章中极力鼓吹革命文学。1925年蒋光慈出版了两册诗集，一册名《新梦》，一册名《哀中国》。这两册诗集出版后的短时期内，蒋又出版了不少著作，其中大多为小说。同时，蒋也在一所共产党训练中心的上海大学任教。（先后在该校任教的有陈独秀、李达、邵力子、瞿秋白及茅盾等。）

蒋光慈虽然没有参加北伐，但是他跟那些创造社的分子一样，在国共分裂以后，感染到对宣传工作的无比热诚。1928年他跟钱杏邨、杨邨人成立了太阳社，出版《太阳月刊》，与创造社互争推进革命文学的领导权。蒋光慈把自己推为这个时代的一个领导作家的企图，使他受到共产及左倾团体的猜忌。此时，创造社很明显的得到共产党较大的支持，他们的人数也较多。不久共产党的文艺批评家也都一致站在创造社那边，把蒋光慈贬为一个无关重要的作家。《太阳月刊》停刊后，蒋光慈于1929年出版了同样短命的《新流月报》。次年，他又出版了一个短命的杂志《拓荒者》。但此时，他的身体已经很坏，而且,他作为一个有力的共产主义宣传者的重要性,也逐渐消失。1930年10月他被开除共产党籍，次年6月死于肺病❷。就在蒋光慈死的同月，中共领袖瞿秋白在《学阀万岁》的一篇文章里，着着实实的贬伐了蒋光慈一番。❸

蒋光慈遗留下大约十二册小说。他的第一个中篇小说《少年飘泊

❶ 钱杏邨，《现代中国文学作家》上册，166页。

❷ 见夏济安的英文著作《黑暗的闸门》（The Gatc of Darkness，1968年西雅图华盛顿大学出版社出版）论蒋光慈那一章。

❸ 见瞿秋白著《学阀万岁》。（《乱弹》，134页）。

者》(1926)值得我们注意。《少年飘泊者》不但是第一部较长的(125页)无产阶级小说,而且包含了大部分在以后共产主义小说所有的地道的主题。作为一种宣传品来看,《少年飘泊者》也是反映早期共产党路线极少数的代表作品之一:那就是支持国共合作。这部小说与1927年以后的共产主义小说不同之处是对国民党的态度很友善。

这部小说以一封长信的姿态出现,信于1924年10月寄给作者收,追叙这部小说主角汪中自1915年以来的生活。汪中的父母是小佃农,于1915年因受地主的残忍迫害而死。我们这个刚失怙恃的主人公那时只有十五六岁,他最初想当土匪来为父母复仇,但是由于一场大病,计划没有实现。病好之后,他成为一个无家可归的浪童。后来一位私塾先生把他收为佣人。这位私塾先生好男色,要找他作对象时,他只好离开私塾再度流浪去了。

几个月后他结识了一个小店铺的掌柜,就在那个店里作了学徒。虽然他的生活很苦,但他却能在店东的女儿给他的爱情中得到慰藉。自然这女孩子的父亲要禁止这种事情发生,结果这个女孩子因此而病倒。汪中在店里作了两年苦工,终于被店主辞退;而店主的女儿也就在汪中被辞退的那天死去。汪中后又在另外一个城里的铺子当伙计;这个时候,由于经过一个时期的自修,他得到了一些现代的知识,了解到抵制日货的重要性。当他看见他工作的铺子将成为学生抵制日货示威的主要目标之一,以及看到他的店东有殴打学生领袖企图的时候,他没法不把这个消息告诉学生,他自己也因此被店东开除。

汪中坐船到了汉口,在一个旅馆里作了一个短时期的茶房后,就进了一家英商纺织厂作工人。但是在鼓动工人争取增加工资及减少工作钟点后,他又被开除。这时正是1923年1月,平汉铁路工人正在罢工反抗吴佩孚与外国帝国主义。汪中加入了铁路工人工会,并且目睹共产党工人领袖林祥谦(一个真实的历史人物)被杀害。经过了一个时期的监禁,汪中又在上海出现,成为纺织工人工会的领袖。由于愤恨外国资本家的暴虐,他决定到广州入黄埔军校。就在他离开上海到广州的前夜,写了这么一封长信给这个小说的作者蒋光慈。在后记里,蒋光慈加入一段,说汪中在对抗陈炯明一场战役中阵亡,临死时高呼:"打倒军阀,打倒帝国主义"。

跟以后较具规模的共产主义小说相比，《少年飘泊者》似乎极幼稚。不过蒋光慈能在这么短的篇幅里用了这么多的滥调来骂封建主义的黑暗、军阀及帝国主义的罪恶、觉悟工人及学生的罢工示威、革命军队的兴起等等，可说难能可贵。这个年青的飘泊者既是被压迫的佃农的儿子，又是劳作过度的学徒、失意情人、觉悟的工厂工人、工会领袖、革命军人，真可说是集所有革命的无产阶级英雄于一身了。我们不应忽略的是：这个小说里主角的父母是受地主压迫而死的，他的爱人死于不人道的封建制度下，工人领袖林祥谦死于军阀及帝国主义联合暴政之下，而主角自己则为自由斗争而献出了生命。这四个死的场面，很有宣传价值，是经过一番巧妙的安排的。

我们现在可以拿蒋光慈最出名的一部小说《冲出云围的月亮》（1930年），作为他后期小说的代表。这部小说跟1927年那个所谓“大革命”失败（即国民党清共）后出现的小说一样，在浓厚的浪漫虚无主义情调里套上一套革命的乐观主义肤浅公式。小说开始时，王曼英收留了一个可怜的刍妓吴阿莲。曼英自己也曾当过多年妓女，可是在这个天真烂漫的阿莲之前，极为自惭形秽。她想起几年前，在一个政治训练学校里读书，怀着一腔革命热忱，不久就追随着北伐的队伍转战各地。清共开始后，她逃到上海，变成一个“用肉体向人类报复，激烈的虚无主义者”[1]，除了引诱、轻侮那些对她肉体垂涎的男人外，她没有作过任何其他有意义的事。

使她内心更纷扰痛苦的，是不久后她忽然跟她过去的一个革命同志李尚志重逢了。李尚志这个时候仍然在进行他的革命工作。曼英替自己放纵堕落的原因辩护，说是既然自己已经染上梅毒，对革命毫无用处了，除了用她自己的身体使所有的腐化的顾客染上梅毒外，还能做些甚么事？可是当李尚志觉得曼英已经不适合作阿莲的保护人，而把阿莲带走时，曼英忽然觉得她跟人类最后的连系也断绝了。她试图自杀，但是被说服到一个工厂去做工，跟无产阶级共甘苦。在这个新环境下，曼英对革命的信心又重新坚定起来，并且发现她自己并没有得梅毒。她最后跟李尚志与阿莲快活地生活在一起。

---

[1] 见《冲出云围的月亮》，119页。

这本小说可说是一种浪漫革命主义的浅薄习作，根本不需要批评。在茅盾的小说里我们已经看过对人生厌倦、纵欲放浪的女人以及忠于革命的工人。曼英跟李尚志，很明显的，是作者把这类女人和工人力不从心地漫画化了的人物。虽然蒋光慈也写了一些如《短裤党》（1928）之类的无产阶级式的小说，可是他对浪漫主义题材的偏好，使他失去在共产主义作家群中的领导地位。

（选自［美］夏志清著《中国现代小说史》第十一章。董保中译。美国耶鲁大学1961年英文版，1971年香港友联出版社出版中译本）

蒋光慈

蒋光慈（笔名；真名是蒋光赤；1901年生于安徽省；1931年6月30日[1]殁于上海）——中国诗人，新闻记者[2]。曾参加过1919的民主运动——“五四”运动。1920至1924年就读于东方劳动人民共产主义大学，在该校加入中国共产党。曾在上海大学执教。他在诗集《新梦》（1925年）中歌颂苏联的社会主义革命、列宁和东方的革命青年。诗集《哀中国》（1927年）的主题是痛惜备受蹂躏的祖国。1925至1927年间，蒋光慈发表了一些短篇小说和中篇小说：《少年漂泊者》和《短裤党》，写上海无产阶级的革命斗争。《乡情》（1930年）一书收入五篇思考诗人在革命中的地位的长诗。蒋光慈的早期活动同“创造社”有联系，后期则同“太阳社”和中国左翼作家联盟有关。1924至1927年革命运动的失败，使蒋光慈产生了悲观主义情绪。他曾经搞过文学翻译和研究工作。蒋光慈的美学观点有时犯简单化的毛病，但总的说来，他的创作在中国新诗的形成中，起了十分重要的作用。

（白嗣宏译自苏联《简明文学百科辞典》，
苏联百科辞典出版社，1975年）

[1] 蒋光慈逝世日期应为1931年8月31日，此处写错。

[2] 原文如此。按蒋光慈从事过文学期刊和《民国日报》《觉悟》（与沈泽民合作）的编辑工作。

中国诗人谈文化遗产

[苏]列·叶·契尔卡斯基

蒋光慈（1901—1931）是中国首批革命作家之一。他的创作是多方面的。他曾经是一位诗人和小说家，文艺理论家和翻译家，多种文艺刊物的编辑。蒋光慈在自己的诗歌和小说里，诚实而勇敢地叙述了工人阶级推翻帝国主义和封建主义的斗争、中国知识分子思想觉悟的提高和 十月革命后头几年的苏俄生活。他曾在苏俄留学数年，逐渐掌握了马列主义思想。有时，他能洞察现实现象的本质，有时并不完全理解自己身边所发生的事情。

蒋光慈著有诗集：《新梦》（1925）、《哀中国》（1927）、《战鼓》（1929）、《乡情集》（1930）；他还写了许多短篇和中篇小说。蒋光慈的作品价值有高有低；其中有一部分在艺术方面比较薄弱。1928年，他同其他文学家一起，创建了进步文学团体“太阳社”。这个团体的旗帜上写着“为革命文学而斗争”。蒋光慈为创建本国无产阶级文学作出了重大的贡献。他宣传马克思主义的文艺观，把苏联和外国的文学介绍给本国读者。

蒋光慈一生都在思考社会主义胜利后文化的命运，思考文化发展的道路。在这方面他写的几篇文章值得注意：《无产阶级革命与文化》（1924）、《现代中国社会与革命文学》（1925）、《关于革命文学》（死后于1933年发表）等等。

无产阶级需要什么样的文化，如何使文化成为广大群众的财富，如何掌握世界文化宝库和建立中国的新文化——这些和其他许多问题都是蒋光慈深入研究和同思想敌人展开激烈争论的对象。

取得胜利的无产阶级，是去否定千百年来人类在发展中所积累的一切可贵的东西，还是去掌握它？对蒋光慈来说，这个问题是很清楚的：掌握，一定要掌握！世界上第一个社会主义国家在实践中确证了这一点，中国作家蒋光慈在同亨利希·海涅的假想论争中（见下文），常举这个光辉的例子。这个论争的矛头是指向资产阶级文人和那些不愿看见和理解十月革命在世界上引起了什么变动的蒋光慈的同时代人。

但是，在赞扬十月革命的时候，蒋光慈认为必须谈谈自己对于错误理解取得胜利的无产阶级文化使命的那些人的看法。他举弗·基里洛夫的一首诗《我们》[1]为例。这首诗充满破坏与否定的情志。蒋光慈知道这种倾向具有暂时的性质，是一种不正确的思想的反映，这种思想认为似乎工人阶级具有特殊的心理，应当创造自己独有的、不要传统的、蒸馏出来的文化。[2]

在无产阶级革命和文化的相互关系问题上，蒋光慈主张"伟大的、直接的倾向"。他的思想接近于米·格拉西莫夫的诗歌《我们》所集中表达的那些思想：

我们统统都拿来，
我们统统都认识，
我们探讨广大的深渊到底。
这金光灿烂的五月，
使得春天的心灵沉醉，

---

❶ 弗·基里洛夫是无产阶级文化派诗人。他的这首诗中有下列句子：
我们满怀造反的激情，
让别人叫嚣："你们扼杀了美！"
为了我们的明天，我们要烧掉拉斐尔，
捣毁博物馆、踩死艺术之花。

❷ 应当指出，蒋光慈在纪念布留索夫的一首诗《造反》（是在后者的《未来的匈奴人》、《致满足者》、《致幸运儿》等诗的影响下所作）中谈到新文化的建设者的自觉行动，不是去消灭一切非无产阶级的，而是反动的和反人民的东西。蒋光慈号召批判地对待文化遗产。在《新梦》中，他写道："让我们抛弃旧东西，抛弃一切无用的、恶劣的东西。"（见蒋光慈，《新梦》，上海，1925年，第82-87页。）

我们能领受一切，
我们向着这新的博物馆高举玉杯。[1]

蒋光慈写道："从俄国的例子我们可以看到，无产阶级没有给人类文化带来任何损失。"[2]同时，蒋光慈还强调指出，正是无产阶级把过去的文化变成人民财富，把这项工作当作自己的首要任务。也就是说，不是去否定或者消灭文化，而是相反——文化对千百万人的头脑和心灵的审美与思想所起的史所未闻的大规模教育作用。这位中国诗人还谈到，如果不给广大群众创造相应的经济条件，如果不解决"可恶的吃饭问题"，如果不夺取享用文化财富、享受美的权利和条件，把文化带给群众，就不会有什么结果。"共产主义者也爱百合花的娇艳，但同时想此百合花的娇艳成为群众的赏品。"[3]我们在蒋光慈的另外一篇文章中可以读到以下的话："我们要反抗粪堆里的生活，我们要寻一条走到花月爱美的道路！"[4]

但是，蒋光慈认为，无产阶级的使命并不局限于为接受过去的文艺财富准备条件。无产阶级的使命在于建成未来的文化，这种文化要能继承和发扬人类几千年的文化。

在《无产阶级革命与文化》一文中，作者蒋光慈谈到，无产阶级革命无与伦比地加快文化的发展。但是，在当前这个时代，文化具有阶级性质。一旦阶级消失，文化的阶级性质随之消失，于是全人类的文化就开始发展。虽然无产阶级革命不能立即创建全人类的新文化，但是，它为这种文化的出现开劈道路。蒋光慈认为，无产阶级在共产主义胜利之前就有能力创建自己的无产阶级文化，这种文化将是共产主义社会文化的基础。他兴高采烈地指出，无产阶级文化的存在，已

---

[1] 米·格拉西莫夫：《诗集》，莫斯科，1959年，第69页。有趣的是，蒋光慈译成中文时，把诗中的名字都没有译出（原诗中有华格纳、达·芬奇、提香等的名字）。"如同伟大的蒙布兰山峰"（法国的山峰名）译成了"我们高举玉杯"。很难明确地指出，为什么要这样做，大概是为了突出主题思想、突出文化的继承关系的思想。这些名字可能在当时不为一般人所熟悉，会使这首诗费解。要知道，蒋光慈是译给广大读者的。

[2] 引文不同于蒋光慈的原文。见《中国现代文学史参考资料》第一卷，上册，第202页。

[3] 《中国现代文学史参考资料》，第一卷，上册，第200页。

[4] 转引自《文学评论》，1962年，第5期，第46页。

经成了历史事实："俄国无产阶级收集了许多由别阶级跑来的一切尊重人类文化的分子，正在一方面发展无产阶级文化，而另一方面，同时开始全人类文化的途径呢！"❶

在诗歌创作中转向世界文化遗产是蒋光慈审美观的自然而合乎规律的结果。理论同实践没有脱节，同诗人在二十一三十年代的立场没有分歧。当时正是为建设中国革命新文化而展开激烈思想斗争的时期。具有公民感的诗人需要拜伦、海涅、勃洛克和马雅可夫斯基来论证文学的社会使命。他们的作品的高超艺术优点、高度的公民感，是在苦难中诞生的中国新文学的典范和榜样。

蒋光慈幻想有朝一日在中国会出现本国的伟大的革命作家。按照他的说法，这些作家"具有强烈的反抗精神"（遗憾的是，诗人没有能看清自己身旁鲁迅这样的作家。鲁迅具备伟大革命作家的一切特点）。蒋光慈嘲笑那些目光短浅的人，这些人低估文学在改造生活中的作用、不理解文学同社会的联系。文学是生活的反映，作家可以鼓舞社会，比如拜伦就是这样做的。蒋光慈的这些想法在肥沃的土壤里生根发芽了。几年之后，气质上同他最亲近的诗人蒲风在《怎样写国防诗歌》（1936年）一文中再次谈到海涅、拜伦、马雅可夫斯基，目的是为了明显地告诉读者，如何理解国际主义、爱国主义、公民感，这在日本侵略中国的动荡日子里，是极其重要的。❷

蒋光慈在自己的作品里，多次提到这些伟大的名人，把他们视作灵感的清泉。"我们读歌德、拜伦、海涅、惠特曼的作品，感到他们无限伟大。"❸蒋光慈对拜伦五体投地。伟大的英国诗人奇妙的一生，他那些捍卫工人的热情演讲，他投身希腊军队去同土耳其压迫者斗争的英勇决断，以及他高歌而亡的表现，使年轻的中国诗人浮想联翩。蒋光慈在《我的心灵》一诗中写道：

"我的心灵使我追慕

---

❶《中国现代文学史参考资料》，第一卷，上册，第205页。

❷ 蒲风：《钢铁的歌唱》，上海，1936年，第69-71页。

❸ 蒋光慈：《新梦》，第1页。

那百年前的拜伦：
多情的拜伦啊！
我听见你的歌声了，
自由的希腊——
永远留着你千古的侠魂！”❶

拜伦百年祭时，蒋光慈正在莫斯科。他写了一首长诗《怀拜伦》以表明对他的爱慕，同时也是非常正确（尽管不够深刻）的对这位英国伟人的诗歌的社会意义的理解：

在阴沉的，黑暗的世界中，
云雾密布，遍地凄凉，
人们屈服于权威之下方。
……

在人类闷塞的时候，
在权威凶逞的时候，
只听得诗人不恭顺的高叫：
自由，
自由，
自由……

拜伦啊！
你是黑暗的反抗者，
你是上帝的不肖子，
你是自由的歌者，
你是强暴的劲敌。
……

❶《蒋光赤选集》，人民文学出版社，1960年，北京，第17-18页。

我生在东方被压迫之邦，
我的心灵充满了屈辱的羞愤！
百年前你哀吊希腊的不振，
百年后我今乃悲故土的沉沦。

我们同为被压迫者的朋友，
我们同为爱公道正谊的人们：
当年在尊严的贵族院中，
你挺身保障捣毁机器的工人；
今日在红色的劳农国里，
我高歌全世界无产阶级的革命。
……

拜伦啊！
十九世纪的你，
二十世纪的我；
际此诗人殁后百年的纪念，
我真说不尽我的感想之如何！❶

蒋光慈对海涅抱着双重的态度。
然而，中国诗人首先是崇爱和赞扬海涅：

我的心灵使我追惋
那八十年前的海涅：
多情的海涅啊！
你为什么多虑而哭泣呢？
多情的诗人
可惜你未染着 十月革命的赤色！❷

---

❶《蒋光赤选集》，人民文学出版社，1960年，北京，第39-41页。
❷《蒋光赤选集》，人民文学出版社，1960年，北京，第18页。

蒋光慈在《昨夜里梦入天国》一诗中描绘未来的共产主义世界时，我们读到海涅的话："朋友们，让我们把大地建成天堂。"

但是，蒋光慈认为海涅对许多事物并不理解："我感到遗憾的是，他火红的心没有染上十月革命的颜色。"这些话的具体内涵，只有在举出德国诗人1855年写的文字（蒋光慈曾在《无产阶级革命与文化》一文中引用过），才能看清楚：

"想起来那个时候——共产主义者，不信神的人们得到了统治权，用自己粗糙的手腕，毫不怜惜地破坏一切温柔的美的偶象（我心灵所贵重的东西）——我真是恐怖而战栗啊！他们破坏一切为诗人所爱的艺术幻景；……当我想起来那个时候——凯旋的无产阶级将我的诗抛入坟墓……我真抱着无限说不出来的羞辱啊！"❶蒋光慈对喜爱的诗人的这些预言感到奇怪。中国的共产党员诗人对海涅说："我的多情的海涅啊！你真是空忧惧了！倘若你能活到 十月革命之后，亲睹俄国无产阶级对于旧有艺术保护无所不至，你又作如何感想呢？"接着又说："共产主义者对于帝王的冠冕是可以践踏，但是对于诗人的心血——海涅的《织工》、歌德的《浮士德》，仍是歌颂，仍是尊崇！我的海涅啊！你可知道你有许多的作品正为共产主义者所颂读呢？倘若你能听到这颂读的声音，你又作如何感想呢？"❷

我们在《新梦》这本诗集中读到蒋光慈所译的涅克拉索夫叙事诗《谁能在俄罗斯过上好日子》的片断，以及勃洛克的优秀诗篇《啊，我多想生活……》当然，这两首作品不是偶然选出来的。涅克拉索夫热爱自由的意向，对蒋光慈来说是非常亲近的："到被凌辱的人间去，到受迫害的人间去——那里需要你。"中国诗人就是这样理解诗人的崇高职责的：

有时我觉着我的心灵飞去了，
与那全人类的心灵同化；

❶ 《中国现代文学史参考资料》，第一卷，上册，第200页。蒋光慈在辩论的火头上，或者出于其他原因，删去了海涅的许多话（删节号说明这一点），其中包括重要的结尾："然而，说实话，这个共产主义，尽管同我的趣味和爱好格格不入，却使我心醉，我无力反抗它。"

❷ 《中国现代文学史参考资料》，第一卷，上册，第200页。

我虽然还听着不断的歌吟，
却分不清是哪一个的声音了。

有时我听着痛苦人们的哭声，
我的心灵就颤动着不已；
也许我的心灵故意地迫我罢，
为什么我因此流了许多热泪呢？

有时我听着强暴人们的笑声，
我的心灵就热跳着不已；
为什么我因此产生了许多厌恨呢？[1]

在十月革命的思想、世界进步文化的思想、本国古典文学的优秀传统薰陶下，这位中国诗人为中国新诗的人道主义倾向斗争，要使中国新诗为大众服务。这就是为什么勃洛克的诗、他那献给人——创造者的颂歌能如此吸引中国诗人注意、使他万分激动：

啊，我多想生活，
使存在的万物永世长存，
使缺乏人性的东西——具有人性，
使不可实现的东西——体现出来。

但是，假如说蒋光慈在苏俄度过四个年头之后，没有写下这些话："俄国诗人勃洛克说：'用全副身心、全部意识去倾听革命'，我说：用全副身心、全部意识去歌颂革命！"[2]那他就不会成为蒋光慈，也不会是"东方的革命诗人"（他这样自称并非没有根据）。

就在那本《新梦》诗集里，有一首《无穷的路》。我们在作者自注里读到："曹靖华（著名的俄国和苏联文学翻译家、文艺家——引

[1]《蒋光赤选集》，人民文学出版社，1960年，北京，第17页。

[2] 蒋光慈：《新梦》，第2页。

者）买了一幅托尔斯泰的照片，照片上托尔斯泰背着挎包。这个人年愈古稀，拄着拐棍，沿着茫茫大路奔向前方。这张照片就叫做《无穷的路》。我感到万分的激动。”❶这首诗就是在托尔斯泰照片的影响下写成的。什么东西使中国诗人如此激动？是托尔斯泰对真理的伟大信念？是对真理的永恒探索？还是不可阻挡地向往真理？还是路途的艰辛？无穷的路？诗人写道，已经走过了许多路，还有多少路要走啊！如果说，以前他觉得逆来顺受的思想是吸引人的，那么，现在他，中国诗人，绝不会走上歧途，他要响应生活的号召向前进，就象伟大的俄国作家寻求真理一样。

诗人在自己生前最后一部诗集《乡情集》里翻译了叶赛宁的作品，发表了他的《苏维埃俄国》一诗的译文（可能是考虑到检查问题，译文将篇名改为《新俄罗斯》）。蒋光慈为什么一定要选这首诗，这首极其哀惋、充满对祖国伟大的爱的诗呢？

我将要用诗人的全副身心，
放声歌唱
地球的六分之一
简称罗斯的地方。

蒋光慈的这本诗集是由五首不太长的怀情叙事诗组成的，这是一些问题的争论，同母亲、情人和朋友的知心谈话。象叶赛宁一样，蒋光慈回到自己的故乡，试图搞清楚当地发生了什么事，在遥远的乡村里，发生了哪些变迁，什么风使人们不安。这一点很重要，因为诗人本身在整个队伍中的地位就取决于这一点。叶赛宁明确这一点，中国诗人也明确这一点：

只要有益于我所谓“伟大的”，
凡我所有的都献给你：
我的心灵、我的吟唱，

---

❶ 蒋光慈：《新梦》，第5页。

以及我的女神的美丽。❶

叶赛宁对祖国、对祖国的未来忧心忡忡，同中国诗人的心情十分相近。

在苏俄诗人中，蒋光慈同样高度评价杰米扬·别德内伊的爱国主义宣传诗歌。他发表了一篇关于别德内伊创作的长文，在文中写道："十月革命推出一位优异的诗人。他对群众的影响极大，随便问一个俄国劳动者，他最喜欢哪一位诗人，谁的创作最有趣，你会得到异口同声的回答：杰米扬·别德内伊！……他的诗歌在革命中起的作用，同红军战士手中的步枪一样！"❷

蒋光慈对待过去和今天的文化的立场、对待国际和本国文化的立场，大致如此。他的观点未必全对，对文学发展的复杂过程有许多简单化的观点，论述失之偏颇，缺乏深刻的论证，当然，这些都降低了他的作品的价值。但是，当马克思主义美学在中国形成的时期，蒋光慈在理论和实践方面的积极活动，毫无疑问，起了积极作用。这位优秀诗人充满为新文学而斗争的生活与创作，对今天一代的中国作家来说，是值得学习的典范，是勇敢、坚强、忠于选择的道路的典范。

（白嗣宏　译自苏联《亚非民族》杂志，1967年第2期）

❶《蒋光赤选集》，人民文学出版社，1960年，北京，第83页。

❷ 转引自《文学与艺术》杂志，1930年，第3—4期，第226页。

研究资料目录索引

第一部分　生平、活动及其他

致蒋光慈书信57封　　宋若瑜
见《纪念碑》上海亚东图书局1927年版。

蒋光慈与革命文学　　钱杏邨
钱杏邨著《现代中国文学作家》上海泰东书局1928年7月初版。

文艺的底能儿——蒋光慈　　铭　彝
《摩登月刊》第二期1930年5月15日。

没落的小资产阶级　蒋光赤被共产党开除党籍
《红旗日报》1930年10月20日第三版。

关于《太阳月刊》种种
《北新半月刊》2卷11号。

悼光慈（诗）　　云　涛
《文艺新闻》27期1931年9月15日《追悼蒋光慈专号》。

在发展的浪潮中生长，在发展的浪潮中死亡　　方　英
《文艺新闻》27期1931年9月15日《追悼蒋光慈专号》。

光慈临终前后记略　　杨邨人
《文艺新闻》27期1931年9月15日《追悼蒋光慈专号》。

流离（日记）（内有回忆蒋光慈在大革命前后活动的若干章节）　　钱杏邨
上海亚东图书馆1928年版。

死矣蒋光慈　　夏春柔
《文艺战线》1932年第三期。

光慈的晚年　　郁达夫
《现代》第3卷第1期1933年5月号。

新文学家传略中“蒋光慈”一节　王哲甫
《中国新文学运动》。

光慈回忆录　吴似鸿
《大风》半月刊第74期至79期，1940年9月至11月。

日记九种　郁达夫
见《达夫日记集》上海北新书局1946年版。

太阳社与蒋光慈　杨邨人
《现代》第3卷第4期（1933年8月号）。

蒋光慈　贺炳铨
《新文学传记》1934年。

中国新文学运动史料（内有关于蒋光慈的史料）　张若英
上海光明书局1934年4月版。

中国新文学大系·史料索引（内有关于蒋光慈的史料）　阿　英
上海良友图书印刷公司1934年版。

白话书信〔内有蒋光慈（侠僧）与高语罕的往还信札〕　高语罕

蒋光慈　顾凤城编
《中外文学家辞典》，上海乐华图书公司1933年版。

文坛史料（内有何倪的《蒋光慈》、杨剑华的《关于蒋光慈》、《太阳社》等三篇）　杨之华编
上海中华日报社总发行所1944年11月1日发行。

记光慈先生　吴似鸿
《新中华》1950年8月第13卷第15期。

革命作家蒋光慈遗体迁葬虹桥
人民日报1953年6月30日。

革命作家蒋光慈逝世二十周年纪念
新民晚报1953年6月30日。

回忆秋白　杨之华
见《红旗飘飘》第8辑，1958年版。

点滴忆秋白（内有回忆蒋光慈的段落）　曹靖华
《文艺报》1955年第11号。

《创造十年》续编第7节（内有记述蒋光慈的活动及交往情况）　郭沫若

左袒集（诗）（内有回忆蒋光慈的诗章）　柳亚子
《新观察》1956年第20期。

蒋光慈小传　黄药眠
《蒋光慈诗文选集》人民文学出版社1955年版。

蒋光慈逝世日期考　瞿光熙
《文汇报》1961年6月18日。

蒋光慈与"春雷文学专号"　瞿光熙
《人民日报》1961年8月31日。

太阳社与春野书店　瞿光熙
《新民晚报》1961年12月22日。

太阳社与儿童文学　胡从经
《文汇报》1962年6月1日。

蒋光慈回忆录　吴似鸿
《中国现代文艺资料丛刊》第3辑上海文艺出版社出版。

关于太阳社（内有回忆蒋光慈的段落）　任钧
《新文学史料》1979年第2辑。

五四启蒙运动在河南（内有回忆蒋光慈早年革命活动的内容）　林浣芬
《开封师院学报》1979年第5期。

蒋光慈在安徽　吴腾凰
《新文学史料》1979年第4辑。

蒋光慈病逝的确切日期　李华盛
《新文学史料》1979年第4辑。

中国新文学史漫笔——蒋光慈的原名、改名及其他　吴泰昌
《中国现代文学研究丛刊》1979年第1辑。

回忆青年学会（内有蒋光慈早期革命活动的史料）　曹靖华
《五四时期的社团》第三册。

蒋光慈
《中国文学家辞典》（现代第一分册）四川人民出版社1979年版。

蒋光慈
《辞海》上海辞书出版社1979年版。

蒋光慈小传
《中国现代作家小传》（修订本）山东师院中文系1961年编印。

革命作家蒋光慈　哈晓斯
安徽《党员生活》1980年12期。

革命作家兼战士的蒋光慈　王开玉
《安徽日报》1980年6月20日。

三叔达夫（二）（内有蒋光慈活动史料）　郁风
《新文学史料》1980年第1期。

哀目寒（内有蒋光慈史料）　曹靖华
《人民日报》1980年10月20日。

蒋光慈和他的故乡　徐昌洲
《江淮论坛》1980年第2期。

左翼作家在上海艺大(内有蒋光慈史料)
杨纤如
《新文学史料》1980年第1辑。

忆洪灵菲同志(内有回忆蒋光慈的内容)
秦 静
《新文学史料》1980年第2期。

蒋光慈和他的小学老师 吴腾凰
《新文学史料》1980年第2期。

伯川并非蒋光慈 哈晓斯
《新文学史料》1980年第4期。

韦素园传略(内有蒋光慈史料)
韦 顺
《新文学史料》1980年第3期。

一位被遗忘了的先行者 夏 衍
《人民日报》1980年4月18日。

殷夫的成长说明了什么(内有蒋光慈史料) 吴泰昌
《光明日报》1980年4月23日。

左联史话(内有蒋光慈史料)
丁景唐
《文汇报》1980年3月2日。

蒋光慈年表(初稿) 吴腾凰、李志
《文教简报资料》1981年第2期。

蒋光慈研究资料索引
吴腾凰、李志、哈晓斯
《文教简报资料》1981年第2期。

关于蒋光慈的点滴回忆
吴腾凰、李志摘编
《文教简报资料》1981年第2期。

回忆蒋光慈的爱人宋若瑜 许文淑
《文教简报资料》1981年第2期。

对蒋光慈回乡建党的质疑 哈晓斯
《安徽大学学报》1980年第4期。

夏衍谈蒋光慈党籍问题
《文教简报资料》1981年第2期。

关于蒋光慈党籍问题的一件史料
唐天然
《文教简报资料》1981年第5期。

《觉悟》上的一则启事——蒋光慈早期文学活动拾零 哈晓斯
《安徽日报》1981年9月15日。

革命文学的拓荒者——蒋光慈
方 玲
《书林》1981年3期。

第二部分　作品研究和作家评论

《新梦》出版广告

《新青年》第一号1925年4月22日。

《新梦》诗集序　高语罕

蒋光慈著《新梦》上海书店1925年版。

评蒋光慈的《新梦》　谷风田

《赏鉴周刊》1925年第6期。

《哀中国》　钱杏邨

汉口《民国日报》副刊第58—59期1927年7月2—3日。

读《少年飘泊者》　杜俊东

《世界日报》副刊《骆驼》1927年11月8日。

现代中国文学作家　钱杏邨

上海泰东书局1928年7月初版。

中国新兴文学论　钱杏邨

《文艺讲座》第1册。

鸭绿江上（书评）　钱杏邨

《文学周报》第4卷第4期。

《鸭绿江上》读后感　郁达夫

《洪水》第3卷第29期

短命的《短裤党》　奇　工

《泰东月刊》第1卷第7期。

评《短裤党》　王任叔

《生路》创刊号。

1929年中国文坛回顾（其中有对《丽莎的哀怨》的评论）　刚果伦

《现代小说》3卷3期12月号。

作品与生活（其中有对蒋光慈的短篇《老太婆与阿三》的评论） 冯乃超
《拓荒者》第1卷第2期。

《丽莎的哀怨》与《冲出云围的月亮》 冯宪章
《拓荒者》第1卷第3期1930年3月10日。

中国新文艺运动 华 汉
冯乃超编《文艺讲座》。

野祭（书评） 钱杏邨
《太阳月刊》1928年2月号。

关于《评短裤党》 钱杏邨
《太阳月刊》1928年2月号。

关于《现代中国文学》（通信） 钱杏邨
《太阳月刊》1928年3月号。

读了冯宪章的批评以后 华 汉
《拓荒者》第1卷第4、5期合刊 1930年5月。

冲出云围的月亮（书评） 钱杏邨
《文学批评集》上海神洲国光社1930年版。

冲出云围的月亮（书评） 苏读余
《现代文学》创刊号。

关于“创作” 朱 璟
《北斗》创刊号1931年9月20日。

鲁迅论蒋光慈
见《鲁迅论中国现代文学》，中山大学中文系鲁迅研究室编1978年夏。

《地泉》读后感 茅 盾
原载《地泉》上海湖风书局1932年7月25日。

田野的风（书评）
《现代》第1卷第4期1932年8月。

评长虹的《蒋光慈和沈矛盾》 任维琨
河南《晨星》半月刊第7期。

《失业以后》（书评） 张季平
《前锋周报》第7期1930年8月3日。

《丽莎的哀怨》（“出版界”专栏） 铭 彝
《摩登月刊》第2期1930年5月15日。

现代中国文学论（内有蒋光慈创作研究） 钱杏邨
上海合众书店1933年6月初版。

《两种不同的人类》（书评） 张季平
《前锋周报》第21期1930年11月9日。

蒋光慈的革命文学　　贺　凯
《中国文学史纲要》北平著者书店1933年版。

《蒋光慈选集》序　　黄药眠
《人民文学》第三卷第2期1950年12月1日。

蒋光慈著作年表　　黄药眠
《蒋光慈诗文选集》人民文学出版社1955年版。

《短裤党》——上海工人武装起义的报告文学　　贵　芳
《解放日报》1957年3月26日。

左联成立前后十年的新文学（内有蒋光慈作品的研究）
《新建设》杂志出版社1956年版。

蒋光慈的革命文学创作　　林志仪
《广西师院学报》1959年第3期。

《在伟大的墓之前》分析
北大中文系56级编《五四散文选讲》中国青年出版社1957年版。

《鸭绿江上》分析
北大中文系56级编《五四小说选讲》中国青年出版社1959年版。

蒋光慈的小说
北京大学中文系1956年级鲁迅文学社
《文学评论》1960年第2期。

“红布”和“疯儿”——蒋光慈早期未曾辑集的两本小说　　瞿光熙
《新民晚报》1960年6月6日。

《北斗》上的一则广告　　周艾文
《北京晚报》1959年12月5日。

略论蒋光慈的诗　　丁　力
《文学书籍评论丛刊》1959年第5期。

北方飞来的第一只春燕——略论蒋光慈的文学思想　　屈正平
《内蒙古师院学报》1959年第3期。

“五四”以来新诗发展的一个轮廓　　臧克家
《中国新诗选》中国青年出版社1958年版。

十年来文学理论和批评上的一个小问题　　李何林
《文艺报》1960年第1期。

《蒋光赤选集》序　　孟　超
《蒋光赤选集》人民文学出版社1960年版。

蒋光慈著译书目
《蒋光赤选集》人民文学出版社1960年版。

试论蒋光慈的思想和创作　　蒋光慈编写组
《山东师院学报》1960年第1期。

蒋光赤的创作在中国现代文学史上的地位
合肥师院中文系1957级现代文学小组
《合肥师院学报》1960年5月9期。

论蒋光慈的诗　　李德庆
《哈尔滨师范学院学报》（人文科学）1960年第1期。

要用历史主义观点评价蒋光慈的创作
山东大学中文系57级现代文学评论组
《山东大学学报》1960年第2期。

蒋光慈著译系年目录　　瞿光熙
《中国现代文艺资料丛刊》第1辑。

蒋光慈遗诗（少小怀雄思——笑俗儿七绝四首）
《新民晚报》1961年8月31日

略论蒋光慈的文学成就　　胡济涛
《安徽日报》1961年9月9日。

蒋光慈著译书目　　瞿光熙
《图书馆》1962年第1、2期。

蒋光慈的《短裤党》　　瞿光熙
《雨花》1962年第11期。

读《蒋光慈著译系年目录》　　小　全
《中国现代文艺资料丛刊》第3辑。

蒋光赤论　　范伯群、曾华鹏
《文学评论》1962年第5期。

蒋光慈创作的艺术特色　　李德庆
《哈尔滨师范学院报》1963年第2期。

读《少年飘泊者》答友人　　成莫愁
《文汇报》1979年8月23日。

谈蒋光慈的诗　　张大明
《诗刊》1979年12月号。

新发现的鲁迅茅盾有关选编《草鞋脚》的书信　　鲁迅研究室
《光明日报》1979年12月5日。

蒋光慈和他的《少年飘泊者》　应国靖
《解放日报》1976年12月18日。

现代六十家散文札记（内有蒋光慈作品研究）　　林　非
天津百花出版社1980年3月版。

蒋光赤《哀中国》　　唐　弢
《晦庵书话》生活·读书·新知三联书店1980年版。

报春紫燕 破晓曙星——蒋光慈倡导革命文学功绩述评　　胡从经
《钟山文艺论集》，江苏人民出版社1980年11月出版。

蒋光慈的创作道路　　田本相
《现代文学论集》《社会科学战线》编辑部编，吉林人民出版社1980年12月。

蒋光慈　　张大明
《踏青归来》,天津人民出版社1981年8月。

蒋光慈和早期无产阶级革命文学——纪念蒋光慈诞生八十周年和逝世五十周年　　秦家琪、李志
《群众论丛》编辑部编《群众论丛》1981年4期。

《现代中国作家的罗曼谛克一代》中《蒋光慈》一章
美国哈佛《东亚研究》。

《黑暗的闸门》中《蒋光慈现象》一章　　[美]夏济安
美国西雅图华盛顿大学出版社1968年版。

《现代中国小说史》有关蒋光慈的论述　　[美]夏志清
美国耶鲁大学1961年英文版香港1971年友联出版社中译版。

中国诗人（蒋光慈）[苏]切尔卡斯基
《亚非民族》(俄文版)1967年第2期。

中国新诗　　[苏]切尔卡斯基
1972年莫斯科版四十个诗人（诗集，内收蒋光慈诗七首，并有编选人写的前言），苏联科学出版社1978年版。

蒋光慈
苏联《简明文学百科辞典》，苏联百科辞典出版社，1975年版。

后　记

《蒋光慈研究资料》基本上汇集了有关蒋光慈生平、著作和研究的全部重要资料。有的资料，由于历史的具体情况，如批判胡风、反右斗争等，在某些文章中留下痕迹；有的对于蒋的出生地、活动年月、逝世的日期以及一些重要事件，叙述和交代不一致，为保留原文起见，都未作改动，而在蒋的传略和年表里作了核定；还有些问题，如蒋回乡建党，有无此事，尚待查清，只能列出存疑。

有关资料，我们编选的原则是，以省市以上报刊发表的为主，省市以下的一般不阑入；有些属于个人回忆的，已公开发表的，酌情选辑；口头的或私人通信性质的，纵然有可信性，一般暂不录选。

长篇论文，其中有与蒋关系不大的，适当作了删节。

关于蒋光慈的著作年表、生平年表以及研究资料目录索引，过去瞿光熙、小全等同志，现在吴腾凰、李志、哈晓斯等同志都做了不少工作，本书所编得力于他们处甚多；中国社会科学院文学研究所张大明和宁夏人民出版社编辑同志也给予具体帮助，谨在此向他们致深切地谢意！

这本书难免仍有遗漏或不妥之处，恳请专家和同志们指正。

方　铭

1982年10月于安徽大学